U0453175

中国社会科学院老学者文库

# 强国根基：
## 对当代新兴大国产业转型的再认识

李 毅 ◎ 等著

中国社会科学出版社

图书在版编目（CIP）数据

强国根基：对当代新兴大国产业转型的再认识/李毅等著 . —北京：中国社会科学出版社，2021.3

（中国社会科学院老学者文库）

ISBN 978-7-5203-8072-0

Ⅰ. ①强… Ⅱ. ①李… Ⅲ. ①产业结构升级—研究—中国 Ⅳ. ①F269.24

中国版本图书馆 CIP 数据核字（2021）第 041826 号

| | |
|---|---|
| 出 版 人 | 赵剑英 |
| 责任编辑 | 王　琪 |
| 责任校对 | 李　莉 |
| 责任印制 | 戴　宽 |

| | |
|---|---|
| 出　　版 | 中国社会科学出版社 |
| 社　　址 | 北京鼓楼西大街甲 158 号 |
| 邮　　编 | 100720 |
| 网　　址 | http://www.csspw.cn |
| 发 行 部 | 010-84083685 |
| 门 市 部 | 010-84029450 |
| 经　　销 | 新华书店及其他书店 |
| 印　　刷 | 北京明恒达印务有限公司 |
| 装　　订 | 廊坊市广阳区广增装订厂 |
| 版　　次 | 2021 年 3 月第 1 版 |
| 印　　次 | 2021 年 3 月第 1 次印刷 |
| 开　　本 | 710×1000　1/16 |
| 印　　张 | 31.5 |
| 插　　页 | 2 |
| 字　　数 | 428 千字 |
| 定　　价 | 186.00 元 |

凡购买中国社会科学出版社图书，如有质量问题请与本社营销中心联系调换

电话：010-84083683

**版权所有　侵权必究**

# 序

## 一

李毅研究员是中国经济史学会副会长兼外国经济史专业委员会主任，是我多年的学术同行和老朋友。她长期从事国外尤其是日本产业发展史的研究，研究目的很明确，就是为中国的发展与现代化建设提供国际的经验与借鉴，最近十几年来，伴随中国经济的快速跃升与产业结构改革的深化，她的研究方向聚焦于，以中国等发展中大国为基点，集中进行中外制造业的比较研究。她主持的国家社科基金项目"以中国为代表的新兴大国经济转型中的产业发展选择研究"，就是其率领研究团队从经济史和国际比较的视角，着重对当下中国所面临的产业结构升级和供给侧结构性改革提供历史和国际经验。近日得知该结项成果扩充后准备申请出版，并嘱我作序，感到力不从心，但是读后收获很大，遂不揣浅陋，欣然从命。

工业化和再工业化是推动一国经济社会进步的过程。在开放和经济全球化的环境中，随着技术经济条件的变化乃至社会形态的变迁，中国作为一个发展中大国，即将完成工业化和向创新型国家迈进，目前最紧迫的问题是完成供给侧结构性改革，实现产业结构由中低端向中高端的升级，到2035年实现社会主义现代化，并为到2049年将中国建设成为世界现代化强国创造条件、打下基础。这就需要我们从实体经济特别是制造业方面，去探寻中国的工业化、再工业化规律和条件。古人说"不谋万世者，不足以谋一时，不谋全局者，不足以谋一域"，相信经济史研究和国际比较可以深化人们的认识和提供有益的借鉴。

根据国际货币基金组织公布的2017年数据，中国的GDP总量已经达到131735.85亿美元，排在世界第二位，超过排在第三位至第五位的日本、德国、英国三国之和（111698.47亿美元）。到2018年，中国已经成为制造业世界第一大国，在上面列举的工业数据中，除了原油产量因储量原因仍低于美国外，原煤、发电量、生铁、钢、水泥即使在压缩优化产能的情况下，仍然大大超过了美国，成为世界第一。中国已经成为世界上工业门类最齐全的国家。但是，从工业整体来看，中国在全球产业链上仍然处于中低端位置。2013年以来出现的经济新常态和目前正在实行的供给侧结构性改革，即标志着中国已经进入了工业化的产业升级阶段，而中国的人均自然资源匮乏和生态环境严峻，又使得供给侧结构性改革非常紧迫，产业结构升级只能成功。

## 二

本书以解决中国经济转型中的结构性问题为出发点，通过对美国、日本等发达国家和巴西、印度等发展中大国的制造业发展历史的研究，包括对金砖国家战略性新兴产业政策比较和对汽车产业的个案剖析，分析了全球化、信息化条件下新兴经济体特别是中国在结构转型中的产业发展路径选择问题，提供了一个大国视角的问题思考方式与产业发展选择原则，并为中国经济转型中的供给侧改革，提出了战略层面与实际操作层面的具体实施路径和政策建议。

本书指出，在大国经济演进过程中，存在多个经济转型的历史节点。随着其工业化进程的推进和经济发展阶段性目标的变化，解决发展不平衡的结构转型是一个必然伴随的过程，只不过以中国为代表的新兴大国，其结构转型具有特殊性。与那些发展中小国不同，它的经济结构是非单一性的；地域广大且地区间的发展水平差异极大。而与那些发达工业国家相比，它的经济发展又尚未达到充分的程度，经济结构也是非成熟性的，科技发展水平整体上还比较落后，研发能力相对薄弱。所以，转型意味着艰难的爬升与变革，但也因后发优势和新的工业革命契机，具有追赶与跃升的可能。如果我们能够从工业化先行国家的产业实践中认识产业发展的规律及其当代制造业发展的新趋势，选择符合国情的恰当的产业转型与发展路径，中国就一定能够实现自己建设现代化工业强国的宏伟目标。由于具备经济规模大和政府可以"集中力量办大事"的优势，目前的中国正在向着赶超目标前进。

新兴大国的经济转型是在当今经济全球化的条件下进行的，经济上的相互联系与影响广泛渗透，纵然可以使我们更便捷地学习他国工业化的经验，但是随着新兴大国的崛起，各种形式的外部约束乃至对抗性竞争与日俱增。只有依靠制造业的充分发展，新兴大国才能利用发展积累起来的足够实力打破外部制约，掌握发展与博弈的主动权。而在这个过程中，制造业是现阶段其他任何产业都无法取代的新兴大国走向强国的立足根基，这就是为什么《中国制造2025》如此重要，也如此引发发达国家的不安，本书对这一后起大国强国战略的立足点重点进行了理论阐释，并尝试对其提出发展经济学的认识。

## 三

本书的第二个特点，是作者通过实地调研和深入的比较研究，提出基于国情与问题意识的经济转型与产业升级的中国方案。强国目标，只能经由创新驱动和符合实际的产业发展路径才能实现。这里的创新是指工业创新，作为内在于工业化及其相关工业发展进程的最活跃、最积极的变革性因素，工业创新是推动后起国家成长为现代化强国的历史性杠杆。从中国的实际出发，我们需要树立产业转型升级的全局性意识，以及解决结构性问题的协调性战略，从而扫除产业发展路径选择上的盲点，实现工业创新驱动下的有序协调发展。

首先，全局性的意识体现在努力构建一个符合未来发展方向、各产业有机融合的现代产业体系上；也体现在基于大国地域发展的多样性、技术经济发展水平的多层次性特点，实行符合国情的总体产业布局与结构调整；还体现在以足够的政治智慧与治理能力，把我国目前发展不平衡的劣势变为大国的发展优势，为产业结构的升级和工业化的深入展开，打造出伸缩自如的发展空间。

其次，协调性战略重点在于处理好三个关系。第一，在产业的发展及其转型升级中，处理好传统与现代因素、本土与外来知识的关系，一国产业创新能力的形成，正是产生于上述两种知识的融合。第二，在产业的发展及其转型升级中，处理好政府与市场的关系，充分发挥市场主体的活力和创新能力，同时又要坚持市场配置资源基础上的政府政策的导向作用，以协调不同利益主体的矛盾冲突和保证社会各部分的协调发展，以及在外部的强力冲击面前统一意志，将各项产业活动纳入创新驱动的可持续发展轨道。第三，在产业的发展及其转型升级中，处理好"国内"和"国际"两个大局的关系，使中国真正具备充分利用"两个市场""两种资源"的能力，使中国的制造业升级发展成为助推经济全球化和实现合作共赢的力量。

最后，在全局性思路导引下，中国应尽快打通发展的薄弱环节，有针对性地、有步骤地加快解决产业升级中的结构性问题。

中低端的传统产业在今天中国工业中占据多数。由于它在整个工业体系中所处的基础位置，在产业运行中对高端产业所起的支撑作用，使得工业创新推动下的传统产业改造，成为中国走向现代化强国的一项基础性选择。同时，中国具有自己特殊的国情和独特的产业发展历程。它的全方位崛起和所面临的从制造大国向制造强国的深刻历史性转变，将会在国际上遭遇更为激烈的竞争环境。所以与国家的经济发展实力及其在国际社会的战略地位相联系，在深化改革中将大企业（包括国有企业）打造成为创新驱动下的强国重器，将是当前中国经济转型的一项现实性选择。因此，充分利用国家的力量，不仅要解决国内产业发展的薄弱环节和制约瓶颈，而且要高度重视在对外经济关系方面发挥政府的作用。为国家的经济发展拓展国际空间和提供合理的保护，是历史上任何一个大国走向强国都经历的过程，中国必须尽快学会这一点。

## 四

总之，李毅研究员作为从事外国经济史研究的资深学者，"智者察于未萌"，自 20 世纪末以来，就开始与她的研究团队重点关注与研究制造业发展的国际比较，在广泛的国内外调研与扎实的理论研究基础上，发表了大量的学术研究成果，印象最深的是她在 21 世纪初就撰文呼吁中国应防止因房地产和金融等第三产业发展而导致制造业空心化问题。本书是近年来她出版或领衔出版的第五本关于制造业发展与经济转型的学术专著，反映了她对当代制造业发展的独特理解，以及对中国发展为现代制造强国的深刻关切。其相应的政策主张得到了有关部门的关注，学术观点通过国际、国内多种形式的交流得到传播。在此，对李毅及其研究团队表示敬意并祝贺，也希望想了解或研究这方面问题的读者与李毅研究员等一起切磋与努力，为构建中国特色社会主义政治经济学添砖加瓦，为中国实现"两个一百年"目标献言献策。

中国社会科学院当代中国研究所原副所长
中国自然科学史学会科技与社会发展史专业委员会主任
中国工业经济学会工业史专业委员会主任

武 力
2020.4.12

# 目 录

绪论 ······································································ 1

## 第一篇
## 后起国家、经济转型与产业发展的研究综述

**第一章　经济发展理论中的产业发展研究** ···················· 19
　第一节　对经济发展过程中产业结构变迁规律的
　　　　　探索 ··················································· 19
　第二节　通过幼稚产业保护推动产业成长 ················ 23
　第三节　技术进步对产业发展和经济增长的贡献 ······· 26
　第四节　后发国家产业发展中的政府干预 ··············· 29

**第二章　经济转型与新兴经济体国家的产业发展** ··········· 34
　第一节　新兴经济体的快速增长及其原因分析 ········· 34
　第二节　新兴经济体发展中面临的困局与经济
　　　　　转型 ··················································· 36
　第三节　转型升级方向的讨论 ······························ 38

**第三章　对相关文献的简要评述** ······························· 45
　第一节　对发展经济学中产业发展理论的简短评述 ···· 45

第二节 对经济转型与发展中国家经济发展文献的
　　　　简要评述 ································· 48

# 第二篇
# 典型的后起国家美国和日本的产业发展与转型

**第四章 美国制造业的目前发展动向及其制造业的
　　　　当代发展趋势** ································· 53
　第一节 美国制造业的发展现状 ····················· 54
　第二节 特朗普政府在重振制造业上的举措 ············ 71
　第三节 美国最近两届政府制造业发展战略的比较 ······ 84

**第五章 战后美国两次制造业的结构调整与转型研究** ······ 93
　第一节 战后的产业结构升级与 20 世纪 80 年代
　　　　中后期开始的制造业转型 ····················· 93
　第二节 21 世纪美国的第二次制造业结构调整 ········· 110

**第六章 后起工业强国日本的经济转型与大国发展的
　　　　产业立足点分析** ································ 129
　第一节 经济复苏、结构调整与日本产业发展立足点
　　　　的争论 ··································· 131
　第二节 制造产业发展与日本经济成长的历史演变 ······ 135
　第三节 关于制造业仍是今日日本经济复苏根本
　　　　动力的分析 ································ 142
　第四节 近些年来日本促进制造业发展的举措及其
　　　　经济复苏中的产业动向 ······················ 147

**第七章　日本经济转型中的企业成长路径选择：
　　　　索尼公司的案例** ……………………………… 156
　第一节　经济转型与索尼案例研究的意义及研究
　　　　　视角 …………………………………………… 157
　第二节　经济转型、创新的能力与市场理解力的
　　　　　博弈 …………………………………………… 160
　第三节　经济转型、国际化中的人本主义文化与"绩效
　　　　　主义"的比较 ………………………………… 168

# 第三篇
## 中国等新兴经济体国家在当代经济转型中
## 面对的产业课题

**第八章　发展中大国的工业化与新兴经济体的崛起** ………… 183
　第一节　工业化与巴西的经济发展 …………………………… 183
　第二节　新中国的工业发展 …………………………………… 196
　第三节　印度的制造业与其经济增长 ………………………… 213

**第九章　制造业的基干产业在当代新兴经济体发展转型
　　　　中的作用：以汽车产业为例** …………………… 233
　第一节　新兴大国制造业的发展潜力尚未充分释放 ……… 234
　第二节　从汽车产业发展看新兴大国的产业升级 ………… 241
　第三节　新兴经济体汽车产业发展的启示 ………………… 250

**第十章　新兴经济体崛起与战略性新兴产业的发展** ………… 254
　第一节　主要新兴经济体战略性新兴产业的发展情况
　　　　　比较 …………………………………………… 255
　第二节　中国作为世界最大新兴经济体战略性新兴
　　　　　产业的发展现状 ……………………………… 262

第三节 关于中国发展战略新兴产业面临的课题 ………… 278

**第十一章 制造业与新兴经济体今后的发展课题分析** ……… 284
第一节 新兴经济体的发展成就：新兴大国的
制造业发展 …………………………………… 284
第二节 大国增长的教训：对拉美增长陷阱的反思 ……… 292
第三节 快速增长后的新兴大国经济转型的课题 ………… 300

# 第四篇

## 全球化、信息化条件下新兴经济体结构转型中的产业发展路径选择

**第十二章 新兴经济体国家经济转型中的产业发展：
质与量的测度** ………………………………… 311
第一节 包括中国在内的 G20 国家贸易竞争力比较：
基于贸易数量和专业角度的分析 ……………… 313
第二节 中国与主要经济体出口产品质量的国际比较
分析 …………………………………………… 334

**第十三章 新兴大国经济转型中的产业发展选择认识：
一项理论探讨** ………………………………… 358
第一节 讨论的起点：基于一种深化改革的问题
意识 …………………………………………… 359
第二节 基于国际比较的新兴大国产业转型的理论
认识 …………………………………………… 365
第三节 工业创新在新兴大国走向现代强国中所处
位置的理论探讨 ……………………………… 377

第十四章　经济史与国际比较基础上的中国产业转型
　　　　　升级路径思考 ………………………………… 407
　第一节　比较研究基础上的新兴大国——中国
　　　　　制造业转型升级的基本思路 ………………… 407
　第二节　传统产业的转型与工业创新：新兴大国走向
　　　　　强国的一项基础性选择 ……………………… 421
　第三节　大企业与后起大国的工业创新：中国产业升级
　　　　　的现实选择 …………………………………… 431

# 第五篇
## 全书结语——本项研究的综合性结论

第十五章　后起大国产业转型的发展经济学认识：
　　　　　兼论中国产业升级路径 ………………………… 449

参考文献 ………………………………………………………… 467

后记 ……………………………………………………………… 488

# 绪　论

新中国成立 70 年取得的巨大成就，尤其是工业发展的惊人业绩，无疑是中国正在迅速崛起的历史见证。同时，推进产业结构转型升级，实现从制造大国向制造强国的转变，更是中国真正完成民族复兴的历史性课题。从强国根基的角度看，制造业的深度发展正是中国产业转型的核心内容所在。因此，我们对新兴大国产业转型的讨论与认识，自然是围绕着制造业的研究来进行的，确切地说，是在经济史与国际比较视角下，以中国为代表的新兴大国经济转型的产业发展选择为中心展开的。

推进制造业的深度发展，本是人类社会进步与发展的一项永恒性主题，因为"一个蓬勃发展的制造业是经济发展的必需要素"①。当代技术、经济与社会的剧烈变迁，更是把如何认识制造业发展的当代意义这样一个时代课题，推到了世界各国面前。进入 21 世纪以来，我们看到由虚拟经济的过度膨胀而遭致世界危机重创的发达工业国家，先后开始对其付出的沉重代价不断进行反思，并付诸结构调整的行动。② 那么，作为世界最大的新兴经济体，制造业发展取得了巨大的历史性进步的中国，我们需不需要

---

①　见马丁·A. 施密特、菲利普·A. 夏普为美国麻省理工学院创新经济与生产委员会的研究成果《重塑制造业》一书所写的推荐序"制造业是国家繁荣的基础"（参见［美］苏姗娜·伯杰《重塑制造业》，廖丽华译，浙江教育出版社 2018 年版）。

②　诸如人们常见的美国等国"重返制造业"。

进行这样的历史反思,以及如何就产业的转型与发展进行反思与再认识呢?问题恐怕不难回答。作为一个正在致力于工业化的发展中大国,为什么制造业的发展却屡屡在我们的现实经济生活中成为一项争议性的话题?这是近年来从事国际产业比较研究经常萦绕在脑海里的问题。例如,当我们讨论中国产业的转型升级时,就会碰到制造业被边缘化的情形,① 即便是在2018年4月的"中兴事件"凸显出中国的高端制造存在短板的情况下,人们关注的重点更多的时候也还只是在外部,② 对中国制造业发展与如何发展的认识依然混杂。③ 可见,世纪之交以来,尽管我们在全国范围内掀起过数次关于制造业发展的讨论热潮,但是,对制造业的发展这个关乎到中国乃至世界未来发展走向问题的认识,恐怕还未能在理论和实践的深层次上得以真正的解决。④ 眼前所发生的这场世界贸易史上最大规模的中美贸易战,可以说是再一次给我们敲响了警钟。因为这场贸易战,事实上就是一场以制造业发展为中心的大国间政治与经济实力的博弈,⑤ 亦是一场发展中大国与发达工业强国之间工业创新驱动下的产业转型升级的战略对局。事关国家的核心利益,也就是说事关中国能否在进一步扩大对外开放中,切实实现从制造大国向现代化强国的转变。⑥

---

① 此前的"去工业化"就是一个明显的例子,而且我们的一些学者或机构也会把服务业比重的升高简单地视作产业升级的最重要指标。

② 当然不是说不应该关注外部环境,而是说解决问题的立足点放在哪里的问题。

③ 例如将不同类型的问题加以混淆,即把产业发展上的问题意识与"唱衰中国"画上等号;同时也把西方发达工业国家以往完成工业化的产业更迭,不加分析地当作当代技术经济条件下中国产业发展必须做出的选择。

④ 当然,认识有一个逐步深化的过程,而且这是一个包括欧美发达工业国家在内都需面对的重大历史性(时代性)课题。

⑤ 纳瓦罗的《致命中国》已经成为特朗普政府的执政纲领,披露的美国政府文件也坐实了其打击的首要目标是《中国制造2025》。

⑥ 虽然贸易战的形式与展开深度可能会随着美国与中国社会经济发展的状况及国际形势有所变化,但问题依然存在。

因此，基于中国的国情与产业转型升级的历史任务，我们尝试选择经济史与国际比较的视角，通过以中国为代表的新兴大国经济转型中的产业发展选择研究，来进行历史的反思。期望能够在有针对性地解决中国转型中的结构性问题过程中，深化我们对当代制造业发展的理论与实践方面的认知，借以完成对其产业转型的再认识。由于该项研究对于包括中国在内身处转型过程的国家来说，本身是一个具有相当难度的探讨性课题，① 为了便于问题的讨论，在研究展开之前，我们将简要阐述本项课题从提出到认识的深化过程，以及基于以往相关研究构建起的本课题研究结构性框架，以明示课题研究的整体思路与研究所要解决的主要问题。

## 一 转型框架下产业发展选择课题的提出及其认识的逐步深化

工业化是推动一国经济社会进步的一个过程。随着技术经济条件的变化乃至社会形态的变迁，连接发达国家与新兴国家的这条工业链条所发生的变化，需要人们不断地去认识与探索。虚拟经济的过度膨胀所导致的世界性危机推进了这个探索过程，尽管这种探索在开始时是发达工业国家所被动进行的。② 而对于已经成长为世界经济发展新引擎的新兴工业国家，尤其是对新兴大国来说，它所面临的结构转型与经济可持续发展的现实课题，也就使其自然而然地进入转型中产业发展选择的探索之中。③ 因此，2015

---

① 即便是发达工业国家在经济转型中的产业发展选择上也会常常犯错，比如说美国 20 世纪 90 年代曾经出现的 IT 泡沫，日本在泡沫经济崩溃后一度盲目追随他国等。

② 例如 2008 年金融危机后，美国及其欧洲对实体经济的反思。当然也不排除其智者的主动反思与积极探索，诸如具有优良传统的美国麻省理工学院的学者所进行的具有历史性意义的工作。

③ 这个过程，就是一个事实上的产业结构转型与变迁过程。

年，面对经济萧条、市场萎缩的恶劣外部环境，为破解当时中国的转型与发展面临的困境，① 也为澄清我们在如何推进工业化上存在的认识误区，② 即为工业化的完成选择正确的产业发展支点，我们所提出的经济史和国际比较视角的本课题研究获得了国家社科基金的立项支持。③ 作为工业化先行者的发达工业国家，为保持其新形势下的领先地位在产业转型与发展上所留下的调整轨迹，以及中国作为新兴大国在推进工业化过程中面临的经济转型与产业发展选择，给了我们一个与发达工业国家近距离比较的可能。两者在经济发展上所处的不同阶段、面临的不同结构性问题，并不妨碍比较研究的进行。因为比较中观察到的新的产业变动趋势及其对产业转型与发展规律的认知，将会极大地开拓我们的眼界与发展思路，同时比较也会促进我们对自身发展状况有一个深刻的了解，并有可能促使我们弄清楚一个新兴大国要有效地解决自己的结构性问题应做的重点产业选择，以及与这种战略层次的选择紧密相联所可能形成的独特的产业发展路径。围绕经济转型和产业发展选择的研究主题，当时我们就正在到来的科技革命给产业发展可能带来的影响，美国、日本等发达工业国家在新的技术经济条件下制造业在其经济中的发展地位，对新兴大国工业发展的研究及其对追赶过程的观察与比较，以及对结构性问题的宏观与微观思考及其方法论四个领域已有的研究，进行了重点的关注与

---

① 即中国刚刚经历了外部产品市场严重萎缩、内部要素市场成本攀升等不利局面下的增长困境。

② 依据实地调查，当时在经济生活中以及人们的思想意识中，都曾自觉不自觉地存在过某些"去制造业"的现象。例如，习惯于将产业结构的高度化简单地等同于服务业在三次产业中的占比上升一项指标；漠视地域发展的不平衡和大规模劳动力就业压力的基本国情，重高技术产业而轻传统工业产业发展；在模具生产行业这样的关键性基础行业，任凭国外公司运作而不见政策作为；以至一些大型骨干企业普遍"兼业"，为获取远高于制造业的丰厚利润，而将相当一部分资金用于工业以外投资等，都是其实际表现。

③ 说明这个视角的研究，在当时是具有重要的理论与重大现实意义的。

讨论，① 以此展开了我们的研究，并取得了诸多的阶段性成果。

从那时之后至今，虽然只过去了四年多的时间，但是信息技术等高科技的产业化突飞猛进，在创新与竞争的强力驱动下，形势出现了很大的变化。例如智能制造开始崭露头角，能源结构的变化已现端倪。伴随着各国经济与政策调整的努力，世界经济也

---

① 重点关注的内容主要是：（1）对正在到来的科技革命给产业发展可能带来影响的研究。新技术的飞速发展及其应用，使人们对它能够给产业的发展与变革带来的影响予以了更多的关注。以里夫金撰写的《第三次工业革命》和英国《经济学人》杂志的同类报告为代表，人们从它给技术基础、生产方式、生产组织和产业竞争优势等可能带来的变化，进行了多方面的讨论。如安德森的《创客：新工业革命》讨论了互联网和制造业融合将引发制造业革命，布莱恩约弗森和麦卡菲的《第二次机器革命》的重点，是论述数字技术将会带来的产业、经济和社会变革。3D打印、物联网、大数据和智能制造等也是国内外广泛议论的话题。国内对第三次工业革命的研究和对"大制造"课题的探索亦属此类。（2）对美国、日本等发达工业国家在新的技术经济条件下制造业发展地位的研究。除去政府的各项文件与政策（如为逆转实体经济的日渐衰落，美国2009年以来出台了《重振美国制造业框架》等一系列纲领性文件；为保持工业优势，德国推出了为全欧洲乃至世界工业领域认同的工业4.0概念；日本则与经济再兴紧密相联，提出了《机器人新战略》），学者们的研究也颇为集中。如彼得森研究所的利伟诚以《美国制造》为题目，就为什么要在21世纪全球市场保持一个富有合理性的制造业部门，进行了"令人信服"的研究。被称为工业分析家的斯米尔则以相同题目著书，阐述制造业如何成为美国夺取全球经济、战略和社会主导权的基本力量，并对解决美国制造业危机的政策进行了评价。围绕是否发展和如何发展制造业的讨论，在日本学者中也在同期进行。（3）对新兴大国工业发展的研究及其对追赶过程的观察与比较。如纳特所著《崛起的印度》，对这一新兴大国近几十年来的IT奇迹、工业腾飞以及面临的贫困等挑战进行了深刻的阐释，诺贝尔经济学奖获得者阿玛蒂亚·森等，则运用比较的方法在更广的视角上分析了印度经济发展的任务。中国学者黄群慧的《中国的工业大国国情与工业强国战略》、金碚的《全球竞争新格局与中国产业发展趋势》等，都是国内这方面研究的代表性成果。而对追赶过程的观察与比较，恰是福布斯、韦尔德在《从追随者到领先者：管理新兴工业化经济的技术与创新》一书的出色研究所对准的焦点。在工业转型中研究和比较巴西、墨西哥、印度的案例，是美国学者禹贞恩在《发展型国家》一书中所做的工作。（4）对结构性问题的宏观与微观思考及其方法论研究。佩蕾丝、弗里曼和卢桑等学者建立起了一个技术、经济、制度协同演化的分析范式。他们指出，因社会的、政治的因素和特殊的历史环境，"不同国家和地区进行这种制度变迁的能力和愿望是不一样的"。并"探讨了在一定制度背景和调节方式框架下，研究包括技术创新、结构变化以及经济和社会运动共同演化在内的经济史的方法"。日本学者中谷岩和天外伺郎等，则分别在宏观与微观不同层次上对结构性问题提出了自己的观点。

逐步呈现出缓慢复苏的景象。尤其是致力于推进结构性改革的中国，进一步扩大对外开放，在科技进步取得重要成绩的同时，经济保持了稳定增长，从而成为推动世界经济增长的关键性力量。[①]也就是说，面向建立现代化强国的可期目标，中国已经肩负起历史的重任、昂首阔步地踏上新的征程。在这种现实情况下，是否仍有必要继续在转型框架下研究产业发展选择问题？仍有必要就此进行经济史与国际视角的比较研究？深入的国内外产业调研，使我们切实意识到研究的必要性，因为我们在产业转型中解决结构性问题的工作尚未完成。

首先，从产品市场来看，"一带一路"战略的实施，在广交朋友的同时确实为我们的产品销售拓展了渠道，创新的发力，也使我们的一些企业成功地跻身于国际市场的前端。[②] 但是在国际竞争力赖以提高的品牌创建能力，尤其是关键技术的掌握与核心零部件的生产上，我们仍有不小的差距；在满足国内消费所要求的高质量和多样化需求上，我们仍有待付出切实的努力。

其次，从要素成本来看，在以往增长的基础上，尤其是在近年世界经济普遍不景气情况下实现的稳定增长，使我们的资本供给状况得到了极大的改观；巨大的发展空间也不断地吸引着人才流入，人力资本得到了前所未有的充实。但是，面对我国普遍存在的劳动力成本大幅上升与众多劳动者需要就业之间的矛盾，我们尚缺乏更多有效的解决办法。也就是说，在解决产业转型的结构性问题上，我们还面临着诸多课题，还有许多事情要做。

新征程的战略目标与发展使命，则向我们提出了新的要求，即工业化"两步走"的战略和建设现代强国的目标，要求我们

---

[①] 据国际货币基金组织和世界银行的统计，2013—2016 年，中国对世界经济增长的贡献率平均为 31.6%，超过了美国、日本和欧元区的总和。

[②] 例如徐工集团的重型机械已经进入世界前十，并且这样的例子在逐渐增多。

要尽可能地认知规律，选准路径，避免弯路，明明白白地谋发展。建设现代化强国，需要实现经济的稳定增长，但不仅仅是增长。况且我们目前的增长还存在着诸多不确定性的因素，①当前中国面临经济下行的压力则是一个明显的表现。也就是说，我们是以"两个没有变"的基本事实为基点谋求发展的，即中国"仍处于并将长期处于社会主义初级阶段的基本国情没有变"，作为"世界最大的发展中国家的国际地位没有变"。②反映在产业层面上的认识就是，只要中国制造业还没有弥补发展的短板和扭转大而不强的状态，我们就有必要学习和借鉴发达工业国家是如何完成从一个制造大国向制造强国转变的，同时有必要研究与借鉴其他新兴大国在实现工业化道路上的经验与教训。比如，经济转型与产业结构升级在昔日工业国家中是如何发生的？是否蕴含着某些规律性的东西？在工业经济向信息经济过渡时期，新兴大国的工业化将以何种方式完成，也需要我们进行理性的与实践层面的探讨。因此，在变化了的形势面前，产业转型与发展选择方面的经济史和国际比较研究，仍然需要扎扎实实地深入推进，以实现我们对变化了的环境的快速适应和对新趋势的正确认知。眼前以中美贸易争端形式表现出来的中美两个大国间的政治与经济实力的博弈，则进一步在战略层次上提示了课题研究所具有的重要现实意义。

## 二 国际比较与历史反思下构建符合新兴大国转型实际的研究架构

我们对新兴大国经济转型中的产业发展选择的研究，是从对

---

① 例如原有的对外部市场较大程度上的依赖，尤其是中美贸易战情况下面临的严酷外部环境与冲击。

② 在习近平总书记所作的党的十九大报告中，这被称作反映中国国情与国际地位的"两个不变"。

已有研究的评估展开的。上面陈述的四个重点关注领域的已有研究，①为本课题的进一步深入探讨提供了丰厚的基础。例如，理论上的分析范式与新技术产业应用方面的前瞻性探讨，对本项研究的推进提供了方法论和研究方向的启示；工业发达国家在当代经济转型过程中对实体经济发展的反思，提醒我们去细致观察与深度思考当代产业发展正在发生着的深刻变化；对新兴国家工业发展和追赶过程的相应研究，又启发我们立足国情、注重从大国的视角进行产业发展的国际比较；而来自宏观与微观不同层面的结构性问题研究，则为课题研究框架的搭建与研究思路的确定，提供了更为宽阔的多维视野等。

不过，围绕着经济转型中的产业发展选择的研究，目前已有的相关成果可能至少在三个方面还存在着重要的缺欠。第一，相对于丰富的产业实践，对当代新的技术经济条件下正在发生变化的产业形态及其产业间的联系，尚缺少深刻的理论分析和必要的规律性认识。第二，面对工业化过程中关乎新兴国家前途与命运的重要结构转型，尚缺少一个大国视角的问题思考方式与产业选择依据。第三，与上述两者相联系，对新兴国家转型中的结构性问题的解决，尚缺乏一种与其国情紧密相联的系统性研究。而上述三点对当前中国的经济转型与产业发展即产业结构升级却是至关重要的。因此，对上述三个方面进行探索性的研究，正是本课题所面临的巨大挑战和独到价值所在。

本课题是以中国为代表的新兴大国经济转型中的产业发展选择为研究对象的。这里的发展选择有两个含义：其一，是指产业发展的重点放在哪里，也就是一个经济体将自身的产业发展的支

---

① 这四个领域的已有研究分别为：(1) 对正在到来的科技革命给产业发展可能带来影响的研究；(2) 对美国、日本等发达工业国家在新的技术经济条件下制造业发展地位的研究；(3) 对新兴大国工业发展的研究及其对追赶过程的观察与比较；(4) 对结构性问题的宏观与微观思考及其方法论研究。

点放在哪里的问题。比如说是制造业，还是非制造业（例如服务业）。不同的选择，对新兴大国工业化的进行及其他在国际上所处地位的影响，很可能是完全不同的。其二，与此相联系，是一个国家要通过什么样的途径来建立起这样的发展支点的问题。这是一个大国要走向世界强国，切实需要解决的问题。如若处理不当，将有可能不自觉地陷入追赶的陷阱之中。① 我们将尽力通过经济史与国际的比较研究，对上述议题给出一个明确的判断及其理论与实践上的清晰阐释。

以推进中国经济转型中的结构性问题的解决为出发点，通过对美国、日本等主要工业发达国家制造业为代表的实体经济曲折发展轨迹的历史研究，以及对以中国为代表的新兴大国在目前到来的经济转型中所面临的产业发展课题的深入讨论，在经济史与国际比较的基础上，谋求在产业变迁与产业发展选择方面，获得理论研究与政策选择的双重收获。进而使研究有助于推动中国制造业真正进入创新驱动的发展轨道，从根本上打牢中国走向现代化强国的产业根基。② 基于这样的目标与基本思路，本课题试图构建一个系统性的研究框架，即以对转型节点上发达经济体产业选择的历史探源，进而对其当代转型期产业变化的动态观察为基础，来探索可能存在的产业发展规律性和当代产业发展新趋势，尤其重点探讨将这种趋势与新兴大国国情融合的产业发展选择及其实现路径。研究将由五个相互联系的有机部分组成。

第一，课题研究所依据的理论体系的逻辑构建。由于课题的研究对象是后起工业国家，尤其重点研究中国为代表的新兴大国的经济转型与产业升级，所以我们以对经济发展理论中的产业发展研究、经济转型与新兴经济体国家的产业发展的综述与评价为

---

① 这也是我们从一些拉美国家的曲折的工业化历史中感悟到的东西。
② 我们认为，使制造业从根本上走出发展的困境，是完成上述过程的最关键的一步，也是本课题研究的主要着眼点。

起点，在后危机时代各国对实体经济的反思所提供的产业研究视角下，通过思考与回答诸如制造业发展的当代意义等与转型中的产业选择直接相关的理论问题，来着手建立一个适合课题研究的创新与演化经济学的理论分析框架。并力求通过对当今历史条件下发展中大国的工业化及其产业发展的比较研究，提出我们的若干理论观点与发展经济学的新认识。基于国内外产业调研的实际提出课题研究的若干理论假设，也将包括其中。相关内容的研究与阐释，将集中反映在第一编的研究综述与第四编的新兴经济体的产业发展选择中。第五编的研究结论则做简要的概述。

第二，工业发达国家产业发展选择轨迹的历史检视。作为新兴大国在经济转型时期进行产业发展选择的重要比较研究对象，这里将重点研究与揭示美国这个后起的世界第一制造强国在现代的两次"制造业复兴"的历史意义。研究日本这个依靠制造业的发展实现崛起与赶超的世界工业强国，在其经济成长过程中几个关键的转型时期产业发展路径选择的经验与教训。并为有利于新兴工业国的借鉴，而重点"集中于那些奠定了这个过程的基础并解释了这个过程的因素"的研究，即从传统与现代因素、本土与外来知识关系的处理上，来探讨究竟什么样的产业支点可以使一个经济体保持其发展优势，以及经济体形成其独特的产业发展路径的关键性影响因素，及其他对经济发展的有效性。为使分析能够进一步深入，微观案例的研究也是其重要的组成部分。

第三，新兴大国经济转型中的产业发展选择研究。以对这类国家的历史性崛起，以及现实的产业发展状况的考察与分析为基本内容，基于新兴大国的特征、经济发达程度及其在产业发展链条上的位置，讨论其在经济转型时期有别于其他类型国家的产业发展选择条件。制造业作为其实现工业化目标的可持续发展动力，以及在体现福祉的市场消费开拓中所承担的角色分析，是该部分不可缺少的研究重点。新兴大国在现行的世界市场体系中所处的境况，及其与发达经济体的发展博弈，也使它在经济转型中的产业发展选择上，不得不考虑选择能够保障国家安全与自主发展的基础产业作为发展的重点，我们将以实际的产业发展与具体的国家案例来说明这一点。与此相应，今后经济转型与产业发展方向的探讨，就成为决定新兴大国未来发展的重大关键环节。

第四，对新兴大国经济转型中产业发展选择的理性认识，以及对中国制造业突破"陷阱"可能途径的探析。在对新兴经济体国家经济转型中的产业发展进行定量分析的基础上，这部分的研究，转向了对后起大国经济转型中产业发展选择的理论探讨，即通过对美日等国产业变动轨迹及其微观案例的详尽历史考察与比较研究，包括对其经验和教训的深层剖析与对比，力求认识与揭示后起国家产业演进过程中可能存在的某些未被认识（或易被忽视）的制度性因素与规律性现象。并就其在经济转型时所做的产业发展及其路径选择产生的实际经济绩效，给出一种经济史研究上的恰当解释。同时将研究转向对中国制造业发展实际状况的分析，以及基于国情的产业升级路径思考与政策选择的讨论上。进而尝试建立一种符合后起国家实际的产业发展及其路径选择理论，以及有针对性地提出解决转型中结构性问题的中国方案，以求在战略的层次上推进中国等新兴大国有序地实现产业与经济的转型升级。

第五，研究结论。作为本项研究的一项总体性结论，我们将在这一简短的结论部分，概括性地阐述通过课题研究得到的具有重要意义的成果。这些成果将涵盖对于后起大国经济转型中的产业发展选择这一主题的理论认识，也涵盖了同一主题下的实践中的政策建议。并且将在最后尝试性地提出我们关于后起大国，尤其是今天的新兴经济体国家，面对经济转型与产业升级的发展经济学认识，并相应给出简要的发展中大国（新兴大国）经济转型中的产业发展选择三维模型及其阐释。

上述内容可以简要地概括为以下的课题研究框架图示，作为反映本书内容的一个索引。

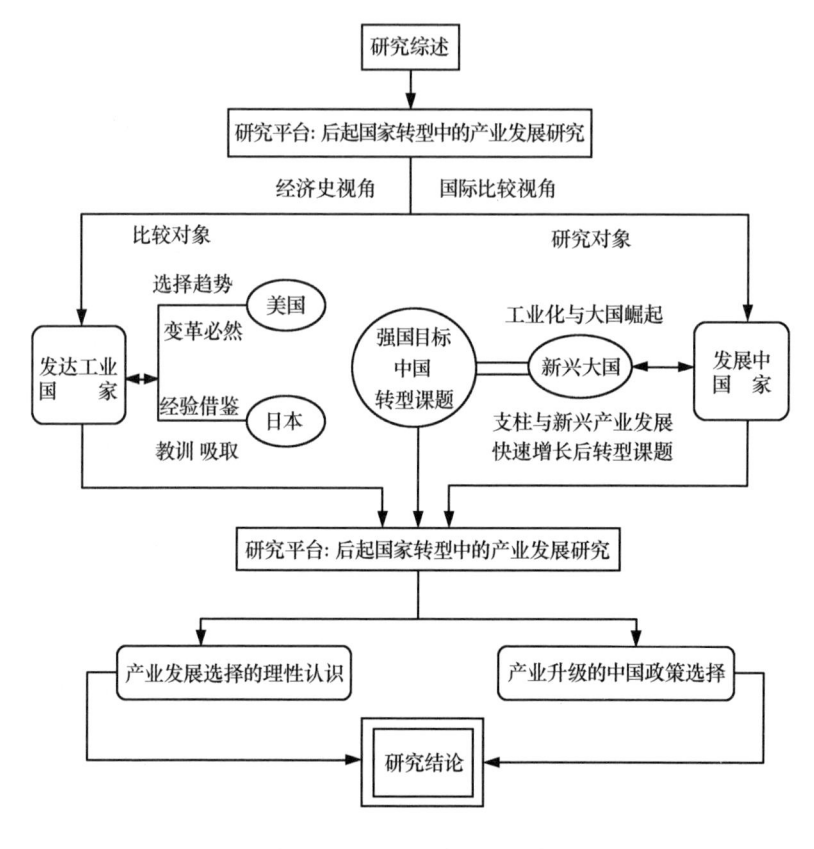

**图绪—1　课题研究框架结构**

## 三　新兴大国产业发展选择研究的主要课题、侧重点及其达成目标

首先，就课题研究的内容而言，其重点也可以说是难点主要有两个方面。第一，是对发达工业国家产业发展轨迹经济史检证基础上的产业变化分析与制造业本质的揭示。由于当代科技的迅速发展及其科技产业化步伐常常使人始料未及，致使我们的分析与认识仅仅是就能够观察到的现象做出，还有待于成熟的产业实

践来检验与深化。① 第二，是对新兴大国面对经济转型以制造业作为发展重点与支点的产业选择阐释。因为对与一国的经济转型相联系的产业转型如何认识，本身就仁者见仁、智者见智，且有流行了半个多世纪的西方经济学理论及其相应的惯性思维。这些现实情况，都极大地增加了对这两个在已有的产业问题研究成果中涉及较少和争论较多问题的研究难度。而事实上，它们都是新兴大国尤其是中国在今天新的历史条件下实现工业化、向现代化强国迈进所需解决的重要问题。因此，也是本书尝试加以探索性推进的重要内容。

其次，就课题研究所使用的方法与达成的目标而言，本书将从中国转型面临的问题意识出发，运用宏观与微观经济分析、计量经济史学、经济史检验等方法，在复杂的国际政治背景下和全球技术、经济、社会发展的深刻变化中，研究和揭示经济转型与产业升级方面的理论性和规律性认识。在注重思想性成果的同时，在战略高度上探索解决新兴经济体发展瓶颈的途径。具体来说，本书采用经济理论探讨与经济史检验融合的方式完成它的研究。学术思想与学术观点上的创新性目标包括下述三个方面。

第一，将工业作为一个完整的产业体系，将工业化作为产业可持续发展的一个过程，运用演化经济学的理论分析揭示制造业发展的当代意义。在力求克服静态的、线性的思维方式与事物认识方法造成不利影响的同时，尝试建立一个新兴大国经济转型与产业发展选择的新的理论研究框架。

第二，尝试通过经济史的宏观与微观史实的检验与国际比较来论证，适应本国实际的、恰当的产业发展及其路径选择，是新兴大国破解转型中的结构性难题和实现民族复兴的一项根本性战略选择。而相应的政策选择应是国家战略层面下相互衔接的有机

---

① 当然，对不当认识部分的纠正也自然包括在这一过程中。

整体。

第三，以新兴大国的视角，探究和认识决定其做出恰当的产业发展选择的基础性和决定性因素，进而基于经济体的大国国情，包括它所面临的复杂国际环境，提出一种后起国家完成工业化和实现可持续发展的产业发展选择理论。

与上述的研究内容、研究方法与研究欲达成的目标相联系，本书是一项有别于那些对世界主要经济体的工业化进程及其经济走势进行全面论述与评估的著作。而是基于美国是当今世界第一制造强国、日本是依据制造业的发展跃升为世界制造强国的事实，将两者分别作为具有不同特点的比较研究对象，在后起大国的同一视角下来观察与分析当今的制造业发展趋势，认识产业演进历史过程中存在的规律性。对中国之外的新兴大国的研究，也是把重点放在新兴大国的崛起与其基础产业——制造业发展的关系上，放在后起的发展中大国具有的相同特征（大国国情与外部环境）及其在今天的经济转型中面对的同样的产业课题上。对中国在当前经济转型中的产业发展选择研究是本书的核心与重点，合理、有效地解决产业转型升级中存在的结构性问题，充分利用一切有利资源、加快我们向现代化强国迈进的步伐，是本书的出发点和落脚点。这些都表明，本书是围绕中国发展的核心命题，在产业领域里所进行的一项专题研究。当然，我们讨论制造业发展的课题，并非否认其他产业的发展，而是着意将制造业的深度发展及其产业升级，与发展中大国所处的位置、所要解决的问题、所要实现的发展目标相联系。也就是意在揭示这类国家的制造业发展，与其解决转型中的发展瓶颈，进而成功地跨越大国追赶陷阱，最终建成现代化强国之间的内在逻辑联系。因此，课题研究的内容结构与研究对象选择，即是遵从上述原则加以安排的。2020年春天爆发的这场席卷全球的新冠疫情对各国与世界经济造成的强烈冲击，并不改变我们基于经济史和国际比较视角的分析得出的规律性认识。

不过,以制造业为中心的产业发展路径选择研究,还只是产业转型研究与认识的一部分,尽管对于当前面临跨越追赶陷阱的新兴大国来说是最为核心的部分,但是对于我们提高人民生活福祉,建设现代化强国宏伟目标而言,还远远不够。通过经济史和国际比较研究,弄清楚中国经济,尤其是工业如何实现高质量发展,将是我们在总结与克服本研究中存在问题的基础上,① 今后产业转型研究的新课题。

---

① 关于本项研究中存在的问题和不足,我们将在后记中进行概括性阐释。

# 第 一 篇

## 后起国家、经济转型与产业发展的研究综述

理论是从实际的研究工作中抽象出来的，并且对于实践具有一定程度的指导意义。中国作为世界最大的发展中国家，目前正面临着深刻的经济转型这一事实，使我们的研究从对经济发展理论中的产业发展研究，以及对经济转型与发展中国家的产业发展的关注开始。

# 第一章

# 经济发展理论中的产业发展研究

第二次世界大战结束以来，一大批新独立的民族国家登上了世界舞台。这些发展中国家的经济发展问题也成为经济学中重要的研究领域。在经济发展理论所涉及的诸多领域中，由工业化所推动的产业发展和经济结构变迁无疑是核心论题之一。很多经济学家围绕着这个主题进行了深入的研究，取得了丰硕的成果。

## 第一节 对经济发展过程中产业结构变迁规律的探索

欧美国家的工业化给后发国家留下了深刻的印象，许多发展中国家认为发展就是工业化，现代工业被视为发达经济的标志。因此，在20世纪五六十年代，工业化被发展中国家普遍作为经济发展的主要目标（迪帕克·拉尔，1992）。在发展经济学的早期文献中，工业化是学者们极为关注的重要问题。从20世纪40年代开始，经济学家们就对发展中国家的工业化问题进行了探讨。其中影响较大的文献包括罗森斯坦·罗丹的《东欧和东南欧的工业化问题》、斯塔利的《世界经济发展》以及曼德尔鲍姆德的《落后地区的工业化》等。这些文献都认为，工业化能够推动欠发达国家实现经济结构的转变和经济增长。

所谓工业化就是现代工业部门逐渐取代传统农业部门成为经

济中的主导产业,并推动经济发展的过程。工业化的过程往往也伴随着经济结构的重大变化,不仅表现为工业部门在产业结构中的比重不断上升,同时工业部门所吸纳的就业在整体就业结构中的占比也在持续走高。按照著名的《新帕尔格雷夫经济学大辞典》中"工业化"(Industrialization)词条的叙述:"一种明确的工业化过程的一些基本特征是:首先,一般来说,国民收入(或地区收入)中制造业活动和第二产业所占比例提高了,或许因经济周期造成的中断除外。其次,在制造业和第二产业就业的劳动人口的比例也有增加的趋势。在这两种比率增加的同时,除了暂时的中断以外,整个人口的人均收入也增加了。"《新帕尔格雷夫经济学大辞典》的表述在很大程度上反映了西方主流经济学界对"工业化"基本特征的共识。

发展经济学家们普遍认为,工业化是发展中国家摆脱经济欠发达状态的必经阶段,而"经济发展意味着经济结构的根本性变化"(吉利斯、波金斯等,1998),因此,工业化过程中的经济结构演变规律就成为当时研究的重点领域。从经济发展史来看,在一个经济体从欠发达状态进入快速发展状态的过程中,伴随着工业化的进展,经济结构——尤其是产业结构——也会发生很大的变化。早在17世纪末,英国古典政治经济学的创始人威廉·配第在其名著《政治算术》中就指出,随着经济的发展,农业人口将减少,而从事工业生产的人口将增加。英国经济学家克拉克通过统计研究也证实了这一规律。刘易斯(1954)通过构建二元经济结构模型,揭示了发展中国家在经济发展早期的产业结构演变。他将发展中国家的产业部门划分为传统农业部门和现代工业部门,由于两个部门间劳动生产率的差异,劳动力将从低效率的农业部门流向高效率的工业部门,这一过程的持续将导致工业部门的规模超过农业部门。库兹涅茨(1977)运用统计方法对57个国家进行截面分析和历史分析,发现了产业结构的演进过程中三次产业依次在产业结构中占据主导地位的演变规律。在经济发展的初始状态，农业在国民经济中居于主要地位，农产品在人们的需求结构中占有很大比重。随着人们的收入水平因经济增长而提高，对工业品的需求会不断增加，从而激励着工业部门的扩张，以不断满足人们的物质需求。当人们的收入水平增加到一定程度，对非物质服务将会产生越来越大的需求，服务业因此而迅速发展。

钱纳里等人（H. Chenery，1986）深入研究了工业占比增加与收入水平变化之间的关系。钱纳里认为，在经济发展过程中，收入水平的变化会影响到经济结构的变化，不同的收入水平会对应着不同的经济结构。在钱纳里等人看来，所谓经济结构的变化，就是需求结构、贸易结构、生产结构和要素使用结构等随着人均收入增长而发生的全面变化。钱纳里等人通过大量的统计数据分析发现，收入增长必然会推动市场容量的扩大，这会导致生产过程中的分工更趋细化，使整个生产过程变得更加迂回，必然会促使部门间的交易增加，使制造业中间产品的使用规模不断扩大，进而导致工业化过程中制造业占比逐渐增加。钱纳里等人认为，经济结构的变化也会影响经济增长，因为收入增长会导致国内供给结构和需求结构的变化，而由此导致的投资率提高和资源重新配置又会推动经济总量的增长。因此，经济发展的实质就是经济结构的成功转变。

在工业化的过程中，不仅产业结构存在三次产业所占比重依次提升的变化规律，工业部门的内部结构也会发生变化。霍夫曼（1931）发现，在工业化的后期，存在着从劳动密集型的消费品部门向资本、技术密集的资本品部门升级的趋势。[①] 随着经济增长带来的收入水平的提高，人们的需求结构会发生变化，这必然刺激生产结构的调整，并进而推动产业结构的变迁。在工业化之初，

---

① 参见刘志彪等编著《产业经济学》，机械工业出版社2015年版，第222页。

为了更好地满足居民的基本生活需求，食品加工、轻纺服装等消费品部门发展较快，由于这些部门都属于劳动密集型行业，对资本和技术等生产要素的要求不高，能够很好地契合发展中国家资本稀缺而劳动力丰富的资源禀赋，因而具有较大的发展空间和较快的发展速度。随着工业化进程的不断深入，发展中国家的资本积累逐渐增加，资本劳动比率也开始发生变化，扩大生产规模、提升生产效率和提高技术水平的要求构成了资本和技术密集型的资本品部门发展和扩张的内在动力。发展中国家的工业部门沿着资源密集型——劳动密集型——资本和技术密集型产业的方向升级，产业结构也因此逐渐由低级化向高级化演进（UNCTAD，2006）。但也有学者认为，"霍夫曼定律"并非放之四海而皆准，库兹涅茨就曾经指出，从美国的发展经验看不出存在什么"霍夫曼定律"，因此，"霍夫曼定律"的公式和数据应该进行重大修正。①

罗斯托（W. Rostow, 1960）通过对世界经济发展史的回顾，从经济史的视角将一个经济体的经济发展过程概括为六个阶段：传统社会、为起飞创造前提阶段、起飞阶段、向成熟推进阶段、大规模高消费阶段和追求生活质量阶段。其中，起飞阶段对应的就是工业化的启动阶段。一个经济体要想开启工业化，实现经济起飞，必须具备一些基本条件：一是资本积累要达到一定水平。工业化离不开大量的物质资本投入，只有在投资率从5%上升到10%甚至更高的条件下，才能保证起飞阶段的经济增长。二是着力发展国民经济的主导部门。在工业化初期，实现产业部门的齐头并进是不现实的。应当让一种或多种重要的制造业部门发展起来。只有将有限的经济资源引导到具有较强的前后向关联效应的主导产业中，通过主导产业的发展及其对相关上下游产业的带动，

---

① 参见杨治《产业经济学导论》，中国人民大学出版社1985年版，第61页。

才能使产业部门整体发展，促进经济持续增长。三是推动整体变革，为工业化的顺利进展创造良好的制度和社会条件。只有营造出有利于工业化发展的政治制度、经济体制和社会结构，才能保障现代产业部门的发展和经济起飞的顺利实现，为此就应当推进全面的变革。

## 第二节 通过幼稚产业保护推动产业成长

对工业化过程中产业结构变化规律的研究，为发展中国家促进产业升级指明了方向。但当时发展中国家面临的现实问题是，在经济发展的早期阶段，工业基础极为薄弱，工业体系尚未完全建立，出口创汇主要依靠初级产品，为满足国内市场需求不得不从国外大量进口工业品。因此，如何才能推动本国工业部门的迅速成长，就成为发展中国家迫切需要解决的关键问题。在20世纪四五十年代，以普雷维什为代表的拉美经委会经济学家认为，由于历史的原因和经济发展水平的差异，在当时的世界经济格局中，发达国家和发展中国家之间构成了"中心—外围"的不平等经济关系，发达国家向发展中国家出口工业制成品，后者向前者出口初级产品。在"中心—外围"的贸易体系下，随着工业部门的技术进步和大宗商品出口规模的扩大，会形成发展中国家贸易条件长期恶化的趋势。要想打破这种格局，就应当实施进口替代的经济发展战略。通过工业部门的发展，以国产工业品替代进口工业品，并随着国内消费需求的不断升级，推动国内工业部门从一般消费品生产部门扩展到耐用消费品部门，进而升级到资本品生产部门，在工业化不断深化的过程中实现持续的经济增长。

要想推进进口替代战略，就必须对本国的幼稚产业进行保护。在第二次世界大战后很长一段时间里，幼稚产业保护论被发展中国家广泛接受。从理论源流来看,最早提出应当对幼稚产业进行有限保护的人是曾任美国财政部部长的汉密尔顿。德国历史学派的代表人物李斯特在其名著《政治经济学的国民体系》中,首次对这一理论进行了系统阐述。在李斯特生活的时代,德国的生产力水平远远落后于英国等先发工业化国家。作为后发国家的德国,尽管能够通过自由贸易换取本国所需要的工业产品,但李斯特尖锐地指出:"财富的生产力比之财富本身,不晓得要重要到多少倍。"[①] 如果完全信奉自由贸易原则,弱小的德国工业部门在与强大的英国工业部门的竞争中会处于下风,对于德国工业部门的发展将非常不利。因此,李斯特认为,只有实行关税保护政策,通过高关税削弱进口工业产品在德国市场的竞争力,才有可能让德国的工业部门获得追赶的机会。他还认为,要想实现工业部门的追赶,仅仅通过关税保护还不够,还应当积极引进国外先进技术,建立专利制度以激励技术创新,完善教育制度以培养更多高素质劳动力等。李斯特也承认,关税保护政策在短期内会损害消费者福利,但"它却使生产力有了增长,足以抵偿损失而有余"[②]。在李斯特理论的指导下,19世纪末德国成功地实现了工业赶超,至今仍然保持着世界工业大国的地位。

在李斯特以后的一百多年时间里,许多经济学家对幼稚产业保护理论不断进行了完善。这一理论的基本观点是,后发国家为了努力推动本国的工业化,应当通过高关税对本国具有潜在优势的幼稚产业进行有限保护。因为这些幼稚产业相对于国外同类企业来说在生产成本上暂时处于劣势,如果后发国家实施自由贸易政策,那么这些未来可能具备潜在成本优势的产业部门将受到国

---

[①] [德]弗里德里希·李斯特:《政治经济学的国民体系》,陈万煦译,商务印书馆1983年版,第118页。
[②] [德]弗里德里希·李斯特:《政治经济学的国民体系》,陈万煦译,商务印书馆1983年版,第128页。

外产品的冲击。因此,后发国家的政府应当通过保护性贸易政策对幼稚产业进行保护。高关税使国外产品价格居高不下,使之相对于国内企业的成本优势不能体现出来,从而使国内企业能够免受巨大的市场冲击。在幼稚产业保护期内,随着国内相关产品需求的增加,国内企业能够不断地扩大生产规模。而随着生产规模的扩大,国内企业的生产经验越来越丰富,工人的劳动技能越来越熟练,产品的质量越来越稳定,使国内企业的生产成本达到甚至低于国外竞争对手的生产成本。当国内幼稚产业具备国际竞争力的时候,幼稚产业保护期就应当结束了。尽管通过贸易政策对幼稚产业实施保护,会扭曲市场价格从而影响资源配置并导致效率的损失,但一旦幼稚产业成长为本国参与国际市场竞争的重要力量,它获取的超额利润将能够完全弥补由于保护性政策带来的福利损失。

20世纪七八十年代,将产业组织理论与国际贸易理论有机融合而形成的新贸易政策获得了很大的发展,代表人物包括迪克西特、斯蒂格利茨、克鲁格曼和兰卡斯特等(如 Dixit & Stiglitz, 1977;Krugman,1984,1987)。这一理论从全新的角度论证了对某些具有规模递增特点的产业实行贸易保护的必要性。与传统的基于报酬不变和完全竞争的贸易理论不同,战略性贸易理论的基本前提是不完全竞争和规模收益递增的假设。战略性贸易理论利用数学模型进行了严格的推理和论证,证明了自由贸易政策的非最优性和某些情况下政府干预的合理性,由此形成的政策建议与传统的幼稚产业保护论殊途同归。这一理论指出,某些产业部门具备动态规模经济的特征,即生产成本随着生产规模的增加而呈递减趋势。不仅如此,由于这些产业具有资本或技术密集的特点,这些产业的形成和成长有利于技术在国内产业部门间的扩散。因此,国家扶持这些产业部门有益于经济增长。战略性贸易理论认为:对于某些存在较大的外部规模经济效应的战略性产业来说,政府通过关税、补贴等手段对国内市场进行保护，使国内企业在免受国外企业竞争的情况下能够占有国内市场的大部分份额，从而能够不断的扩大生产规模，并在这一过程中通过大量生产和大量销售的"边干边学"，使边际生产成本沿着"学习曲线"不断下降，逐渐形成规模经济和低成本竞争力，最终使国内的低成本商品能够在国际市场上与跨国公司分庭抗礼。如果一个国家希望处于产业技术发展的前沿，就必须扶持那些具有明显的规模经济和外部性的产业部门。

## 第三节　技术进步对产业发展和经济增长的贡献

技术进步、产业发展与经济增长之间的相互促进关系很早就为经济学家所关注。在古典经济学家所处的时代，尽管工商业已经得到了很大的发展，但农业在国民经济中仍然占有很大的比重。因此，古典经济学家将土地等自然资源视为经济增长最重要的源泉，由于可开发的土地总量是有限的，因而古典经济学家认为经济增长是不可持续的。亚当·斯密认为，劳动分工的扩大和市场容量的扩张将会促进国民财富的增长，但经济增长最终会因为自然资源的匮乏而终止，"一国所获的财富，如已达到它的土壤、气候和相对于他国而言的位置所允许获得的限度，因而没有再进步的可能"①。马尔萨斯更是强调，在土地报酬递减规律的作用下，人口的过度增长将导致食物短缺，最终将会以战争、瘟疫等可怕的方式阻止经济增长。

古典经济学家对长期经济增长的悲观预言并未得到应验，相反，两百年来世界经济出现了人类历史上从未有过的长期持续增

---

① ［英］亚当·斯密：《国民财富的性质和原因的研究》（上），郭大力、王亚南译，商务印书馆1972年版，第87页。

长。这在很大程度上得益于市场机制的引导和技术进步的推动，使经济增长突破了土地的制约，从依赖自然资源转向依靠物质资本的积累，自发完成了经济增长源泉的转换。20世纪70年代以前，主流经济学对影响经济增长的因素进行了详细的研究，哈罗德、多马、托宾、索洛、斯旺、米德等著名经济学家先后提出了一系列经济增长模型，探讨了实现经济长期均衡增长的条件，在此基础上形成了新古典的经济增长理论。尽管新古典增长理论建立在发达国家经济增长历史经验的基础上，但它曾经被广泛地应用于对发展中国家经济增长的研究，并长时期指导过这些国家经济发展的实践。在一些国际开发援助机构的教导下，战后很多发展中国家的政府曾经认为，一个国家经济增长的前景很大程度上取决于该国的资本和劳动力等物质资源的投入，而发展中国家普遍存在着大量的未充分就业的农村剩余劳动力，因而资本积累的水平成为制约经济增长最重要的因素。为此，就必须努力提高储蓄率，使之超过打破贫困恶性循环的最小临界水平，以获得足够推动经济起飞的资本积累。但这种增长理论在发展中国家的实践并没有取得预想的效果。尽管这些国家通过动员储蓄和引进外资等手段，在不同程度上促进了本国的资本形成，但由于资本和土地一样面临着边际报酬递减的问题，过度的资本投入不仅导致了投资效率的下降，而且还消耗了大量的自然资源，并带来了环境的破坏（威廉·伊斯特利，2005）。东亚国家自20世纪60年代以来的产业升级和经济快速成长曾经被世界银行誉为"东亚奇迹"，但正如克鲁格曼所质疑的，这种建立在资本和劳动等要素大量投入之上的所谓依赖"汗水"而不是来自大脑"灵感"的增长方式是不可持续的（Krugman，1994），亚洲金融危机的爆发为这种观点做了充分的注解。大量的事实证明，单纯依靠物质资源的投入来推动产业成长并拉动经济增长，也许可以在短期内创造总产出数量增长的奇迹，但无法保证长期的经济增长。为了维持可持续性的经济增长，就需要寻找促进产业成长和经济增长的新源泉。

随着主流经济学对经济增长研究的深入，逐渐认识到技术进步和人力资源投资对于产业发展和经济增长的促进作用。索洛将技术进步因素引入增长模型中，试图将人均产出增长中由技术进步引起的部分和由人均资本占有量变化引起的部分区别开来。他检验了1909—1949年美国的经济增长，发现美国总产出的增长中只有12.5%左右归功于物质资本的投入，剩下的87.5%则无法得到解释，这就是所谓"索洛余值"，这种总产出增长中不能被要素投入增长所解释的部分被归因于技术变化。在索洛的模型中，技术进步只是一个外生变量，他没能解释技术进步的源泉。因此，如何将技术进步内生化就构成了此后若干年间经济增长理论研究的核心。直到20世纪80年代，罗默和卢卡斯才分别成功地构建了技术进步内生化的经济增长模型，从而掀起了新经济增长理论研究的热潮。新增长理论认为：在推动经济增长的诸多因素中，技术进步是决定性的因素。技术进步依赖知识积累和人力资本投资，技术、知识的创新和人力资本投资都具有很强的外部性，能够使生产呈现出规模收益递增的趋势。较之于单纯依靠物质资本的经济增长，知识积累和技术创新所驱动的经济增长能够创造更加巨大的增长机会。技术进步是经济参与者在追求利益最大化的过程中自主最优选择的结果，因此，一切有利于创新活动的努力都有利于保持经济增长的可持续性。事实上，从20世纪70年代开始，以美国为代表的发达国家在技术创新的推动下，又一次实现了经济增长源泉的转换，从主要依靠资本、劳动力等传统生产要素的投入转向主要依赖技术进步、知识创新和人力资本等无形要素的投入（Paul A. David，2005）。建立在技术进步基础上的全要素生产率的提高已经成为产业成长和经济增长的主要驱动力量。克鲁格曼曾就此总结道，"生产率不等于一切，但在长期内，它几乎竟未着一切"①。

## 第四节 后发国家产业发展中的政府干预

在以新古典经济学为代表的主流经济学看来,市场经济的有效运行建立在个人和企业的自由决策和自主行动的基础之上。在市场经济制度下,通过市场机制的运转和企业之间的竞争过程,最终能够实现资源的有效配置、生产力的提高和技术进步。按照这种观点,任何针对产业部门的经济政策都由以下部分构成:一是维护和促进市场竞争,保证市场机制的有效运转;二是通过政府干预克服"市场失灵"。这种理论框架将市场机制置于其他一切因素之上,政府干预的领域和作用非常有限。但20世纪60年代以来东亚地区的经济发展经验挑战了这种理论。在东亚的后发工业化国家和地区,发展型政府在某些产业部门通过有意识的限制自由贸易和约束国内竞争,反而推动了幼稚产业的成长和国际竞争力的提高,并最终带动了整个国民经济的持续高速增长(Chalmers Johnson, 1982; Pack et al., 2000)。

发展中国家的经济发展历程通常体现为产品结构从单一到多样化的过程,这些国家在力图实现产品结构多样化的时候,通常面临着信息外部性和协调外部性的问题,在这些领域市场力量是无能为力的。豪斯曼和罗德里克认为,对于发展中国家来说,形成新的产业部门或者创造新的产品需要开拓型企业家的投资。而企业家在准备投资于新的产业或者新的产品前,对于这项投资的成本结构和投入产出比并不清楚,从国外引进的技术也必须经过

---

① 参见 Paul Krugman, *The Age of Diminished Expectations*, MIT Press, Cambridge, Mass, 1990, p.9, 转引自[美]萨缪尔森等《宏观经济学》(第16版), 萧琛等译, 华夏出版社1999年版, 第283页。

适应性的改进才能适应本国市场的需求，企业家进行开创性投资的过程被称为"自我发现"。对于企业家来说，一旦投资失败，他将独自承担全部经济损失；而一旦投资成功，如果没有足够的进入壁垒，他通过"自我发现"了解到的关于进入这个产业或者投资这个产品的相关知识将可能通过某些渠道外溢，模仿者的蜂拥而至将使企业家通过创新实现的垄断租金很快丧失。因此，如果经济运行完全由市场自发调节，由于个人成本和社会收益的不对称，后发国家的企业家将不会有足够的热情去从事"自我发现"，从而阻碍这些国家的产业升级和动态比较优势的形成。因此，应当对那些勇于尝试的企业家进行补贴，使他们有很强的激励去尝试开发和生产该国具有潜在比较优势的产品（Hausmann Ricardo，Dani Rodrik，2003）。

罗德里克认为，除了存在信息外部性以外，发展中国家在产业发展中还面临着协调外部性的问题。任何一个产业部门都是由一条完整的产业链构成的。对一个新产业或者一项新产品的投资，如果想产生利润，往往需要生产配套产品的上下游部门或企业同时进行投资。在后发工业国经济发展的早期阶段，由于跨部门的互补性投资规模十分巨大，超出了民间部门的投资能力，就需要由政府出面协调民间部门的投资行为（Dani Rodrik，2004）。林毅夫（2007）则从另一个角度探讨了政府干预的必要性。后发国家的工业发展通常是沿着现有产业链逐渐实现产业升级，后发国家的企业能够从先行国家的产业发展中获得充分的信息，对下一个发展阶段具有市场前景的产业或者投资领域产生共识，对投资回报率产生很高的预期，从而导致趋同性的投资，形成投资中的"潮涌现象"，其结果最终导致相关产业的产能严重过剩，最终极大地降低投资回报率。由于政府相对于企业拥有更多的信息优势，更加了解市场需求和全社会的投资、信贷总量，政府有必要通过推行产业政策让企业了解相关信息，并通过设定市场准入条件和银行信贷标准来引导企业的投资方向,以避免企业过度的重复投资。这些经济发展的初始条件构成了后发工业国政府通过政策干预扶持产业发展的逻辑起点。

政府对产业部门提供支持以推动产业部门发展或增强其产业竞争力的政策通常被称为产业政策。按照政策实施对象和作用的不同,产业政策通常被区分为"功能性产业政策"和"选择性产业政策"(Lall, 1994),前者是指政府通过提供人力资源培训和R&D补贴来提高产业部门国际竞争力的政策,它对整个产业部门具有普适性,并没有特定的产业指向,而后者则是为了实现特定的经济发展战略目标而选择主导产业和冠军企业并加以扶持的政策。世界银行对东亚地区产业政策的运作机制进行了深入研究(世界银行, 1995),发现东亚地区并不是简单效仿发达国家的产业发展规律来选择待扶持企业,而是由政府设定优胜标准,并模仿市场竞争机制组织企业间的竞赛,并从中挑选优胜者。在以劳动密集型产业为主导产业的发展时期,政府主要根据企业的出口业绩来识别优胜者,并给予银行信贷、税收优惠、外汇额度等奖励。不仅如此,政府还建立了严格的惩罚机制,业绩没有达到政府设定的最低目标的企业,将会受到被逐出优胜者之列的惩罚,政府给予的种种优惠也会随之取消(Amsden, 1989; Wade, 1990)。这种有奖有罚的激励机制被罗德里克称为"胡萝卜加大棒"(Rodrik, 1995)。而在产业结构向重化工业升级的过程中,对资本和技术密集型产业部门实行了"延缓进入"的动态市场准入管理制度(金滢基、马骏, 1998)。政府通过许可证管理设置了严格的行政准入制度,并根据既往经营业绩来挑选具有经营规模和技术能力的企业,向它们颁发重化工业部门的生产许可证。在市场准入壁垒的保护下,重化工业领域的在位企业不仅可以获得政府给予的各项补贴,还能够在垄断性的市场结构中获得超出竞争性市场中正常利润的额外收益。政府不仅会对在位企业提出严格的绩效标准,每隔一段时间后还会选拔一批企业进入重化工业部门。这种以"延缓进入"为特征的企业竞赛,推动了东亚地区在重化工业领域生产能力的有序扩张。

在发展中国家产业发展的过程中,政府干预究竟发挥了多大的作用?关于这个问题一直存在着激烈的争论。一些学者强调产业政策对于经济赶超的必要性,政府通过干预资源在不同产业之间的配置过程,能够在较短的时间内迅速实现产业结构的升级,因此,政府干预对于东亚地区的产业发展和经济增长是至关重要的。① 持否定态度者则认为,东亚经济成功并非归功于政府干预(Noland Marcus and Howard Pack,2003)。政府干预政策有效实施的前提是人为扭曲产品和要素价格,由于与赶超经济相伴而生的公共规制、过高的法人税以及限制竞争的商业习惯等弊端长期得不到革除,使生产要素很难从低效率的产业部门释放出来并顺利转移到高效率的产业部门,从长期看,反而拖累了经济增长(新庄浩二,2003)。支持产业政府干预的理论在20世纪80年代和90年代上半期一度非常流行,但批评的声音从来就没有平息过。亚洲金融危机使理论之争的态势出现逆转,主张亲善市场、反对产业政策的新古典理论再度占据上风。但由于一度奉行"华盛顿共识"的拉美国家经济发展不尽如人意,而政府干预较为明显的中国、印度、越南等国的经济增长极为迅速,对政府干预和产业政策持肯定态度的观点又有所抬头(UNCTAD,2006)。随着美国金融危机的不断深化,美国政府对金融和产业部门的救援和干预逐渐升级,对"华盛顿共识"以及作为其理论基础的新自由主义的否定声浪重新高涨,政府在经济发展中的作用问题又一次成为学

---

① Chalmers Johnson, 1982, *MITI and the Japanese Miracle: The Growth of Industrial Policy*, Stanford, California: Stanford University Press; Amsden, Alice H., 1989, *Asia's Next Giant: South Korea and Late Industrialization*, New York: Oxford University Press; Wade, Robert, 1990, *Governing the Market: Economic Theory and the Role of Government in East Asian Industrialization*, Princeton: Princeton University Press.

术界关注的焦点。

尽管对产业政策的评价存在严重的分歧,但学者们对于产业政策对技术进步的推动作用的认同度相对较高。他们认为,对于后发工业化国家而言,市场在技术变迁的动态过程中并不能自发地实现效率,正是这种外部性赋予政府重要的角色(约瑟夫·斯蒂格里茨,2005)。金麟洙通过对韩国电子、汽车、造船等行业的深入研究,也认为有效的政策有助于产业的技术赶超(金麟洙,1998)。有的学者虽然并不赞同产业政策,但也对"国家创新体系"这个"产业政策的孪生姐妹"给予一定的认可(约翰·威廉姆森,2005)。

关于政府干预有效性的争论还会长期进行下去。世界银行比较客观地指出,虽然对于积极的产业政策作用的认识仍然很不一致,但它很可能是非常重要的(World Bank,2005)。[1] 尽管如此,政府干预并非放之四海而皆准,它的有效性取决于特定时期的特定制度安排,这就在一定程度上解释了东亚的政府干预政策为什么在其他发展中国家的产业发展中很难发挥预期的作用。

---

[1] World Bank, 2005, "Economic Growth in the 1990s, Learning from a Decade of Reform", Washington, D. C..

第二章

# 经济转型与新兴经济体国家的产业发展

随着经济全球化的不断深入，越来越多的发展中国家通过承接国际产业转移融入国际生产体系，工业尤其是制造业部门获得了长足的发展，进而推动了经济的快速增长。但与此同时，新兴经济体的结构性矛盾也开始显现，推动经济结构的转型升级成为新兴经济体实现持续稳定增长的关键因素。近年来，国内外很多学者围绕着新兴经济体的发展转型问题尤其是产业升级问题进行了大量研究，深化了对新兴经济体产业发展动因、特征和升级方向的认识。

## 第一节 新兴经济体的快速增长及其原因分析

近年来，新兴经济体（Emerging Economy）的迅速崛起是世界经济发展中十分引人注目的现象。新兴经济体通常是指由于政府积极推行市场化、自由化的政策而实现了工业化迅速推进、经济持续高速增长的发展中经济体或者转型经济体（Arnold, D. J., Quelch, J. A., 1998; Jain, 2006）。由发展中大国巴西、俄罗斯、印度、中国和南非所构成的"金砖国家"通常被作为新兴经济体的代表（O'Neill, 2001）。此后，美国高盛公司又提出了"新钻11

国"（"N-11"，包括孟加拉国、埃及、印度尼西亚、伊朗、韩国、墨西哥、巴基斯坦、尼日利亚、菲律宾、土耳其和越南）概念（Goldman Sachs，2005），20国集团中的11个新兴大国（E11，包括阿根廷、巴西、中国、印度、印度尼西亚、韩国、墨西哥、俄罗斯、沙特阿拉伯、南非和土耳其）也经常被视为新兴经济体的代表。

新兴经济体的崛起正在对世界经济格局和全球经济治理产生深刻的影响。高速增长是新兴经济体最引人注目的标志性特征。21世纪以来，新兴经济体以高于发达经济体的增速实现了经济的快速增长，使新兴经济体创造的GDP在全球GDP中占的比重不断提高。田春生和郝宇彪用来自各方面的数据证实，全球经济增长在很大程度上得益于新兴市场的拉动。新兴经济体不仅是世界经济增长的新引擎，而且在全球金融危机的最初阶段还成为稳定世界经济的支撑力量，金砖国家还一度引领了全球经济复苏（田春生、郝宇彪，2011）。新兴经济体的高速增长在很大程度上得益于工业化。金砖国家的工业化通常表现为"压缩式"工业化，即在几十年的时间里走完发达国家上百年的工业化进程。随着新兴经济体工业化的不断深化，全球经济重心也开始从发达经济体向新兴经济体偏转（郭朝先、刘芳，2013）。张宇燕和田丰从国际贸易、国际资本流动和重点产品产出等方面对E11国家的全球影响力做了分析，发现这些国家在应对金融危机的过程中，比发达国家更快地化解了全球金融危机的冲击，并推动了全球经济的稳定和复苏（张宇燕、田丰，2010）。新兴经济体的崛起挑战了发达国家在世界经济中的主导地位，推动了西方国家主导的全球治理机制的调整改革，削弱了西方国家在很多国际事务上的影响力（高祖贵等，2009）。新兴经济体与发达经济体彼此间的力量消长，导致二者在世界经济格局中的力量对比发生了改变，使发达国家不得不在全球经济治理中更多地关注发展中国家的利益诉求（沈铭辉、葛伟，2013）。新兴经济体的崛起将导致全球经济格局的重塑，这不仅表现在新兴经济体国际贸易地位的不断上升，其金融实力的不断提升也会促进国际金融体系的重大变化（刘洪钟、杨攻研，2012）。

很多学者对新兴经济体快速增长的原因也进行了深入的探讨。田春生和郝宇彪通过对金砖国家的分析，从"后发优势"、资源禀赋的优势以及城市化拉动等方面揭示了新兴经济体崛起的共性因素。面对无可抗拒的经济全球化发展趋势，新兴经济体积极参与经济全球化带来的产业转移。廉价的劳动力成本优势和优越的区位优势，使新兴经济体成为发达国家向外转移劳动密集型产业的重要区域。通过承接发达国家的产业转移，并结合本国的资源禀赋和比较优势来选择适合发展的产业部门，新兴经济体的国内产业结构也不断升级，初步实现了从农业国向工业国的转变，国内市场化的程度也在不断提升（田春生、郝宇彪，2011）。林跃勤则认为，新兴经济体在经济起飞之初，面临资金、技术方面的不足，往往会选择以消耗大量的资源和劳动为特征的粗放型经济增长方式，通过大规模的要素投入来推动经济增长（林跃勤，2001）。王勋和方晋对20世纪70年代以来新兴经济体增长的可持续性进行了经验分析，即新兴经济体的快速增长究竟是依靠劳动和资本积累，还是依靠技术赶超和生产率增长。他们通过比较研究，认为新兴经济体增长的重要因素依然是资本积累和劳动力供给的不断增加。但他们也发现，全要素生产率在新兴经济体增长中的贡献率呈现持续上升的趋势，而传统生产要素贡献率的占比则不断下降，这表明全要素生产率已开始成为新兴经济体持续高速增长的重要推动因素（王勋、方晋，2011）。

## 第二节　新兴经济体发展中面临的困局与经济转型

尽管新兴经济体在21世纪初曾经创造了经济增长的奇迹，但随着全球金融危机的不断深化，新兴经济体的经济发展也呈现出普遍疲软和减速态势，这在金砖国家显得尤为明显。金砖国家不仅经济增长率明显下滑，其他经济指标也不尽如人意：股市整体表现较差，资本外流较为严重，本币普遍贬值、宏观杠杆率不断提高，产业国际竞争力也出现不同程度的下降（林跃勤，2013）。法里德·扎卡利亚（2011）认为，这些现象的出现和持续，表明金砖国家并未如人们所预期的那样在持续崛起。金砖国家的国际影响力依然非常有限，因为来自国内外的挑战使金砖国家的经济发展后续乏力（Fareed Zakaria，2011）。

什么因素导致了近年来新兴经济体的增长乏力？李向阳认为，国际金融危机的后遗症导致新兴经济体在短期内经济增速的放慢。由于新兴经济体对国际市场的依存度较高，而发达国家的经济复苏比预想的更加艰难，导致新兴经济体的外部环境日趋恶化。全球经济"再平衡"与发达国家"再工业化"也会导致国际生产体系和国际资本流动发生变化，对新兴经济体构成新的挑战（李向阳，2013）。沈铭辉等人也探讨了新兴经济体经济崛起的外部风险，认为金融危机的深化导致新兴经济体的经济增速明显放缓，表明新兴经济体的经济发展仍然没有实现与西方发达国家经济"脱钩"。由于新兴经济体的经济发展依然依赖外部需求特别是发达国家的需求，极易受到国际市场需求波动和发达国家经济周期性波动的影响，如果新兴经济体不通过结构性改革来改变这种状况，未来新兴经济体的可持续增长仍将难以摆脱外部风险的影响（沈铭辉、葛伟，2013）。

也有学者认为，新兴经济体经济增速放缓的原因在于传统竞争优势正在逐渐弱化，而经济结构调整又明显滞后。张建平等人认为，金砖国家在经济发展的过程中，充分利用了各自的比较优势，推动了经济的快速发展，但这些优势逐步受到削弱。随着俄罗斯、南非和巴西不可再生资源的逐渐减少，其资源出口导向型增长也难以持续。金砖国家的经济转型缓慢和经济调整滞后也导致其产业结构升级困难。金砖国家处于全球价值链的下游，技术含量与附加值水平较低，因此金砖国家的整体竞争力较弱，受外部波动影响较大（张建平、王实、倪晨阳，2016）。James Saft 则认为不同的金砖国家存在着不同的结构性问题。中国的问题在于国内消费增长缓慢，不得不过度依赖投资。同时国内社会保障体制不健全，使得中国家庭不得不进行大量储蓄，以至于银行体系无法有效储蓄这些配置，导致银行体系风险不断累积。而俄罗斯和巴西自然资源丰富，与中国经济的互补性强，尽管中国的经济增长拉动了这两个国家的自然资源出口部门发展，但也使得它们的经济结构过于依赖自然资源开采，形成类似"荷兰病"的经济增长隐患（James Saft，2013）。Panos Mourdoukoutas 则认为新兴经济体最大的问题在于过分依赖资源禀赋和要素投入，科技进步对增长的贡献偏低。固定资产投资的不断增加是推动中国、印度等国经济快速增长的动力，而技术进步的作用并不突出。2005—2010 年，金砖国家经济增长中创新的贡献率低于 30%，仅为发达经济体的一半。金砖国家的生产能力有了长足进步，但知识创新的能力仍有待提高（Panos Mourdoukoutas，2012）。

## 第三节 转型升级方向的讨论

### 一 重新审视制造业

在发展中国家致力于工业化的同时，以美国为代表的发达国家的经济结构调整出现了全新的趋势：制造业在经济中的比重不断下降，但制造业的生产效率和竞争力却在不断提高，产业链的高附加值环节成为制造业发展的重点；经济发展主要依赖于服务业发展的规模和速度；在服务业中发展最快的是生产性服务业，生产性服务业的增加值和就业一直在持续上升；借助于信息技术的推动,服务业克服了劳动生产率低下的所谓"鲍莫尔成本病",劳动生产率出现了大幅度的提升,并带动了整个产业部门全要素生产率的提高。美国等主要发达国家的服务业占 GDP 的比重已经达到了 70% 以上,服务业成为经济发展的主要推动力量,发达国家正在实现由工业经济向服务经济的转型,这些国家的经济发展水平因此而得到了进一步的提高。

正是基于对发达国家经验的观察,很多人认为,经济发展并非简单地意味着农业国的工业化,产业结构的升级也不只是表现为制造业在国民生产总值中的比重上升。近年来,新兴经济体也出现第二产业占比下降,第三产业占比上升的趋势。这是不是意味着新兴经济体的工业化已近尾声,新兴经济体的发展即将进入一个以服务业为主导的新阶段了?不少经济学家对此进行了深入分析。制造业对于一个经济体的重要性不会因为工业化的完成而逐渐消失,金融危机后发达国家对制造业重要性的重新反思和"再工业化"政策的相继推出表明,即使是处于后工业化时代的发达国家,其经济的可持续增长也离不开制造业的有力支撑。哈佛大学豪斯曼教授等人的研究表明,随着制造业的持续发展,人们的生产技能和技术积累会不断增加,创造知识的能力会持续提升,这就使得制造业越发达的国家所能够生产的工业品越复杂。因此,从产品的复杂性中就能够预测一个国家的长期增长前景。而不同国家间之所以会形成较大的收入差距,与它们之间制造业的强弱有着直接的关系(Hausmann 等,2007)。因此,制造业的发展不仅能够直接创造经济价值,在国民经济的长期可持续增长中更是起到了不可替代的作用。从技术创新的来源看,制造业历来是技术创新最为活跃的部门,制造业部门不仅是技术创新和技术进步的主要推动者,同时也是新技术更为重要的使用者和传播者(黄群慧,2014)。Rodrik 认为,对于发展中国家来说,如果想实现对发达国家的经济追赶,只有借助制造业这个梯子才能持续向上攀登（Rodrik，2014）。

一些学者认为，以金砖国家为代表的新兴经济体可能正面临着过早"去工业化"的问题。王文和孙早通过对历史数据的分析发现，在英国、美国和日本这三个已经完成了工业化的发达国家中，当制造业在国民经济中的占比达到最高峰的时候，其人均GDP都在10000美元左右（按1990年价格计算）。而中国在人均GDP仅为3000美元左右时，制造业在GDP中的占比就开始下降。在相对较低的人均收入水平上，中国制造业的产出规模和就业规模就出现收缩的趋势，这表明中国制造业的拐点较发达国家来得更早（王文、孙早，2017）。Rodrik也认为，中国的去工业化可能来得太早（Rodrik，2016）。李钢等人利用购买力平价分行业数据，对2000—2009年中国的产业结构进行了计算，计算结果表明，与目前中国人均GDP相同时的发达国家产业结构相比，中国第二产业在GDP中的占比偏低，因此，中国第二产业尤其是制造业还有一定的上升空间，推动第二产业的发展不仅是中国产业升级的方向，也是产业政策发力的重点（李钢等，2011）。付保宗对韩国和巴西经济发展进行比较研究后认为，韩国和巴西在工业化中后期的发展趋势出现了明显分化，韩国成功跨入发达国家的门槛，而巴西至今仍在中等收入陷阱中徘徊，导致经济发展绩效出现明显差异的原因，可以从工业尤其是制造业地位的变化中来寻找。在工业化中后期，与韩国相比，巴西工业所占比重出现大幅下滑，工业占比的下降往往会导致经济和收入增长大幅放缓（付保宗，2014）。

## 二 技术创新与新兴产业发展

竞争是市场经济的本质要求，也是市场机制发挥作用的核心过程。市场竞争有助于激发技术创新，提高企业效率，推动产业发展，并最终改善消费者福利。在一个完善的以市场机制为主导的经济体制中，价格机制这只"看不见的手"指引下的资源配置过程，同时也是一个市场参与者之间通过公平竞争和优胜劣汰不断分化的过程，在竞争机制的筛选下，低效率的企业最终被淘汰，由此释放出的生产要素被高效率的企业所吸收。效率较高的企业通过技术创新和不断扩大经济规模来逐渐增加市场份额，产业演进的结果通常是少数优势企业拥有较多的市场份额，最终形成垄断竞争或者寡头垄断的市场结构。竞争推动的经济资源的集中使大企业逐渐形成了规模经济的优势。

第一次产业革命以来的全球产业发展史表明，创新和竞争是产业演进的主要推动力量。但在技术创新速度越来越快、成本越来越高的时代，仅仅依靠企业的力量去推动一个国家的技术创新是远远不够的，政府在推动技术进步中将能够发挥重要的作用。新兴产业具有战略性、不确定性、正外部性和复杂性的特征（李晓华、吕铁，2010），容易产生市场失灵，这就为政府干预提供了很大的空间。对于包括中国在内的新兴经济体来说，新兴产业在起步阶段，通常面临着技术研发能力不足、国内产业部门配套能力欠缺、国内市场容量有限等不利情况，市场机制不能充分发挥资源配置的作用，政府干预的积极作用可能更为明显。

在一些学者看来，如果对东亚国家和地区工业化过程中技术变迁的动态过程和机制加以考察就不难发现，政府积极有效的干预决定了后发国家技术进步的速率和方向（Sanjaya Lall，2004）。在技术创新速度越来越快、成本越来越高的时代，仅仅依靠企业的力量去推动一个国家的技术创新是远远不够的，政府在推动技术创新和技术进步中的作用将会越来越重要。弗里曼等人通过对日本技术变迁的研究发现，日本之所以能够从第二次世界大战的废墟中仅仅用了二十多年的时间就完成了全面的经济赶超和技术跨越，技术立国的发展战略功不可没，通产省推行的产业政策特别是技术进步政策对于企业的技术创新起到了重大的推动作用。

通产省等政府机构与产业界和大学共同制订并实施了具有前瞻性的长期科技发展计划。正是得益于政府的鼓励和产业政策的支持，日本才逐渐形成了产官学一体化的国家技术创新体系，从而有效地支撑了日本的技术进步和经济增长（Freeman，1987；克利斯·弗里曼、罗克·苏特，2004）。

在经济发展进入以技术创新为主导的新阶段以后，政府干预在产业发展中的作用也在发生新的变化，不当的政府干预不仅不会促进技术进步和产业升级，反而会阻碍产业成长。在很长一段时期里，东亚地区的政府通过选择主导产业并加以大力扶持来促进产业部门迅速成长。这种政府主导的发展战略以及为实现战略而推行的产业政策在经济发展的初期阶段可能会比较奏效，因为有发达国家的产业发展经验可资借鉴。但随着国内的产业升级和经济结构的日趋复杂，政府认知能力的局限性蕴含着预测失误的可能。如果政府对下一个阶段战略性产业的判断出现较大的失误，挑选并扶持主导产业的政策必然导致大量资源的浪费并延缓相关产业的发展。完成了经济赶超任务以后，日本就一直在寻找下一代主导产业。在日本政府看来，以计算机为核心的信息产业应当在促进日本经济实现"创造性的知识密集化"方面起核心作用。但是在著名的第五代计算机项目中，由于通产省的技术预测失误，日本 IT 企业穷尽十年之功的研究成果不仅没有产生直接的商业价值，而且由于研发方向的偏差，使一度缩小的日美 IT 企业之间的技术差距继续扩大，在 20 世纪 90 年代席卷全球的知识经济浪潮中，日本 IT 企业在商业和技术上没有太大的作为（马丁·弗朗斯曼，2006）。尽管日本朝野近年来一直在为寻找新的主导产业群而努力，但至今尚未发现可与钢铁、家电、汽车产业相媲美的，能够极大地推动日本经济发展的主导产业。这种努力本身就表明日本仍未摆脱赶超型发展方式的思维，仍然试图通过预测技术经济前景来发掘产业部门的竞争潜力。日本已经身处世界产业和技术前沿，由于新兴的技术及与之相关的市场都具有极大的不确定性，开拓新兴产业的任务只能由企业自己来完成，企业在追求创新垄断收益的过程中才会逐渐发现并形成新型主导产业群，这个过程充满着试错，政府是无法代替企业的。

### 三 利用全球价值链促进产业升级

在经济全球化的过程中，跨国公司将产品的制造过程进行分解，并根据不同生产阶段对生产要素和技术的不同要求，以及不同地区成本、资源、物流和市场的差别，在全球范围内进行有效率的区位配置，把非核心的生产活动分包给成本更低的发展中国家的企业去完成，实现产品型号的分工、产品零部件的分工和产品工艺流程的分工，使位于不同国家的共同参与某项产品制造过程的企业形成一个国际分工协作网络，每一个生产环节都成为全球生产体系的一部分。这些位于不同生产环节上的价值节点共同构成了全球价值链。在经济开放的过程中，新兴经济体不同程度地加入全球价值链中。张桂梅和赵忠秀利用 OECD 和 WTO 附加值贸易库的数据，对新兴经济体中的 E11 国家在全球价值链中的地位进行了分析，认为随着这些国家参与全球价值链分工的程度不断加深，它们在全球价值链分工中的国际贸易地位和利益在不断提升，但总体上还停留在利用资源、劳动力等初级要素的发展阶段，在全球价值链分工的供给和需求中的地位明显不对等，前者强而后者弱，这导致未来还将面临不少的风险和挑战。因此，新兴经济体应积极促进本国的要素升级，提高产业的技术能力，推动自身在全球价值链分工中的地位不断提升，最终形成以本国企业为主导的全球价值链分工体系，从而实现贸易利益的最大化（张桂梅、赵忠秀，2015）。刘仕国等人则从六个方面探讨了新兴经济体如何利用全球价值链实现产业升级。一是扩大对外开放，新兴经济体的产业部门应当加入全球生产体系，成为全球价值链的组成部分；二是新兴经济体的企业利用全球价值链，通过产品、工艺、功能和链条四种形式，实现产业升级；三是利用规模越来越大的中间产品贸易，消化吸收国外技术并进行创新，实现产业升级；四是利用全球价值链上的国际直接投资促进产业创新；五是整合国内价值链与加入特定的全球价值链，并推动区域价值链的组建；六是通过促进区域市场融合来推动产业发展（刘仕国等，2015）。隆国强探讨了中国在开放经济下实现产业升级的途径：在传统产业领域，应当促使中国企业所处的价值链环节向"微笑曲线"两端升级，以提升我国在全球产业价值链的分工地位；要提升资本与技术密集型产业的国际竞争力，传统的"进口替代"战略就应当让位于开放发展的新战略；要推动服务外包的发展，以增强技术密集型服务业的国际竞争力；还应当通过积极参与全球基础设施建设，带动我国装备和服务"走出去"（隆国强，2016）。

# 第三章

# 对相关文献的简要评述

大量的文献对于经济发展中的产业发展问题以及新兴经济体转型中的产业发展问题进行了讨论,不仅形成了很多富有启发性的理论观点,对于发展中国家的产业发展政策也提供了积极的指导作用。因此,本章从理论和政策两方面对这些文献进行简要评述。

## 第一节 对发展经济学中产业发展理论的简短评述

第一,自发展经济学成为经济学的一个重要研究领域以来,经济学家们围绕着经济发展过程所涉及的各个方面进行了深入的研究。尽管经济增长离不开产业发展的支撑,但发展经济学的理论框架中并没有完整系统的产业发展理论,与产业发展相关的理论探讨分散在产业结构理论、经济发展战略理论、新贸易理论、新增长理论、新结构经济学等领域。从发展经济学的演进历程来看,丰富多彩的实践总是不断地提出各种问题,推动理论研究的不断深入。产业结构理论建立在对典型国家经验数据进行统计分析的基础上,揭示了在发展过程中的一个经济体产业结构变化的规律及原因。在一个以市场机制为主导的经济体制中,市场供求双方相互竞争导致的价格波动,引导着生产要素在不同的产业部门和企业之间流动。在经济发展的不同时期，不同的产业部门会产生不同的市场容量和生产率，如果不存在要素流动的制度障碍，生产要素总是会从发展潜力小、生产率低的产业部门向发展潜力大、生产率高的产业部门流动，这就决定了不同的产业部门会呈现出不同的发展态势，实现渐次的产业升级。尽管产业结构理论为发展中国家的产业升级指出了明确的方向，但在发展中国家的经济发展之初，产业部门的弱小是个不争的事实，如何保护弱小的产业部门逐渐成长，就成为发展经济学关注的重要领域。围绕这个问题，新结构主义者在20世纪五六十年代的"进口替代战略"与"出口导向战略"之争中就进行了大量的探讨，由此衍生出的幼稚产业保护理论在较长时间里左右了不少发展中国家的产业发展实践，但大部分国家通过高关税保护幼稚产业的实际效果并不令人满意，结构主义学派在当时的经济学理论框架下难以明晰地解释幼稚产业保护的动因及实际绩效欠佳的原因，而新古典主义者则将原因归结于政府的过度干预破坏了市场机制的基础性作用，主张矫正经济中的扭曲现象，让市场发挥更大的作用。

但在20世纪七八十年代问世的新贸易理论则通过引入收益递增的分析方法，修正了在主流经济学中长期占据主导地位的完全竞争和规模收益不变的理论假设。分析工具的更新拓展了经济研究的广度和深度。从新贸易理论和新增长理论的视角重新审视发展中国家的经济发展战略和幼稚产业保护，不仅能够更好地揭示这些政策实践的合理理论内核，也可以更深入地认识实践与理论脱节的深层原因。基于新方法的新理论重新证明了，如果政府通过一些政策手段对国内某些尚处在幼稚期的战略部门进行保护和扶持，在没有国外企业竞争的市场环境中，这些幼稚产业确实有可能通过"干中学"使产业的学习曲线不断下移，生产规模不断扩大，逐渐具备规模经济和低成本生产能力。近年来兴起的新结构理论也是在新古典的框架下，论证了有限政府的适度干预对发展中国家产业成长的有效性。随着理论分析工具的不断进步，发展经济学对于产业发展的进程及规律的认识将会进一步深化。

第二，从政策影响来看，发展经济学的结构主义学派认为，由于发展中国家在经济发展的起步阶段，通常面临技术落后、国内储蓄不足、产业部门残缺不全、国内市场容量有限等不利情况，市场体系不够健全，经济结构存在种种缺陷，市场机制不能充分发挥资源配置的作用，因此，在产业成长的过程中，政府的积极干预能够有效地弥补市场机制的不足。但在发展经济学中的新古典学派看来，市场机制天然就具有优胜劣汰的择优功能，政府对市场的干预只会适得其反。而在新结构主义者看来，由于政府拥有比企业强大得多的信息搜集和处理能力，并且政府较之于企业能够更好地把握经济发展的全局和产业成长的规律，基于国民经济发展的整体考虑，需要政府对产业发展进行全面的规划和积极的引导，以克服企业经营的功利性和视野的狭隘性。

尽管从第二次世界大战后发展中国家的经济发展历程来看，政府的适度干预对于幼稚产业保护、主导产业选择和新兴产业成长都会产生重要作用，但也有大量的事实说明，无论政府的认知能力有多强，政府的行业规划都替代不了市场机制的自然选择。在市场经济条件下，市场竞争导致的产业内利益结构调整才是企业创新和产业成长的动力来源，市场竞争压力下企业家对新获利机会的敏感和创造性的革新，往往会改变企业间的竞争优势，优胜劣汰的竞争机制会引导资源的流动，进而推动产业成长。过度迷信政府干预，往往容易导致政府主观选择对市场竞争下的生存检验的替代，形成对市场机制的侵蚀。尽管在特定的时期、特定的制度背景和特定的市场条件下，政府干预确实可以推动重点企业和重点产业的发展，但这种发展的代价是：在"扶优扶强"的同时也鼓励和创造了国内市场的垄断，窒息了市场自发的择优机制，扭曲了资源的配置，使产业政策扶持下实现的产业成长具有很大的脆弱性。因此，如何在政府干预和市场引导中寻找一种有效的平衡，仍将是发展中国家长期探索的问题。

## 第二节　对经济转型与发展中国家经济发展文献的简要评述

第一，新兴经济体的崛起是自 21 世纪以来世界经济中出现的最为引人注目的现象。以金砖国家为代表的新兴经济体在金融危机前后的经济发展绩效、经济结构调整的方向及其发展前景成为经济研究中的热点领域。但由于对这些问题研究的时间不长，尽管国内外相关文献数量不少，但大多是针对中国、印度、巴西等发展中大国的增长、外贸、财政、汇率、创新等具体问题的分析，对这些国家经济转型问题的系统研究尚不多见，更未形成关于新兴经济体发展与转型的理论框架。尽管如此，现有的不少研究仍然体现出重要的理论意义和实践价值。

一是强调制造业在新兴经济体实现经济追赶和可持续发展中的重要性，认为制造业不仅仅是推动经济规模增加和生产效率改善的引擎，更是实现技术创新的平台。全球金融危机以来发达国家中对制造业作用的大讨论以及由此形成的"再工业化"政策，也在一定程度上深化了对制造业成长规律及其对经济发展作用的重新认识。大量研究表明，即便对于已经进入后工业化时代的发达国家来说，制造业向更高端升级的进程还远未完结，而对于不同程度存在"去工业化"问题的发展中大国来说，制造业其实还有很大的发展空间，政策导向应当是继续关注制造业，并推动制造业不断向产业链高端跃迁，而不是简单地推动更多的经济资源流向服务业领域。

二是关于发展中国家技术创新的研究。通常认为，由于创新技术具有正的外部性，一旦技术通过某些渠道外溢，模仿者的蜂拥而至将使企业通过创新实现的垄断租金很快丧失。由于企业成本和社会收益的不对称，因此企业家将不会有足够的热情去开展创新。而近年来的研究则表明，技术创新其实可以分为共性技术创新和私人技术创新。新兴产业的形成离不开共性技术创新，由于共性技术通常具有技术复杂、投入成本巨大、正外部性明显等特点，从而导致社会投资的不足，这才是政府的研发资金应当真正扶持的领域。在基础研究和共性技术研发的组织方式上，政府可以鼓励产学研之间以及企业之间组建技术创新联盟，整合各方的研发力量，共同开展重大项目的技术攻关。在共性技术创新取得重大突破的前提下，企业为寻求更多的获利机会，会不断地自发推动私人技术创新，市场最终会选择最能适应市场需求的技术和产品，从而推动新兴产业的成长。在技术创新领域，政府不应当设定技术路线，而应当鼓励企业去积极探索多元化的技术路线和产品，由市场来完成对技术和主导产品的生存检验。这些理论研究对于发展中国家产业结构的转型升级将会起到积极的作用。

第二，从政策效果来看，大量的理论文献都认为，在新兴经济体经济转型过程中的产业发展方面，政府能够发挥关键的作用。政府通过实施符合产业发展规律的政策，引导创新要素向符合未来产业发展方向的领域集聚。随着新兴产业的逐渐成熟和市场扩张，吸引本国的经济资源向这些产业部门流动，从而推动新兴产业成长为主导产业和支柱产业，而这些产业部门的产业关联效应和技术溢出效应又会带动整个产业结构的升级。尽管如此，政府在产业转型升级中的作用也不能被过度夸大。在人类需求日趋多样化和技术创新日趋复杂化的背景下，新兴产业技术路径的演化和主导产品的形成只能是通过市场机制和竞争过程而最终实现，政府在其中可以起到很大的作用，但政府决策代替不了市场选择。演化经济学的研究已经表明，在新兴的技术领域，通常会涌现出大量竞争性的技术方案，哪一种技术路线最终成为主流技术并影响相关新兴产业的形成和演进，取决于市场竞争。即便在新兴技术领域挑选出的主导产业，其未来的前景也是不确定的。在新兴经济体发展战略性新兴产业的过程中，政府除了为关键技术的研发提供资助和以需求补贴的方式去启动市场之外，更应当致力于提供鼓励创新的制度安排，如建立和完善为新兴产业提供融资的多层次资本市场，大力发展各层次的教育和人力资源培训、加大知识产权保护的力度，使企业能够在一个相对宽松的经济环境中开展创新活动，让一些勇于创新的企业和充满冒险精神的企业家率先对所面临的经济环境约束做出反应，并通过创造性的技术革新或者生产组织方式创新，改变生产经营过程中的要素组合方式，从而在市场竞争中获得先机。先行者的成功会通过示范效应和模仿效应逐渐扩散，最终使创新企业的技术和组织方式成为经济中的主流。

# 第 二 篇

## 典型的后起国家美国和日本的产业发展与转型

由于工业化的先行者发达工业国家在它们的崛起和发展过程中数次面临经济转型的课题，在其工业化与后工业化的产业发展过程中积累了应对经济转型的丰富经验与深刻教训，因此，成为我们探讨以中国为代表的新兴大国在经济转型中的产业发展选择，最重要的比较研究对象。这里的研究，以世界上最具代表性的后起工业国家美国和日本为中心。

# 第四章

# 美国制造业的目前发展动向及其制造业的当代发展趋势

美国所处的世界第一制造强国的历史地位,是我们的比较研究从美国开始的主要理由。希望通过研究了解与把握美国制造业的目前发展动向。

自 2009 年美国《重振美国制造业框架》(*A Framework for Revitalizing American Manufacturing*) 出台至今已经过去 10 年之久,这一期间,美国为推动制造业的重振和提高就业率又颁布了一系列的法规、计划。比如《先进制造伙伴》计划 (*The Advanced Manufacturing Partnership*, 2011)、《在美国制造》计划 (*Make It in America*, 2011)、《先进制造业国家战略计划》(*A National Strategic Plan for Advanced Manufacturing*, 2012)、《制造创新国家网络》计划 (*National Network for Manufacturing Innovation*, 2012)、《振兴美国制造业和创新法》(*Revitalize America Manufacturing and Innovation Act*, 2014) 等。目前美国制造业发展情况怎样,新政府有何发展举措,新的发展动向如何,世界制造业当代发展趋势怎样?以及中国等新兴经济体国家该如何应对,都是本章研究所涉及的内容。

## 第一节　美国制造业的发展现状

21世纪初以来美国制造业就业的下降引起国会的关注，来自制造业地区的议员提出数百项法案，试图以各种方式支持和推动国内制造业的发展，他们指出国外正在采用各种措施推进本国制造业的发展，相比之下，美国制造业的增长落后于其他国家，政府有必要采取措施扭转这一现象。2009年大危机期间，为重振制造业以创造就业，国会出台了一系列有关"再制造业化"的方案、法案或计划。[①] 国会研究室（CRS）每年跟踪推出研究报告，对美国制造业状况及在世界中的地位进行分析。

### 一　美国国会研究室有关本国制造业现状的评价

2017年1月18日，国会研究室马克·莱文森（Marc Levinson）再度发布《国际视角下的美国制造业》报告（*U. S. Manufacturing in International Perspective*），该报告通过一系列的图表描述了美国制造业发展状况，比较了美国与其他国家在制造业方面的相关指标，指出影响美国制造业发展的不仅有技术因素，还有消费者偏好因素和汇率因素，了解这些情况可能将有助于制定帮助从事制造活动的公司和工人的政策。该报告研究得出以下结论：[②]

（1）美国制造业在全球制造业中的比重变化部分来自美元币值的变动。美国制造业在全球中的比重2002年为28%，2011年下降到16.5%；此后，回升到2015年的18.6%，为2009年以来

---

[①] 可见林珏《美国"再工业化"战略研究：措施、难点、成效及影响》，《西部论坛》2014年第1期。或见林珏《美国"再工业化"战略转型路径与进展情况》，载李毅等《经济转型国际比较的视角与国家案例》，社会科学文献出版社2016年版，第3—19页。这里不再阐述。

[②] Congressional Research Service, Marc Levinson, "U. S. Manufacturing in International Perspective", Summary, January 18, 2017, https: //fas. org/sgp/crs/misc/R42135. pdf.

最大份额。由于数据计算是依据美元来计算的,所以份额的下降部分来自美元的贬值(2002—2011年美元贬值23%),部分来自美元的升值(2011年以来美元走强)。

(2)中国成为最大的制造业国家部分来自美元价格的变动。2010年中国取代美国成为世界上最大的制造业国家,这一变化部分来自人民币兑美元汇率的升值,而随着中国货币政策的调整,2015年中国制造业规模略有下降。

(3)美国制造业产出增长速度比上不足、比下有余。如果使用各国当地货币计算,扣除通货膨胀因素后,美国制造业的产出增长比之中国、韩国、德国和墨西哥要缓慢,但比之大多数欧洲国家和加拿大则迅速。

(4)制造业的就业人数下降是发达国家普遍现象。在过去25年里(1990—2015年),制造业的就业人数在大多数主要制造业国家都有所下降,在美国制造业就业人数自1990年以来已经在下降,这与西欧和日本的变化相一致,尽管下降年份各国有所差异。

(5)美国制造商研发费用支出高且增值大。美国制造商在研发上的花费远高于其他国家,研发支出增长比之其他几个国家更为迅速。相对增值而言,许多国家制造商研发支出似乎在增加,美国制造商在研发上的花费约为增值的11%,自2002年以来其增长超过3个百分点。

(6)美国大部分研发在高技术行业。美国制造商的研发投入很大比重在高科技行业,如医药、电子、飞机制造,而在大多数其他国家,研发最大比重一般在中等技术行业,如汽车、机械制造。

## 二 美国制造业变化的实际状况

在封闭的情况下,衡量一国制造业规模的标准不是制造商的销售额,而是它们的价值增加值,由此发现制造商在设计、加工和销售产品方面的经济贡献（Marc Levinson，2017）。就一家个体企业而言，增加值＝总销售额－购买投入的总成本；或者采用如下的计算方法：增加值＝雇员报酬＋营业税（少补贴的营业税）＋利润。

在开放的情况下，国内制造商的投入可能来自其海外工厂，该投入包括在公司价值中，但不是来自国内创造的价值。因此在计算制造业总增加值时，需要对纳入国内工厂产量中的进口零部件进行调整，也要对出口到国内的产品和服务，以及用于另一个国家制造，然后再进口的产品进行调整。由于各国在"制造业"概念上的定义不同，统计制造业增加值采用的方法不同，这给国家之间的比较分析带来很大的难度。因此这里主要采用美国国会研究室的数据，它依据上述思路将各国制造业的增加值的原始数据进行了调整，同时这里也采用美国经济分析局数据做进一步分析。

1. 制造业增加值在世界制造业增加值中的比重

20世纪80年代，美国制造业增加值（manufacturing value added，也称"制造业附加值"）在世界制造业增加值中的比重最高时为29%，2015年已经下降到18.6%。与此同时，其他发达国家制造业增加值比重也在下降。

究其原因，首先，新兴经济体制造业的迅速发展，尤其是中国制造业的快速发展。由图4—1可见，美国制造业增加值在世界中的比重从1984年开始下降，20世纪90年代中期后一度有所上升，但2001年后再次下降，2010年似乎出现回升。同期，日本在20世纪90年代达到峰值21.5%后转为下降趋势，一直跌落到2015年的7%。德国是波浪式缓慢下降，从1992年德国统一的10.4%下降到2015年的5.9%。而中国制造业增加值21世纪初以来迅速上升，2010年取代美国成为最大的制造业增加值国家，2015年比重达到25%。

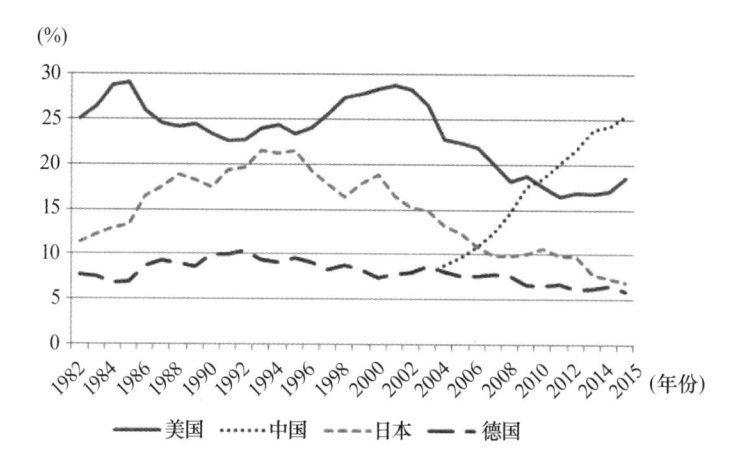

**图 4—1　1982—2015 年美、中、日、德四国制造业
增加值在世界中的比重**

资料来源：Congressional Research Service, Marc Levinson, "U. S. Manufacturing in International Perspective. Summary", January 18, 2017, p. 3（https://fas.org/sgp/crs/misc/R42135.pdf），原始数据来自：United Nations National Accounts Main Aggregates Database, value added by economic activity, at current prices—U. S. dollars.

其次，来自美元贬值或走强因素的影响。上述考察期中各国制造业增加值在世界中的比重变化部分受到美元贬值的影响。如果将美元因素扣除，即按通胀调整后的 2009 年美元计算，则 1997—2015 年美国制造业增加值实际增加 40%，即年均增长 1.89%。而 2014 年美国占比从 17.1% 上升到 2015 年的 18.6%，其中又有来自美元升值的影响。图 4—2 显示的是扣除美元因素或通胀因素，经调整后的数据。根据联合国的统计数据，2008—2015 年美国制造业增加值（经通胀调整后）增长率 2.3%，制造业增加值增长率超过日本、巴西、加拿大、英国和意大利。同期，中国、韩国、墨西哥和德国的制造业增加值（经通胀调整后）增长率超过美国，其中中国达到 80%。

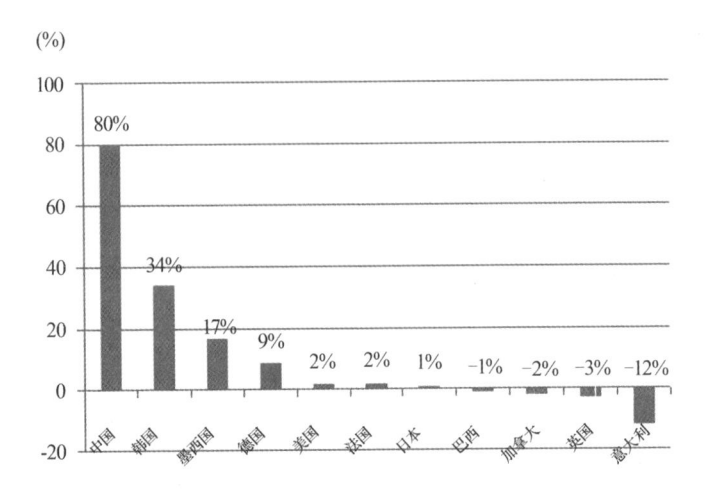

图 4—2 扣除美元因素后调整过的 2008—2015 年
各国制造业增加值增长率

资料来源：Congressional Research Service, Marc Levinson, "U. S. Manufacturing in International Perspective, Summary", January 18, 2017, p. 4. 原始数据来自 United Nations National Accounts Main Aggregates Database, value added by economic activity and Gross Domestic Product, at current prices—national currency.

### 2. 制造业增加值在 GDP 中的比重

根据联合国的估计数据，2010 年中国制造业增加值 2.97 万亿美元，位居世界第一；美国 2.17 万亿美元，位居世界第二；日本 8100 亿美元，排名世界第三。图 4—3 显示的该年制造业增加值在全球排名前 14 的国家制造业增加值及在本国 GDP 中比重的情况。从中可见，中国制造业增加值在 GDP 中占比 27%，美国只有 12%。德国、韩国、印尼制造业增加值规模尽管不能与中美两国相比，但在各自的 GDP 中的占比均超过 20%；日本、墨西哥均为 19%；印度、意大利 16%；其他国家 10%—11%。

同样，制造业增加值在 GDP 中比重的变化也受到美元因素的影响。例如，2015 年中国、德国和日本因美元的走强，制造业增加值出现下降。2012—2015 年世界排名第三的日本因日元兑美元汇率下跌 40%，同期制造业增加值下降 29%。而同期美国制造业增加值没有出现下降。

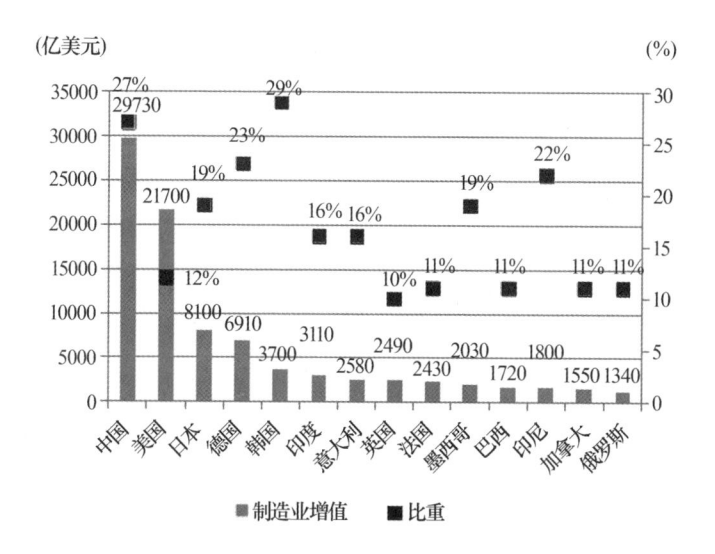

**图 4—3　2015 年世界制造业增加值排名前 14 国家的增加值及占 GDP 比重情况**

资料来源：根据 Congressional Research Service. Marc Levinson, "U. S. Manufacturing in International Perspective, Summary", January 18, 2017, pp. 2, 4. 原始数据来自：United Nations National Accounts Main Aggregates Database, value added by economic activity, at current prices—U. S. dollars & national currency.

此外，值得注意的是，各国产业政策的调整对制造业的影响。比如，中国强调环境保护、企业走出去战略以及发展服务业，使得制造业产出在经济总产出中的占比下降。根据美国国会研究室报告，2010 年中国制造业在经济总产出中的比重为 32%，2015 年下降到 27%。[①]

从美国制造业各部门增加值情况看，耐用品增加值增长大于非耐用品，耐用品中的计算机及电子产品、机动车辆，非耐用品

---

① Congressional Research Service. Marc Levinson, "U. S. Manufacturing in International Perspective, Summary", January 18, 2017, p. 3.

中的化工品、食品/饮料/烟草制品增长显著。由图4—4可见，金融危机时期美国制造业增加值一度下跌，2010年开始增长，2016年比之2009年提高了26%，其中耐用品增长35.5%，非耐用品增长16.2%。

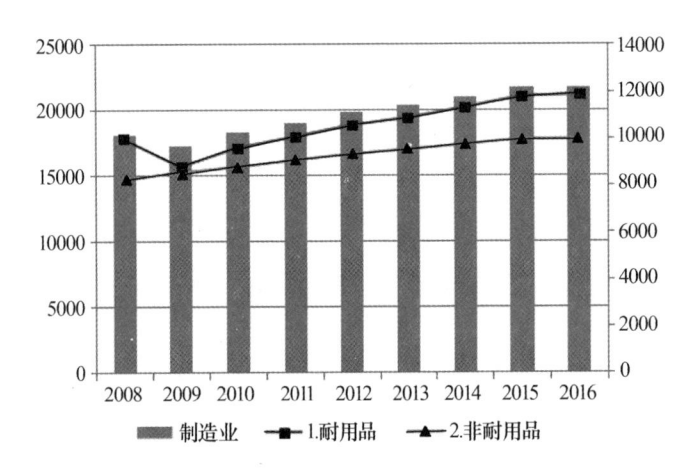

**图4—4  2008—2016年美国制造业增加值变化**
**（单位：亿美元）**

注：左轴为柱形（制造业）数值刻度，在轴为曲线数值刻度。

资料来源：Bureau of Economic Analysis, U. S. Department Of Commerce, Industry Data, "Value Added by Industry", April 21, 2017（https：//www. bea. gov/iTable/iTable. cfm？ReqID＝51&step＝1# reqid＝51&step＝51&isuri＝1&5114＝a&5102＝1）.

由图4—5和表4—1可见，非耐用消费品中的化工产品、食品/饮料/烟草制品、石油和煤制品，以及耐用消费品中的计算机和电子产品、机动车辆等、其他运输设备、金属制品、机械增加值超过千亿美元，在GDP中占比相对高些，但除了机动车辆2016年的比重（0.9%）高于2008年（0.6%）和2009年（0.3%）外，其他部门的比重都没有同时超过2008年危机前和2009年危机时。这说明危机后非制造业部门增长速度快于制造业部门的增长，由此使得2008—2016年制造加值在GDP中的比重从12.3%下降到11.7%。

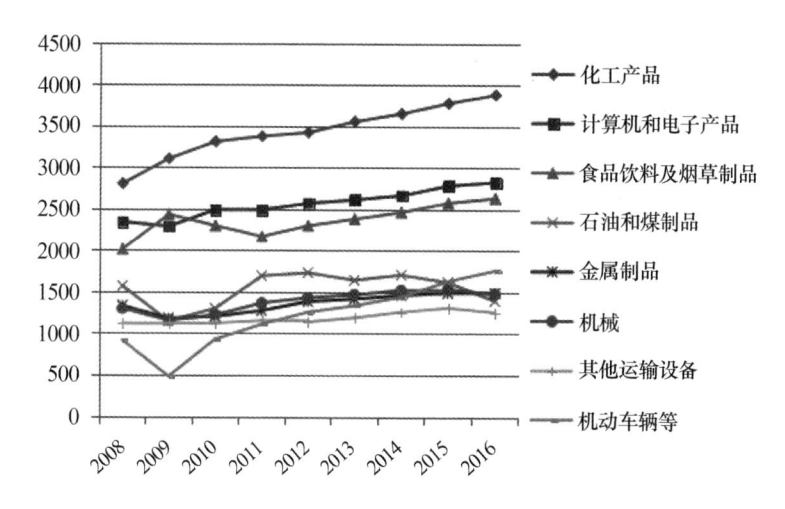

第四章 美国制造业的目前发展动向及其……当代发展趋势 61

**图 4—5 2008—2016 年美国制造业中增加值超过千亿美元的产品（单位：亿美元）**

资料来源：Bureau of Economic Analysis, U. S. Department Of Commerce, Industry Data, "Value Added by Industry", April 21, 2017.

表 4—1　　　　2008—2016 年美国制造业增加值占 GDP 比重　　　单位：%

| 类别＼年份 | 2008 | 2009 | 2010 | 2011 | 2012 | 2013 | 2014 | 2015 | 2016 |
|---|---|---|---|---|---|---|---|---|---|
| 制造业 | 12.3 | 12.0 | 12.2 | 12.3 | 12.3 | 12.2 | 12.1 | 12.0 | 11.7 |
| 1. 耐用消费品 | 6.8 | 6.1 | 6.4 | 6.5 | 6.5 | 6.5 | 6.5 | 6.5 | 6.4 |
| 木材制品 | 0.2 | 0.1 | 0.1 | 0.1 | 0.1 | 0.2 | 0.2 | 0.2 | 0.2 |
| 非金属矿物制品 | 0.3 | 0.3 | 0.2 | 0.2 | 0.2 | 0.3 | 0.3 | 0.3 | 0.3 |
| 初级金属 | 0.5 | 0.3 | 0.3 | 0.4 | 0.4 | 0.3 | 0.3 | 0.3 | 0.3 |
| 金属制品 | 0.9 | 0.8 | 0.8 | 0.8 | 0.9 | 0.8 | 0.8 | 0.8 | 0.8 |
| 机械 | 0.9 | 0.8 | 0.8 | 0.9 | 0.9 | 0.9 | 0.9 | 0.8 | 0.8 |
| 计算机和电子产品 | 1.6 | 1.6 | 1.7 | 1.6 | 1.6 | 1.6 | 1.5 | 1.5 | 1.5 |
| 电气设备/电器及元件 | 0.4 | 0.3 | 0.3 | 0.3 | 0.3 | 0.3 | 0.3 | 0.3 | 0.3 |
| 机动车辆等 | 0.6 | 0.3 | 0.6 | 0.7 | 0.8 | 0.8 | 0.8 | 0.9 | 0.9 |
| 其他运输设备 | 0.8 | 0.8 | 0.7 | 0.7 | 0.7 | 0.7 | 0.7 | 0.7 | 0.7 |

续表

| 年份<br>类别 | 2008 | 2009 | 2010 | 2011 | 2012 | 2013 | 2014 | 2015 | 2016 |
|---|---|---|---|---|---|---|---|---|---|
| 家具及相关产品 | 0.2 | 0.2 | 0.1 | 0.1 | 0.1 | 0.1 | 0.2 | 0.2 | 0.2 |
| 其他制造业 | 0.5 | 0.6 | 0.5 | 0.5 | 0.5 | 0.5 | 0.5 | 0.5 | 0.4 |
| 2. 非耐用消费品 | 5.6 | 5.9 | 5.8 | 5.8 | 5.8 | 5.7 | 5.6 | 5.5 | 5.3 |
| 食品/饮料/烟草制品 | 1.4 | 1.7 | 1.5 | 1.4 | 1.4 | 1.4 | 1.4 | 1.4 | 1.4 |
| 纺织工厂和纺织产品 | 0.1 | 0.1 | 0.1 | 0.1 | 0.1 | 0.1 | 0.1 | 0.1 | 0.1 |
| 服装/皮革及相关产品 | 0.1 | 0.1 | 0.1 | 0.1 | 0.1 | 0.1 | 0.1 | 0.1 | 0.1 |
| 纸制品 | 0.3 | 0.4 | 0.4 | 0.3 | 0.3 | 0.3 | 0.3 | 0.3 | 0.3 |
| 印刷及相关辅助活动 | 0.3 | 0.3 | 0.3 | 0.2 | 0.2 | 0.2 | 0.2 | 0.2 | 0.2 |
| 石油和煤制品 | 1.1 | 0.8 | 0.9 | 1.1 | 1.1 | 1.0 | 1.0 | 0.9 | 0.8 |
| 化工产品 | 1.9 | 2.2 | 2.2 | 2.2 | 2.1 | 2.1 | 2.1 | 2.1 | 2.1 |
| 塑料橡胶制品 | 0.4 | 0.4 | 0.4 | 0.4 | 0.4 | 0.4 | 0.4 | 0.4 | 0.4 |

注：2016 年"耐用消费品"和"非耐用消费品"内的产品分类百分比数据均为估计数。

资料来源：Bureau of Economic Analysis, U. S. Department Of Commerce, Industry Data, "Value Added by Industry as a Percentage of Gross Domestic Product", April 21, 2017（https：//www. bea. gov/iTable/iTable. cfm? ReqID = 51&step = 1#reqid = 51&step = 51& isuri = 1&5114 = a&5102 = 5）.

### 3. 美国国内增加值部分在制造业出口中的比重

根据美国国会研究室报告，与其他国家相比（除日本外），美国国内增加值部分在制造业出口中有着很高的比重。按照经济合作与发展组织（OECD）的计算，2011 年美国制造业出口值中，国内生产增加值达到 78.5%。相比之下，中国、韩国和墨西哥则低于 60%。这显示出美国制造商使用相对较少的进口投入，使用更多的国内生产投入。

具体考察国内各部门制造品增加值在制造业总出口中的比例，差异很大，因为产品增加值比重主要取决于其在国际供应链上的位置。例如，2011 年美国运输设备出口国内增加值比重达到

65%，与法国、德国和意大利不相上下，但日本高达85%强；在电气和光学设备出口方面，美国国内增加值比重达到85%，高于其他任何国家。中国是制造品最大出口国，平均出口产品国内增加值占比低于50%，其中运输设备出口产品国内增加值部分达67%，电气和光学设备出口只有40%多。[①] 为此，美国国会研究室认为，美国制造业在价值增长方面比大多数高收入国家要好。

4. 外商直接投资美国制造业的比重

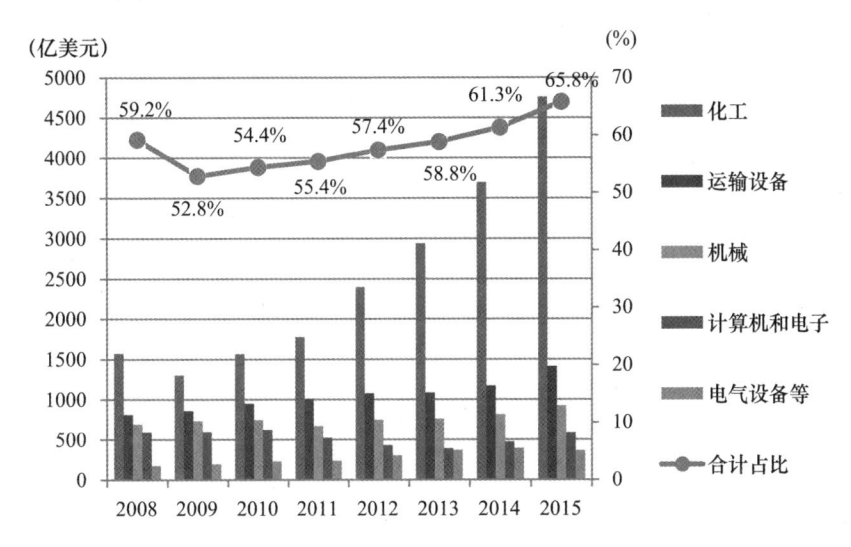

图4—6 2008—2015年外国直接投资美国制造业的主要领域及占比

注："合计占比"指五个部门的外商直接投资累计金额在投资制造业全部部门累计金额中的比重。

资料来源：Bureau of Economic Analysis, U. S. Department Of Commerce, "International Data" (https://www.bea.gov/iTable/iTable.cfm? ReqID = 2&step = 1#reqid = 2&step = 1&isuri = 1).

从外国直接投资看，与其他高收入国家相比，美国制造业一直吸引着外商直接投资。2014年进入美国的外国直接投资

---

[①] OECD – WTO Trade in Value Added, Value Added in Gross Exports by Source, 见 Congressional Research Service, Marc Levinson, "U. S. Manufacturing in International Perspective. Summary", January 18, 2017, p.6.

中有67%进入制造业,其中约1220亿美元或占43%是制造业领域的收购,通过收购,外商将美国公司变为自己在美的全资子公司。由图4—6可见,外国直接投资美国制造业的主要领域是高技术部门,即化工、运输设备、机械、计算机和电子、电气设备和电器及元件,2010年这五个部门合计吸引的外国直接投资在全部外国直接投资中占比54.4%,2015年已经上升到65.8%。

5. 美国制造业固定资本投资占GDP的比重

美国在制造业的固定资本(如工厂和设备)上的总投资在GDP中的比重,除了远低韩国外,与西方其他国家相比差别不是很大。图4—7显示的是经合组织部分国家2015年制造业固定投资占GDP的比重情况,从中可见,韩国最高,达9.88%,美国占比2.81%,处于中间水平。

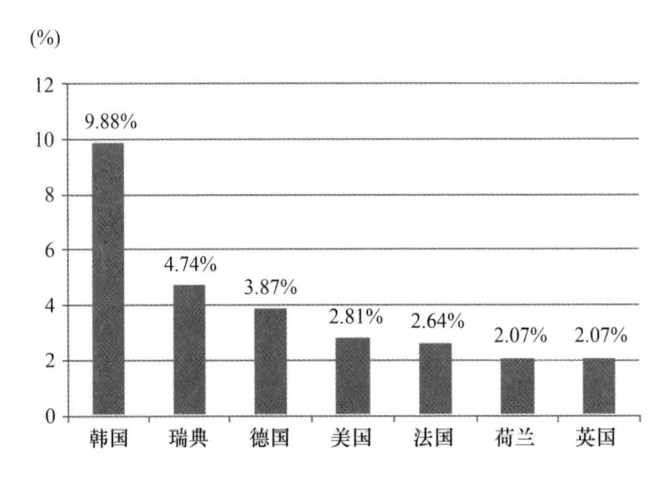

**图4—7 2015年部分经合组织成员国制造业固定投资占GDP比重比较**

注:韩国和西班牙的数据为2014年的。

资料来源:Congressional Research Service. Marc Levinson, "U. S. Manufacturing in International Perspective. Summary", January 18, 2017, p.7, 原始数据来自OECD, National Accounts Statistics, Capital Formation by Activity – ISIC Rev. 4.

### 6. 美国制造品出口中的服务比重

计算制造品出口中的服务比重比较困难，根据国会研究室报告数据，2015年5月，美国有75万多名从事典型制造业的生产者，如装配者和制造者，他们受雇于美国就业服务公司，因为他们没有被所制造的机构直接雇用，没有直接的制造场所，可能被看作服务业人员。同样，5月份还有2.9万人在美国仓储和存储设施从事制造业活动，如组装、制造和包装。虽然这些工人从事的是传统制造业工作，但他们的产量可能不被纳入制造业增值内。将这些价值纳入制造产品的服务中也几乎是不可能的，因为制造商往往从冗长的国际供应链中采购许多供应商的零部件，而每一个供应商有可能至少在有限的范围内购买服务，服务提供者本身可能就是公司，它们的生产工程涉及几个大洲。为此，要更准确地衡量制造业相关服务的价值十分困难，该统计工作仍处于起步阶段。

从统计数据上看，美国为制造业产品出口提供服务的就业岗位只有5%，比之大部分发达经济体（如日本约8%和欧盟国家10%—23%）要低得多。

根据经合组织统计，美国在出口中相对较少地使用进口服务。例如，2011年中国制造业出口价值中17.8%使用进口服务，韩国是16.4%，而美国只有8%。图4—8显示的是各国制造业出口增值中服务增值的比重，从中可见，美国为32%，高于中国和韩国，但低于其他发达国家。这是因为美国制造商一体化程度比较高，比其他国家较少从其他公司购买服务。此外，美国相对高效的运输系统使得出口商可以比竞争对手花费较少的钱购买运输：交通和通讯服务成本在美国制造业出口中只占5%，但在德国要占6.1%，在中国占6.4%。

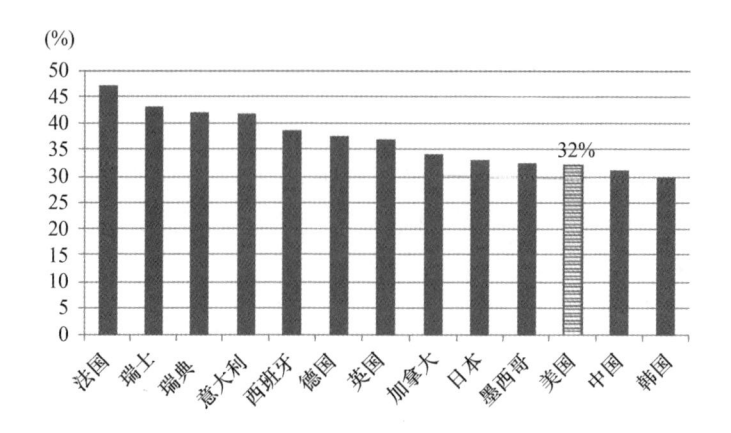

图4—8  2011年各国制造业出口增值中服务业增值比重

资料来源：Congressional Research Service, Marc Levinson, "U. S. Manufacturing in International Perspective. Summary", January 18, 2017, p. 9. 原始数据来自Organisation for Economic Co-operation and Development（OECD）, Trade in Value Added database（accessed January 17, 2017）.

### 7. 美国制造业的就业与劳动生产率状况

从发达经济体的数据看，各国制造业就业人数普遍出现长期下降的现象，相比之下，美国的下降幅度不是很大。由图4—9可见，2008—2015年美国制造业就业人数下降8.1%，比（除正增长的韩国外）其他国家要低；而瑞典、意大利、法国、日本下降幅度达到两位数。

应该看到，制造业就业人数下降很大程度上来自劳动生产率的提高，如果不按工人人数来衡量，而是按工时来衡量，1990—2015年美国制造业工时下降28%，比韩国、加拿大下降幅度要大，但比英国、法国、日本、意大利下降幅度要小。这一时期英国下降49%，法国下降40%，日本下降38%，意大利下降30%。制造业所需总劳动时间比过去要少，说明单位产出增长，劳动生产率提高。

进一步考察制造业每小时产量增长情况，2002—2015年美国每小时产量增长47%，超过经合组织内不少成员国。由图4—10可见，韩

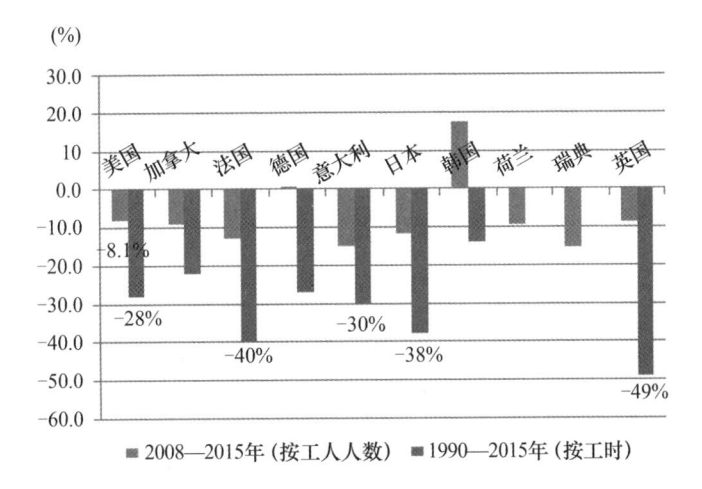

**图4—9 经济合作与发展组织部分成员国就业状况比较**

资料来源：Congressional Research Service. Marc Levinson, "U. S. Manufacturing in International Perspective. Summary", January 18, 2017, p.10, 原始数据来自 The Conference Board, "International Comparisons of Manufacturing Productivity & Unit Labor Cost Trends", June 2016.

国在制造业单位产量增长上表现突出，达到94%，远远高于美国。

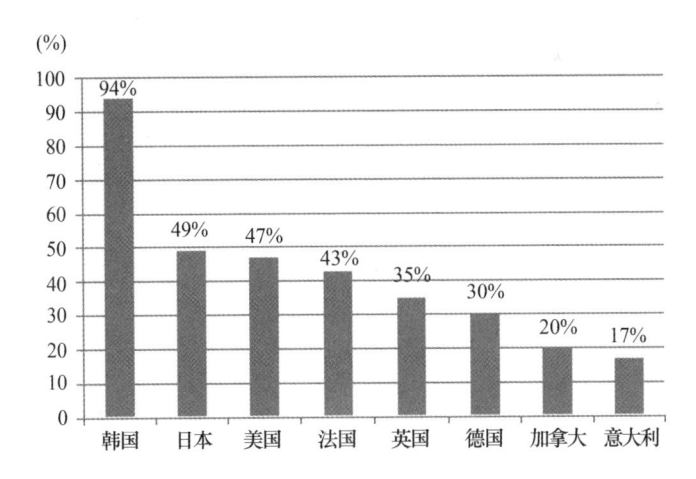

**图4—10 2002—2015年经济合作与发展组织部分成员国
每小时产量增长比较**

资料来源：Congressional Research Service, Marc Levinson, "U. S. Manufacturing in International Perspective. Summary", January 18, 2017, p.11, 原始数据来自 The Conference Board, International Labor Comparisons Program, "International Comparisons of Manufacturing Productivity and Unit Labor Cost Trends", June 2016.

美国国会研究室报告分析了美国制造业劳动生产率提高的原因，认为：第一，制造商在自动化上的大量投资。许多由工人进行的常规化组装工作现由自动化机器完成。2002—2015年在计算机、电子和光学产品生产上，劳动生产率增长337%；机动车辆，增长65%；纺织、服装及相关产品，增长74%；基础金属，增长58%。第二，制造业工人文化层次在提高。大学学位拥有者在全部制造业工人中占到29%。第三，某些行业快速增长。制造业生产率的提高来自这些行业的快速增长，比如电子仪器制造和飞机制造，在过去的10年里，这些行业产出大幅增加，但就业人数没有明显增长。

2015年美国制造业每名雇员平均薪酬是每小时37.71美元，高于私人研究机构会议委员会所收集的34个国家制造业中的26个国家的平均薪酬。2014年下半年美元走强，使得大部分国家用美元表示的每小时薪酬下降。不过，若从更长时间考察，比如2000—2015年，欧洲大多数国家的劳动力成本相对美国的劳动力成本则有所增长（见图4—11）。

当然，具体到制造业部门，各部门薪酬成本有所不同，图4—12选择了五个部门每小时的薪酬成本进行部门之间和国家之间的比较，从中可见，第一，从部门看，大部分国家的化工部门薪酬最高，其后是机动车辆、机械、纸三个部门，纺织部门薪酬最低；第二，从各国看，发达国家薪酬远远高于新兴经济体国家，比如德国化工部门的薪酬是墨西哥的4.9倍，机动车辆部门的薪酬是墨西哥的6.9倍，机械部门的薪酬是墨西哥的6.6倍，纸部门的薪酬是墨西哥的7倍，纺织部门的薪酬是墨西哥的7.6倍，似乎越是低技术密集型部门，国家之间的薪酬差距就越大；第三，从美国看，除纺织部门薪酬较低外，另四个部门的薪酬差不多。

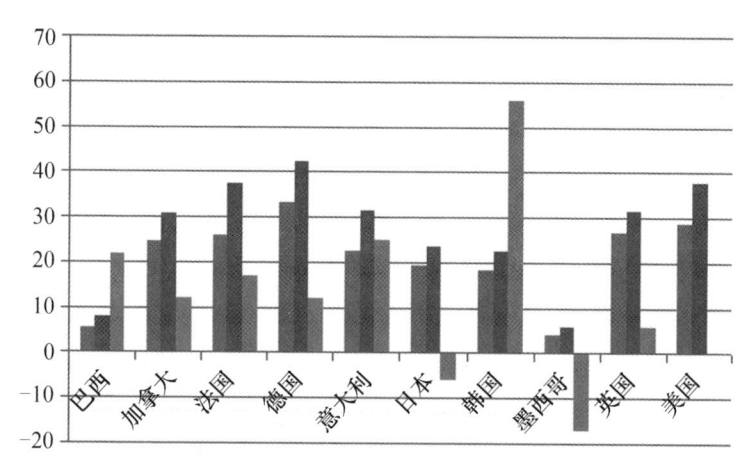

**图 4—11　各国制造业每小时薪酬成本比较（2015 年美元基础）**

注："直接支付"包括假期工资、奖金和雇主对雇员储蓄基金的贡献；"总薪酬成本"还包括养老金、伤残保险、病假、医疗保险、遣散费、其他社会保险支出，以及工资税或就业税；"相对美国薪酬成本的变化"，为 2000—2015 年的变化，包含汇率变动的影响。

资料来源：Congressional Research Service，Marc Levinson，"U. S. Manufacturing in International Perspective. Summary"，January 18，2017，p. 12，原始数据来自 The Conference Board，"International Comparisons of Hourly Compensation Costs in Manufacturing 2015"，April 12，2016，https：//www. conference – board. org/ilcprogram/index. cfm？id＝38269．

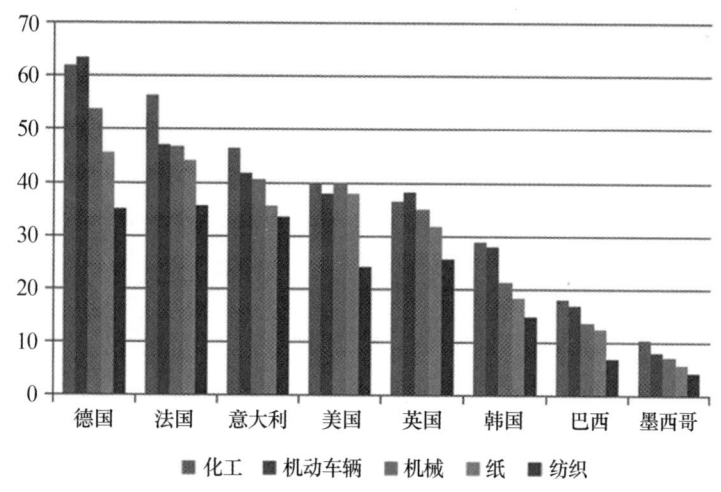

**图 4—12　各国不同制造业部门薪酬成本比较（单位：美元/时）**

注：2014 年美元基础。

资料来源：Congressional Research Service. Marc Levinson，"U. S. Manufacturing in International Perspective. Summary"，January 18，2017，p. 13，原始数据来自 The Conference Board，"International Comparisons of Hourly Compensation Costs in Manufacturing and Submanufacturing Industries"，April 12，2016.

## 8. 美国制造业研发比重

美国的制造商在研发方面花费很多，2000年美国制造商的研发支出占销售额的8%，2008年上升到11%，制造业增值中来自高科技部门的增值比重较大。图4—13显示的是部分国家制造业研发在制造业增值中的比重，从中可见金融危机后，美国和德国制造业研发比重增长缓慢，而中国和韩国制造业研发比重则在快速增长。

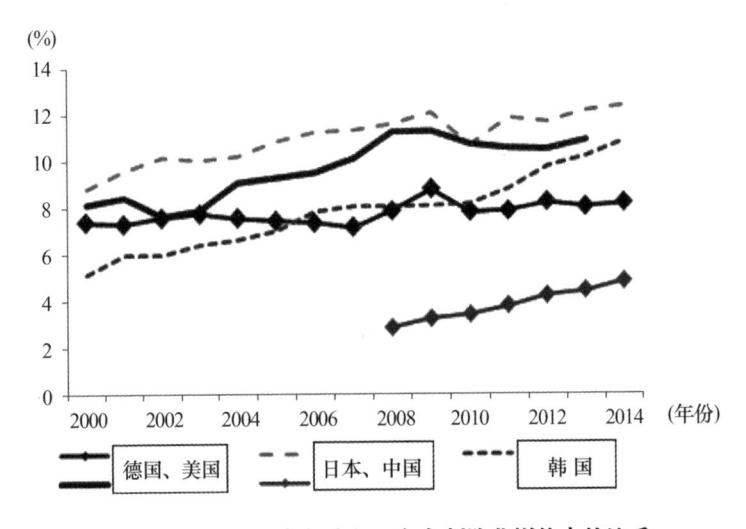

**图4—13 部分国家制造业研发在制造业增值中的比重**

注：使用本币计算。

资料来源：Congressional Research Service，Marc Levinson，"U. S. Manufacturing in International Perspective. Summary"，January 18，2017，p.15，原始数据来自 Research and development expenditure in industry – ISIC Rev.4（accessed January 17，2017）. Note：Not all manufacturing sectors are included. Data for France and the United States pertain to 2013.

美国企业研发主要发生在高科技领域，特别是医药、电子、飞机制造上，其他国家（除了韩国外）企业研发主要发生在中等技术领域，如汽车和机械制造。图4—14显示的是2014年部分国家制造商在不同部门的研发支出比重，从中可见，美国在计算机、电子和光学上的研发支出比重占30.3%，在药品上的研发比重占23.7%。相比之下，在中国前者只有17.6%，后者只有4.4%。

从上可见，21世纪初以来，美国制造业产值有了一定的增长，

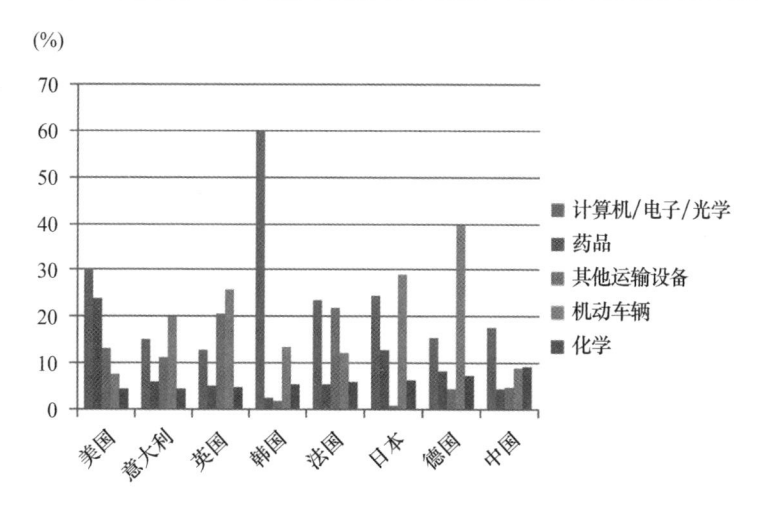

**图4—14 2014年部分国家制造商在不同部门的研发支出比重比较**

注：美国和法国的数据为2013年。

资料来源：Congressional Research Service, Marc Levinson, "U. S. Manufacturing in International Perspective. Summary", January 18, 2017, p.16, 原始数据来自OECD, Research and development expenditure in industry – ISIC Rev. 4（accessed January 17, 2017）.

虽然制造业就业人数比重相对服务业在下降，但每小时产量在增长；美国制造业研发投资主要在高技术行业，面对世界新兴经济体（尤其中国）制造业的快速发展，美国制造业增值在世界制造业中的相对比重下降；而制造业工薪成本的上升使得众多美国制造业企业投资或外包海外进行生产。为此，如何将美国制造业生产留在国内，如何增强美国制造业产品对外国同类产品的竞争力，成为新一任总统关切的问题。

## 第二节 特朗普政府在重振制造业上的举措

2017年特朗普就任总统，1月20日发表就职演说，他指出今天权力的交接，不只是从一个政府手里移交给另一个政府，或者从一个政党手里转移到另一个政党,而是把权力从政府手中转移给人民。他说,长期以来我们少部分人获得政府奖励,而人民承担着费用;华盛顿繁荣了,但人民没有分享其财富;政客们兴旺发达了,工厂关闭,人民离开工作岗位。这个制度保护了政府自己,却没有保护我们国家的公民。几十年来,美国以牺牲本国工业为代价,繁荣了外国工业;帮助了其他国家的军队,同时让自己的军队悲伤消耗;保卫其他国家的边界,却拒绝保卫自己的边界。在海外花费数万亿美元,使其他国家富裕起来,美国自己的基础设施却陷入失修和衰退,财富、力量和信心消失在地平线上。一个接一个的工厂关闭、离开本土,甚至没有想到留下的数以百万计的美国工人。中产阶级的财富被掠夺,重新分配到整个世界。不过,从今天开始,这一切将改变,人民再次成为统治者。他提出"美国优先"(America First)的口号,表示将保护美国免受其他国家破坏,偷窃美国的公司,制造美国的产品,夺走美国人的工作。他承诺将建立新的道路、公路、桥梁、机场、隧道和铁路,让人民摆脱福利,回到工作岗位,用自己的双手和劳动重建国家。他宣称美国将遵循两个简单的规则:购买美国货和雇用美国人,以使美国再次强大,再次富有,再次自豪,再次安全。[①] 作为执政纲领,特朗普表示将发展美国制造业,使美国再次强大。为实现这一目标,百日新政期间特朗普发布了多个相关行政令。

## 一 《关于美国从跨太平洋伙伴关系谈判和协议中撤回的总统备忘录》

20世纪30年代大危机时期,美国政府曾以优惠的待遇向本国生产者授予联邦政府合同,比如在政府采购招标中,当国内生产

---

① The White House, President Donald J. Trump, "The Inaugural Address", January 20, 2017, https://www.whitehouse.gov/inaugural-address.

商的投标比之外国生产商更加昂贵时,在某种情况下,它仍然可被政府授予合同。2008年金融危机期间为了保护国内就业,美国政府出台了"购买美国货"计划,并在《美国复兴与再投资法案》中设立"在经济刺激计划中优先购买本国产品"的条款,规定在建造、改造、维护、修缮公共建筑或公共工程项目中的政府采购中,应优先购买美国货。"购买美国货"计划禁止企业为节约成本雇用廉价外国劳工。2013年,美国国会一个跨党派小组甚至认为美国国旗的生产也必须百分之百地由美国制造,提出从本国企业购买美国国旗的提案,该提案获得参众两院压倒多数的支持,但因为配套的一项议案未能通过,最后夭折。

不过,为了抑制中国的发展和扩大美国出口,上届总统奥巴马积极推动《跨太平洋伙伴关系协议》(TPP),该协议似乎与上述"购买美国货"宗旨相悖。12国签订的TPP在扩大美国产品、服务、投资进入其他成员市场机会的同时,也扩大了其他成员国进入美国市场的领域,扩大了美国进口的规模。为此该协议受到美国国内不少人尤其是共和党人的坚决反对。还在2012年,美国众议院就有69名议员写信给奥巴马总统,表示对未来情景的担忧。他们指出,正在谈判的TPP将加速美国就业机会的流出,与总统创造就业岗位的初衷相悖,TPP国际条约可能会使"购买美国货"的计划或法律永久被禁止。

作为共和党人的特朗普,对TPP一直持否定态度,他认为TPP对美国制造业将是致命打击,它将扩大美国的贸易逆差、减少美国制造业的就业岗位。还在竞选时他就声称一旦当选立刻退出该协定。2017年1月23日,特朗普就任总统第四天签署《关于美国从跨太平洋伙伴关系谈判和协议中撤回的总统备忘录》("Presidential Memorandum Regarding Withdrawal of the United States from the Trans–Pacific Partnership Negotiations and Agreement"),宣布美国永久退出TPP。他指出,美国政府的政策是在所有贸易谈判中充分代表美国人民的福利,特别是美国工人的利益,签订创造公平、维护经济利益的贸易协定。为了保证这个目标的实现,美国打算在一对一的基础上协商未来的贸易协议。在可能的情况下,进行双边贸易谈判,推动美国产业的发展,保护美国工人的利益,提高美国人的工资水平。①

## 二 《关于对国内制造业简化许可和减少管理负担的总统备忘录》

2017年1月24日,特朗普总统签署《关于对国内制造业简化许可和减少管理负担的总统备忘录》("Presidential Memorandum Streamlining Permitting and Reducing Regulatory Burdens for Domestic Manufacturing")。备忘录的主题是对制造业放松管制,简化许可程序和减轻国内制造业的监管负担。他指示行政部门和机构通过快速审查和批准建立或扩大制造业生产设施,减少国内制造生产上的监管负担,以支持美国制造业的扩张。要求商务部部长就联邦法规对国内制造业影响的相关利益者进行了解,就简化联邦许可和减少国内厂商监管负担问题征求公众意见,商务部配合农业和能源部部长、美国环境保护署署长、管理和预算办公室主任、小企业管理局局长以及其他可能适当的机构负责人着手这一工作。要求商务部部长在60天内向总统提出一个简化国内制造业联邦许可的程序、减轻影响国内制造商监管负担的计划。要求报告应有确定优先行动以及最后完成行动期限的建议,还可包括对现行法律法规提出修改,以及改变现有权力下的立即采取措施的政策、

---

① The White House, Office of the Press Secretary, "Presidential Memorandum Regarding Withdrawal of the United States from the Trans – Pacific Partnership Negotiations and Agreement", January 23, 2017, https://www.whitehouse.gov/the – press – office/2017/01/23/presidential – memorandum – regarding – withdrawal – united – states – trans – pacific.

程序或行动的建议。①

### 三 《关于购买美国货和雇用美国人总统行政令》

2017年4月18日，特朗普总统签署《关于购买美国货和雇用美国人总统行政令》("Presidential Executive Order on Buy American and Hire American")，要求行政部门购买美国货和雇用美国人。该行政令主要内容包括：

（1）购买美国货。为了促进美国经济增长和国家安全，创造"体面的""高薪的"好工作，增强中产阶级的力量，支持美国制造业和国防工业基地，规定凡由联邦政府财政基金资助和联邦政府采购、使用的货物，应是美国生产的产品和原材料。

（2）雇用美国人。为了给美国工人创造更高的工资和提高其就业率，保护其经济利益，要求严格执行和管理《移民和国籍法》(*Immigration and Nationality Act*)中的条款，对进入美国的外国工人进行严格审查。

（3）实施和评估国内"购买美国法"②状况。规定时间节点，要求各机构严格监控、执行和遵守购买美国货和雇用美国人的规定。比如，规定命令发布日起150天内，所有机构负责人应评估其机构对"购买美国法"的监督、执行和遵守的情况；评估本机构的类型、使用的豁免及对国内就业及制造业的影响；制定和提出本机构的保证政策：在法律允许的范围内，联邦政府财政基金

---

① The White House, Office of the Press Secretary, "Presidential Memorandum Streamlining Permitting and Reducing Regulatory Burdens for Domestic Manufacturing", January 24, 2017, https://www.whitehouse.gov/the-press-office/2017/01/24/presidential-memorandum-streamlining-permitting-and-reducing-regulatory.

② 所谓"购买美国法"是指要求涉及联邦采购或联邦补助的所有法律、法规、规章和行政命令，包括那些"购买美国货"或"购买使用美国原料制造的货物"的要求或提供优惠，在美国购买或收购货物、产品或材料，生产铁、钢和制成品。

援助和联邦采购最大限度地使用在美国生产①的产品、部件和材料，比如钢、铁、铝、水泥。命令发布之日起 60 天内，商务部部长、管理和预算办公室主任，应与国务卿、劳工部部长、美国贸易代表和联邦采购管理委员会协商，指导机构如何做出评估和发展条款的政策要求。命令发布之日起 150 天内，商务部部长和美国贸易代表应评估所有美国自由贸易协定和世界贸易组织协定在政府采购上"购买美国法"的运作状况，包括对国内采购偏好实施的影响。商务部部长与国务卿、管理和预算办公室主任以及美国贸易代表协商后，向总统报告"购买美国法"的实施情况。在本命令发布之日起 220 日内提交报告，包括加强美国采购法实施的具体建议、国内采购优惠政策和方案等。为了促进 H-1B 签证程序的正常运作，国务卿、司法部部长、劳工部部长和国土安全部部长应在切实可行的范围内尽快建议帮助改革，以确保 H-1B 签证颁发给最熟练的或最高支付的申请者。②

### 四 《设立贸易和制造政策办公室的总统行政令》

为了贯彻《关于购买美国货和雇用美国人总统行政令》，2017 年 4 月 29 日，特朗普总统又发布《设立贸易和制造政策办公室的总统行政令》（"Presidential Executive Order on Establishment of Office of Trade and Manufacturing Policy"），宣布在白宫办公室下设立贸易和制造政策办公室（Office of Trade and Manufacturing Policy，OTMP），其办公室主任由总统任命或必要的话由总统助理、行政主管挑选。该办公室的任务就是保护和服务美国的工人和国内制造业，向总统提出促进经济增长，减少贸易赤字，并加强美国的

---

① 所谓"在美国生产"是指，比如钢铁产品在美国进行了整个制造过程，从最初的熔化阶段，到涂层应用等。

② The White House, Office of the Press Secretary, "Presidential Executive Order on Buy American and Hire American", April 18, 2017, https://www.whitehouse.gov/the-press-office/2017/04/18/presidential-executive-order-buy-american-and-hire-american.

制造业和国防工业基地的政策建议。具体而言，(1) 就创新策略向总统提出建议，并推动贸易政策与总统既定目标相一致；(2) 担任白宫和商务部之间的联络员，并按总统要求进行与贸易相关的特别项目；(3) 帮助改进行政部门的国内采购和招聘政策的执行，包括《购买美国货和雇用美国人法》（13788 号行政令）所规定政策的实施。①

## 五 《美国技术委员会成立总统行政令》

2017 年 4 月 28 日，特朗普总统又签署并于 5 月 1 日发布了《美国技术委员会成立总统行政令》（"Presidential Executive Order on the Establishment of the American Technology Council"）。该行政令指出，美国的政策就是促进安全、高效、经济地利用信息技术；美国人应该从政府那里得到更好的数字服务，联邦政府必须改造并使信息技术现代化，知道如何使用及提供数字服务。为此，有必要成立美国技术委员会（American Technology Council，ATC）进行指导。

该行政令规定了委员会的建构、职能等。规定总统担任该委员会主席，委员会成员由副总统、国防部部长、商务部部长、国土安全部部长、国家情报局局长、管理和预算办公室主任、科技政策办公室主任、美国首席技术官员、总务长、总统高级顾问、部门间和技术措施的总统助理、战略行动的总统助理、国家安全事务的总统助理、国土安全和反恐的总统助理、美国数字服务管理者、电子政务办公司主任、技术改造署署长，以及美国技术委员会主任构成。ATC 主任可以另外邀请带有服务交付计划的各主要机构负责人或该计划负责人轮流出席 ATC 会议，总统或有时在总统的指示下 ATC

---

① The White House, Office of the Press Secretary, "Presidential Executive Order on Establishment of Office of Trade and Manufacturing Policy", April 29, 2017, https://www.whitehouse.gov/the-press-office/2017/05/01/presidential-executive-order-establishment-office-trade.

主任可以邀请其他行政部门、机构及办事处官员出席该会议。总统或在其指示下主任可以召集会议。总统主持会议，若总统缺席，由副总统主持，副总统缺席由委员会主任主持。

ATC 的主要功能是：(1) 协调联邦政府利用信息技术和通过信息技术提供服务的愿景、战略和方向；(2) 协调总统在有关联邦政府使用信息技术及通过信息技术交付服务的政策决定和过程中提出建议；(3) 确保这些决定和过程与该命令所述政策相一致，并使该政策得以有效实施。行政令也规定 ATC 的职能不得延伸至任何国家安全系统，如《美国法典》第 44 部分 3552（b）(6) 条所界定的国家安全系统。

ATC 可以通过特设委员会、特遣部队或跨部门小组开展工作；每个小组（或团体）的主席有时可以由 ATC 主任或相当于主任的官员来指定。这些团体应包括考虑有关信息技术政策问题的高级综合论坛，代表委员会去审查和监控 ATC 跨部门座谈会的工作，确保问题在 ATC 做出正确分析和决定前提出。鼓励所有的机构与 ATC 合作，在 ATC 和法律允许的范围内提供援助、信息和建议。鼓励国家情报局局长在威胁、漏洞和缓解程序方面提供给 ATC 分类信息访问的授权，以方便 ATC 开展机密信息分类活动。该命令规定 ATC 的终止期限为 2021 年 1 月 20 日。①

### 六 相关行政令

重振制造业，降低能源成本是重要一环，此外通过贸易壁垒构筑保护国内制造业发展的条件也是重要手段。在百日新政中，特朗普总统在能源和贸易方面颁布了一系列行政令。主要有：

---

① The White House, Office of the Press Secretary, "Presidential Executive Order on the Establishment of the American Technology Council", May 1, 2017, https://www.whitehouse.gov/the-press-office/2017/05/01/presidential-executive-order-establishment-american-technology-council.

1. 能源行政令

2017年3月28日颁布《促进能源独立和经济增长的总统行政令》("Presidential Executive Order on Promoting Energy Independence and Economic Growth")。其要点是发展能源，去除不必要的监管负担。这里的"负担"是指："对能源资源的选址、许可、生产、利用、传输或交付中的不必要的阻碍、拖延、削减或以其他方式征收重大费用。"认为这种"负担"拖累能源生产、制约经济增长和创造就业机会，应该避免。行政令要求发展能源必须符合国家利益，确保该国的电力是负担得起的、可靠的、安全的、保险的、清洁的，它可以是煤炭、天然气、核材料、水力和包括可再生能源的其他能源，审慎发展这些自然资源，以确保国家的地缘政治安全。行政令要求相关机构立即审查所有可能危及国内能源安全、高效发展的现行法规、命令、指导性文件、政策和其他类似的机构行为，取消某些能源和气候相关的总统和监管行动。

宣布撤销下列奥巴马执政时签署的总统行动令：（1）2013年11月1日的"美国应对气候变化影响的准备"第13653号行政令；（2）2013年6月25日的"电力行业碳污染标准总统备忘录"；（3）2015年11月3日的"减轻在自然资源发展上的影响和鼓励私人投资总统备忘录"；（4）2016年9月21日的"气候变化和国家安全总统备忘录"。同时，宣布撤销下列报告：（1）2013年6月总统办公室报告——"总统的气候行动计划"；（2）2014年3月总统办公室报告——"降低甲烷排放的气候行动计划策略"。要求撤销环境质量委员会最终的指导权——"联邦部门和机构关于温室气体排放和气候变化影响的最终指南"[1]。

---

[1] The White House, Office of the Press Secretary, "Presidential Executive Order on Promoting Energy Independence and Economic Growth", March 28, 2017 ( https://www.whitehouse.gov/the-press-office/2017/03/28/presidential-executive-order-promoting-energy-independence-and-economi-1 ).

4月28日，签署《执行美国首个海上能源战略的总统行政命令》("Presidential Executive Order Implementing an America – First Offshore Energy Strategy")，声称为了维护能源创新、领导全球的勘探和生产发布该命令。该命令首先提出实施海上能源战略的意义，指出增加国内能源生产，可增加国家安全，减少对进口能源的依赖；能源供应增加，将使能源价格下降，低能源价格将有利于美国家庭、有助于重振美国制造业和就业增长、有助于提高国家的军事准备。美国必须把家庭和企业的能源需求放在首位，并继续实施一项计划，以确保未来几十年的能源安全和经济活力。美国的能源政策就是鼓励能源的勘探和生产，包括大陆架外的能源勘探和生产。为执行该政策，内政部部长应当在咨询国防部部长后，考虑修订《油气租赁销售计划》。在法律允许的最大范围内，由海洋能源管理局指定（BOEM）在下列各外大陆架规划区进行每年的租赁销售：墨西哥湾西部，中部的墨西哥湾，楚科奇海、博福特海、库克湾、中大西洋、南大西洋。行政令规定了安全操作、空气质量控制、授权审议、许可证申请等事宜。[1]

5月17日，在《美国国务卿、财政部部长和能源部部长的总统备忘录》("Presidential Memorandum for the Secretary of State, the Secretary of Treasury, and the Secretary of Energy")中，特朗普总统对美国能源信息管理局提交给国会的报告等进行了研究，确定除伊朗外，允许一些国家石油和石油产品的充足供应，通过外国金融机构大幅减少从伊朗购买的石油和石油产品数量，因为总统的新政府在对伊朗政策进行评估，这样做也与《联合行动综合计划》("Joint Comprehensive Plan of Action")中的美国承诺相一致。

---

[1] The White House, Office of the Press Secretary, "Presidential Executive Order Implementing an America – First Offshore Energy Strategy", April 28, 2017 ( https://www.whitehouse.gov/the-press-office/2017/04/28/presidential-executive-order-implementing-america-first-offshore-energy).

当然，此时美国并不急于减少伊朗原油销售。①

2. 贸易行政令

2017年3月31日，颁布了《关于重大贸易赤字综合报告的总统行政命令》("Presidential Executive Order Regarding the Omnibus Report on Significant Trade Deficits")。强调自由和公平贸易对美国国家的繁荣、安全和外交政策至关重要。认为多年来美国在签署很多的贸易协定和加入世界贸易组织中没有获得所预期的全部利益，美国的货物贸易逆差超过7000亿美元，2016年全部贸易（货物和服务）逆差超过5000亿美元。为了美国经济和国家安全利益，需要加强美国的贸易法规实施，提高竞争力和扩大贸易规模，确保美国制造业和国防工业基地的实力增强。该行政令要求美国贸易政策制定者和贸易代表掌握长期贸易赤字的原因和一些贸易伙伴不公平和歧视性的贸易行为全面信息，以便在贸易谈判上有针对性。

要求从发布命令之日起90天内，商务部部长和美国贸易代表咨询财政部、国防部、农业部和国土安全部及其他行政主管部门或机构负责人后，向总统提交一份关于重大贸易赤字的综合报告。该报告的形成必须通过召开公开会议，听取相关州、地方和非政府利益相关者，包括制造商、工人、消费者、服务提供者、农民和牧场主的意见，识别和评估2016年在货物贸易中使美国有重大贸易逆差的贸易伙伴。评估内容主要包括：（1）适用的差别关税、非关税壁垒、倾销损害、政府补贴损害、知识产权盗窃、强制技术转让、劳工权利和劳工标准、拒绝和任何其他形式的歧视美国商业或其他导致美国贸易

---

① The White House, Office of the Press Secretary, "Presidential Memorandum for the Secretary of State, the Secretary of Treasury, and the Secretary of Energy", May 17, 2017 (https://www.whitehouse.gov/the-press-office/2017/05/17/presidential-memorandum-secretary-state-secretary-treasury-and-secretary/).

赤字的因素；（2）评估贸易伙伴是否直接或间接地施加不平等负担，或不公平地歧视，事实上反对美国商业法律、法规或做法，从而使美国的商业处于不公平竞争劣势；（3）评估这种贸易关系对美国制造业和国防工业基地生产能力和实力的影响；（4）评估这种贸易关系对美国就业和工资增长的影响；（5）确定可能损害美国国家安全的进口和贸易惯例。①

3月31日，特朗普总统还签署了《关于加强反倾销和反补贴税以及违反贸易和海关法的搜集、实施的总统行政令》（"Presidential Executive Order on Establishing Enhanced Collection and Enforcement of Antidumping and Countervailing Duties and Violations of Trade and Customs Laws"）。该行政令指出，规避反倾销税和反补贴税（下面简称"双反税"）的进口商的行为是一种不正当的竞争行为，它使联邦政府丧失了合法收入。截至2015年5月，政府未收到被开征双反税进口商欠款23亿美元，这些欠款主要来自在美国无资产的进口商。总统责令具体机构将进口商与双反税目结合起来，识别出这些进口商，以保护美国的岁入，评估风险。

该行政令要求在命令发布之日起90天内，国土安全部部长在咨询了财政部部长、商务部部长和美国贸易代表后，制订出一项计划，对"覆盖进口商"（covered importer）② 采取措施，基于美国海关和边境保护局（CBP）的风险评估及对美国收入构成的风险，向它们提出通过债券和其他法律措施为双反税提供担保的要求，该计划也可确定其他适当的执法措施。同时，要求该命令发

---

① The White House, Office of the Press Secretary, "Presidential Executive Order on Establishing Enhanced Collection and Enforcement of Antidumping and Countervailing Duties and Violations of Trade and Customs Laws", March 31, 2017（https://www.whitehouse.gov/the–press–office/2017/03/31/presidential–executive–order–establishing–enhanced–collection）.

② "覆盖进口商"指满足以下任何一个事实即可：美国海关和边境保护局（CBP）没有该进口商以前的进口记录；CBP有该进口商未能完全支付反倾销或反补贴税记录；CBP有该进口商未能支付反倾销或反补贴税及时记录。

布之日起 90 天内，国土安全部部长，通过 CBP 专员，制定和实施一项打击违反美国贸易和海关法律、拦截和处理这些进口商商品的措施。要求在法律授权的范围内，采取包括不允许任何商品通过运输进入的非突发性的手段。

此外，为了确保及时和有效的法律实施，以保护知识产权持有人，不受来自进口假冒商品的侵害，要求财政部部长和国土安全部部长采取一切适当的措施，包括必要时制定规则，以确保 CBP 与法律符合，以及与权利持有人分享下列信息：（1）有必要确定是否侵犯或违反知识产权的信息；（2）有关商品自愿放弃的信息，根据美国法律，在扣押前，如果 CBP 专员合理地认为该商品成功进入将违反《美国贸易法》，总检察长可与国土安全局局长协商，了解信息，研究推荐起诉的做法，以确保联邦检察官优先考虑起诉"违反贸易法"的重大违法行为。①

### 七 简短归结

从上可见，特朗普就任总统后强调美国制造业的发展，在其"百日新政"中签署了多个相关文件，如发布购买美国货和雇用美国人总统行政令，设立贸易和制造政策办公室，改革税收制度等，同时也签署有利于降低制造业成本的能源发展的行政令，试图从法律层面为"美国再次伟大"（America Great Again）的目标和"美国优先"（America First）的政策提供保障，营造美国制造业重振所需要的产业保护环境。一系列法规和计划的出台不仅对美国制造业的发展产生了一定的影响，也对他国制造品的出口产生了一定的影响。

---

① The White House, Office of the Press Secretary, "Presidential Executive Order on Establishing Enhanced Collection and Enforcement of Antidumping and Countervailing Duties and Violations of Trade and Customs Laws", March 31, 2017 (https://www.whitehouse.gov/the-press-office/2017/03/31/presidential-executive-order-establishing-enhanced-collection-and).

例如，为保护国内市场，美国除了通过"双反"（反倾销反补贴）调查外，还进行了"337 调查""232 调查"等。"232 调查"是对特定产品进口是否威胁美国国家安全的调查。2017 年 4 月，应特朗普要求，美国商务部对进口的钢铁产品和铝产品启动"232 调查"。2018 年 2 月，宣布对来自中国的铝箔征收 49%—106% 的关税，3 月又宣布对所有进口钢铁和铝材征收 25% 和 10% 的附加税，这不仅给相关出口国家的工业带来影响，也推高了美国国内使用钢铁和铝原材料的制造业部门的成本。其后展开的中美贸易战使问题表现得更为复杂和深刻。

## 第三节　美国最近两届政府制造业发展战略的比较

2017 年特朗普上台后似乎在很多方面都在否定前任的政策，但在振兴美国制造业上却与奥巴马有着相似的看法，那就是美国不再可能接受"创造在这里，制造在海外"（invent here, manufacture overseas）的格局，必须重振美国制造业。两者不同的是，奥巴马提出的"再制造业化"不是制造业的简单回归，而是发展先进制造业、材料工业、清洁能源技术与产业、医疗卫生、环境与气候变化、信息通信领域等，保持美国制造业价值链上的高端位置和全球控制者地位；特朗普的"重振制造业"则是"制造业回归"战略，重点是将美国制造企业的对外投资和制造品的进口转变为对内投资和对外出口，将制造业外包订单留在国内。

### 一　奥巴马"再制造化"战略的"国家制造创新网络"建设情况

2013 年 1 月，美国前任总统奥巴马提出《国家制造创新网络：初步设计》（"National Network for Manufacturing Innovation:

Preliminary Design"），制造机构网络规划开始逐步推进。截至2016年4月，美国已建立起国家制造创新网络中的8家制造研究中心。其中，2016年4月1日公告的第8家制造创新机构——革命性纤维和纺织品制造创新中心建立在麻省，由国防部牵头，麻省理工学院负责管理，包括89家工业界、学术界和非盈利组织成员，公私合作资金超过3亿美元。美国政府期望通过中心的建立，加速纺织制造业在美国的复兴。根据美国政府此次公告，美国制造业在经历2000—2009年10年就业岗位减少后，于2010年2月开始出现增长，到2016年4月已经增加了90万个岗位，其中从2009—2015年纺织业就业岗位增加14%。美国政府认为这一增长势头为未来先进纤维和纺织技术的领先和创新奠定了基础。

该日，奥巴马政府发布一份新的报告，详细介绍了13个先进制造业技术研发机构，表示联邦政府将在投资上给予这些机构优先考虑。2017财年联邦预算在制造技术上的投资达21亿美元，这意味着自2011年以来制造研发投资提高了40%。

目前，第9个创新中心——清洁能源智能制造创新中心正在筹备建立。美国政府的目标是建立45家制造创新中心，由此实现各领域"美国制造"高技术的领先优势。表4—2显示的是已建成和将建成的9个制造研究中心，从中可见，研究领域涉及材料、电子、集成电路、纤维、能源等领域。

表4—2　已建成和将建成的美国国家制造创新网络的制造研究中心

| 中心名称 | | 建立时间 | 地点 | 研究领域 |
| --- | --- | --- | --- | --- |
| 英文 | 中文 | | | |
| The National Manufacturing Innovation Institute（NMII） | 国家增材制造创新中心 | 2012.8 | 俄亥俄州扬斯敦 | 增材制造和3D打印技术 |

续表

| 中心名称 | | 建立时间 | 地点 | 研究领域 |
| --- | --- | --- | --- | --- |
| 英文 | 中文 | | | |
| Digital Manufacturing and Design Innovation Institute (DMDII) | 数字制造与设计创新机构 | 2014.2 | 伊利诺伊州芝加哥 | 数字化设计制造集成研究 |
| Lightweight Innovations For Tomorrow (LIFT) | 美国轻质材料制造创新机构 | 2014.2 | 密歇根州底特律 | 轻金属制造技术 |
| The Next Generation Power Electronics Manufacturing Innovation (Power America) | 下一代电力电子制造创新机构 | 2014.12 | 北卡罗来纳州罗利 | 基于半导体带隙宽度的电子器材 |
| Institute for Advanced Composited Manufacturing Innovation (IACMI) | 先进复合材料制造创新机构 | 2015.6 | 田纳西州诺克斯维尔 | 先进纤维增强聚合物复合材料 |
| American Institute for Manufacturing Integrated Photonics (AIM Photonics) | 美国集成光子制造创新机构 | 2015.7 | 纽约州罗彻斯特 | 光子集成电路制造 |
| America's Flexible Hybrid Electronics Manufacturing Institute (NextFlex) | 柔性混合电子制造创新机构 | 2015.8 | 加利福尼亚州圣何塞 | 半导体与柔性电子器件的制造和集成 |
| Revolutionary Fibers and Textiles Manufacturing Innovation Institute (RFTMII) | 革命性纤维和纺织品制造创新中心 | 2016.4 | 马萨诸塞州剑桥 | 新纤维及织物 |
| Clean Energy Manufacturing Innovation Institute on Smart Manufacturing (CEMIISM) | 清洁能源智能制造创新中心 | 正在组建 | 招标中 | 清洁能源制造先进传感器、控制、平台和建模 |

注：本表根据美国政府网站信息制作。

## 二 特朗普"制造业回归"战略的具体措施

特朗普在促进"制造业回归"战略方面主要采取了以下措施：

（1）提高进口关税，重开贸易谈判。2017年1月，特朗普在白宫网站公布其经济政策目标，包括未来10年内新增2500万个就业岗位、推动美国经济实现4%的年增长、退出TPP等。1月23日签署行政令，宣布美国永久退出TPP。提出将在一对一的基础上协商未来的贸易协议。在可能的情况下，进行双边贸易谈判，以推动美国产业的发展，保护美国工人的利益，提高美国人的工资水平。同月，特朗普抨击了包括《北美自由贸易协定》（NAFTA）在内的过去签订的贸易协定，称这些协定导致贸易赤字高启，制造业基础遭破坏；提出重新谈判NAFTA，如果墨西哥和加拿大不愿重谈协定，那就"将告知美国退出协定的意向"。2月2日，特朗普在白宫与部分国会议员会面时再次指出："我对NAFTA非常担忧，NAFTA是我们国家的灾难，对我们的就业、工人和企业是个灾难。我想改变它，也许将建立一个新的NAFTA。"他认为，现在的NAFTA非常不公平，新的贸易协定可以是一个改造过的NAFTA，也可以是一个全新的NAFTA，其并不在乎形式，但应当是一个公平的协定。1月27日，又签署"穆斯林禁令"。其后，开始实施美墨边境围墙修筑计划，3月美墨边境围墙的招标程序正式启动。这项计划被视为美国历史上最大的工程之一，预计将斥资216亿美元，计划到2020年底建成，届时所建围墙将长达2000公里。显然，特朗普的对外经贸政策打破了战后美国政府倡导的贸易自由主义政策和国际分工原则，趋向于贸易保护。

（2）企业所得税改革，对就业岗位回流公司减税。还在竞选时特朗普就提出降低企业税，由35%降到15%。2017年4月，特朗普政府公布最新税改计划，包括三个内容：第一，减少企业税率。将公司所得税率从35%降至15%；废除影响小企业和投资收入的3.8%的奥巴马医保税；实现公司地区税制的公平化。第二，降低个人税负。将现有个人所得税最高税率由39.6%降至35%，由七级税率减少至三级：10%、25%和35%；个人所得税免税额度翻倍，提高扣除限额，如夫妻联合报税标准扣除额调高一倍至2.4万美元，对有孩子家庭减税；废除遗产税和替代最低税额。第三,增加海外税收。对海外留存的数万亿美元一次性征税;对海外子公司的利润征收 10% 的所得税;海外利润汇回美国征税 35%。① 税收减免后,本土公司基本税率为 23%,跨国公司中位数为 28%。该计划希望通过减税,减轻企业负担和家庭负担,促进消费和投资;而对海外公司的征税,将促使大量投资回流美国。在特朗普政府的压力下,福特汽车公司打消原本将林肯 MKC 车辆生产线转移到墨西哥的计划,改为在国内扩大投资生产。最终,2017 年 12 月美国国会参议院通过特朗普税收改革法案,公司税从 35% 降低至 21%。

(3) 放松管制,包括金融管制和企业环保管制。除了签署放松企业管制的总统令或备忘录外,还取消经济危机时期出台的各类金融管制规定。此外,就是宣布退出《巴黎气候协定》。2017 年 3 月 28 日发布《促进能源独立和经济增长的总统行政令》,提出发展能源,去除不必要的监管负担。4 月 28 日,又签署《执行美国首个海上能源战略的总统行政命令》,实施海上能源战略等。6 月 1 日,宣布美国退出《巴黎气候协定》,声称"不能支持一个惩罚美国的协定"。退出气候协议的目的就是让高污染企业,如石油化工、原油开采与冶炼、煤炭等企业面临更少的监管和政府干预,以促进这些行业的发展。

(4) 鼓励企业投资,加大基础设施建设。美国许多桥梁、大坝和公路是在 20 世纪 30 年代罗斯福新政时期以及第二次世界大战后的 30 年里建造的。随着联邦和州财政预算的缩减,美国在大型基础设施工程(除石油和天然气管道外)建造相对较少。公共资金的缺乏,限制严格的联邦增建采购条例,战后"婴儿潮"一代的工程师正在不断退出劳动大军,而高校重型工程人才培养越来越少,使得美国不仅工业工程师匮乏,而且工业和工程能力长

---

① 《不只是"搞事情"特朗普减税方案对中国的启示》,和讯名家,2017 年 4 月 28 日,http://news.hexun.com/ 2017 - 04 - 28/189005935.html。

期衰落，技术上面对世界其他国家（如中国、日本、德国等国）的挑战。为此，特朗普提出10年投资1万亿的基础设施计划，表示有信心推动该基础设施项目的实现。

2017年1月底，美国政府公布了一份50个项目的清单，这一初步方案包括机场、港口、水力、电网及管道的投资，预计需要投资1400亿美元，估计10年内将为美国提供2.4万个就业机会。总开支中，铁路升级约占一半，估计将提供52%的就业机会。特朗普的顾问提出将以免税作为鼓励私人投资上万亿美元基础设施的措施。一方面减税，另一方面要加大投资，特朗普政府面临的资金缺口将很大。美国政府财政收支赤字已从2015年第一季度的5714亿美元上升到2016年第四季度的7416亿美元，2017年第一季度依然超过7000多亿美元。

### 三　简短评价

比较奥巴马的"再制造业化"战略与特朗普的"制造业回归"战略，虽然二者着眼点不同，但目标却是一致的，这就是提高美国制造业在国际市场的竞争力，增加就业岗位。前者通过开辟新的制造业部门增加就业，并使美国制造业位居世界制造业的前沿，该战略意味着更多的附加值产生、更多的岗位出现。后者期望通过贸易的、税收的、投资的各种政策手段，吸引在海外的美国公司返回美国投资设厂，阻扰他国同类制造品进入美国，由此解决美国社会经济发展存在的传统部门衰败和对外贸易严重的逆差问题，增加就业。

目前的情况来看，特朗普的"制造业回归"战略在实施上存在很多困难，因为制造业成本的下降取决于劳动生产率的提高和要素价格的下降，这需要对传统部门进行改造，进行技术创新，而传统部门制造业的技术进步将进一步减少就业人数。此外，通过贸易壁垒保护本国制造业市场的做法也会带来贸易伙伴的报复措施。该战略也难解决基础设施建设、围墙修筑的资金筹措问题，若通过发行货币或债券来解决，不仅将造成政府更大的财政赤字，而且还会引发通货膨胀。

在基于美国的产业变化实际情况来分析和探讨制造业的当代发展趋势时，首先遇到的一个问题就是，如何看待奥巴马政府与特朗普政府在发展美国制造业上采取和施行的不同战略重点。如果除去党派之争等其他因素的影响，仅就产业发展本身来看，我们认为，两者具有推进美国经济的可持续发展，使其制造业保持世界领先地位与国际竞争优势的统一的一面。因为，不论是奥巴马的"再制造业化"战略，还是特朗普的"制造业回归"战略，都不是当届政府主观臆想出来的政策产物，而是在相当程度上反映着国家经济发展的历史诉求。① 比如，前者注重发展先进制造业，反映着信息经济时代产业发展的历史趋势，即以信息技术为主的高科技与制造业的有机融合。这也是此前发生的IT泡沫和由美国引发的世界性金融危机所换来的深刻教训。后者侧重发展传统制造业，尽管其采取的手段恰当与否、效果究竟如何存在着巨大的争议，甚至成为目前世界经济领域所关注的焦点，但有一点是明确的，即它反映出美国的产业与经济社会发展在这方面存在着深刻问题，是必须得到纠正和解决的。美国麻省理工学院在21世纪第二个十年之初所做的专题研究——重塑制造业，印证了这个事实。而且，该研究以国内外制造企业广泛的调研为基础，以研究创新与生产制造的关系为中心，对重建美国制造业的深入讨论，应当引起我们的充分重视。总之，上述事情已经涉及如何认识制造业发展的当代意义这一重大问题，我们将随着研究的展开和逐步深入尝试做出回答。

---

① 关于这一点，我们将在第五章中展开较为详尽的分析。

制造业的发展趋势也与科技发展趋势息息相关。2016年6月16日，美国陆军公布了《2016—2045年新兴科技趋势》（"Emerging Science and Technology Trends: 2016—2045"）报告，该报告图文并茂地展示了未来30年新兴技术的发展趋势，给予我们以很大启发。根据该报告，未来30年的科技趋势主要在以下领域：机器人与自主系统；增材制造；大数据分析；人体机能增强系统；移动和云计算；医疗进步；网络空间；能源技术；智慧城市系统；物联网；食物与水技术；量子计算；社交媒体使能（Social Empowerment）；先进数码产品；混合实境（即虚拟现实与增强现实）；气候变化技术；先进材料；新型武器；太空技术；合成生物等20大核心科技。[①] 这表明制造业生产将更加自动化、智能化：生产一线的工人将减少，更多部门的生产为机器人或智能设备所替代，劳动密集型行业逐步减少；产品设计、燃材料供应、智能机器人生产、物流运营网络，使得服务部门与生产部门的界限越来越模糊。虽然各国经济发展的阶段不一，纵使一些国家还存在许多传统部门，但发达经济体的跨国公司将通过投资打破那里的落后，将其融入全球化智能生产和运营体系中。由于科技进步与工业发展叠加，对经济社会发展的影响异常巨大而深刻，且这种发展与影响目前才刚刚显现，因此，我们的认识还有赖于对这一过程的持续观察得到深化。

当然，科技领域的技术突破需要人力资本的培育与人才的集聚。美国"再制造业化"重振制造业战略以及一些措施，给正处于重要的经济转型之中的中国等新兴大国提供了重要的启示与借鉴：

第一，政、企、学结合的研发、投资模式。由政府召集，组

---

① Office of the Deputy Assistant Secretary of the Army (Research & Technology), "April 2016 Emerging Science and Technology Trends: 2016 – 2045", A Synthesis of Leading Forecasts, 2016 – 06 – 16.

织企业界人士、学界科学家或专家，挑选科技领域最前沿项目，政府给予项目资助，同时也鼓励企业投资，通过建立研发中心、制造创新中心进行科技攻关，实行产、学、研结合，不断提高技术水平。美国政府的目标是建立45家制造创新中心，每一个中心对应一个领域高地，由此实现各领域本国制造高技术的领先优势。目前美国已经建成9个中心。这一趋势值得我们重视，其做法值得我们借鉴。

第二，监管虚拟经济活动，着力发展实体经济。国民经济的重要基础是实体经济，对一个大国而言，必须坚守实体经济的发展。传统的观点认为，实体经济是指那些关系到国计民生的部门，如纺织、钢铁、采掘、石油化工、交通运输等。现代的观点认为，农业、工业、交通运输、商业服务、建筑、文化产业等一切物质生产和服务的部门都是实体经济。虚拟经济是相对实体经济而言的，它是资本脱离实体经济的价值形态，如金融产品的股票、证券、房地产；它也可是以信息技术为工具的经济活动，比如博彩、期货；还可以是计算机模拟的可视化经济，比如互联网金融。虚拟经济的发展必须有控制、有监管，否则会损害和冲击实体经济。实体经济是创造财富的经济，是国民经济赖以生存的经济，必须大力发展。实体经济中的重要组成部分——工业尤其是制造业更是新兴大国工业化的基础。

# 第五章

# 战后美国两次制造业的结构调整与转型研究

战后至今,美国先后经历了两次深刻的制造业结构的调整与转型。本章将通过对其背景,特别是调整过程,以及可见成效的较为详尽分析,来看这种调整与变革对于一国经济社会发展的必然性,及其对大国成长的意义。

## 第一节 战后的产业结构升级与20世纪80年代中后期开始的制造业转型

第二次世界大战后,随着工业化、现代化进程的推进,科技革命的发展,美国的社会、经济结构(包括生产结构和消费结构)发生了很大变化。伴随食品、木材、纺织、服装、石油、化工等非耐用消费品比重不断下降,机械、电子、电气设备、运输设备等耐用消费品比重不断上升,社会进入追求高消费的后工业化时代。

### 一 伴随经济发展形成的产业结构升级趋势

第二次世界大战后到20世纪70年代初的工业发展,被视为美国历史上的第三波工业化浪潮。[①] 美国的产业发展史揭示，与英国等欧洲老牌的资本主义工业国家相比，作为一个后起国，美国以其殖民地工业的产生与发展为基础，从18世纪90年代开始的工业革命建立机器生产起步；经过19世纪60年代到第一次世界大战前夕的工业发展高潮，用最新的科技成果装备自己，在工业生产和技术水平方面超越英国，实现了经济的跳跃式增长；两次世界大战期间，它以在战争中膨胀起来的强大工业生产能力和雄厚资金为后盾，进行大规模固定资本更新，开展产业合理化运动，进而以其工业生产和技术发展水平遥遥领先的优势，一举打破了工业和经济发展上的多国称雄的局面，在世界工业生产中确立起绝对优势地位。

20世纪40年代中期到70年代初，虽然美国的经济发展因经济危机的打击也有波折，但伴随第三次科技革命的强势兴起，它不失时机地利用战时积累的资金和战后扩大的市场，采用新技术、新工艺、新设备，改造旧部门，创建新部门，引领了整个资本主义世界的工业高涨。例如，作为20世纪20年代美国传统支柱产业的钢铁工业，即应用新技术实行重点改造的产业部门。经过50年代开始的技术革新，以生产1吨钢材所需工时衡量的劳动生产率，1960年则比1946年提高了34.6%。50年代中期开始，美国在钢铁业使用氧气顶吹炼钢，到1971年这种方式的生产已占总体的53%。同时钢铁工业也是美国最早使用计算机控制生产过程的部门，1972年应用于钢铁工业的计算机达到了572台，是日本的2.5倍还多。[②] 这一时期，美国钢铁工业不论是生产能力还是工艺水平都居世界领先地位。受科技革命的推动与军

---

[①] 也被称作工业现代化的第三次跃进（见韩毅、张琢石《历史嬗变的轨迹：美国工业现代化的进程》，辽宁教育出版社1992年版）。

[②] 韩毅、张琢石：《历史嬗变的轨迹：美国工业现代化的进程》，辽宁教育出版社1992年版，第290页。

事技术和军工生产的影响,电子工业是战后美国发展迅速的一个重要新兴工业部门。观其中的计算机工业,[①] 1946年美国建成世界第一台计算机,1950年开始投入生产。继50年代中期和60年代中期先后研制成功晶体管计算机、集成电路计算机后,1971年刚刚研制成功的大规模集成电路计算机就已开始扩大投产。同年,使用的电子计算机占西方主要发达工业国家的71%。相应地,整体上的电子工业产值,自50年代初开始的30年里增长超过了8倍。[②]

这一时期美国的产业经济发展与社会进步,突出地表现在经济结构的变化与产业升级上。首先,三次产业比例的变化。根据《美国统计摘要》等文献制作的表5—1、表5—2清晰地反映了这一点。战后第三次科技革命的到来,极大地促进了美国生产力水平的提高,加快了其产业结构向高级化迈进的步伐。1950—1973年,美国第一产业增长速度明显低于第二、第三产业,其在国民生产总值中所占比重呈下降趋势;第二产业的增长速度高于第一产业,但低于第三产业,在国民生产总值中所占比重有所下降;第三产业的增长速度和其在国民生产总值中所占比重,均明显呈上升趋势。其中,制造业所在的第二产业在国民生产总值中的占比,从1950年的37%下降到1973年的31.2%,下降了5.8个百分点,而产值则从1950年的1060亿美元增加到1973年的4079亿美元,增长幅度达到384.8%。劳动力在三大产业所占比重的变化反映了相同的趋势。[③]

---

[①] 1970年,除去军事工业的民用计算机及其数据处理装置的产值,占电子工业总产值的21.4%。

[②] 韩毅、张琢石:《历史嬗变的轨迹:美国工业现代化的进程》,辽宁教育出版社1992年版,第298页。

[③] 这一时期第二产业所吸纳的劳动力绝对数量略有增加,即从1950年的1967.7万人增加到1970年的2608万人,而同期第二产业劳动力在总就业人数中的占比则没有太大变化。

表5—1　美国各产业部门占国民生产总值比重的变化（1950—1973年）

| 年份 | 国民生产总值（亿美元） | 第一产业 | | 第二产业 | | 第三产业 | |
|---|---|---|---|---|---|---|---|
| | | 金额（亿美元） | 占国民产总值的% | 金额（亿美元） | 占国民产总值的% | 金额（亿美元） | 占国民产总值的% |
| 1950 | 2862 | 208 | 7.3 | 1060 | 37.0 | 1560 | 54.5 |
| 1960 | 5060 | 215 | 4.2 | 1797 | 35.1 | 3031 | 59.9 |
| 1970 | 9824 | 287 | 2.9 | 3159 | 32.2 | 6353 | 64.7 |
| 1971 | 10549 | 337 | 3.2 | 3302 | 31.3 | 6873 | 65.2 |
| 1972 | 11711 | 353 | 3.0 | 3657 | 31.2 | 7615 | 65.0 |
| 1973 | 13066 | 539 | 4.1 | 4079 | 31.2 | 8332 | 63.8 |

资料来源：《美国统计摘要》，1979年；《美国商业现状》，1979年7月号。转引自韩毅、张琢石《历史嬗变的轨迹：美国工业现代化的进程》，辽宁教育出版社1992年版，第302页。

表5—2　美国劳动力的产业构成比例变化（1950—1970年）　　　单位：千人

| 年份 | 总就业人数 | 第一产业 | | 第二产业 | | 第三产业 | |
|---|---|---|---|---|---|---|---|
| | | 就业人数 | 占总就业人数的% | 就业人数 | 占总就业人数的% | 就业人数 | 占总就业人数的% |
| 1950 | 58999 | 7551 | 12.8 | 19677 | 33.4 | 31771 | 53.9 |
| 1960 | 72142 | 5916 | 8.2 | 24889 | 34.5 | 41337 | 57.3 |
| 1970 | 78678 | 3463 | 4.4 | 26080 | 33.2 | 49139 | 62.6 |

资料来源：《美国统计摘要》，1988年；《美国历史统计》，1979年。转引自韩毅、张琢石《历史嬗变的轨迹：美国工业现代化的进程》，辽宁教育出版社1992年版，第304页。

其次，工业内部的结构变化。主要表现为与新技术应用密切联系的新兴产业迅速崛起，例如石化工业、电子工业、以汽车为主体的运输设备工业等，以大大快于金属冶炼工业、食品工业、纺织工业等传统产业的速度实现增长。例如，1947—1972年的25年时间里，金属冶炼工业的产值从57.33亿美元增加到232.58亿美元，食品工业产值从91.16亿美元增加到356.15亿美元，两者分别增长了3倍和2.9倍。而同期与这些传统产业相比，在新兴产业领域，除前面提到的电子工业快速增长以外，运输设备产业

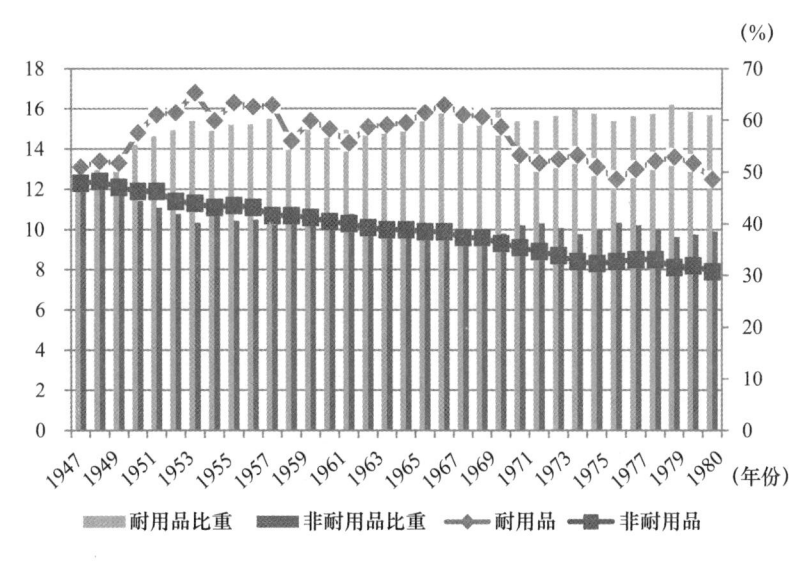

**图 5—1　1947—1980 年美国耐用消费品与非耐用消费品在 GDP、制造业中的比重**

注：(1)"非耐用品比重"指非耐用消费品在制造业中的比重；"耐用品比重"指耐用消费品在制造业中的比重；二者相加等于 100%。(2)"耐用品"指耐用消费品在 GDP 中的比重；"非耐用品"指非耐用消费品在 GDP 中的比重。(3) 左轴为曲线刻度；右轴为柱形刻度。

资料来源：根据 Bureau of Economic Analysis 数据制图，U. S. Department Of Commerce, "Value Added by Industry as a Percentage of Gross Domestic Product", May 23, 2017, https://www.bea.gov/industry/gdpbyind_data.htm.

的产值从 58.42 亿美元增长到 397.99 亿美元，化学工业产值从 53.17 亿美元增长到 324.14 亿美元，两者分别增长到 6.8 倍和 6.1 倍。[①] 与人均收入水平的快速增长和国民消费水平的日益提高相联系，美国工业内部结构的变化，还表现在耐用品工业以快于非耐用品工业的速度实现增长。由图 5—1 可见，这一时期非耐用品在 GDP 中的比重持续下降，从 1947 年的 12.3% 下降到 1980 年的 7.9%；同期，虽然耐用品比重也从 13.1% 下降到了 12.5%，但下降幅度远低于非耐用品。而就制造业本身而言，耐用品在制造

---

① 见《美国统计摘要》，1972 年、1981 年。

业中的比重从 52% 上升到 61%，非耐用品在制造业中的比重从 48% 下降到了 39%。工业部门间的劳动力构成变动与上述两种情况是一致的，即传统工业部门的劳动力数量下降，而新兴工业部门的劳动力数量上升；① 非耐用品工业部门的劳动力数量下降，而耐用品工业部门的劳动力数量上升。② 伴随产业与经济发展水平的快速上升，美国的人均 GDP 也从 1950 年的 14000 美元上升到 1972 年的 25000 美元。③ 换言之，20 世纪 70 年代初，美国进入了后工业化时代。

伴随着后工业化时代的到来，美国制造业中心发生转移。战后美国对外投资最多的还是欧洲地区，20 世纪 70—80 年代，随着东亚经济的发展，美国企业对东亚地区的投资增多，制造业向成本较低的韩国、中国台湾等地转移，进而 90 年代，投资扩大到中国大陆、泰国、墨西哥等地。全球化和区域化趋势，使得美国国内制造业地区结构发生变化。一方面，传统的制造业中心——东北部的纽约都市和五大湖区的制造业发生转移，都市功能面临着重新规划，服务业发展，经济结构转型；另一方面，西部地区宇航业、电子电器、计算机等新兴工业迅速发展。

比如，纽约都市区包括纽约州、新泽西州、康涅狄格州 31 个县，是传统制造业中心。20 世纪 80 年代，以纽约、匹兹堡、巴尔的摩为代表的城市，为适应后工业社会的到来进行了产业结构调整，制造业比重下降，服务业比重上升。以纽约为例，19 世纪工业化时期，纽约利用其优越的地理位置，发展木材加工业、造船业、服装业、制糖业、轻工业。1860 年，纽约制造业产值在全国

---

① 例如 1947—1972 年，食品工业净增的劳动力数量为 10.8 万人，而运输设备工业净增的劳动力数量达到 5.4 万人。
② 1947—1972 年，美国的耐用消费品工业部门与非耐用消费品工业部门虽然有所变动，但两个部门的劳动力总人口则清晰地呈现出增加与减少两种不同的流向。
③ 见中国发展研究基金会"博智宏观论坛"中长期发展课题组《2035：中国增长的潜力、结构与路径》。

排名第一。1914年巴拿马运河开通，纽约港需求增加，人口也迅速增加。第二次世界大战后，随着都市生活成本的上升，工资不断提高；为降低成本，城市内的企业逐步向工资率较低的郊外、南部地区、海外投资，都市内许多工厂关闭和搬迁，制造业的占比下降。1969—1977年，纽约制造业工作岗位减少30万个。而金融、贸易、商业等服务业则迅速崛起，金融商务服务业集群于曼哈顿。1960年，纽约从事商业服务的人口为12万，1991年增加到20万；同期，证券业的就业人口从不足5万增加到12.9万；银行业雇员增加6.5万。[1] 而进出口贸易和证券交易所的活跃，吸引了大量资本流入纽约。纽约以制造业为主的经济结构转变为以服务业为主的经济结构，由制造业中心转型为国际金融中心、商业中心、航运中心、公司总部中心以及国际组织所在地。

## 二 20世纪80年代后期的调整与制造业体系的变革

20世纪80年代后，世界制造业的发展格局出现了变化。一方面，几乎包揽了战后工业所有技术发明的美国，这一时期工业业绩出现了严重的滑坡；另一方面，日本及欧洲的制造业发展直抵美国。例如NC数控技术是20世纪70年代取得突破的。在发展之初的1975年，美国的数控机床生产在世界市场占36.2%的份额，分别高出西欧、日本2.4个和6.2个百分点。而到了1984年，不仅西欧所占市场份额超出美国14.3个百分点，日本更是占据世界市场3/4的份额，相比之下，美国的份额已下降到微不足道的6.7%。[2] 更为典型的是，"由美国开发并被视为其活力象征的半导体工业，已从美国未来的化身沦为危机四伏的工

---

[1] 2016年纽约都市区人口已经超过4347万人。参见李桃、王文《区域统筹规划成就纽约湾区》，《参考消息》2017年7月13日第11版。

[2] ［美］斯塔凡·雅可布松：《电子技术和工业政策中数控机床的实例》，伦敦，1986年，第33页。

业"①。20世纪80年代上半期日本占领了动态随机存取存储器的世界市场，1988年它的集成电路生产厂家获得了全球50%的市场份额，美国的市场份额则从1980年的67%下降到了38%。② 在日本和欧洲的强势竞争中，曾由美国主导发展的多个重要制造业部门相继失守。摩托车、钢铁、汽车、造船、机床和机器人、视听设备、半导体、通信终端、计算机周边设备、照相机和复印机等世界市场，接连落入日本之手。与此相应，20世纪80年代后半期，作为其竞争对手的日本和欧洲国家的制造业表现出了更高的增长率。相对于这一时期美国制造业的2.5%的平均增长率，日本的增长率为4.4%，而德国的增长率高达5.3%，为7个发达工业国家之最。

  面对困境，美国进行了深刻的反省。1986年下半年，麻省理工学院首次设立了工业生产率委员会。通过走访美国、欧洲、日本的众多公司企业，与不同部门的研究人员和第一线的实践者直接对话。选择了汽车，化学品，民用飞机，计算机、半导体和复印机，消费类电子产品，机床，钢铁以及纺织品八个制造业部门，③ 就这些部门的效率、产品质量、创新度、适应性及在其他方面的表现进行了自上而下的深入研究。经过两年多的艰苦努力，找出了美国制造业的症结所在，得出了一致的结论。并于1990年出版了他们的研究报告《美国制造——如何从渐次衰落到重振雄风》。报告深刻地分析了变化了的国际竞争环境，详尽地揭示了掌握着技术发明权的美国制造业接二连三失掉市场这一过程的所有相关环节，锋芒直指整个美国的制造业体系，连同它一贯的思维模式所造成的影响。

---

  ① [美]克雷德·V.普雷斯托维奇：《位置转换》，纽约，1988年，第288页。
  ② [德]康拉特·赛康德：《争夺世界技术经济霸权之战》，张履棠译，中国铁道出版社1998年版。
  ③ 根据美国人口普查局《制造业年度普查1986》的统计，这些部门的附加价值、就业人数占美国制造业的比重分别为28.2%和21.9%。

1. 剖析新时期的国际竞争环境与美国制造业体系传统行为模式的不适应性

对美国制造业的详细调研和案例研究表明，当年美国制造业体系形成的环境条件，已在五个方面发生了根本的变化。第一，市场容量的变化。由于欧洲统一大市场的建设和信息技术等高科技的发展，美国所占有的规模经济和大市场优势在变化。第二，消费能力的变化。伴随工业国购买力的增强和可自由支配收入的增加，新产品愈来愈多的先进入海外而不是美国市场。第三，高技能的人力资本占有情况的变化。其他国家全民教育体系的改进和教育发达程度的提高，使以往美国独享人力资本收益的状况有了改变。第四，科技力量的消长。知识经济的发展和高科技竞争的加剧促进了各国人才的成长，美国独揽科技精英的局面正在打破。第五，管理上所占据的一贯优势的变化。与美国以军事工业招贤纳士不同，德、日、英、法等国的企业管理职位成了人们升迁与发展的通途，因而美国在管理才能和经验上不再比他国有优势。

通过制造业的国际比较，反省美国制造业体系存在的六个行为模式的陈旧性。[①] 第一个行为模式是陈旧的战略。包括标准商品的大规模生产体制及美国即世界的"地方观念"。它促成美国一成不变的专业化、标准化制造，以对应变化的需求和发展的世界。第二个行为模式是短期的视点。偏爱快速盈利，不愿做长期投入，使美国企业一再丢掉技术的领先地位和长远的发展机会。第三个行为模式是开发与生产中的技术弱点。重设计而不重视生产工艺的改进，缺乏对质量的系统关注，结果造成了美国生产技能的长期贬值。第四个行为模式是忽视人力资源。由于基本职业教育的不成功和在职培训的应急性，使美国丧失了劳动生产率的优势。第五个行为模式

---

① 美国的反省是以日本的制造业为对照蓝本的。

是合作的失败。它包括公司内部合作、公司外部合作和劳资合作。由于找不到有效的合作途径加以协调，人和组织之间的壁垒妨碍了信息的充分流动。第六个行为模式是政府和产业界目的的相左。作为制造企业运作的外部环境，政府相关的管制政策、技术政策及国防政策存在的相应弱点，限制了企业的行动和发展。

对变化了的国际竞争环境和制造业体系存在的障碍性问题的认识，强烈地激发了美国人的改革和创新精神。工业界、劳动者、教育部门和政府上下一致共同努力，为完成上述报告所提出的五项使命积极行动。这些使命包括强调制造的新的基本原则；在劳动力中培养新的公民经济责任感；使合作与个人主义结为一体；学会在世界经济中生活和为未来做好准备。①

2. 变革生产企业，实施制造业体系最基础的改造工程

变革美国传统的制造业生产体系，最基础的改造工程在制造业工厂。美国人将其改造和创新的步骤称为"单一的一体化战略"。事实上它包括关于制造企业的目的、管理、新技术的应用、内部组织以及与客户和供应商的关系等诸方面的特定改革，是一个必须同时付诸实践的有机整体。这个有机体系包括质量、成本和交货的同步改进；接近客户；密切与供应商的关系；利用技术谋取战略优势；减少组织层次和部门分割；创新人力资源政策。

首先，努力根除狭隘的地方观念，不断向全球搜索新技术和将创新技术应用于生产，已经成为美国制造业体系变革的重要环节。为了应用信息技术，实现计算机联网，美国制造业不惜用巨额投资进行设备更新。于是，起始于20世纪80年代的制造业信息技术改造，在90年代取得了显著成效。信息化给美国传统的服装制造业和纺织业带来了生机。整个纺织行业在美国纺织品制造商研究所的组织下，实行被称为快速反应（Quick Response，QR）

---

① 见美国麻省理工学院工业生产率委员会关于美国制造业的调研报告。

的战略，把包括上游的纤维种植者到下游的零售商在内的整个纺织产业链上的所有参加者，均通过计算机信息交换联系起来，以缩短对顾客需求的反应时间。把消费者的兴趣、爱好、口味变化以最快的速度通知产业链上的各环节，把停工期、无效操作、产品积压减少到最低限度。同时，在制造业的改造过程中，美国还创新和首先应用了计算机集成制造系统（CIMS），[①] 即将信息技术、现代管理技术和制造技术相结合，并应用于企业产品生命周期的各个阶段，而且通过信息集成、过程优化及资源优化，实现物流、信息流、价值流的集成和优化运行，达到人、经营和技术三要素的集成，以加强企业新产品开发的时间、质量、成本、服务、环境，从而提高企业的市场应变能力和竞争能力。

其次，实行组织、管理系统的变革，充分发挥生产能力，是美国制造业体系变革的重要内容。有了先进的技术没有与之相应的组织与管理变革，先进技术中所体现的强大生产能力亦无从发挥。有研究认为，直到20世纪80年代初美国制造业中实行的仍是传统的组织管理模式，即"只有把工作分派给指定的专家、经理和工作班子中的专门人才去做时，工作才能完成的最有效率；经理和工作班子必须代工人去思考，每个工艺流程都包含固有的数量差异；组织内部的交流必须严格控制，它的运行必须经过一个层级的指挥链；最好的制造过程是长的，对供应商和顾客的不规则行为，在各阶段之间，要用库存来缓冲"[②]。然而新时期的特点却恰恰是市场需求变化多端，国际竞争空前激烈，技术进步极其迅速。企业要在竞争中取胜，对市场需求的反应必须灵活，产品开发周期必须缩短，企业内外的隔阂必须清除，工作效率必须提高，为此在组织上需要精简机构，淘汰冗员；需要打破金字塔

---

[①] 它是信息时代提高制造业企业综合实力的一条有效的技术路径。
[②] ［美］加里·P. 皮莎诺、［美］罗伯特·H. 黑斯：《制造业的复兴》，《哈佛商业评论》，1995年，第14页。

式的层级制，在上下之间建立高效的对话沟通，提高基层的责任感；需要纠正企业内部供应、销售、财务、生产、设计、研究与开发各部门之间的各自为政，加强部门协调；需要改变利益不一致的企业与供应商和顾客为利益共同体；需要把单兵作战，变为将突出个性与加强合作相结合。这就是80年代中后期以来美国制造业所实行的雷厉风行的组织、管理大变革。① 它体现在随之而来的再造工程（Reengineering）、团队精神（Team-work）、横向公司（Horizontal Corporation）、全面质量管理等方面。

3. 以最强有力的政府政策扶持和引导美国建立新型制造业

公司企业纠正过往的缺陷以图新生，这还只是美国制造业体系改革创新的基础，而要在高科技背景下完成美国制造业体系的改革与创新这项创世纪的系统工程，政府的作用是必不可少的。美国学者的研究表明，联邦政府在宏观经济政策、教育和技术政策三大广泛的领域起着重大作用。例如，政府至少可以在诸如执行降低私人资本投资成本、取消贸易限制的宏观经济政策，执行促进职业教育、成人教育（包括对失业人员的培训）、在职培训计划得以施行的政策，支持和推广劳资协调的做法，推进国家信息基础设施建设，继续对基础研究投资以鼓励创新，对研究开发的支持进一步延伸到加强产品和工艺的整个阶段，以及避免因效率问题使军事安全占用更多人力、财力资源等方面发挥重要作用。

事实上，对于美国制造业体系的改革，美国政府在推行有力的经济政策方面付出了巨大的努力。政策的实行开始于20世纪80年代中期的里根政府。表现在美国政府着力推进高科技工业的发展上。第一个范例就是半导体制造技术（Sematech）倡议。Sematech 是一个由14家美国半导体生产厂家组成的企业团体，目标是推动美国新制造技术的发展。它们与大约139家芯片制造设备和

---

① 《美国制造业复兴的启示》，中国对外翻译出版公司2000年版，第36—37页。

材料生产厂家合作，目的是要在 1993 年底前在芯片的工艺流程，特别是在芯片的加工、试验和组装设备方面赶超日本。在布什政府时期（1989—1992），美国的技术推进工作继续由纯军事技术向两用和民用技术转移。这一时期的政策被视为隐蔽的工业政策。而到了克林顿执政时期，则鲜明地实行一种开放的工业政策，公开要求国家在经济方面起积极的甚至核心的作用，把重新夺回美国在世界上的技术和工业的领先权作为国家的首要任务。因为美国政府已经清楚地意识到，今天一国的国际竞争能力已经越来越不受诸如获得原材料和廉价劳动力这样一些传统因素的制约。新型的增长工业将以知识为基础，受技术创新和快速打入市场程度的制约。在增长过程中国家起着催化剂的作用，它能够直接支持新技术的开发、投放和应用；它可以通过税收政策和调控政策间接地推动此类活动；它可以对教育和培训进行投资；它可以为建设特别重要的运输和通信基础设施提供支持。

于是，1993 年 2 月，克林顿与时任副总统戈尔起草了题为"以科技推动美国的经济增长：一个增强经济实力的新方向"的备忘录。备忘录指出："联邦政府在科技发展中的传统作用仅限于支持基础研究和国防部、国家航空与航天管理总署和其他机构从事的使命性研究。这一战略适用于上一代，却不适用于今天巨大的挑战要求。我们不能凭借偶然的运气将国防技术应用到民用部门。我们必须把目标直接对准那些新的挑战，集中精力抓住摆在我们面前的新机遇，承认政府可以在资助私人公司方面发挥关键作用，并能从技术创新中获得收益。"

沿着这一政策思路，20 世纪 90 年代美国政府所实行的主要政策包括：

第一，对研究开发实行减税。1993 年，美国提出永久性延长研究试验性开发的税收减免，以刺激美国企业对于那些能够加强美国明天优势的新技术进行投资。①

第二，放松政府管制，特别是在生物技术、制药、环境技术以及电讯方面的政府管制。例如，1993年，克林顿签署法令修订了《1984年全国合作研究法》，以减少针对合作生产活动的反托拉斯壁垒。1995年，取消了《全国卫生研究机构合作与开发协议》中"合理订价"条款，工业界认为，这一条款是他们与全国卫生研究机构建立合作关系的一个重要障碍。1996年，又通过立法进一步开放了电讯领域的竞争。除了这些相关法律，克林顿与戈尔在1995年3月还提出了《环境规则修订倡议》，该倡议包括建立全新环保制度基础的25项优先行动。

第三，促进技术开发、扩散及转移。从1987年实行《先进技术项目和制造业推广伙伴计划》开始，政府与企业界联手实施了多个合作项目。同时，联邦实验室以合作伙伴关系向私营部门开放，允许工业部门在与政府共同感兴趣的领域进行互补性合作研究。1992—1994年，联邦实验室向工业部门发放的联邦专利许可数目翻了一番，联邦政府获得的许可费增加了77%，达到每年2450万美元。1993年11月，克林顿以总统行政命令方式建立了全国科学技术委员会（NSTC），以协调联邦政府的科学技术政策，更有效地管理联邦政府的研究开发活动。

第四，鼓励小企业创新活动。克林顿政府提出《小企业创新研究计划》，鼓励小企业参与联邦政府的使命性研究开发并将具有商业潜力的技术推向市场。根据这项计划，直到2000年，每一年研究经费在1亿美元以上的政府机构和联邦实验室，都要拿出一定比例的资金竞争性地资助小企业。

第五，鼓励两用技术项目的开发。《技术再投资项目》是国防部的第一个重要两用技术项目，1993—1995年，该项目拨款近10亿美元

---

① 但国会最终只是将这一税收减免延长到1995年6月。

用于资助一系列竞争性研究开发项目。由于每一个资助项目都要求作为合作伙伴的工业企业承担至少一半的成本开支，因此，此项目的政府投资实际上带动了几十亿美元的研究开发支出。1997财政年度，国防部再度要求拨款2.5亿美元用于新的两用技术开发项目。

第六，国家信息基础设施建设。1993年，政府制订国家信息基础设施（NII）计划，该计划释放出的信息革命的巨大能量，彻底改变了人们的生活、工作及交流方式。1994年3月，戈尔提出全球信息基础设施（GII）计划，可以说这是美国国家信息基础设施（NII）建设的国际版。

第七，联邦政府与州政府之间建立合作关系。联邦政府、州政府在促进美国企业竞争力提高方面发挥着各自的作用。例如，联邦政府着力于基础研究、使命性研究开发，以及全国性技术问题的研究开发活动；州政府则着力于与企业家、中小企业以及区域性工业集团之间的密切合作。两者之间建立起的互补合作关系，使各级政府在促进恢复美国制造业的国家优势方面，能够各尽所长、各司其职。

可见，美国政府所施行的综合性科技产业政策，是将国家的经济、贸易、教育和培训、科学、国防政策等融为一体，不仅继续支持基础研究，进行信息公路这样巨大的基础设施建设，而且帮助私营企业在实现新技术的商业化过程中发挥更大作用。相对于以往的政策而言，比较突出的一点是，克林顿要求政府和工业界之间建立合作关系，以把全国的力量用到对经济的未来发展能起决定性作用的关键技术上。一个有说服力的例子是，1993年9月克林顿宣布的"清洁轿车计划"（Clean Car Initiative）。在商务部的领导下，美国三大汽车制造商——通用汽车公司、福特公司和克莱斯勒公司以及一些大的国家研究机构，联合组成"新一代汽车合作伙伴"（项目的正式名称）。目的是生产未来的小轿车。这些车在燃料利用效率方面要比过去提高3倍，废气排放量很低，能减少环境污染。另外，共同研究开发的目的还有，通过新加工技术提高生产率和加快发展周期。然而这个计划最明确的目的，就是要为美国汽车工业重新夺回世界技术的领先权。

经过艰苦的努力，美国制造业体系的变革取得了突出的成效。到20世纪90年代中期，美国在国际竞争中曾遭遇惨败的钢铁、汽车和半导体三大产业已经收复失地。"这三大行业的真实状况反映了美国工业总体的真实状况。根据大多数业绩标准，美国不仅在上述三种行业中领先其他国家，在化工、航空、纸制品、木制品、电子设备、电子元件、药品、计算机、计算机软件和食品行业也是如此（参见图5—2所描述的产业增长情况）。摩根·斯坦利就具有全球竞争力的工业所作的研究指出，1987—1992年，美国公司在9个工业部门获得了这些部门全球利润的一半以上"，"美国是下一代具有重要商业意义的计算机和通信技术的无可争议的领先者"。美国制造业的复兴对美国经济90年代的强劲增长起了重要的推动作用。它在技术革新、固定资本投资、高技术产品出口等方面比国民经济中的任何其他部门对GDP的贡献都更大。强大繁荣的美国经济所赖以支撑的基础，正是这个充满活力的不断增长的制造业部门。可以说，美国的制造业是美国经济增长和进行全球竞争的火车头（参见表5—3、表5—4）。[①]

---

① 进入90年代以来，伴随制造业体系变革取得的成就，美国的制造业自强图新、稳步发展。结果，它对世界制造业增长率的贡献达到了40%以上。具体来看，90年代前半期，7个发达工业国家中，日本的制造业持续负增长，德、法、英的增长速度缓慢，只有加拿大和意大利有4.3%的增长率，无奈所占份额有限，结果，美国以2.9%的年平均增长率为世界制造业的增长贡献了41%，同期，对世界制造业增长率做出第二位、第三位贡献的是发展中大国中国（26%）、新兴工业国韩国（11%）。90年代后半期，美国制造业的年均增长率开足了马力，达到了罕见的9%，而在世界制造业总产出中所占的份额也达到了前未有过的26.9%，尽管所有发达工业国家的年均增长率都表现不俗，但是，由于美国的出众表现，它对世界制造业的增长率贡献了43%，因此成为带动世界制造业增长的火车头。

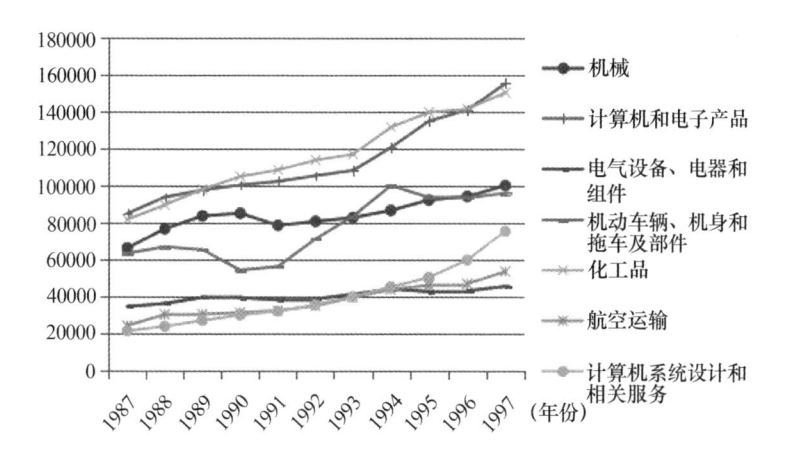

**图 5—2  1987—1997 年美国制造业中主要工业制成品以及计算机服务增加值变化（单位：百万美元）**

资料来源：根据 U. S. Department of Commerce, Bureau of Economic Analysis, "Industry Economic Accounts Information Guide, Historical Data", 12/13/2011, https：// www. bea. gov/industry/iedguide. htm#gpo 数据制图。

从图 5—2 可见，1987—1997 年美国制造业中主要工业制成品都在增长，其中化工品、计算机和电子产品增加值上升显著，此外计算机系统设计和相关服务上升势头也十分明显。

表 5—3　　　　美国高技术制造业占美国制造业总产出百分比　　　单位：%

| | 1980 | 1985 | 1990 | 1991 | 1992 | 1993 | 1994 | 1995 | 1996 | 1997 | 1998 |
|---|---|---|---|---|---|---|---|---|---|---|---|
| 高技术制造业 | 10.03 | 11.99 | 11.27 | 11.87 | 11.88 | 11.37 | 11.15 | 12.08 | 13.57 | 15.29 | 16.60 |
| 航天航空 | 4.45 | 4.89 | 4.87 | 5.03 | 4.62 | 3.86 | 3.19 | 2.92 | 3.17 | 3.11 | 2.97 |
| 计算机及办公机械 | 0.09 | 0.35 | 0.59 | 0.61 | 0.77 | 0.91 | 1.13 | 1.47 | 2.15 | 2.98 | 3.98 |
| 通信设备 | 3.89 | 5.08 | 3.79 | 3.97 | 4.21 | 4.35 | 4.55 | 5.40 | 5.93 | 6.91 | 7.59 |
| 制药 | 1.60 | 1.67 | 2.03 | 2.25 | 2.27 | 2.25 | 2.27 | 2.29 | 2.31 | 2.29 | 2.05 |

资料来源：根据美国《科学工程指标》2002 年数据计算，原始数据按 1997 年美元价格。

表 5—4　1980—1998 年各国制造业对世界制造业增长的贡献

| | 1980—1985 | | | 1985—1990 | | | 1990—1995 | | | 1995—1998 | | |
|---|---|---|---|---|---|---|---|---|---|---|---|---|
| | 年均增长率 | 平均占百分比 | 贡献百分比 | 年均增长率 | 平均占百分比 | 贡献百分比 | 年均增长率 | 平均占百分比 | 贡献百分比 | 年均增长率 | 平均占百分比 | 贡献百分比 |
| 美国 | 0.7 | 26.37 | 7.69 | 2.5 | 24.55 | 16.58 | 2.9 | 24.21 | 41.29 | 9.5 | 26.87 | 43.27 |
| 加拿大 | 3.8 | 2.16 | 3.42 | 1.6 | 2.13 | 0.92 | 4.3 | 2.07 | 5.24 | 7.6 | 2.31 | 2.97 |
| 日本 | 3.4 | 18.57 | 26.31 | 4.4 | 19.37 | 23.04 | -0.9 | 18.65 | -9.87 | 3.3 | 16.80 | 9.40 |
| 德国 | 2.2 | 7.59 | 6.96 | 5.3 | 7.88 | 11.28 | 1.7 | 8.61 | 8.61 | 3.3 | 7.71 | 4.31 |
| 法国 | 0.6 | 5.44 | 1.36 | 3.2 | 5.14 | 4.45 | 0.3 | 4.86 | 0.86 | 3.9 | 4.54 | 3.00 |
| 英国 | 0.9 | 5.17 | 1.94 | 2.5 | 4.85 | 3.27 | 1.6 | 4.57 | 4.30 | 5.0 | 4.61 | 3.91 |
| 意大利 | 1.1 | 3.65 | 1.67 | 2.4 | 3.43 | 2.22 | 4.3 | 3.58 | 9.07 | 3.4 | 3.64 | 2.10 |
| 中国 | 13.3 | 1.67 | 9.27 | 9.9 | 2.44 | 6.52 | 11.1 | 4.09 | 26.69 | 5.6 | 4.63 | 4.39 |
| 韩国 | 9.0 | 1.27 | 4.75 | 11.6 | 1.79 | 5.61 | 7.7 | 2.46 | 11.16 | 6.4 | 2.80 | 3.03 |
| 中国台湾 | 7.5 | 0.95 | 2.97 | 8.7 | 1.21 | 2.84 | 5.2 | 1.49 | 4.57 | 7.8 | 1.59 | 2.10 |
| 新加坡 | 2.0 | 0.30 | 0.25 | 11.1 | 0.36 | 1.07 | 7.0 | 0.47 | 1.94 | 7.5 | 0.54 | 0.69 |
| 中国香港 | 3.4 | 0.44 | 0.62 | 5.1 | 0.47 | 0.64 | -7.2 | 0.37 | -1.57 | -5.2 | 0.24 | -0.21 |
| 阿根廷 | -5.2 | 1.16 | -2.50 | 2.2 | 0.90 | 0.54 | -3.5 | 0.76 | -1.56 | 5.7 | 0.70 | 0.68 |
| 巴西 | 3.0 | 3.78 | 4.73 | -4.7 | 3.18 | -4.04 | -1.8 | 2.48 | -2.63 | -1.9 | 2.08 | -0.67 |
| 墨西哥 | 3.1 | 1.22 | 1.58 | 4.4 | 1.26 | 1.50 | 3.1 | 1.36 | 2.48 | 15.4 | 1.65 | 4.31 |
| 所有国家 | 2.4 | 100.00 | 100.00 | 3.7 | 100.00 | 100.00 | 1.7 | 100.00 | 100.00 | 5.9 | 100.00 | 100.00 |

注：对世界制造业增长率的贡献＝各国制造业年均增长率×各国制造业总产出平均占所有国家制造业总产出百分比/所有国家制造业年均增长率，原始数据为 1997 年美元价格，所有国家系 68 个国家和地区。

资料来源：根据美国《科学工程指标》2002 年数据计算。

# 第二节　21 世纪美国的第二次制造业结构调整

然而，美国制造业的发展并没有因为上述成功的结构性变革而高枕无忧。2007 年 8 月美国次贷危机爆发，10 月道·琼斯工业股票急剧下跌，其后危机从金融扩展到实体经济，导致 2008 年第四季度开始出现严重的经济危机，制造业遭到沉重打击，失业率高企。

为了振兴美国工业，同时创造就业，2009年美国总统执行办公室发布《重振美国制造业框架》，提出"再工业化"战略。由于政府提出的"再工业化"战略的重点是先进制造业、材料工业、清洁能源技术与产业、医疗卫生、环境与气候变化、信息通信等领域，因此被视为"重振制造业"战略。"再工业化"战略的目标是：第一，重振实体经济，推动美国经济结构和产业结构的合理化；第二，通过技术、商业模式、管理的创新以及互联网优势，发展先进制造业，实现制造业的智能化；第三，提高传统制造业的劳动效率，增强国内企业竞争力，增加就业机会；第四，保持美国制造业价值链上的高端位置和全球控制者地位。其后，美国又出台一系列纲领性文件及采取发展制造业各种措施。[①]

"再工业化"不是步回传统的工业化时代，而是开展对制造业材料、工艺、技术、动力能源、管理、服务形式、生产模式的一场创新活动，是对产业链中高附加值环节的再造。它标志着一场由美国主导的新的产业革命的开始。

## 一　美国实施再工业化的理由及其制造业结构调整的内容

20世纪90年代随着信息技术的发展，克林顿执政时期出现新经济繁荣。1997年制造业统计中纳入"信息通信技术制造业"指标，该年该行业增加值在GDP中占比5.9%，2000年，上升到6.1%。不过新经济发展的道路并不平坦，很快出现了IT泡沫，信息技术行业股市下跌，各大公司裁员，直接影响到相关制造业。2001年信息通信技术制造业占比下降到5.7%，在这以后直到2016年一直在5.7%—6.0%区间波动。不过，同期服务业中的金融和保

---

[①] 关于"再工业化"内容可见：林珏《美国"再工业化"战略研究：措施、难点、成效及影响》，《西部论坛》2014年第1期；林珏《美国"再工业化"战略转型路径与进展情况》，载李毅等《经济转型国际比较的视角与国家案例》，社会科学文献出版社2016年版，第3—19页。这里不再阐述和分析。

险及房地产比重却在不断上升，1997年为18.9%，2009年为19.9%，2016年达到20.6%（见图5—3）。1980—2006年，其中的金融和保险占比从4.8%上升到7.6%，房地产从9.9%上升到11.5%（见图5—4）。2009年房地产占比一度达到最高点12.1%。

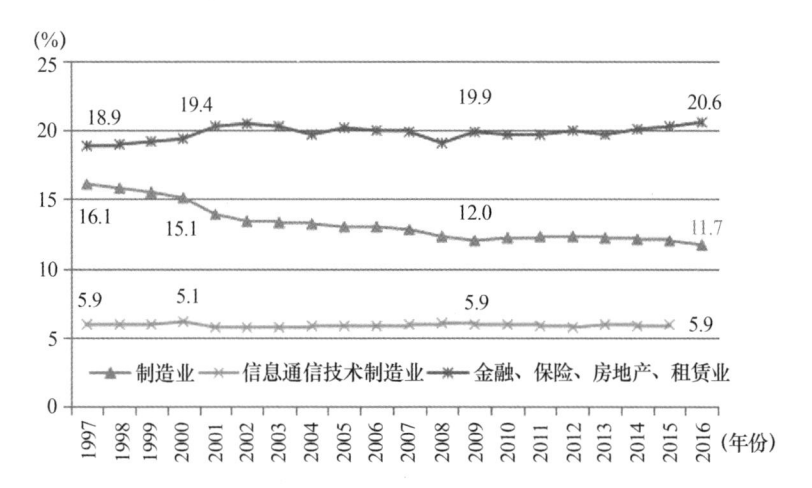

**图5—3 1997—2016年美国制造业、信息通信技术制造业和金融、保险、房地产、租赁业增加值在GDP中的比重变化**

注：(1) "制造业"包括农业、林业、渔业和狩猎业、采矿业、建筑业和制造业。(2) "信息通信技术制造业"包括计算机和电子产品制造业（不包括导航、测量、医疗和控制仪器制造）；软件出版商；广播通信；数据处理、托管及相关服务；互联网出版和广播和网络搜索门户；计算机系统设计和相关服务。

资料来源：http://www.eku.cc/xzy/sctx/118121.htm.

2009年，美国经济衰退，失业率不断攀升，10月失业率高达10.1%，全年平均失业率达到9.3%。2010年，虽然在量化宽松政策下经济有所增长，但全年平均失业率却上升到9.6%（见图5—5）。五大湖区是美国传统工业地区，如俄亥俄州的钢铁炼油业、密歇根州的汽车工业、宾夕法尼亚州的冶金焦炭，曾为美国工业化做出卓越贡献，不过随着全球化的推进，国际竞争激烈，20世纪90年代中期后这一地区的制造业开始出现衰退景象，现在进一步不景气。

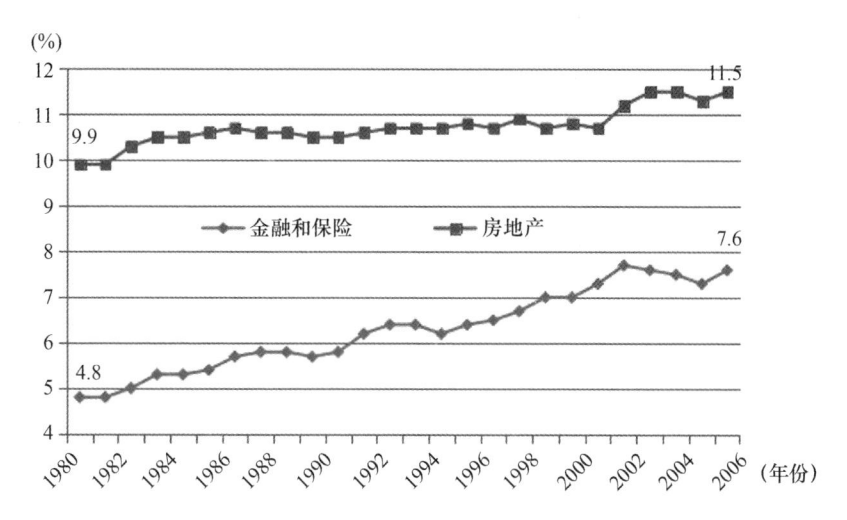

**图 5—4　1980—2006 年美国金融和保险及房地产行业增加值占 GDP 比重**

资料来源：http://www.eku.cc/xzy/sctx/118121.htm.

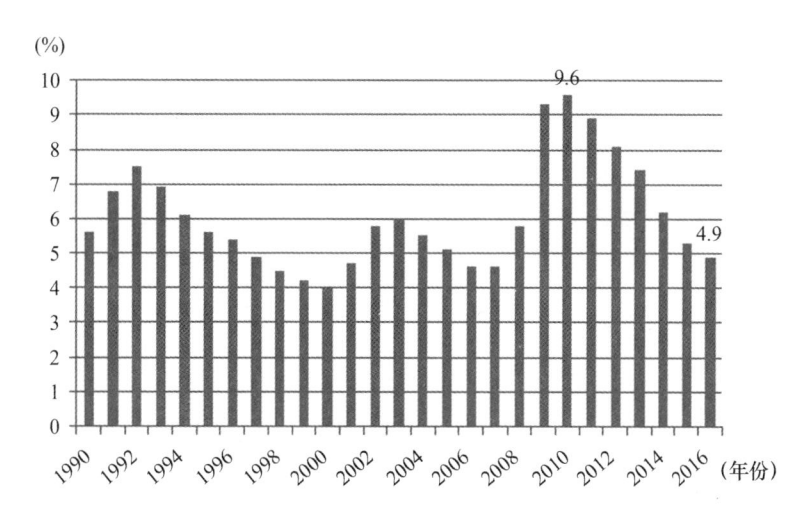

**图 5—5　1990—2016 年美国失业率**

资料来源：根据 The Statistics Portal，Unemployment rate in the United States from 1990 to 2016, https://www.statista.com/statistics/193290/unemployment-rate-in-the-usa-since-1990/数据制图。

以汽车城底特律为例。20 世纪 70 年代，中东石油战争重创美国汽车工业。80年代，日本以及其他国家的汽车公司的快速发展，进一步给美国三大汽车公司造成很大威胁。1998年，美国戴姆勒奔驰汽车集团与克莱斯勒合并，组建了戴姆勒—克莱斯勒集团。2009年，美国经济危机再度让传统三大汽车公司遭遇寒冬，最终通用汽车宣布破产重组，甩卖旗下各大品牌；克莱斯勒被迫让意大利汽车制造商菲亚特重组；福特旗下沃尔沃（Volvo）被中国吉利汽车收购。底特律汽车工业辉煌不再。企业不景气，工作岗位在减少，零售商、小业主等大量中产阶级人士离开，低收入者或无业黑人居民比重增多，不仅使得城市人口不断减少，市郊大片区域荒芜破败，而且使政府税收不断下降。2010年，底特律市的人口已经从过去的百万以上下降到71.37万。2011年5月，根据美国劳工部的报告，底特律市的失业率高达20%。由于财政预算的不足，消防、教育、医疗、基础设施等公共服务减少，加上毒品的大规模进入，底特律市的财产犯罪和与毒品相关的犯罪案件急剧增加，城市治安变得很糟。虽然，这一时期底特律市政府通过提供税收优惠等政策鼓励新兴科技产业进驻，通过兴办赌场、娱乐节目以及建筑高层住宅区来吸引本州及加拿大赌客，但是依然挡不住城市经济和财政下滑的局面。2013年，底特律市声称其债务已经高达185亿美元，7月18日，根据美国《破产法》第九章条例，底特律市正式申请破产保护。12月3日，底特律市的破产申请获得法院批准，由此该市成为美国史上申请破产的最大城市。

再看加利福尼亚州，美国最大的服装制造中心在南加州，20世纪90年代中期服装业就业人数有10万多人，2015年只有4.6万人。

当然，除了2008—2009年经济危机期间严重的失业问题促使美国当局进行产业结构调整外，另一个重要的原因就是长期以来美国的贸易逆差和制造业生产模式上的设计与生产的地域分离带来的问题。① 战后美国跨国公司大发展，对外投资不断增多，许多高污染或劳动密集型的行业或生产转移到海外，美国国内空心化现象严重，国内市场不少本土生产的产品难以与同类进口品相竞争，贸易逆差不断增加。图5—6显示的是21世纪初以来美国对外货物贸易逆差状况，从中可见2008年美国的逆差额已经高达约8325亿美元。为此，时任总统奥巴马声称美国不再会成为最终消费品的国家，提出"再工业化"战略以及五年"出口翻番"的目标。2017年特朗普就任总统后，否定了前任种种内外政策，但对有关发展制造业的战略却没有加以否定，相反出台了一系列行政令给予加强。

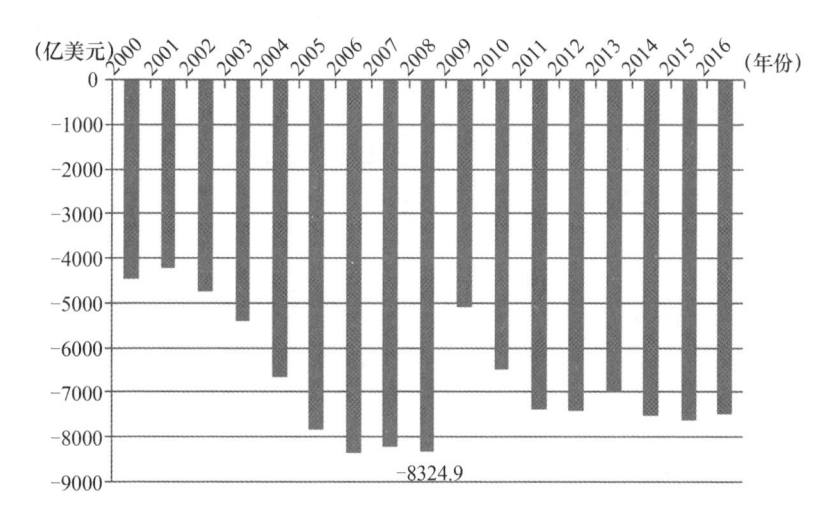

**图5—6 2000—2016年美国对外货物贸易逆差额变化**

资料来源：根据美国商务部经济分析局数据制图，Bureau of Economic Analysis, U. S. Department of Commerce, "National Economic Accounts, International Data", Table 1.1. U. S. International Transactions, 2017 – 03 – 21.

"再工业化"战略中，美国制造业结构的调整与转型方向是发展先进制造业、材料工业、清洁能源技术与产业、信息通信技术

---

① 2010年美国麻省理工学院成立的创新经济生产委员会，就后者做了专项研究。

制造业等，使制造业各部门实现智能化。

这是美国产业结构经历第二次世界大战后最深刻的一次调整，美国认为制造业是国家经济的心脏，为数以百万计的美国家庭提供高薪就业岗位，尽管面对不少挑战，但在今天的世界里其技术仍位居第一，如生物技术、风力发电技术、纳米技术、航空技术、新一代汽车技术等，只要有正确的政策，美国就可培育起成功的行业。从2009年最初提出"再工业化"战略至今，美国通过改革、立法、投入、创新等方式予以促进。

（1）立法。由政府协调各部门进行总体规划，并通过立法来加以推进。"再工业化"战略的核心为重振制造业。2008年的金融危机促使美国反思其产业结构和对外贸易严重逆差的现状，认为国内不少传统产业，如纺织业、钢铁业、汽车业随着工资上涨，在与国外同类进口商品的竞争下处于劣势，但是这些行业的核心技术依然存在，"再工业化"战略的目标就是要提升美国制造业的出口能力，改变进口消费的增长模式，推动美国从虚拟经济向实体经济转换。由此，美国先后颁布《重振美国制造业框架》（2009）、《先进制造伙伴》（2011）、《在美国制造》（2011）、《先进制造业国家战略》（2012）、《制造创新国家网络》（2012）、《振兴美国制造业和创新法》（2014）等，① 在重振制造业投资环境塑造方面提出：创建国家基础设施开发银行，投资交通运输基础设施，保证商品、人员、能源、信息的低成本和有效移动；扩大研发税收抵免，支持国家与地区公私部门之间、政府—业界—学界之间的伙伴关系，加快先进制造技术的投资、研究和开发；投资创造新技术和商业惯例领域，帮助新兴技术规模化，促进商业惯例的扩展，增加国内制造商的国际竞争力；改革货币，建立稳定而高效的资本市场，提供良好的企业投资环境；帮助危机中受到

---

① 2017年"百日新政"中特朗普总统又签署了一系列发展制造业的行政令，见第四章第二节。

影响的工人和工业社区，维持老工业区工人的生活和生产活动，以过渡到经济复苏；加强监管，改善商业环境，特别是制造业环境，通过法律和税收政策监督制造企业的生产，维护空气和水的清洁，以及降低温室气体等。

（2）改革。改革企业税法，鼓励私人企业投资。政府投入初始资金，广泛动员社会资本与科研力量，通过建立制造技术研究中心，研制尖端技术，形成全国创新技术网络，并吸引海外美国制造业企业回归本土投资。2012年3月，时任总统奥巴马宣布联邦政府与工业部门将共同斥资10亿美元，遴选出制造领域具有前沿性、前瞻性的15项制造技术，以及相应的15个制造创新中心，形成一个包括全球竞争力产品和采用尖端制造技术在内的全国性网络。美国首先遴选出来的制造技术是增材制造技术（即3D技术），并相应地建立起国家增材制造创新中心（NAMII）。2017年，新一届总统特朗普提出降低企业税方案，鼓励美国跨国公司投资制造业或返回美国投资。

（3）创新。由政府牵头、联合企业与高校结成合作伙伴，建立产学研相结合体制，推动技术创新。2011年奥巴马总统提出，国家应汇集行业、大学与联邦政府一起努力，投资新兴技术——信息技术、生物技术、纳米技术，创造良好的就业机会，帮助美国制造商降低成本，提高产品质量，加快产品开发，增强全球竞争力。政府将投资500万美元来推动这方面的努力，投资领域主要在关键性的国家安全工业、提升国内制造能力上。政府希望国内具有领先地位的大学和公司与政府一起，在尖端技术的发明、开发和扩展上做出贡献。

（4）培训。注入学生技能教育与技术培训，使教育和培训系统对技能需求更加敏感；扩大先进制造部门所需技术工人的数量，加强对劳动者的技能培训。为了吸引更多技术人才来美工作，2013年奥巴马总统推动全面移民改革。

(5) 保护。加强贸易保护，确保市场准入和公平竞争的环境。通过反倾销、反补贴、"337 调查"等手段来阻止国外不公平竞争行为，保护国内市场；通过谈判打开国外市场，促进美国商品和服务的出口；严格执行贸易协定，防止外国产品在美国市场的不公平竞争。

## 二 美国制造业结构调整与转型已取得的成效及影响

美国制造业调整和转型正在进行，已经产生出初步效果。

(1) 制造业领域吸引外商直接投资增多。图 5—7 和图 5—8 分别显示的是 1997—2015 年在美外商直接投资的主要领域以及外商对制造业的直接投资在全部对美直接投资中的比重。从中可见，2011—2015 年外商对制造业的直接投资无论是从规模上还是从在全部投资中的比重上都显著增加。20 世纪 90 年代下半期外商对美国制造业直接投资在全部对美直接投资中的比重为 40% 以上，21 世纪初开始逐步下降，2005 年已经下降到 30.59%，之后起伏式波动，2011 年后步步攀升，2015 年恢复到 39.02%。

分析 1999—2005 年外商直接投资美国制造业比重下降的原因，主要在于外商投资领域广泛，对批发贸易、专业科学和技术服务、其他行业领域的直接投资增加，其中外商对其他行业的直接投资比重 2000 年为 9.31%，2004 年为 16.56%，2005 年为 20.29%，2011 年达到最高值 22.22%。不过，自美国提出"再工业化"后，外商对制造业投资规模扩大，2012—2015 年每年直接投资额（除 2013 年为 700 多亿美元外）均超过 1000 亿美元，制造业比重回升，其他行业投资比重相对下降。值得注意的是，考察期内外商对与制造业相关的专业、科学和技术服务领域的直接投资比重也在不断增大，1997 年只有 1.13%，2015 年已经上升到 4.64%。显然，美国的"再工业化"战略吸引了更多的外商直接投资制造业。

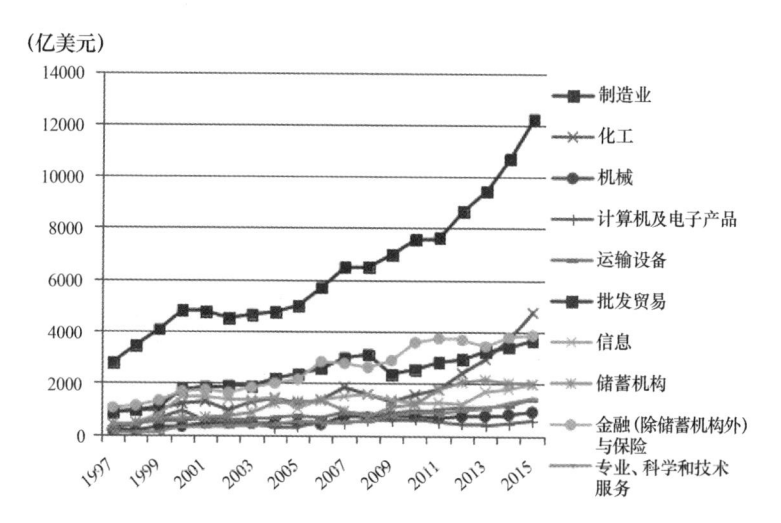

**图 5—7　1997—2015 年外商直接投资美国的主要领域**

资料来源：根据 Bureau of Economic Analysis, U. S. Department Of Commerce, "International Data, Balance of Payments and Direct Investment Position Data", July 19, 2017 数据制图。

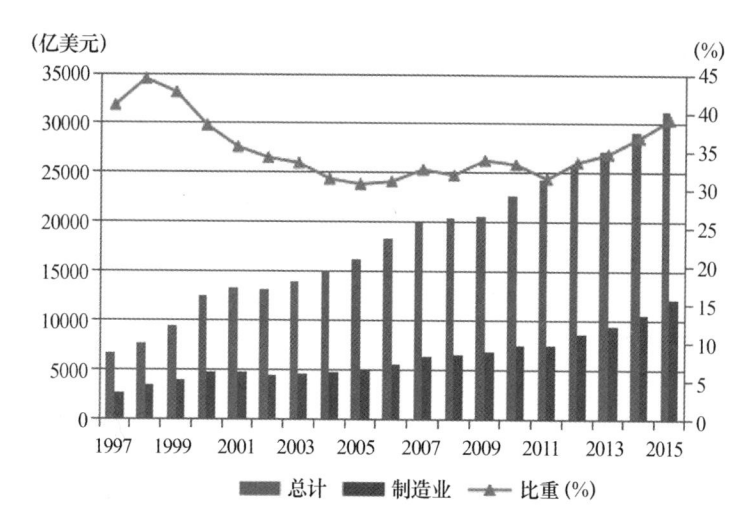

**图 5—8　1997—2015 年外商直接投资美国制造业累计额及在全部投资累计额中的比重**

资料来源：根据 Bureau of Economic Analysis, U. S. Department Of Commerce, "International Data, Balance of Payments and Direct Investment Position Data", July 19, 2017 数据制图。

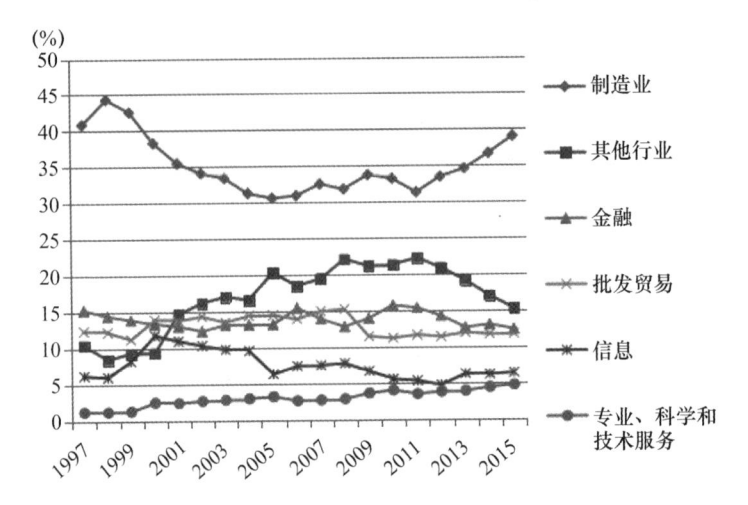

**图 5—9　1997—2015 年外商直接投资美国部分行业比重变化情况**

资料来源：根据 Bureau of Economic Analysis，U. S. Department Of Commerce，International Data，Balance of Payments and Direct Investment Position Data，July 19，2017 数据计算制图。

（2）制造业走出低谷。从表5—5可见，私人商品制造业总产出中增值比重2010—2012年下跌、2013—2015年增加，从2011年开始均高于2008年危机时的水平。观察私营商品制造业内各部门增值情况，2013年后耐用消费品中的机械、电气设备、电器和部件以及非耐用消费品中的食品类、纺织、化工等增值比重都有所上升。

表5—5　2008—2015年美国私人商品制造业总产出中增值比重　　单位：%

| 年份 | 2008 | 2009 | 2010 | 2011 | 2012 | 2013 | 2014 | 2015 |
|---|---|---|---|---|---|---|---|---|
| 制造业 | 33.2 | 38.6 | 36.7 | 34.2 | 34.0 | 34.2 | 34.7 | 37.2 |
| （1）耐用消费品 | 37.4 | 41.3 | 40.4 | 38.7 | 38.5 | 38.7 | 38.6 | 39.6 |
| 其中：机械 | 36.9 | 40.6 | 38.6 | 37.4 | 35.1 | 37.0 | 37.5 | 39.3 |
| 计算机与电子产品 | 55.8 | 64.8 | 67.5 | 66.1 | 67.7 | 68.9 | 70.0 | 71.9 |
| 电气设备、电器和部件 | 43.6 | 49.3 | 46.1 | 40.6 | 41.5 | 44.3 | 44.4 | 46.3 |
| 机动车辆车身和挂车及其零件 | 21.8 | 15.1 | 22.0 | 22.7 | 24.6 | 24.4 | 24.0 | 24.1 |

续表

| 年份 | 2008 | 2009 | 2010 | 2011 | 2012 | 2013 | 2014 | 2015 |
|---|---|---|---|---|---|---|---|---|
| （2）非耐用消费品 | 29.3 | 36.3 | 33.3 | 30.2 | 30.0 | 30.2 | 31.1 | 34.8 |
| 其中：食品、饮料和烟草制品 | 25.9 | 31.4 | 28.6 | 25.0 | 25.4 | 25.6 | 25.8 | 27.2 |
| 纺织工厂和纺织品工厂 | 31.1 | 32.8 | 31.2 | 28.7 | 30.9 | 30.9 | 32.4 | 33.0 |
| 化工产品 | 38.1 | 49.8 | 46.3 | 43.2 | 42.5 | 43.6 | 44.4 | 45.5 |

资料来源：根据 Bureau of Economic Analysis, U. S. Department Of Commerce, "Industry Data, Shares of Gross Output by Industry", November 3, 2016 制表, https：// www. bea. gov/iTable/iTable. cfm? ReqID =51&step =1#reqid =51&step =51&isuri =1&5102 =26。

（3）制造机构网络规划启动并建立起若干中心或机构。2013年1月，奥巴马总统提出《国家制造创新网络：初步设计》，计划建立45家创新研究中心，到2016年已经建立起8家制造研究中心（Institute 或译"机构"）：国家增材制造创新中心（NMII）、数字制造与设计创新机构（DMDII）、美国轻质材料制造创新机构（LIFT）、下一代电力电子制造创新机构（被称为电力美国——Power America）、先进复合材料制造创新机构（IACMI）、美国集成光子学制造创新机构（AIM Photonics）、柔性混合电子学制造创新机构（Next Flex）、革命性纤维和织物制造创新中心（RFTI-MI）。另外，清洁能源智能制造创新中心（CEMIISM）也正在组建。

（4）制造成本下降。产出中包括中间投入（成本）和增值两个部分，制造业增值比重增加意味着中间投入比重的下降。从中间投入看，包括能源、材料和购买服务三个部分，观察中间投入比重下降的因素，首先来自能源投入比重的减少，换言之，能源价格的下降使得制造业中能源的投入减少（见图5—10）；其次来自材料投入比重的下降（2013年开始），不过具体到各部门下降的幅度有所不同，其中计算机材料投入2015年比之2008年的比重下降12.4个百分点，比之2012年下降3.4个百分点（见图5—11）。生产成本的下降，有助于增加美国制造业的国际竞争力。

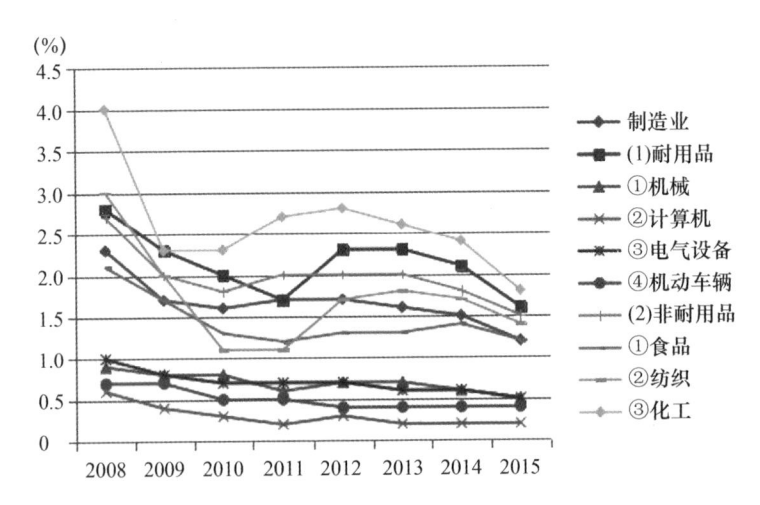

**图5—10　2008—2015年美国私人商品制造业总产出中能源投入比重变化**

资料来源：根据Bureau of Economic Analysis, U. S. Department Of Commerce, "Industry Data, Shares of Gross Output by Industry", November 3, 2016 制表，https：// www. bea. gov/iTable/iTable. cfm? ReqID = 51&step = 1#reqid = 51&step = 51&isuri = 1&5102 = 26.

（5）制造业就业人数有所增加。1991—2011年美国制造业就业人数从1710万人减少到1170万人，减少31.6%。这以后制造业就业人数开始增加，到2016年增至1230万人，五年里增加了60万。图5—12显示的是2011—2016年制造业各部门的就业变化状况，从中可见，除了纺织品服装等一些轻工品及计算机电子产品外，机械、电器设备和电子产品、运输设备、能源、化工、塑料和橡胶等就业人数都有所增加，其中运输设备就业人数增长达到16.4%。一些传统产业出现复活，最为典型的就是汽车业。

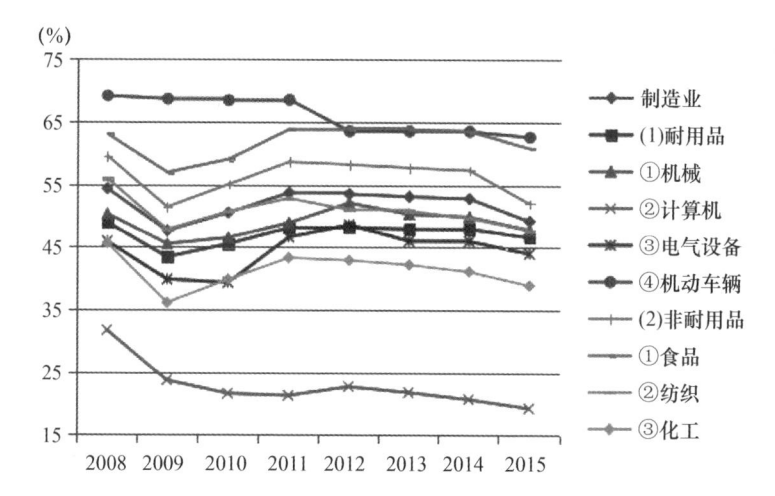

**图5—11　2008—2015年美国私人商品制造业总产出中材料投入比重变化**

资料来源：根据 Bureau of Economic Analysis, U.S. Department Of Commerce, "Industry Data, Shares of Gross Output by Industry", November 3, 2016 制表, https://www.bea.gov/iTable/iTable.cfm?ReqID=51&step=1#reqid=51&step=51&isuri=1&5102=26.

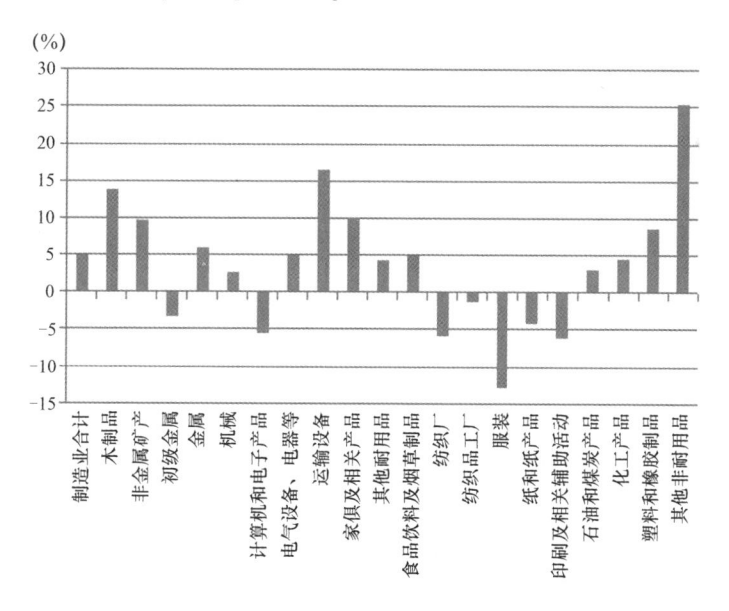

**图5—12　2011—2016年美国制造业就业人数变化状况**

资料来源：根据 U.S. Bureau of Labor Statistics 数据制图。"Employment in Apparel Manufacturing Decreased 85 Percent Over Last 25 years", February 01, 2017, https://www.bls.gov/opub/ted/2017/employment-in-apparel-manufacturing-decreased-85-percent-over-last-25-years.htm.

2013年,汽车城底特律由于汽车工业的衰落、城市负债累累,曾申请破产保护。其后在政府资金的救助和进口保护下,该城市通过产业转型,涉足高科技产业及手工精品业,降低失业率。与此同时,通用、福特和克莱斯勒三大汽车公司通过研发电动汽车、无人或自动驾驶技术,取得突破。2017年,在北美车展中,通用汽车公司的雪佛兰"博尔特"电动车获得年度轿车大奖。三大汽车公司推动汽车行业技术创新,就业人数增加,产量增加。2016年美国新车销售量达1755万辆,比前一年增长0.4%。[1] 汽车行业也由此走出困境。

当然,应该看到,虽然美国制造业在一系列政策支持下有所发展,但生产指数仍还没完全恢复到危机前的最高点(见图5—13)。由此,美国现任政府期望进一步通过税收政策、能源政策、对外贸易政策等多管齐下的措施来助力国内制造业的发展。

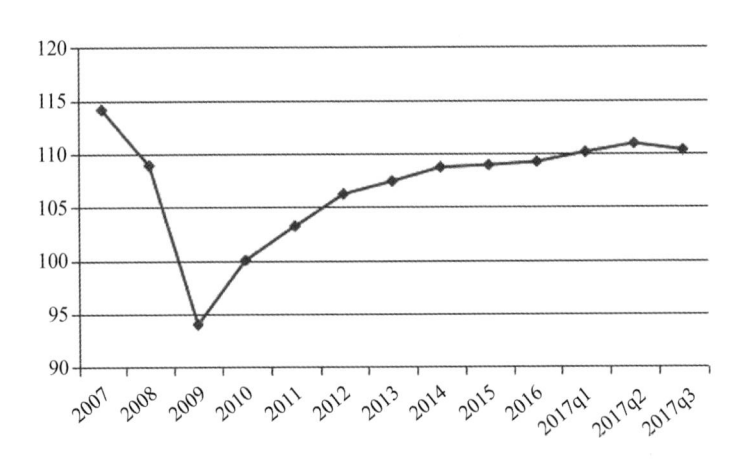

**图5—13 2007—2017年美国制造业生产指数变化(2010年指数=100)**

资料来源:根据 United Nations Industrial Development Organization,"World Manufacturing Production"(Report),6 Dec,2017(http://stat.unido.org/database/ Quarterly% 20IIP% 202017% 20Q3)数据制图。

---

[1] 汪平:《政府救助和自我创新复活"汽车城"》,《参考消息》2017年3月1日第11版。

不管怎样，美国"再工业化"战略的推进以及未来的实现，正在并将给他国和地区尤其是新兴经济体国家和地区带来一定的影响：

（1）美国在新一轮产业全球分工体系中依然为控制者。"再工业化"战略将"创新"列为首要，其战略目标瞄准的是高新尖端技术，这一战略目标的实现将进一步提升美国制造业在全球价值链上的地位，使其处于高端位置和全球控制地位。

（2）美国的技术创新将削弱他国尤其是新兴工业国制造业的成本竞争优势。美国的"再工业化"战略试图通过技术创新提高劳动生产率，减少单位产品所需的劳动时间，以此抑制工资上涨、福利增加带来的不利因素，这将给中国制造业带来巨大冲击，加工贸易可能衰落。事实上，自2008年以来随着中国劳动成本大幅度上升，中国出口产品中的劳动力低成本优势逐渐丧失。从部分国家每个就业者创造国内生产总值情况看，美国不仅高于其他发达国家，而且远高于中国等发展中国家和世界平均水平。"再工业化"战略将进一步扩大这一差距。为此，中国必须转变以加工贸易为主的发展模式，进一步推动高科技产业的发展，提升自己在全球价值链中的位置。

（3）新贸易保护主义思潮在美国强化。从2011年美国国会民主党提出《在美国制造》计划，到2017年特朗普就任总统半年来提出的"美国优先""美国制造"行政令、措施及对外经贸政策，都显示美国已不再是推动全球化的国家，而成为贸易保护主义的堡垒，这将对以出口为主要拉动模式的中国经济增长带来严峻考验。为此，缩小中国地区差距、贫富差别，从而拉动内需，将有助于应对来自美国贸易保护的冲击。

本章的研究使我们得到了两个不同层次的启示。
首先从实践层面来看，考察美国"再工业化"战略，其中一些做法值得我们借鉴或重视：(1) 通过改革企业税法，鼓励私人企业投资，来弥补政府资金投入的不足；(2) 政府投入初始资金，广泛动员社会资本与科研力量，通过建立制造技术研究中心，研制尖端技术，形成全国创新技术网络，以吸引海外美国制造业企业回归本土投资；(3) 建立产、学、研相结合的创新体制，由政府牵头、联合企业与高校结成合作伙伴，推动技术创新；(4) 改革教育与培训体制，注重学生技能教育与技术培训，使教育和培训系统适应于制造业在人力技能上的需求；(5) 加强知识产权与贸易保护，确保市场准入和公平竞争的环境。

美国的"再工业化"战略及未来的竞争力不能不引起我们的思考。当前中国经济发展也应注意"空心化"问题和"虚拟化"问题。企业"走出去"有利于利用和整合世界资源、学习世界管理经验，发展壮大，但企业的对外投资必须有助于带动中国设备和产品的出口（"一带一路"正在这么做），否则投资带来的是大量进口，将重蹈覆辙于美国的历史教训。此外，中心城市的定位问题也值得重视。这些年国内不少中心城市致力于推动工业社会向服务社会转换，产业结构向金融、贸易、旅游等第三产业倾斜，成片耕地被用于房地产开发，发展各类大型游乐园。目前中央与地方政府已经相继意识到这个问题，出台相应的政策，强调实体经济的发展，以纠正过去的偏差。中国是一个人口众多的大国，无论何时实体经济都应该是立足之本，应爱惜耕地，重视实体经济的发展。

中国要加强实体经济的发展，可进一步借鉴美国政、企、学相结合的研发或投资模式，通过建立研发中心、制造创新中心以及政策引导，推进技术创新。通过提升中国产业的整体技术水平，改变产品处于世界市场价值链中低端状况，实现产业结构的高级化，生产的环保化。

(1) 建立国家级的制造创新中心，逐一遴选先进技术（比如环保技术、3D 技术、页岩气开采技术、信息技术、生物技术、纳米技术等），并逐一攻关。

（2）改变学校科研评估体系，对于 A 级的学术标准，不以杂志等级来衡量，而以实际产生的经济效应或社会效应来衡量，以此推动政、企、学相结合的研究模式，调动研究人员理论联系实际的创新积极性。

（3）制定严格的环保政策，加强执法监督和舆论监督，同时加大环保技术的开发，由此防止制造业发展带来的环境问题。

（4）鼓励大公司创办自己的职业学校，培养本专业的技术工人，同时加强职工的技术培训，政府在办学方面应给予税收优惠。

（5）在对外交流与合作中，提高知识产权的保护意识。

（6）通过税收优惠政策，鼓励国外研发中心进驻中国，同时也有控制地鼓励国外最优秀的人才（或高科技人才）移民或长期定居中国。

其次，从战略层面来思考战后美国相继进行的两次制造业结构调整。第一次的结构调整开始于 20 世纪 80 年代后半期到整个 90 年代。战后伴随经济发展大力推进的产业结构升级，使美国在 20 世纪 70 年代初率先进入后工业社会。它在带给美国世界最先进的工业国家光环的同时，也带来了其他工业国家的赶超。竞争力量对比的变化，制造业所面临的"生产力和质量的危机"，促使美国在深刻反省的基础上，进行了制造业体系的变革，并在提高生产力与发展质量的基础上，以信息技术与工业的融合而重新领先于世界。第二次的结构调整发生在 21 世纪第一个 10 年的中后期，至今仍在进行中。美国跨国公司在世界各地的扩张性投资，在获得丰厚利润的同时，也使进口剧增，国内产业结构空洞化。进而在制造业的生产模式上形成了"在这里发明，在那里生产"的脱节状态,<sup>①</sup> 加上 IT 泡沫的出现与虚拟经济的过度膨胀,严重地影响到了其实体经济的发展。最终由次贷危机引发的金融危机导致了全球性经济危机的发生。2009 年危机期间美国提出"再工业化"战略,<sup>②</sup> 开启了新一轮的结构调整,强调以制造业为主要内容的实体经济中高科技产业的发展,推动材料、电子、纤维与纺织、能源等各制造领域的生产向高端智能化方向发展。在增加就业、减少贸易逆差的基础上,以确保美国在世界制造业价值链上的高端位置和全球创新经济的领先者地位。显然,上述的美国产业结构变动过程表明,制造业的结构性调整不止发生在它的经济发展的某个阶段,而是贯穿于战后美国经济发展的全过程,<sup>③</sup> 只不过由于发展阶段的不同、面临和解决的问题不同。更需要人们注意的事情是,这种调整与变革发生的国家——美国,不仅是一个后起的工业发达国家,同时还是一个已经完成了工业化的后工业国家。这样的事实,引起了我们的长久深思,即产业结构的调整与制造业深度发展的意义,并不止于一个大国历史上的经济崛起和其后的经济超越,而应当是与它的可持续发展及其在当代世界经济中的作为紧密联系在一起的。因此,它的变革轨迹,很有可能为以中国为代表的新兴大国经济转型中的产业发展选择,提供清晰的、富于思考价值的重要启示。

---

① 美国学者称,这时的美国面临着不同以往的新的危机,即制造业的生产力和质量并没有落后,但发明与生产的分离严重影响了创新对本国经济的推动作用(见马丁·A. 施密特、菲利普·A. 夏普在苏姗娜·伯杰的《重塑制造业》一书中的推荐序,浙江教育出版社 2018 年版)。

② 包括其后的"制造业回归"行动。

③ 事实上,自美国历史上的工业发端开始这种变革就一直在持续地进行着(参见韩毅、张琢石《历史嬗变的轨迹:美国工业现代化的进程》,辽宁教育出版社 1992 年版),战后只不过是这一过程的继续而已。

# 第六章

# 后起工业强国日本的经济转型与大国发展的产业立足点分析

日本是继美国之后世界上另一个后起的发达工业国家的典型，只不过自20世纪90年代泡沫经济崩溃以来，其经济发展长期未能摆脱疲软的状态。我们对日本的研究将从这里切入。① 因为，日本是一个制造业大国的事实和危机以来人们对实体经济的反思，恰好为我们提供了一个从产业发展本身来探究日本经济长期低迷原因的新视角。而且，泡沫经济崩溃后日本经济复苏的波动性和其面临的结构性问题，在国内外的学者中引发了推动其经济发展与重振日本的各种议论与主张，也自然地把复苏根本动力的讨论与转型中的产业发展联系在了一起。作为后起的工业强国，日本近代的崛起与发展，在事实上正是以制造业为轴心展开的，即便在其已经步入后工业社会的今天，制造业与它的可持续发展的关系依旧引人关注。显然，这件事情不再仅仅是一个经济体产业如何发展以实现复苏的问题，而是切实涉及一个经济大国乃至经济强国经济转型中的产业发展支撑点的选择。所以，我们有足够的理由把日本作为重要的比较对象，把它目前面临的发展问题与其

---

① 需要指出，与对美国制造业发展轨迹的研究不同，这里对日本的研究，重点是讨论一个面对困境的工业大国，如何在有针对性地解决结构性问题中实现经济转型与产业升级。

制造业的发展联系起来加以观察与讨论。

与美国等欧美国家的情况不同,作为曾经的亚洲第一、西方第二大经济强国,日本的经济转型道路更为曲折。自泡沫经济崩溃后,特别是2008年世界金融危机以来,关于日本经济复苏的讨论始终是一个焦点话题。只不过近年来的讨论多是伴随着对"安倍经济学"的评价进行的。[①] 在今天社会已进入信息网络时代,且日本制造业仍面临着诸多的结构性问题的情况下,我们讨论后危机时期日本经济复苏的动力,并将它与制造业的发展联系起来,是否符合时宜?甚或是研究上的一种倒退?因为在人们的习惯认识中,制造业往往是与即将要成为历史的工业经济时代联系在一起的。随着经济的发展、时代的变迁,制造业在一国GDP中所占比重的降低,它的作用自然在同步发生变化。[②] 但这种认识也许仅是看到了以往的一些历史现象,还远不是事情的全部。如前所述,世界第一工业强国——美国,在经历了IT泡沫和次贷危机的惨痛教训之后毅然重返制造业的事实,清楚地提示了这一点。因此,探讨制造业发展的当代意义,探索今日的制造业在工业发达国家可持续发展中所起的作用,在新兴工业国家实现工业化过程中所承担的角色,是我们面临的一个重大理论与现实课题。这是我们探讨后起大国产业发展立足点的一个远期分析视角,日本则是一个难得的研究案例与比较对象。本章从讨论后危机时期日本经济复苏的根本动力这一点入手,尝试进行这方面的探索性研究。期望研究能够有助于中国等后起的发展中大国,在经济转型的关键时刻正确借鉴日本的经验教训,在选准自身的产业发展立足点的基础上,实现整个经济体的创新驱动式发展。

---

① 例如,『週刊エコノミスト』2014特大号12・13合并号的「日本経済総予測」,《日本学刊》2015年第1期的《"安倍经济学"的挫败与日本经济走势分析》等。

② 我们在后工业化时期的可持续发展,发展中国家的经济转型和跨越"中等收入陷阱"的讨论中,经常能够见到这种看法。

## 第一节 经济复苏、结构调整与日本产业发展立足点的争论

在经历了长达20多年的经济低迷之后,近10年来的日本经济恢复大体处于一种波动式的状态。根据日本内阁府的统计,受2008年、2009年世界性危机的影响,日本GDP的实际增长率分别为-3.7%和-2.0%,在2010年升至3.4%后,受福岛地震与核事故的影响再度下滑至0.4%,[①] 其后的东北振兴虽使经济上扬,但在日本内外经济环境之中起色不大。在安倍经济学出台后,其宏观经济起落不稳的现象较长时期未有明显的改变。例如仅从2014年这一年的数据上看,受政策的影响,在消费税增税前后经济的走势就有较大的反差。全年的四个季度呈现出首尾正增长、中间两个季度负增长的局面(参见图6—1)。

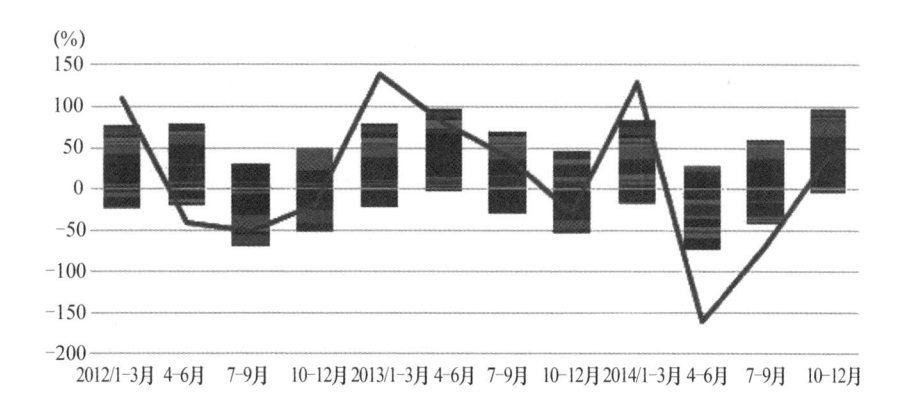

**图6—1 日本实际GDP增长率的变动趋势**

资料来源:根据日本内阁府2015年3月9日发布的2014年10—12月期2次速报值的实际GDP季节调整系列数据制作。

---

① 见日本内阁府『四半期別GDP速报』时系列表2014年10—12月期(1次速报值),2015年2月16日。

伴随经济的波动性增长，围绕以促进复苏为目标的产业发展着力点，日本学者依据自己的研究，有着不同的认识与政策主张。就阅读到的文献分析，可归结为三类意见。第一类意见，侧重于对日本制造业革新问题的思考。例如，为解决日本在发展中面临的问题，制造业研究专家、东京大学教授藤本隆宏，领导他的"制造经营研究中心"团队，一直致力于具有日本特色的一体化制造系统在21世纪新形势下的理论与实践研究。分析生产磨合型产品的汽车等产业在日本经济中的表现，集中代表了其研究思路和研究成果。[1] 日本重要的民间智库三菱总研的学者，着眼于强化制造业的服务功能。[2] 后者认为，为适应新形势下消费者需求的变化，为其提供更高层次的价值，需要向提供产品和提供信息、服务这样的综合性、效率性的商业模式转变，也就是将制造业通过产品的物理特性提供的价值与消费者通过利用产品的过程实现价值有机结合起来。这种转变将涉及生产过程的各个环节而带来制造业整体的变化。两者的研究切入点虽有所不同，[3] 但共同点在于，都以制造业为中心探讨其发展与变革的途径。第二类意见，呼吁重视和加强服务业的发展，认为服务业对日本的发展更重要。在内需增长缓慢、设备投资动力不足、贸易逆差几近定局的情况下，制造业发展得不尽如人意，促使一些学者开始加强服务业发展对经济复苏推动作用的研究。例如，日本经济产业研究所的森川正之就曾发表了题为"增长战略反思提高服务产业生产率"的论文。[4] 他认为，在发达国家，服务产业生产率已经起到决定整个

---

[1] 参见藤本隆宏《能力构筑竞争》（许经明、李兆华等译，中信出版社2007年版）一书。在2015年3月24日举行的浙江大学—东京大学"全球化下的供应链创新管理论坛"上，藤本教授又一次介绍了其研究成果。

[2] 参见三菱总研的专题讨论『今すぐ始まる！製造業のサービス事業強化のコツ』，2015年3月6日、11日、18日（http：//www.mri.co.jp/news/seminar/ippan/017883.html）。

[3] 即前者在技术层面研讨，后者注重商业模式变革。

[4] 《日本经济新闻》（经济教室），2015年1月22日。

宏观经济成果的作用。主张在非制造业占GDP70%以上的情况下，日本应该重视提高服务业的生产率。现在已经不再是仅用制造业来说明经济整体的生产率和技术水平的时代了。[①] 第三类意见，主张以服务业替代制造业的发展，以解决日本面临的结构性问题。早稻田大学金融综合研究所顾问野口悠纪雄即持该观点。基于2011年日本出现的巨幅贸易赤字，2012年决算期日本电子厂家的巨额亏损，以及日本股市落后世界的长期下滑趋势，他严厉地批评了日本时下的产业和经济政策，认为日本"正在朝着错误的方向前进，并且在这条错误的道路上孤注一掷"。在他看来，由于美国消费高峰的结束，日本因福岛核事故形成的电力制约以及生产据点的海外转移都不是暂时性因素，因而导致了贸易赤字的常态化。虽然同样主张生产率高的服务业对日本经济复兴不可缺少，但他认为解决这些结构性问题的根本办法，就是"实现脱工业化，发展以生产率高的服务业为核心的产业模式"，也就是"应该思考如何依靠以金融为代表的高生产率服务业来生存"[②]。理由是，"20世纪90年代后期以来日本经济的衰退就是由于没有从整体上进行模式转换，而是期待通过部分修复解决问题造成的"[③]，"制造业毁灭日本"[④]，即制造业立国的经济发展模式是日本经济停滞不前的罪魁祸首。[⑤]

　　以上陈述的意见及学者们的研究，也许有各自的道理。客观

---

　　[①] 见日本经济产业研究所网站的论文与大型研讨活动，http://www.rieti.go.jp/cn/。

　　[②] ［日］野口悠纪雄：《日本的反省：制造业毁灭日本》，杨雅虹译，东方出版社2014年版，第123、22页。

　　[③] ［日］野口悠纪雄：《日本的反省：制造业毁灭日本》，杨雅虹译，东方出版社2014年版，第123页。

　　[④] 野口悠纪雄书原标题为『製造業が日本を滅ぼす—貿易赤字時代を生き抜く経済学』。

　　[⑤] 见《日本的反省：制造业毁灭日本》书（东方出版社2014年版）封底内容介绍。

地观察，在已经实现了工业化的发达国家中，相对于制造业的强势发展和其具有的巨大世界性影响，日本的服务业确实存在巨大的发展空间。尤其是它目前面临的世界最为严峻的人口老龄化局面，使这方面的发展主张显得理由更为充足，而且，尚有服务业生产率提高对于经济整体生产率提高的实证研究作为有利的数据支持。[①] 另外，随着新兴国家经济的成长及其经济实力的增强，日本在原有产品尤其是那些大众化、标准化产品的生产上，已然遇到愈来愈激烈的竞争，使得其生产成本和交易成本等许多优势因素不复存在。况且，伴随着内外经济形势的变化，日本经济发展的内部结构也确实发生了深刻的变化。例如，随着日本海外投资与产业转移的进一步发展，以及能源与重要的生产性原材料的进口增加，其今后经济生活中的贸易赤字可能不会发生大的逆转趋势。因此，上述学者们的分析没错，日本经济内部存在的结构性问题必须得到妥善解决，其产业结构和产业发展模式确实需要变革。但是，日本电力供应紧张、劳动力资源紧缺的问题，是否必须用弃制造业的办法加以解决？在目前的发展时段变革的方向，是否就必须实现脱工业化的发展？乃至 21 世纪 90 年代以来日本经济长期低迷的原因，是否就是拜制造业所赐？一方面，恐怕这些问题事关重大，值得商榷而不宜匆忙定论；另一方面，事实上，上述的讨论不在纠结于应当发展服务业还是发展制造业。因为两者的发展本身就不是一个线性的替代关系，而是一个以什么产业作为发展的基础，实现日本经济的复苏和可持续发展的问题。因而，也就给人们提出了一个经济强国日本经济发展的根本动力是什么，这样一个深层次的问题。显然，这已不再仅仅局限于周期性经济恢复的讨论，即不再限于对日本经济景气的观察与判断，而是直接关系到日本今后的长远发展，关系到整个 21 世纪日本在

---

① 见森川正之『サービス産業の生産性分析：ミクロデータによる実証』，日本評論社，2014 年。

世界经济中的地位问题。而问题的重要性与问题的复杂性，需要一种历史的观察与认识。

## 第二节　制造产业发展与日本经济成长的历史演变

尽管目前的日本经济发展尚存在许多不确定性，是否开始走向稳定的复苏还有待观察，但日本仍是一个世界经济强国的事实，以及作为经济强国，它的经济成长与作为实体经济重要代表的制造业发展之间可能存在着的历史与逻辑的联系，则是我们不能忽视的重要环节，亦是我们进行比较研究的重点。

### 一　对日本成长为一个世界经济强国过程的历史检视

在世界各国的经济发展史上，日本是以典型的后起者身份出现的，即是一个典型的、后起的发达工业国家。尽管它的崛起与赶超是多种因素共同作用的结果，但这并不妨碍我们分析它的身份转换与制造业发展间的内在联系。因为转换本身就是一个以制造业为主导的工业化推进其走向现代化的过程。而且，在它的那些发生经济转型的历史时点上，更便于我们进行深入的历史观察。第一，在明治维新前后日本由幕府制的封建社会向近代工业社会的转变时期，是符合日本特点的工业革命的大规模展开，才使日本得以将幕府时代历经两个多世纪逐步建立起的传统地方手工业，[①] 从手工作坊的区域性生产转变成为机械大工业的开放式生产，从而在生产方式的变革与产业的发展方面奠定了日本社会进

---

① 这些手工业生产包括诸如具有较高劳动分工水平的金属矿藏的开采，使用带齿轮和传送带设备的生丝生产，利用水利驱动形成的具有一定规模的酿酒业生产，作为前近代重要出口产品的陶瓷生产，等等。它们虽然在封建社会末期已经发展到一定规模，但还不是真正意义上的使用及其生产的近代制造业。

步的基础，使其赶上了近代资本主义经济发展的列车。第二，利用19世纪末20世纪初以电的发现和内燃机发明为标志的新科技革命到来的时机，日本审时度势大力进行人力资本的培育和内部自主创新体系的建设，①实现了由近代匠人手工艺为基础的技术体系向以科学为基础的现代工业技术体系的关键性蜕变。从而把它的经济发展建立在现代科学技术之上，并为日后日本在20世纪最为激烈的国际竞争中能够胜出奠定了坚实的基础。第三，在战后总结侵略战争战败的教训，其经济向民主化、非军事化的和平发展轨道转变时期，反映和代表这种变化的最重要表现，是日本的科技与工业实现了为经济发展、为大众服务的转型。②由此才形成了世界经济发展史上的"日本奇迹"和其国家经济的繁荣（参见图6—2）。③其中，作为一个资源尤其是能源匮乏，并以追赶欧美为目标的后起工业国家，日本之所以能够顺利地克服20世纪70年代的严重石油危机冲击和高速增长所付出的环境代价，重要的原因之一也是其制造业在这一时期所完成的以技术替代资源的产业结构升级，以及由资源消耗型重化工业向知识密集型工业的转换。④第四，在20世纪80年代末90年代初新的技术迅猛发展，

---

① 例如在这一时期中，政府与私人企业同时办教育和培训人才，创办帝国工程学院、地方技术学校和建立大企业的培训制度。不同形式的创新活动使得私人和国家的科研机构及其经费支出快速增长。

② 这种转型主要是通过日本在战后技术引进的性质和产品生产的市场取向所反映出来的。

③ 历史的统计数据表明，日本工业革命开始大规模展开的1890年，它的机器设备总量对GDP的比率仅为0.10%，第一次世界大战前的1913年，这一比率上升到0.25%的水平，在第二次世界大战结束后日本进入经济恢复时期的1950年，比率进一步上升到0.74%，而到1992年日本工业经济到达顶峰时期，这一比率已高达1.07%的水平。它体现的正是日本作为一个后起国家，通过工业提供生产、创造市场、造就城市、武装农业，在完成经济追赶中实现了工业为主导的现代化的历史过程。

④ 其主要表现是：其一，转向开发符合日本产业特点的节能型、效率型技术，实现产品结构由"长、大、重、厚"向"短、小、轻、薄"的转变；其二，深度开发能够占据国际竞争优势的新产业领域，以半导体、新材料等技术密集型产业的发展，引领日本攀上工业经济的制高点。

以及在完成追赶欧美后更深刻的转型到来之际,日本却罕见地在经济转型的过程中迷失了自己。① 作为实体经济重要组成部分的制造业发展也恰恰在这一时期陷入了低迷状态。在技术发展方向上,与当代信息技术的核心技术——数字技术发生了最初的背离;在产品的生产与创新上,与市场需求的当代变化产生了脱节,由于过多地固守已有的制造技术,而失去了本来可能拥有的与网络技术结合的大众市场,是其突出的表现(参见图6—3)。

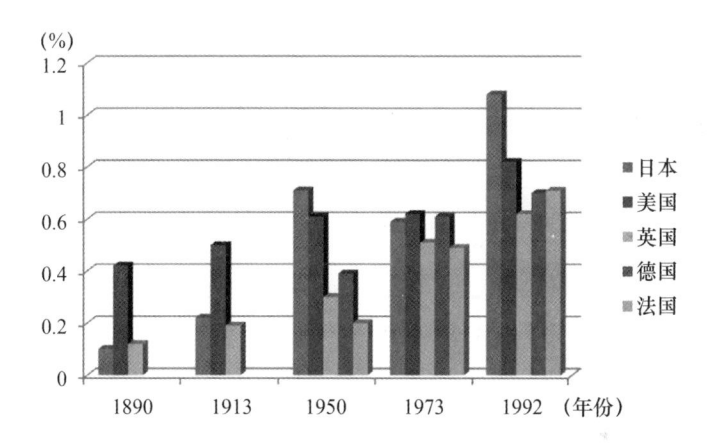

**图6—2 日本与美国、英国、德国、法国机器设备资本存量占GDP比重的历史比较**

资料来源:根据麦迪森《世界经济二百年回顾》(改革出版社1997年版)一书第14页表2—1数据制作。

上述轨迹反映,在日本近代崛起至今近一个半世纪的时间里,其经济发展的成败,在很大程度上都是和制造业的发展状况紧密黏合在一起的,无论是它取得辉煌的成就,还是陷入疲软的境地。也许这正是制造业的实体经济角色所导致的结果。

---

① 例如新一代比较优势产业明显地呈现出缺位状态;在国际市场拥有的强大产业竞争优势出现滑坡;在全球500强的排名中企业的数量及其所占位次大幅下降;在半导体领域所处的世界领先位置,也重新让与欧美企业,等等。

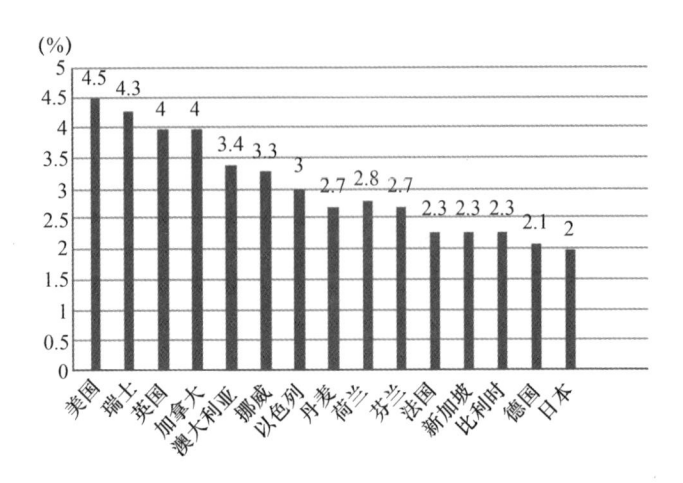

图 6—3　1995 年世界主要工业国家信息技术经费占 GDP 比重的比较

资料来源：根据美国《商业周刊》2000 年 1 月 31 日资料制作。

## 二　对当今制造业在日本经济发展中所处位置的一种现实考证

今天，世界已经进入一个使用大数据的互联网时代。随着现代产业结构的升级和经济结构的高科技化，与其他发达工业国家相同，日本制造业在其国民经济中所占的比重也明显呈现出下降的局面。[①] 在这种情况下，如何认识制造业在当代日本经济中所处的位置，不仅是一个重要的理论问题，更是一个对经济复苏乃至可持续发展产生重要影响的重大现实问题。因此，需要对现实情况进行考证。

面对后危机时期疲软的经济发展走势，学者们对致力于提高经济发展的质量、生产效率，以及产生自创新的产品和组织对其经济的恢复与发展将产生重要的作用等诸多方面已经达成普遍的共识。[②] 所以，我们对日本制造业所处位置的现实考证，也将主要

---

[①]　据日本总务省的统计数据，2013 年日本制造业占 GDP 的比例已下降为 19.9%。

[②]　参见日本经济产业研究所 2015 年 1 月 30 日召开的"新春研讨会：对新的经济和产业方向的思考"的相关报告。同时，这也是解决转型中存在的结构性问题方面许多国家学者的共识。

围绕这些内容进行。第一，我们考察作为国家经济实力和竞争力象征的品牌产品。例如作为大众消费品的汽车，它依然是由丰田、本田这些制造企业制造，继而在不断地创新中把它推向全世界的消费者，① 并以其自身的节能和实用性等特点成为包括美国在内的众多国家消费者青睐的产品。② 再如，作为重要的生产工具甚或是今后所谓智能制造代表的机器人产品，尤其是产业机器人的制造，多被称作全球"四大家族"成员的安川电机（YASKAWA）、发那科（FANUC）等领衔的日本制造企业所生产。③ 目前这些产业机器人是活跃在许多工业发达国家和新兴工业国家生产领域的主角。能够反映产业质量与技术水平的日本技术贸易出口方面，占出口额前10位的也均为它的制造行业。④ 第二，我们考察制造业的劳动生产率。这曾是日本打败旧体制、成就工业经济社会的有力武器。自21世纪以来，尽管在转型之中日本的经济仍然处于波动之中，但与其他产业相比，制造业的劳动生产率仍然保持着一个较大的优势状态。根据经济产业省的数据统计，在21世纪初，日本制造业的劳动生产率为4.1%，高出了整个产业平均数（1.1%）3个百分点。⑤ 时隔14年的2014年，制造业相对于日本国内的其他产业如建筑业、批发零售业和服务业，劳动生产率的优势依然存在，并且其劳动生产率的增长速度也是最快的（详见表6—1）。

---

① 例如，日本汽车制造商在21世纪最初的10年里，就提出将其作为一个电子产品来设计和生产（见『エコノミスト』2009年5月号报道）。

② 例如，在2014年全球企业品牌价值排行榜中，丰田和本田分列第8位和第20位，在汽车企业中分列第1位和第4位（见互联网周刊2014年10月12日报道）。

③ 例如，作为当今世界上数控系统科研、设计、制造、销售实力最强大的企业之一，2013年发那科的全球机器人装机量已超33万台，稳居市场份额的第一位。

④ 即交通运输设备制造、医药品制造、信息和通信设备制造、电气机器设备制造、通用机器设备制造、化学工业、陶瓷·黏土制品制造、橡胶制品制造、生产设备制造和商业设备制造。

⑤ 全产业的劳动生产率增长率，见经济产业省《2001年版通商白皮书》第4—1—1图；制造业的劳动生产率增长率，由经济产业省根据《国际比较统计》1999年的数据（1995年=100）计算。

可能这是至今日本得以保持世界经济大国领先地位的重要原因。第三，我们考察产业的研发投入。与制造业占比最高的研发投入相联系，作为基础产业的制造业拥有最强大的技术开发能力和产品制造能力。据日本总务省统计局《平成 26 年科学技术研究调查结果》的数据，2013 年日本的研发经费占 GDP 的比重达 3.57%（居 G8 国家之首），[①] 而在其 181336 亿日元的科学技术研究费总额中，企业的占比为 70%。[②] 并且在企业的投资中，投资占比最高的是三大制造产业。它们分别为交通运输设备制造（20%）、信息和通信设备制造（13%）与医药品制造（11%），三者占企业研究投资的 44%（参见图 6—4）。从平成 29 年（2017 年）相应的数据来看，虽然制造业的整体数据和占比最高的行业略有变化，但总体的趋势并未改变。[③] 可以说，这种投资占比分布所显示的产业研发能力，对未来日本产业和经济发展的影响依然举足轻重。同时，与这种强大的研发能力相对应，生产现场的灵活应对能力，也是日本制造在竞争中克敌制胜的法宝。据《日经制造业》杂志的"由数字看现场"栏目，以"日本制造的强项"为题，在 2015 年 1 月号刊登的读者问卷调查，对这种所谓的"现场能力"的认定，亦占据了调查榜的首位（比率高达 48.8%）。

---

[①] 総務省統計局『平成 26 年科学技術研究調査結果』，2014 年 12 月 12 日，第 2 頁。http://www.stat.go.jp/data/kagaku/kekka/youyaku/pdf/26youyak.pdf.

[②] 其中制造业的投资为 112615 亿日元，占企业研究费整体的 88.7%。见総務省統計局『平成 26 年科学技術研究調査結果の概要』，2014 年 12 月 12 日，第 12 頁。http://www.stat.go.jp/data/kagaku/ke.

[③] 2016 年制造业的投资为 115748 亿日元，占企业研究费整体的 86.9%。其中，投资占比最高的制造产业，依然分别为交通运输设备制造业（22.0%）、信息和通信设备制造业（10.2%）。见総務省『平成 29 年科学技術研究調査結果の概要』，2017 年 12 月 12 日，第 12 頁。http://www.stat.go.jp/data/kagaku/ke.

表6—1　　　　　日本主要行业劳动生产率的增长率比较　　　　单位：%

| | 1995—1999 | 2000—2004 | 2005—2009 | 2010—2012 |
| --- | --- | --- | --- | --- |
| 制造业 | 3.5 | 4.6 | 0.6 | 6.4 |
| 建筑业 | -2.0 | -1.2 | -1.3 | 0.9 |
| 批发·零售业 | 1.2 | 1.3 | -3.0 | 2.5 |
| 服务业 | -0.5 | 0.4 | 0.3 | 0.3 |

注：表中劳动生产率为各期间的几何平均值。

资料来源：经济产业省根据内阁府《国民经济核算》制作，载《2014年版制造业白皮书》，2014年6月，第36页。http://www.meti.go.jp/report/whitepaper/mono/2014/pdf/honbun01_01_00.pdf.

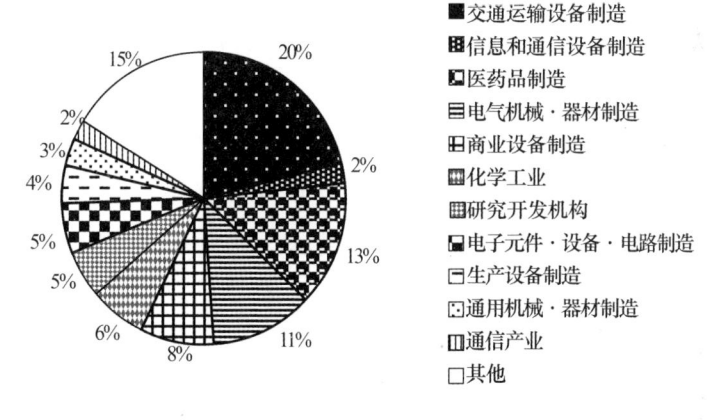

图6—4　企业研究费的各行业构成比

资料来源：根据总务省统计局《平成26年科学技术研究调查结果》，2014年12月12日，第2页图1—3。http://www.stat.go.jp/data/kagaku/kekka/youyaku/pdf/26youyak.pdf，数据制作。

事实表明，迄今为止在日本经济发展中发挥作用的诸多产业里，制造业依然是经济实力和国际竞争力最强的产业，是日本实现经济复苏与可持续发展所需的质量、效率、创新力的基础和起决定性作用的影响因素。

## 第三节　关于制造业仍是今日日本经济复苏根本动力的分析

我们分析日本制造业立国的历史轨迹，显然不是主张重回以往的工业经济时代，[①] 而是尝试用演化经济学的观点去认识经济成长与制造业发展间的历史相关性。同样，客观地观察制造业在当代日本经济发展中的位置，也并不意味着认可它的制造业一如往昔那样沿着战后多年形成的惯性轨道滚动，就能保持住日本的世界经济大国地位。恰恰相反，正如本章开头所述，我们承认它在今天的经济转型和产业发展上面临着棘手的结构性问题。之所以要在分析之后做出制造业发展仍是日本经济复苏的根本动力这样一个推论，或者说这样一种理论上的假设，主要基于如下两方面的理由，其一，是对新的技术经济条件下制造业的发展与变动及其可能存在的若干规律性现象的观察与思考，[②] 即对制造业在当代经济发展中的新角色的认识；其二，是想展开对日本经济复苏和重振国际竞争力所选支点的讨论。

### 一　制造业发展本身所反映的其在当代已经发生的深刻变化

在今天的世界经济领域里，最为典型的观察与比较对象，当属世界第一制造大国——美国。产业发展史的记录显示，自20世纪70年代美国率先进入后工业化社会以来，其对本国制造业的发展所做的反思与变革就不止一次。[③] 尤其是21世纪这次IT泡沫和

---

[①] 人类社会毕竟是向前发展着的，这是不能否认的事实。

[②] 这里也包含着对美国制造业发展的长期关注，尤其是其重返制造业的深入观察与思考。

[③] 参见本书前章，20世纪80年代，当日本制造业以咄咄逼人的态势席卷全球，而美国制造业则出现连续滑坡之际，以麻省理工学院的工业生产率委员会通过调研所做的《美国制造——如何从渐次衰落到重振雄风》报告为标志，美国进行了一次新时期变革传统制造业的努力（详见李毅主编《再炼基石：世界制造业变革的历史大势》，经济科学出版社2005年版）。

金融危机过后，它的"重返制造业"的战略行动成效显著，① 其产业的变动轨迹耐人寻味。对此人们关注最多的可能还是虚拟经济与实体经济关系的处理，已有诸多的讨论。可见，美国吸取了这方面的深刻教训。但是，事情应该还有更深一层次的解读。即与日趋显现的新的工业革命端倪相联系，这种改革与变动轨迹可能意味着，在新的技术经济条件下，制造业本身正在发生着前所未有的深刻变化。仅就目前能够观察到的产业变动情况可以列举，比如，变化一，产业边界的模糊与产业融合的现象日显。新技术产业应用步伐的加快，推动着生产边界的扩大和市场对产品服务的需求渐广，使得制造业的生产与生产性服务的界限变得模糊起来，可能需要我们对以往的制造业与服务业划分赋予新的认识。而生产上前后连接的上下游产业，也正在作为不同的生产工序，日趋融合为全产业链条上的各个生产环节。变化二，高科技的兴起及其应用产生的高度创新能力，有可能改变先前的传统产业与新兴产业的定义。即现代技术的快速产业应用，已经使传统产业与新兴产业的划分不再像以往那么单一。传统产业的华丽转身正在变得不足为奇，② 比如传统的纺织产业变身为新材料产业，就是最为典型的事例。③ 变化三，强大的互联网技术不断打造的新平台，正在使昔日的生产组织形式出现颠覆性的变化。最优设计方案的灵活网络采集，满足客户需求的个性化生产，遍及各地的物联网维系，开始把整个生产过程逐步变成设计者、生产者、消费者乃至服务者共同参与的游戏。相应地，这种异常高效的新型生产方式，也终将突破地理位置、区域资源的限制，产生异常高效的生产效率。最后，最重要的也是更高层次的变化，即制造业本

---

① 伴随着产业的劳动生产率增长、产值上升、就业增加，竞争力增强，经济呈现出了快速恢复的迹象。
② 即某些传统产业变身为高技术产业的例子在逐步增多。
③ 参见李毅在《再炼基石：世界制造业变革的历史大势》（经济科学出版社2005年版）一书中对日本纺织业变革过程的案例研究。

身也许不再仅仅是一个单纯的产业形态，而成为创新发生的核心环节、培育创新能力的重要场所和保持竞争优势的强力支点。也就是担负起创新母体的重要角色，在经济生活中发挥至关重要的作用。① 也许这才是今日美国坚定地重返制造业这一行动的根本原因。② 同时，也是今天的日本要实现真正的经济复苏，而不可能离开其制造业深度发展的深层次理由。因为，今天能够担负起经济发展支撑作用的制造产业，已经是一个融汇了时代的元素而正在经历着深刻变革的未来型产业。对于国际经济领域里的竞争者和各国参与者来说，也许谁能够尽早地认识到这一点，谁就可能有机会赢得未来。

表6—2　　　　2006—2016年日本主要产业的研发投入比较　　　单位：亿日元

| | 2006年 | 2008年 | 2010年 | 2012年 | 2014年 | 2016年 |
|---|---|---|---|---|---|---|
| 产业整体 | 133274 | 136345 | 120100 | 121705 | 135864 | 133183 |
| 制造业 | 117300 | 118831 | 104657 | 107041 | 117551 | 115748 |
| 信息通信 | 5164 | 5956 | 5401 | 5403 | 6884 | 5856 |
| 服务业 | 8202 | 8570 | 7251 | 6571 | 8582 | 8532 |

注：这里的服务业（2006年除外），为学术研究、专业·技术服务业。2006年则包括了其他的事业服务。

资料来源：根据日本总务省统计局《科学技术研究调查结果概要》平成29、平成27、平成25、平成23、平成21、平成19各年版的表2—2和表11数据选取制作。

## 二　制造业是日本重振经济、重夺国际竞争优势的强力支点

由上述分析可知，在经济转型、时代变迁和产业变革面前，要能够使一国的经济克服不利局面，实现根本复苏和平稳增长，适时地认识和把握产业和经济发展的时代潮流是事情的关键。日

---

① 按美国学者斯米尔的说法，是成为一块创新的高地。
② 参见［美］瓦科拉夫·斯米尔《美国制造：国家繁荣为什么离不开制造业》，李凤海、刘寅龙译，机械工业出版社2014年版。

本虽然与美国在经济转型方面各自面临不同的课题,但是以往它的经济长期低迷,不能不说与其对上述变化缺乏适时而深刻的认识有着高度的相关性。在分析日本经济长期低迷的原因时,曾有许多人指出是因为日本在完成追赶欧美的历史任务后失去了方向,出现了制度疲劳。那么,作为一个曾经攀上工业经济巅峰的高度发达工业国家,日本为什么不能走得更远一点,即通过制造业的变革实现更高层次的发展?问题的答案可能在于,它并未能在这一轮的经济转型中及时地感知新的技术经济条件下制造业已经发生的深刻变化。相反,长时期地沉浸于以往的成功之中,且固守着过去的硬件制造优势与制造模式,结果,再次拉大了与美国制造业的发展差距,同时,缩小了自身与追赶中的新兴经济体的发展差距。可见,其经济的长期低迷、复苏乏力,不在于日本完成工业化之后像一些学者批评的那样,仍然把发展制造业置于重要位置,[①] 而在于未能恰当地认识和理解新的历史时期制造业所发生的变革,以及它所承担的新的历史角色。因而,也就未能积极主动地进行适应这种新角色的改造与变革。而且,从现实情况来看,日本经济要实现强劲的复苏与可持续发展,就必须解决目前经济发展中的结构性问题,这也恰恰是和日本制造业的变革紧密联系在一起的。例如,只有建立在高科技应用基础上的新产品开发与服务供给,才有可能从根本上解决日本经济发展中的最重要的市场问题,解决日本因人口老龄化造成的工作人口减少和老年人口的照护、社会保障课题;只有在变革中建立新的适应性产业发展模式,才有可能使日本重新占据国际竞争的优势,进而引领日本的产业重返国际前沿;只有以制造业的深度发展作为坚实的基础,才有可能极大地带动目前相对薄弱的服务业获得健康的发展。是当代制造业在全产业链条上的紧密协作与互动使我们认识到了这

---

[①] [日] 野口悠纪雄:《日本的反省:制造业毁灭日本》,杨雅虹译,东方出版社2014年版。

一点，而全球性的制造业服务化的探索性研究及其产业实践也在逐步证实这一点。

与变革相联系的问题是，已经处在深刻的经济转型与产业结构变化中的日本，为什么没能尽早地采取有效的应对战略扭转经济发展的不利局面？尽管其影响因素是复杂和多方面的，但是，在转型与变革的浪潮冲击面前缺乏对自身特点的客观审视，[①] 未能找到一个有利于发展的产业支点，是一个不应当被忽视的重要原因。不言而喻，一个经济体要认识变化、进而有效地应对变化，最基本的前提必须是对自己的产业发展状况及其演进历史有一个客观地、清醒地评估与认识，因为这是一国应对变化的主体和基础。本来，日本制造业的发展是有其鲜明的历史特色的。它的国情特点、资源条件、历史上形成的制造传统和匠人文化，[②] 都使得日本对制造业的发展与经济崛起的关系有着深刻的理解，从而才能使自己在历史上既学习外部的先进知识又保持着发展的独立性，自近代工业革命开始就走了一条不同于欧美的工业化成功之路。[③] 正是在这一基础上，日本才能够在对外部世界变化的正确应对中，成功地完成崛起与追赶的历程。然而严酷的现实是，面对当代迅猛发展的科学技术和快速的社会变迁，日本却在最重要的转折关头迷失了自己。尤其是在一个前所未有的激烈国际竞争时代，符合国情特点的差异化战略和长期积淀形成的产业发展基础，作为经济发展的强有力支点，对一个经济体在竞争中胜出的作用，是其他因素所无法替代的。长期保持着强有力的国际竞争优势的日

---

① 在个别的时候甚至失去了自我，例如其以往的发展模式受到诟病时，曾发生盲目模仿美国做法而导致水土不服的情况。

② 在其长期的产业发展过程中，逐步形成的强大的工艺创新能力和生产现场的应对能力，也正是源于此点。这种能力构筑起了产品创新的坚实基础。例如，以汽车为代表的磨合型生产之所以能够保持在高水平上，正是源于它的这种基础。

③ 参见李毅《日本制造业演进的创新经济学分析：对技术创新与组织创新的一种新认识》（中国社会科学出版社 2011 年版，第五章"日本制造业技术创新的连续性历史观察"）。

本汽车产业,就是诠释这一问题的最好案例。因此,对于今天的日本而言,打破其低迷的发展状态,实现其经济的稳步复苏,是离不开它在长期发展中所打造的这种制造业发展基础,及其对这种基础优势的传承的。在某种意义上说,这才应当是日本在新世纪与欧美发达工业国家竞争可以运用的最得心应手的武器。当然,这里所说的基础产业优势是一个动态的优势,仍然需要日本在制造业的变革过程中真正创造出属于自己的新优势。而不能再重蹈20世纪90年代一段时间里的覆辙,不知所措地盲目跟随和照搬美国所为而不论是否适合自己。这恐怕是日本经济实现根本复苏所面临的一个重要课题。不过,当前日新月异的科技进步和世界性的产业变革浪潮,给日本破解这一难题提供了有利的时机。如果日本能够利用自身存在的有利条件,[①] 在比较中把握住发展的重要产业支点,在变革中创造新的竞争优势,那么日本经济的发展仍然是有前途的,其真正的经济复苏亦会早日到来。

## 第四节 近些年来日本促进制造业发展的举措及其经济复苏中的产业动向

正是由于制造业对于日本经济发展在事实上的重要性,《日本工业复兴计划》作为安倍经济学第三支箭的"经济成长战略"的重要行动框架之一,在2013年6月14日就已被日本内阁会议通过。[②] 其内容涉及以促进民间投资为中心的紧急结构改革,雇用制度改革和人力资本培育,以争夺科技制高点为目标的科学技术创新推进,建设世界最高水平的信息社会,打造最有利于竞争的事

---

① 例如,它可以向自己已取得成功的历史经验学习,也可以反思近年来曲折发展的深刻教训。

② 俗称的"经济成长战略",即《日本复兴战略》。而《日本工业复兴计划》是其中的重要组成部分。

业环境和实行中小企业、小规模企业的革新六大项行动计划,并且分别设有具体的措施和主要成果目标。① 随后的一年多时间里,又围绕复兴战略多次进行讨论与修订,② 并相继出台了一系列关联措施。我们承认,政策作为一种重要的制度性因素对产业和经济的发展是有影响的,但是这种作用和影响说到底是要通过产业自身发展对其周边的技术、经济和社会环境的内在要求加以实现的。因此,我们把它视作产业发展的一种政策环境来看待,关注它与制造业发展间的关系。从这个意义上说,安倍的"经济成长战略"尤其是《日本工业复兴计划》的出台,正是制造业作为日本最重要的基础产业亟须发展与变革的印证。经济复苏中的产业动向和产业发展的实际情况,更需要人们去关心。因为日本经济的复苏归根结底是由产业的行动所决定的。就目前观察到的现象来看,近些年来日本产业的运行和发展,有如下动向值得关注。

## 一 《机器人新战略》的实施与机器人革命

日本是目前的"机器人大国",在产业机器人的技术与生产、供给方面处于世界领先地位。迄今为止,其在出货量、运行台数方面都保持着世界第一的位置。例如 2012 年时点上,它的产业机器人出货量为 3400 亿日元,占世界整体的 50%,与此相应的机器人运行台数为 30 万台,占世界的 23%。尤其是在构成机器人的主要零部件——精密减速机、伺服马达和传感器的生产与供给方面占到世界 90% 以上的比重。③ 同时,日本在人型机器人和服务机

---

① 首相官邸『新たな成長戦略 ～「日本再興戦略 – JAPAN is BACK – 」～日本産業再興プラン』,http://www.kantei.go.jp/jp/headline/seicho_senryaku2013_plan1.html.

② 例如,2014 年 6 月 24 日,日本内阁通过了《日本复兴战略》,修订的文件,http://www.kantei.go.jp/jp/headline/seicho_senryaku2013.html#c001.

③ ロボット革命実現会議『ロボット新戦略—ビジョン・戦略・アクションプラン—』,2015 年 1 月 23 日,第 1 頁。

器人的研发方面也具有世界一流的水平。① 正是由于机器人产业的发展及其在生产现场的迅速普及，推动其劳动生产率的快速增长，才使日本赢得了以往的"Japan As No. 1"的殊荣。因此，日本在2015年1月制定了《机器人新战略》，决意依据这个发展的有利基础，重振日本经济。② 同时，也使日本再回世界经济的前沿。因为日本已经意识到，今日的机器人技术及其产业的发展将适应未来世界发展的方向，③ 且欧美国家及中国已经在这个构成成长关键的领域积极行动。为了顺应发展的潮流，必须改造它的原有技术和体系。为此，日本提出了机器人革命的任务，即便于使用，适应多样化和多个领域的需求；与信息网络技术融合，成为制造与服务领域新的附加价值创造源泉，具有提供各种信息的功能；实现人和机器人共存·协同的"机器人无障碍社会"。同时，也为着眼于解决目前日本面临的所谓"发达国家课题"，即世界最为严峻的高龄少子化所造成的生产年龄人口不足和社会保障费用大增，④ 日本为自己规定了机器人革命的三大目标，⑤ 以及最近五年内在整个制造业、服务业、医疗·护理、基础设施·救灾·建筑、农业五大领域具体推进的政策措施。与此同时，实地调研所见的安川电机等日本机器人制造企业的技术创新活动，亦正在扎实深入地展开。鉴于日本企业在这一领域正在为解决目前的结构性问题积极进行变革，并且表现出向既有优势与当代高科技融合的路径回归，其对日本经济根本复苏的促进作用可以期待。

---

① 例如，20世纪90年代本田企业和2014年东京大学教授研制的人型机器人。
② 経済産業省『ロボット新戦略』，http：//www.meti.go.jp/press/2014/01/20150123004/20150123004b.pdf.
③ 即它能够适应数字技术、网络技术的发展和物联网社会形成的需要。
④ 在2013年10月1日的时点上，日本65岁以上的高龄人口占总人口的比例达到了25.1%，前一年的社会保障支付占到国民收入的30%（『ロボット新戦略』，第1—2页）。
⑤ 即从根本上强化机器人的创造能力，建设世界的机器人创新中心；营造能够充分发挥机器人作用的有利环境；进入引领世界的机器人新时代。

## 二 中小企业作为复苏基础的本体性发展端倪

占日本企业总数99.7%的385万家中小企业,历来是日本经济发展的基础。尤其是其中的中小制造企业创造了一半以上的制造业附加价值,支撑了日本经济的发展。尽管它们在日本艰难的经济复苏中不可避免地处于一种弱者的地位,[①] 但是面对日益加深的企业全球化发展趋势和人们对产业空心化的担忧,在技术创新中发挥重要作用的地域中坚企业和中小企业,作为复苏的一种基础性力量被人们寄予了厚望,并被作为提高日本整体竞争力的重要环节。[②] 近年来,围绕对中小企业的支持、扶植,日本政府不断制定各种法律和政策措施。例如,为应对经济形势和国内外经济环境的变化,解决由于海外生产日益弱化的企业整体的现场能力,基于中小企业制造技术高度化的相关法律,为使中小企业中的研究开发型企业、最终产品生产型企业、零部件专业生产企业、拥有特殊加工技术企业,各自能够很好地适应市场与关联企业的需求,经济产业省的相关机构对能够强化竞争力和有利于创造新产业的各项基础性特定制造技术的研究开发方向进行系统性整理,制定了《关于中小企业特定制造基础技术高度化指针》,并不断加以调整和修改。[③] 同时,政府在依法使用金融、财政支持措施以外,还采取多种形式鼓励与促进中小企业的创新。比如遴选各地域有作为的中小企业作为事业的标杆等。[④] 尤其是2014年版的中小企业白皮书,基于《小规模企业振兴法》,对小规模企业的课题

---

① 経済産業省『中小企業白書(2014年版)』の「第1-1-6図企業規模別、業種別の業況判断DIの推移」,第7页。http://www.chusho.meti.go.jp/pamflet/hakusyo/H26/PDF/03Hakusyo_part1_web.pdf.

② 参见『中小企業白書(2014年版)』,2014年7月1日,第三部分所使用的标题就是「中小企業・小規模事業者が担う我が国の未来」。

③ 见经济产业省中小企业厅2015年2月27日同名文件。

④ 诸如『がんばる中小企業・小規模事業者300社』等。

做了详尽的分析。该部白皮书,号称是其51年历史中最长的一部(约800页),可见用意之深。内外部经济形势的变化和市场竞争的日趋加剧,也迫使中小企业在主动应用IT技术进行业务运营,积极建立自己的研发团队,与科研机构和其他部门合作,积极整合资源中,力争提高自身的创新水平和保持企业的经营特色,以使企业能够适应转型时期的变化,在经济复苏中焕发生机。① 例如,2013年度中小企业的设备投资增长幅度超过大企业,就足可以反映它的进取与努力姿态(参见图6—5)。② 目前,日本提倡企业把解决地域的课题,例如提高居民的收入和生活环境质量,作为自己的工作和事业,在创造社会价值即搞活地域经济过程中创造企业价值。中小企业在这方面的发展情况以及它们进一步脱离

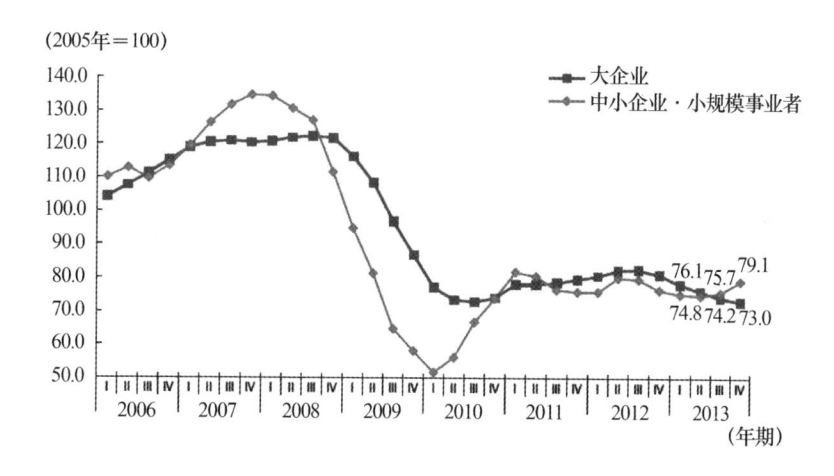

**图6—5 不同规模制造企业设备投资(指数)的变动**

注:1. 资本金1亿日元以上为大企业,1亿日元以下至1千万日元以上为中小企业・小规模事业者;2. 这里的设备投资不包括软件;3. 图标数值为各季节平均值。

资料来源:财务省"法人企业统计季报",转引自经济产业省《中小企业白皮书(2014年版)》,第11页。http://www.chusho.meti.go.jp/pamflet/hakusyo/H26/PDF/03Hakusyo_part1_web.pdf.

---

① 在2014年对日本九州地区中小企业的调查中,这一点印象深刻。
② 如在2013年第四季度,中小企业的设备投资指数超过了大企业6.1个百分点。

系列化承包，进入新的成长领域等行动对日本经济复苏的影响，也是值得密切关注的。

### 三 部分制造企业的回归与其国内外角色的再分配

日本经济发展方面的资源和市场条件，使其在目前现有的技术经济背景下，尚不能改变其经济发展上的外向性特点。同时，经济全球化的发展趋势与工业强国的身份也决定了它仍然会把世界市场作为其主要的经济活动舞台。也就是说，日本企业的海外投资与全产业链的跨国生产和布局仍将会继续得到扩展。如图6—6所示，2002—2013年日本海外设备投资的变动轨迹，除雷曼冲击后出现临时下降外，其增长的基调与扩大的走势十分明显。不过，在日本海外投资继续扩大的同时，也出现了其在海外市场的

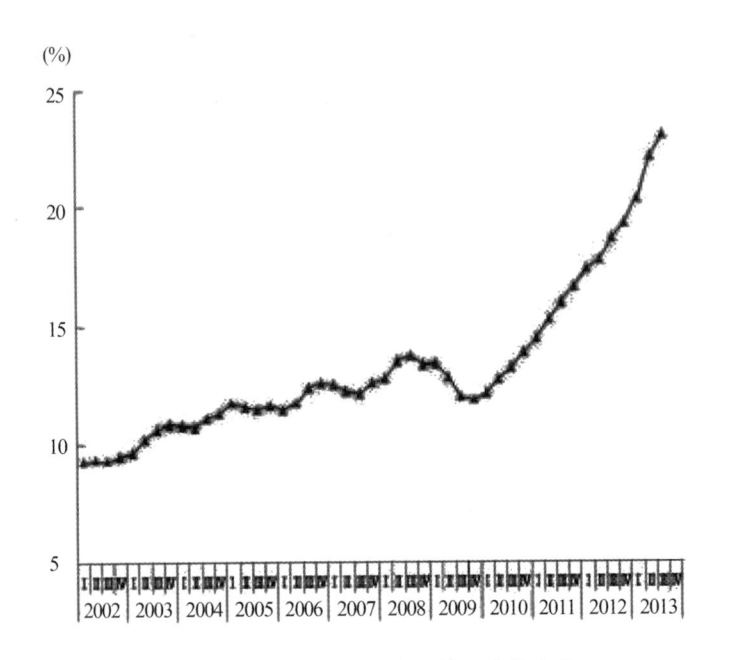

**图6—6 日本海外设备投资比率的变化**

资料来源：经济产业省·厚生劳动省·文部科学省《平成25年度制造技术的振兴措施（概要）》，2014年6月，第8页（http://www.meti.go.jp/report/whitepaper/mono/2014/pdf/gaiyou.pdf）。

投资调整与部分生产企业回归国内的动向。据日本日经中文网2015年2月的报道，以家电、精密机器和汽车等为中心，日本的一些企业将在中国等海外的一部分生产迁回日本国内。例如松下商讨将在中国生产的微波炉、空调和洗衣机的生产迁回兵库县和滋贺县的工厂。大金工业计划将家用空调的部分生产从中国迁回日本。而夏普则打算将空气净化器等的生产由上海基地迁回日本。与此同时，日产汽车和佳能也已经透露，打算将一部分商品的生产迁回日本。[①] 同时，还有来自日本企业加速国内投资的信息，例如本田已经在埼玉县大里郡建立了生产最为环保产品的世界级节能工厂，并于2013年运行。奥林巴斯决定到2016年度为止，将投资约197亿日元扩充现有工厂，把占世界比重第一的内窥镜生产能力增加30%，而日本显示器则用约2000亿日元的设备投资，将生产广泛用于智能手机和平板电脑的高性能、高品质显示器的千叶县茂原工厂的产能提高1倍，等等。[②] 出现这一动向的原因，当然有日元贬值、日本与海外的生产成本差距缩小的因素影响。但是进一步来看，这是对美国重返制造业的一种跟进，还是意味着在新的形势面前日本制造企业在内外部市场上一种长久的新的分工布局，仍然有待观察。但无论如何，它对日本经济的复苏都会产生重要的影响。如果是后者，那么影响将是深远的。

日本经济复苏根本动力的讨论表明，在当代的技术经济条件变化和产业变革时期，一个经济体尤其是后起大国，要能够在经济转型中切实地解决自身的结构性问题，并能推进经济的健康平稳发展，是与它对制造业在当代经济发展中角色的认知与行动密

---

[①] 日经中文网2015年2月27日报道"日本制造业回归是真的"（http://cn.nikkei.com/columnviewpoint/column/13198-20150227.html）。

[②] 経済産業省・厚生労働省・文部科学省『平成25年度ものつくり基盤技術の振興施策概要』，2014年6月，第10頁。http://www.meti.go.jp/report/whitepaper/mono/2014/pdf/gaiyou.pdf.

切联系在一起的。理由有两个方面：一方面，作为实体经济主要代表的制造业，不仅是一国实现从不发达到发达这一跨越式发展的主体力量，而且也是今日一国经济实现可持续发展所需的质量、效率和创新力的基础或起决定性作用的影响因素。因为制造业是熊彼特式创新发生的主要场所和创新活动的主要担当者。另一方面，它又是一个在当代技术经济条件下正在发生着前所未有深刻变化的未来型产业。高科技的产业应用不仅带来了以全产业价值链为对象的产业重组、产业融合，而且有可能使昔日的生产组织形式乃至产业划分出现颠覆性的变化。因此，与这些作用和变化相联系，当代制造业将以其创新母体的角色，成为创新发生的核心环节、培育创新能力的重要场所和再创竞争优势的强力支点。这就是日本经济要实现强劲复苏，离不开其制造业深度发展的根本原因所在。

　　日本制造业的产业发展轨迹及对它的研究，给今日包括中国在内的新兴大国经济转型和向制造强国转变，提供了许多深刻的启示和值得深入思考的问题。[①] 首先，在经济的转型和发展的阶段性变化到来的时刻，对原有的产业变革和新的产业发展趋势的感知和认识程度，决定了一国产业和经济发展的深度及其最终在国际经济中所占据的位置。尤其对于经济后起的国家来说，这是难得的破解转型中遭遇的内外部压力、推进结构性问题解决的机会，更是从根本上改变自身命运和发展境况的机遇。面对当前新的科技发展和产业变革浪潮，新兴大国只有义无反顾地融入其中，才有可能使自己获得产业深度发展的机会，进而参与国际前沿竞争。例如"中国制造2025"强国战略的制定，就向世人宣示了中国一定要把握住这个重大战略机遇的决心。然而，要能够有效地推进并实现有序的发展，还有赖于对当前科技浪潮推动下呈现出的产

---

① 借鉴美国、日本等发达工业国家的经验教训，实现中国等新兴大国产业的创新驱动式发展的具体途径，将在后面的章节展开叙述。

业变革的根本性认识。其次，后起国家要能够在新的形势下打造出属于自己的国家竞争优势，一个关键的问题就是在对自身产业发展状况和发展需求有客观、清醒认识的基础上，能够找准产业发展的支点。并能够以此带动产业的升级和整体面貌的改观，进而撬动本国经济的发展上一个新的台阶。因为新兴大国作为发展中国家它的发展空间是巨大的，同样，发展的潜力也是巨大的。吸取日本制造业发展的经验与教训，在当前世界性的"智能制造"大潮中，利用好中国等新兴经济体已经建成的完整的工业体系和已经建立的较为完善的基础设施，集中精力提升本国制造的质量、效率和根本性的创新能力，将经济体本身拥有的强大制造能力，与提升国民福利的基本需求、引领未来的高端需求有机对接，通过传统产业与现代产业的有机融合、协调发展，在不同层次上解决地区、产业发展不平衡的结构性问题，实现创新驱动式发展。中国等新兴大国就一定能够突破"追赶陷阱"，实现向制造强国的转变。

# 第七章

# 日本经济转型中的企业成长路径选择:索尼公司的案例

市场在资源配置中起决定性作用的经济体制中,市场经济的主体——企业的成长,对那些处于转型中的经济体实现可持续发展影响重大。因此,基于中国等新兴经济体在从哪里入手破解产业转型升级的难题上存在的困惑,也为了更深入地了解与认识日本这个世界制造业强国所经历的产业转型轨迹的细节,这里将使用微观的案例分析方法力求将上述研究进一步推向深入。而且,不论是对日本经济复苏问题的进一步分析,还是基于中国等新兴大国当前所面临的改革课题,都促使我们尝试把比较研究的对象深入企业,即从微观层面上认识和理解产业发展的立足点问题。本章将通过对曾被誉为"日本一代人神话"的企业索尼轨迹的分析,力求就企业恰当的成长路径选择对一国经济转型的影响,以及企业在经济转型条件下为什么要面临这样的选择和如何进行选择,得出若干理性认识,从而为后起国家和新兴大国的经济转型开辟一个微观的认识视角,尤其为当前中国经济的深化改革,在微观层面提供有益的启示与借鉴,进而为民族复兴奠定一个坚实的企业发展基础。

## 第一节　经济转型与索尼案例研究的意义及研究视角

微观层面的案例研究，源自对日本经济长期低迷的深入求解，亦源自当下中国面临的课题。面对全球复杂的复苏局面，作为重要的新兴经济体，中国能否实现经济的可持续发展，世人关注。为了解决发展上面临的一系列突出的矛盾和问题，中国提出了使市场在资源配置中起决定性作用的改革任务。因而，市场经济的主体企业的成长问题，理应重新回到人们的视线中。[①] 事实上，以往我们在经济领域中存在的各种问题，例如经济发展上的诸多失衡，转变发展方式的进程缓慢，尤其在结构调整上遭遇困境，也都迫使我们关注经济发展的微观方面，也就是从企业成长的结构变动视角上，探寻解决问题的办法和能够打破发展瓶颈的突破口。因为"经济发展中很多令人痛苦和失望的问题都与这些结构性变迁密切相关"，"只有更深入地考察微观层次的细节，你才有可能找到经济体系中演化现象的更好的证据"。[②] 尤其在经济转型这样的经济演进关键时期，认清一国的经济发展目标及其发展方式转变的实施主体，乃是实现这种转变，并使结构性问题得以根本解决的历史前提。显然，对工业化国家和正行进在工业化道路上的国家而言，市场经济的主体企业即是实现这个转变的主角。[③] 从这一意义上说，企业在经济转型中的成长路径选择恰当与否，对经济体能否实现成功的转型，起到的应当是重要的乃至决定性的

---

① 在中国，人们对企业问题的高度关注以至掀起研究热潮，还是在20世纪90年代国家大力倡导建立现代企业制度时期。

② ［英］梅特卡夫：《演化经济学与创造性毁灭》，冯健译，中国人民大学出版社2007年版，第2页。

③ 关于这一点，有时却往往是最容易被忽略的，尤其对于后起国家来说。

影响。①

经济转型是一项复杂的系统工程，企业则是这项工程实施的重要基础。因此，它在转型中的成长路径选择就不仅仅是个体行为，而是关乎着一国经济转型的质量及其历史进程。相应地，经济转型带给企业这个微观主体的则是选择、是变化。那么，这种理论假说，在后起国家日本的经济发展与演进过程中，是如何体现的呢？我们已经看到，在实行市场经济制度的日本，是它的企业主导了这个后起国家追赶欧美的跨越式发展。也就是说，当它的企业在世界强势发展、经营独树一帜之时，也正是其创造经济奇迹之日。② 同样道理，当日本在20世纪90年代泡沫破灭、经济发展长期低迷之时，它的企业运营状况及其对经济整体的影响，正是我们要着重加以关注和探讨的内容。因为关于它的企业在这一时期特定的成长路径上的运行轨迹与日本经济转型之间的关系，留给了我们太多需要研究和思考的问题。研究的过程正是对理论假说的检验过程，同时也是深入探讨日本经济长期低迷原因的过程。因此，作为比较研究的对象，对日本的企业，尤其是日本那些有代表性的企业在经济转型前后的发展轨迹进行深入研究，具有重要的理论与实践意义。我们期望通过对经济转型与企业成长的路径选择这一问题的微观研究，能够得出有助于后起国家解决结构性问题、实现可持续发展的有益认识与启示。

由于研究细分的需要，人们往往习惯于将宏观问题与微观问题分离开来，分别独立地进行研究。在许多时候，"我们也许应该在宏观层次上进行测量，但是变迁动态学必须在微观现象层次上进行解释"。或者说，"尽管我们总是在宏观层次上衡量经济变迁，

---

① 即便是经济体的宏观决策，也是要经由市场经济的主体企业的行动加以体现的。
② 当时，日本企业就作为创造奇迹的主体成为人们广为关注的对象。例如，仅1980年，就有美国、英国、前联邦德国、法国、澳大利亚、韩国、新加坡和中国等国的20多个代表团，先后访问了通产省产业政策局的企业行动科，探求来自日本企业的强大活力和效率源泉。

但我们却只能将经济变迁理解为微观驱动的现象"①。因为，事实上，对微观事物的研究与对宏观经济现象的观察，彼此之间是存在密切联系的，这是我们的一个基本认识及问题研究的出发点。同时，也是我们选择日本电子企业索尼作为案例研究的重要原因。在日本，索尼并非一家普通的跨国型企业。这家曾被称为"日本一代人神话"的公司，在战后长达半个世纪的时间里，作为日本制造业实力的象征，曾被视为日本经济成长的一个缩影，即它的成长与战后日本经济的成长轨迹高度重合。享誉世界的日本企业索尼，恰是在第二次世界大战后的废墟上建立，伴随战后的经济恢复开始创业；在20世纪60年代的经济高速增长中，增强了自己的竞争实力；并在70年代的石油危机冲击与结构调整之后，成长为具有独特风格的世界电子企业；以至在80年代后期和90年代初期泡沫经济破灭前，成为日本品牌和其强大经济实力的代名词。随后，同是索尼这家企业，却也在泡沫经济破灭后的90年代中后期开始，随同进入下行通道的日本经济一起，步入了发展的下坡道。其间虽然几经努力，但问题似乎并未能得到有效地解决。② 尽管每个企业都有自己的成长周期，不可能永远处于巅峰状态，但由于索尼所处的独特位置和它所具有的象征意义，舆论对它在后泡沫时代的表现，有着大量评论，③ 包括来自学界、企业家同行的评析，④ 出自企业内部的批评声音也不少。⑤ 显然，这不仅

---

① ［英］梅特卡夫：《宣化经济学与创造性毁灭》，冯健译，中国人民大学出版社2007年版，第4、44页。

② 2014年5月1日，索尼再次发布了综合业绩预测下方修正的公告（http://www.sony.co.jp/ir/）。

③ 见『週刊ダイヤモンド』，2012年2月4日号『特集：さよなら！伝説のソニー——なぜアップルにならなかったのか』，以及同誌，2014年4月26日『特集：ソニー消滅！！尽き果てる"延命経営"』等。

④ 如週刊『エコノミスト』2014年3月25日号刊载的日本一桥大学创新研究中心准教授清水洋的文章，以及日本『文藝春秋』2007年2月号立花隆、中鉢良治的文章等。

⑤ 见『週刊現代』2月24日刊登的对原索尼管理者的采访文章。

仅是人们对索尼一家企业的表现所给予的关心，此事所反映的恰恰是大众对日本产业乃至其经济前途的关注。① 昔日索尼强，它为什么强？其后索尼落伍了，它为什么会落伍？如果不仅仅局限于发生在眼前或近期的某些事件，而把观察的视野放得更宽广一些，即就索尼成长轨迹的变化与日本经济的发展转型联系，来观察与思考问题，也许更会凸显微观分析即企业案例研究的价值。

因索尼曾是一个世人公认的创新型的国际企业，我们将从索尼具有的"创新"与"国际化"这两个最突出特点入手，② 展开我们的观察与对比分析。

## 第二节 经济转型、创新的能力与市场理解力的博弈

经济学之所以看重市场，不仅因为它是企业产品价值最终得以实现的场所，是企业的竞争实力最终得以展现的舞台，而且，它本身还可能是传递经济演进信息和时代趋势的一个特殊媒介。不同时期和不同的经济发展阶段，市场特征的表现是不相同的，但经济的转型则为我们识别某个时段的市场特征提供了有利的时机。因为经济的转型决定了市场特征的变化。所以，对市场的理解力是和对经济转型的认识相联系的。而这种理解和认识，往往是通过企业的创新能力反映出来的。这就是我们观察与对比战后日本电子企业索尼不同发展轨迹所遵循的一个基本逻辑关系。它

---

① 週刊『エコノミスト』2014年3月25日号刊登的经常赤字和真正的国力的报告，就是在讨论制造业战败的标题下涉及索尼问题的分析的。

② 当然，与此相联系的一个重要问题，则是企业领导者的能力和素质以及企业经营者机制（李毅：《日本一代人的神话》，兰州大学出版社、北京大学出版社1997年版，第275—281页；李毅：《跨向新时代的企业竞争力：日本企业经营机制的微观探析》，经济管理出版社2001年版，第127—159页）。索尼在这个问题上是有深刻的经验和教训的，对此笔者将另行撰文。

有助于我们细致观察和深入分析索尼创新所包含的成功与挫折的动态变化过程。

## 一　实现融时代潮流与日本发展为一体的创新循环：索尼成为创新先锋

第二次世界大战结束后的20世纪40年代中期，日本在事实上已经处在一个经济发展转型的历史起点上。[①] 当时的经济民主化和非军事化措施的实施，在客观上促使日本的科技和工业发展，开始由一切为统制经济服务的战时经济，转向为经济的和平发展与为大众服务的新时期。即企业由政府指令下的军工产品和军需生产，转向为满足大众高质量的物质生活和精神生活需求，主动提供新型产品和服务。因此，与这种特殊的经济转型相联系的市场特征，最突出的表现就是市场需求的变化。而战后初期的日本，一方面，因为侵略战争付出的沉重代价，许多工业设备和基础设施遭到损毁；另一方面，在技术发展上与欧美的差距也已重新拉大。[②] 所以，这一时期企业对市场的理解力，是与它对新的经济发展方向的判断，以及提升其技术能力的行动联系在一起的。

不同于丰田、松下这些拥有悠久历史的著名企业，索尼这样一家仅用19.5万日元资金，在战后废墟上创建的小企业，[③] 在战后初期物资匮乏、日本尚处于艰难经济恢复的时刻，是凭借什么顺利起步，并且能够在以后的历史时期中创造出"日本一代人的

---

[①] 尽管一般的研究认为这个转型发生在20世纪的40年代末50年代初（例如金明善、宋绍英、孙执中：《战后日本经济发展史》，航空工业出版社1988年版，第83页）。

[②] 科学技術庁『科学技術白書』1995年，第1-2-4表　戦後直後における世界と日本の主な技術格差（http://www.mext.go.jp/b_menu/hakusho/html/hpaa199501/hpaa199501_2_015.html）。

[③] 索尼创立于1946年5月7日，创业资本19.5万日元，从业职工20名，当时定名为"东京工业通讯公司"。

神话的呢"？解读这一过程的答案，显然是丰富和多方面的。但是，索尼在当时企业成长路径的选择上所做的两件事情，却是这里关注和讨论的重点。

第一，作为在战后初期的动荡年代里建立起来的年轻企业，索尼在白手起家的过程中，有效地利用了自己特有的资源——头脑与技术，开始了它的创业历程。在索尼创业初期，它的创始人井深大就说过，虽然我们没有资金，但我们却有比那更重要的头脑，干能够发挥自己技术专长的工作。① 这里所说的头脑，是战后初期靠技术振兴日本的观念凝聚起来的小企业索尼创业者唯一拥有的资源，却也是索尼使自己从一家名不见经传的小公司，迅速发展为世界著名的大企业，实现从弱到强转变的法宝。在这里，"竞争的驱动力不是价格的调整而是创新"，"正是通过创新，企业获得了决定性的成本或质量优势，这不是影响了它的边际利润而是影响了它的实际生存"。② 同时，创新也是日本这个资源积弱的国家，能够在较短的时间里缩小与欧美的技术差距，进而在经济复兴的道路上实现跨越式发展的一个重要原因。

第二，在战后初期向和平时期转型之时，索尼对事业的选择，是与它对市场的认识紧密联系在一起的。索尼正是在"研制面向大众的产品"，用科学技术振兴日本的信念下，③ 开始它的电子消费品的创新之路的。为此，它在出色完成了日本广播协会（NHK）的委托项目，政府订单纷至沓来，企业运营顺风顺水的情况下，毅然选择了研制和生产具有很大风险和不确定性，但能够满足大

---

① 李毅：《日本一代人的神话：索尼》，兰州大学出版社、北京大学出版社1997年版，第18页。

② ［英］梅特卡夫：《演化经济学与创造性毁灭》，冯健译，中国人民大学出版社2007年版，第21页。

③ 在谈到索尼的成功时，井森大曾说过："有人说是因为我有先见之明，还有人说是因为我懂技术。其实这都说错了。我公司比其他公司先着手搞录音金和收音机，只是因为我一心想制造出便于日常使用的产品"（见中川靖造《创业·挑战·成功》，刘金才译，中国经济出版社1992年版）。

众需要的电子产品。这种选择，恰恰是和当时的技术发展方向，以及日本战后经济转型的时代潮流汇聚在一起的。于是，在上述两种行动结合的这一发展路径上，索尼先是一举实现了磁带录音机国产化的目标，① 继而经过艰苦的研发努力，成为世界第一个晶体管开发生产企业。而后又在磁带录像机、单枪三束彩色电视机，以及 8 毫米便携式摄像机等产品创新上拔得头筹。创造风靡世界的随身听产品，扩大音响图像机器生产在业务方面的应用，开拓计算机通信和零部件业务领域，以及提供高端的游戏机产品，等等。索尼在不断的创新中，与同行企业共同创造出了一个生机勃勃的电子消费品市场，日本也伴随战后的恢复与发展，成为世界上最大的电子产品出口国。在这个过程中，索尼企业内部形成了一种有效的创新机制。② 因为"创新性行动和市场演化是和较广泛的信念与制度背景相适应的，这些信念和制度决定了创新的速率和方向"③。从这一角度看，索尼的建立和发展不仅仅是一个企业的从无到有、由小到大，它所代表的创新精神及其拥有的创新机制，堪称战后初期日本经济转型成功的动力所在。

## 二 落后于时代脚步的市场表现：创新能力的弱化与发展逆转

而在"SONY"成为高质量产品和高技术品牌的代名词，企业的信誉和影响力誉满全球的时刻，即索尼经历了近半个世纪的打拼和奋斗，成长为世界一流的高科技企业之后，它的企业竞争力和产品创新势头却开始呈现出了令人意想不到的变化。

首先，以往成为金字招牌的"SONY"品牌价值，连同它的企

---

① 这对当时的日本，是一个音频领域的产品革命。
② 李毅:《日本一代人的神话：索尼》，兰州大学出版社、北京大学出版社1997年版，第 257—262 页。
③ [英] 梅特卡夫:《演化经济学与创造性毁灭》，冯健译，中国人民大学出版社2007年版，第 28 页。

业竞争力急剧下降。在反映企业国际竞争力的世界 500 强排名中，索尼的位次大幅下滑。如在 2004 年度的综合企业排名中，它还以营业收入 663.657 亿美元，位列第 30 位。但时隔两年，即索尼创立 50 周年之际，它已跌出前 50 名，位列第 65 位。而在 2013 年 7 月《财富》杂志的排名中，则直落至第 94 位。① 相应地，"SONY"所具有的世界品牌价值也一路下滑，即由 2001 年的第 20 位，分别下降到 2006 年的第 26 位和 2011 年的第 35 位。② 人们也从争相购买索尼产品，转向了大幅减少其使用。③ 索尼在人们的视线中变得模糊起来。

其次，在企业的经营上步入困境。虽然经过多次的结构调整与业务重组，依然未能完全摆脱困局。例如，自 2008 财政年度索尼出现 989 亿日元亏损后，2009、2010 和 2011 财政年度，其亏损额分别为 408 亿、2596 亿和 4567 亿日元，连连冲顶。尽管在当时新上任的 CEO 平井一夫的努力下，2012 财年索尼实现了盈利，但这样的"扭亏"依然被认为仅仅是财务处理的结果。④ 而且在 2013 财年第二季度末，因为其出现了 193 亿日元的净亏损，其全年的盈利预期，先被从此前预期的 500 亿日元大幅下调至 300 亿日元，而其后的业绩预期，则变成了整个财年亏损 1100 亿日元。⑤ 结果使其不得不将亏损最为严重的电视机业务和个人电脑业务，分别独立和出售。在全球化的市场经济环境下，企业经历发展上的波峰与波谷是常有的现象，但是作为日本企业创新的先锋、全球消费电子产品领域的企业巨头，索尼成长轨迹中呈现出的这种

---

① 参见美国《财富》杂志在相应年份公布的世界 500 强企业排名。
② 『特集：さよなら！伝説のソニー—なぜアップルにならなかったのか』，『週刊ダイヤモンド』2012 年 2 月 4 日号，第 33 頁。
③ 参见ダイヤモンド社所做的相关调查，『週刊ダイヤモンド』2012 年 2 月 4 日号，第 33 頁。
④ 即实行裁员和出售总部大楼。
⑤ 见索尼网站在相应各时期公布的统计数据及业绩预期（http：//www.sony.co.jp）。

巨大反差，依然令人震惊。

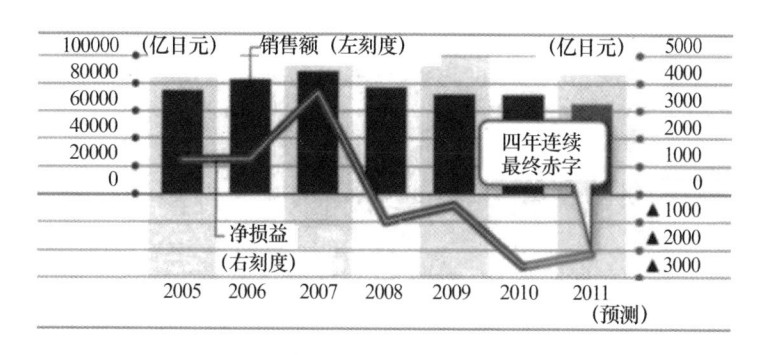

图 7—1　索尼 2005—2011 年度的经营业绩变动统计

资料来源：《周刊钻石》杂志根据企业决算资料制作，2012 年 2 月 4 日号，第 41 页。

### 三　经济转型中的适应能力欠缺是落差形成的关键所在

是什么因素导致了索尼在创新上出现如此巨大的反差？这与日本经济发展的时代背景是紧密相连的。索尼成长中这段截然不同的轨迹，经历的正是以泡沫经济破灭为标志的日本经济转型前后两个不同的发展时期。20 世纪 80 年代后期至 90 年代初，日本完成了追赶欧美的历史任务，开始它的发展转型，人类社会亦开启了从工业经济向知识经济时代的过渡。同时，伴随高科技的迅猛发展，社会的主导型技术乃至整个技术经济范式，都在发生着深刻的变化。这就意味着包括索尼在内的日本企业面临着一个新的、前所未有的选择与适应课题。因为"选择过程是一个转换过程"，而适应力则"是以一种合适的方式针对变化的环境进行调整的潜力"[①]。但是，一如日本社会整体上对自身的转型与社会变革认识迟缓类似，索尼显然并未做好应对时代巨变的准备，恰恰是

---

[①] ［英］梅特卡夫：《演化经济学与创造性毁灭》，冯健译，中国人民大学出版社 2007 年版，第 32、42 页。

在通过选择反映这种转换中的适应力上出了问题，① 从而使其以往总能在竞争中制胜的创新行动，与变化的时代和变化的市场环境形成了严重的错位，继而逐步被新的环境所边缘化，不再成为市场的核心与主角。

索尼在转型的适应力上突出地存在着两方面的问题：一方面，例如，人们看不到它对数字经济时代新的技术方向的战略透视，进而提出一个作为创新先锋本可以提出的走向未来的新概念，比如像苹果公司所做的那样，进行革命性创新来形成自己的商业体系②。因此，索尼在经济转型时期的创新活动，就不可能保持住它的主动性和领先位置。其等离子薄型电视机的开发依赖三星，以致沦为苹果的分包商，就是比较突出的例子。虽然它依然被称为"隐形冠军"，即在零部件市场还占有优势，例如索尼是苹果手机摄像头的供应商，但是，由于缺乏包含新思想的革命性创新，这时的索尼已很难再推出它的拥有强大影响力的独创性产品。另一方面，由于它对新的市场变化感知迟钝，而在生产经营方式上与新的时代趋势（如与消费者互动）产生了严重脱节。作为一个电子消费品起家的生产企业，索尼的强项是高品质的硬件制造技术。而在今天的互联网技术时代，其产品已经是一个硬件、软件与服务的有机结合体。市场上的消费者体验，他的需求与互动，已是影响这一完整链条上的产品价值能否最终实现的关键性因素。固守其以往取得成功的硬件制造技术，以及以厂商为中心的开发方式不思其变，这种境况下的索尼，以往雄霸天下的 WALKMAN 被苹果的 iPod 逆转；凭借 PlayStation 主导的全球游戏机市场，被任天堂和微软的产品所蚕食；最为荣耀的电视机业务，也被三星和

---

① 而"适应在演化观点中扮演着一个十分重要的角色"（[英]梅特卡夫：《演化经济学与创造性毁灭》，冯健译，中国人民大学出版社 2007 年版，第 41 页）。

② 苹果公司所做的革命性创新，即以 iOS 系统为基础来打造自身的生态链，从而打通软硬件之间的壁垒，并形成自己的商业体系。

LG 赶超，就不再是什么不可理解之事了（参见图 7—2）。因为"经济适应性是行为扩张或衰败速率的衡量指标"，"它是由单个的商业单位与那些个体群以及环境之间的互动而形成的"。而"环境的变迁通常会导致个体群的经济适应性的重新分配"①。索尼前总经理霍华德·斯金格曾以他的反省印证了上述事实："在数字技术上，我们曾经远远领先于苹果，如果早些找准方向，那么现在生产的主导者将是索尼而不是苹果。我们的网络化产品的运作模式显示，我们当时仍停留在旧索尼时代。完全沉浸于自我的索尼，忽视了消费者的需求已经发生了变化。"② 可见，索尼这时的市场表现——创新弱化乃至发展上的逆转，正是其"转换中的适应力"欠缺的一个自然结果。

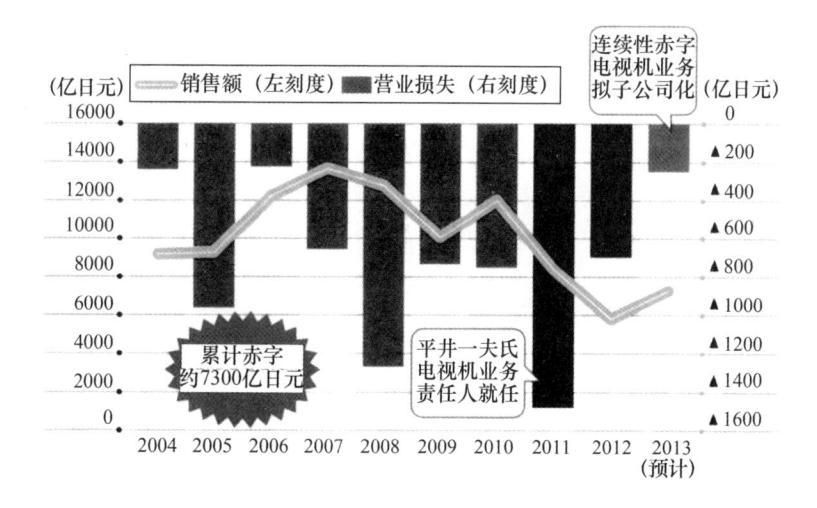

**图 7—2 索尼的电视机业务连续 10 年亏损**

资料来源：《周刊钻石》2014 年 4 月 26 日号，第 39 页。

---

① [英]梅特卡夫：《演化经济学与创造性毁灭》，冯健译，中国人民大学出版社 2007 年版，第 36 页。
② 姜中介：《索尼：如何重新崛起？》，《21 世纪经济报道》2013 年 11 月 9 日（http://biz.21cbh.com/2013/11-9/3NNDE1XzkxNzU3NA.html）。

## 第三节　经济转型、国际化中的人本主义文化与"绩效主义"的比较

日本是一个经济外向型的国家，国内的资源条件、市场规模和劳动力状况决定了国际市场对它的经济运行与发展具有特殊重要的意义。① 作为日本的代表性企业，索尼与国际市场有着更为紧密的联系。这不仅是因为它最初的成功来自国际市场，② 还因为它在半个多世纪的成长历程中，坚持推行企业经营国际化战略，面向国际市场经营。因此在日本国民中乃至国际社会上，素有"国际化的索尼"称谓。缘此，经济转型前后，它在这方面的经营运作比较，则是转型问题研究的一个恰当的观测点。

### 一　人本主义文化基础上的国际化道路，索尼的成功之路

与经营的国际化事业共成长，是以往索尼事业发展的真实写照。与日本制造企业国际性经营活动大多开展较晚的情况不同，③ 索尼在创业之初，因其为避开自己的资金和市场短板以及与同行大企业的激烈竞争，而把目光转向美国市场。作为开拓型的现代企业，它一旦通过自己的技术研发生产出创新产品，就把目标瞄准了广阔的国际市场。这是因为索尼认为从公司的长远发展着想，必须走出口的道路，日本的市场有限。20世纪50年代中期，索尼

---

① 如果说，在经历了战后经济恢复和高速增长之后的70年代，它的经济国际化和企业跨国经营的快速推进，就已清楚地表明了这一点，那么，今天，在经历了泡沫经济破灭的严酷打击和战后最为严重的全球危机冲击之后，日本正在掀起的新一轮海外投资热潮，则使这一事实更加凸显。

② 20世纪50年代中期，它通过在美国市场成功地销售晶体管收音机，使外部市场较早就认可了企业的实力。

③ 在战后的日本，受国内国际经济条件以及企业自身发展状况的影响，工业企业真正意义上的国际经营活动，一般是在20世纪70年代才大规模展开的（李文光主编：《日本的跨国企业》，中国经济出版社1993年版，第7—23页）。

在其总经理盛田昭夫的指挥下,携带轻便、音质好的索尼产晶体管收音机,在圣诞节前夕包机销往美国,首开了战后日本企业产品出口的先河。此后公司在美国发行股票,在曼哈顿第五大道开设展厅,20世纪60年代初就开始在国外建起多个销售分公司。作为一个建立较晚的企业,索尼充分利用国际性资源来加快企业发展的步伐。例如,它利用引进的美国贝尔研究所的晶体管技术,开发出生产收音机用的高频晶体管;与美国派拉蒙电影公司签订显像管技术合作协议,研制出新的单枪三束彩色显像管及其系列产品;与具有悠久历史的世界著名电气企业菲利浦公司数度联手,开发出数字光盘等具有里程碑意义的创新性产品。进入70年代,索尼开始在欧美国家相继建立产品生产工厂,实现产品的当地销售。80年代开始,随着其国外子公司的增多和国际经营规模的扩大,索尼步入了真正意义上的生产国际化阶段,这时它将企业的经营管理职能逐步转向海外。80年代后期到90年代初,伴随事业的拓展和大规模的对外直接投资浪潮,索尼建立起以日本、美国、欧洲和东南亚为支撑点的企业国际分工体系,国际性的生产经营活动成为企业再生产的有机组成部分。

索尼的国际化事业之所以获得成功,一个重要的原因是其国际化战略赖以建立的人本主义文化根基。因为国际化的事业是要由人来推动的,打入国际市场的产品是靠人的创新活动完成的。在这里,工业的创造性,不仅仅是处理现存的信息,还需要人的思想、本能的直觉和足够的勇气。[1] 作为一家日本的企业,索尼的这种人本主义文化的突出表现,就是强烈的归属意识和以人为中心的管理。它在实践中的重要特征是:(1)注重对人的创造性的培养和激励,把企业的经营纳入以人力资本为依托的发展轨道。使用多种途径打造出一支具有高水平创造力的人才队伍,以保证

---

[1] 参见ソニー創立40周年記念誌『源流』,ソニー会社発行,1986年。

企业在国际经营中的创造力经久不衰。比如，知人善任，不拘一格，根据人才的实际能力和独创性工作给予提拔和重用。完成了 32 位工作站项目的土井利忠、成功主持了 8 毫米便携式摄像机开发的森尾稔，都相继被安排到能够进一步发挥其创造性的重要研发岗位上。(2) 充分发挥每个员工的积极性和创造性，使他们都能为索尼的发展和国际化事业的推进，将自身的潜在能力充分地释放和发挥。企业以信任为前提，将员工视为企业行为的主体。① 不论白领还是蓝领，不分学历高低，一律鼓励其大胆探索和创新，积极为企业的发展献计献策。同时，还创造各种形式来听取、吸收和采纳他们的建议，② 并将其运用到公司的运营中去。靠这种人本主义文化，索尼得以把来自不同层次、不同方面的积极性、创造性，集聚到了公司的各项开拓事业中，这正是它迅速成长为具有强大竞争力的国际型企业的力量源泉所在。

## 二 转型过程中的企业文化丢失，导致索尼在国际竞争中渐处劣势

20 世纪 90 年代中后期，在泡沫经济破灭的影响下，日本的经济发展进入了低迷时期。伴随着日本经济转型和美国"新经济"的高涨，日本的企业大多在发展方向的选择上陷入了迷茫。比如，在日本传统的经营模式被普遍诟病的同时，许多企业开始在公司治理、用工制度等方面，刻意模仿美国的经营模式，建立自己的企业架构。这时的索尼，尽管有自身经营管理上的理由，③ 但其被

---

① 在企业眼里，人不是单纯作为生产过程中被结合的一种生产要素存在的。

② 因为索尼认为，这些建议直接来自实际从事这项工作的人，如何做好这项工作，他们比任何人都更有发言权（李毅：《日本一代人的神话：索尼》，兰州大学出版社、北京大学出版社 1997 年版，第 105 页）。

③ 比如有文章认为，是为了树立权威、加强企业经营者的决策权力（《再见 VAIO：索尼"硬时代"的终结》，《21 世纪商业评论》，http://www.21cbr.com/html/topics/201402/09-17144.html）。

称作"绩效主义"的考核制度,无疑是在这种经济转型的大背景下被引入的。索尼在1995年引进了美国的绩效管理制度,成为最早引入美国绩效管理模式的日本企业。以索尼中国实行的绩效考核为例,在索尼内部采用5P评价体系,来全面评估员工的业绩。[①]考核的对象不仅是员工,也包括部门。公司把业绩考核作为企业运作的核心,强调所有的东西必须量化。[②] 为此,索尼成立专门机构,制定详细的评价标准,根据对每个员工和各部门的考核确定其相应的报酬,从而形成了一种"业务成果和金钱报酬直接挂钩,职工为了拿到更多报酬而努力工作"的局面。结果是,见物不见人的做法取代了企业的人本主义文化传统,绩效主义考核支配着研发、生产和运营等企业的一切活动。人们看到的实际情形是,索尼等花费大量人力物力引进评价体制的企业,其经营业绩多在下滑。当2003年索尼出现季度亏损、公司股票跌停,即出现所谓的"索尼冲击"时,人们就对此提出了质疑。知名度较高的批评意见,来自2006年离开的索尼前常务董事土井利忠。他指出,因为实行绩效主义,索尼公司内部追求眼前利益的风气蔓延,产品质量检验、"老化处理"等短期内难见效益的工作,往往不被重视。依据对业务部门的评价决定其报酬的做法,导致了彼此之间的拆台和竞相从公司的整体利益中为本部门攫取好处。显然,在这一过程中,公司对待员工是用"评价的目光","一切都看指标"。员工的创造性得不到充分的发挥,创新的自豪感亦得不到满足。[③] 可见,索尼的绩效管理滑入"绩效主义"的误区,即被等同于考核主义。索尼也从21世纪初开始,不断创造亏损的新纪录。为了压缩不景气的

---

① 5P是指Person(个人)、Position(职位)、Past(过去)、Present(现在)、Potential(潜力)。

② 参见2005年9月19日《IT周刊时代》就索尼如何考核业绩对索尼中国公司副总裁、人力资源部部长的访谈。

③ 参见天外伺朗(土井利忠)『成果主義がソニーを破壊した:偉大な創業者、井深大の理想はなぜ潰えたか?』,『文藝春秋』2007年新年特別号。

电子产品销售,它在 2014 年 2 月不得不宣布,关闭在美国 31 家直销店中的 20 家。国际竞争力弱化成为明显的事实。

### 三 经济转型中应对变化的选择失误,是其发展逆转的症结所在

由索尼在经济转型前后的国际化道路对比,我们清楚地看到,它曾把国际化战略作为企业生存与发展的一项基本战略。① 而支撑这项战略成功实施的正是企业的人本主义文化根基。因为,在日本公司看来,企业是直接以人的联系方式而不是以资本的联系方式为媒介建立起来的经济组织。也就是说,"对企业而言,'人'是最重要的财产",是一种宝贵的经营资源,企业则是由这样一些人力资本组成的经营资源的集合体。② 一旦丢掉了这个根基,在国际市场上失去了自我、失去了方向,仅仅靠模仿来的绩效考核管理企业、生产和销售产品,其国际竞争力显然要大打折扣,国际战略更是无从谈起。尽管这时在索尼的管理团队中,有比以往任何时候都多的外籍管理者,但都于事无补。也许这就是过去一直被称为"21 世纪型企业"的索尼,在进入 21 世纪后反倒退化为"20 世纪型的企业"③ 的一个重要原因。一个丢掉了自身的企业文化,不能使企业的员工积极投身于创造性事业的企业,在激烈的国际竞争中渐处劣势、无有作为(参见图 7—3),④ 也就不足为奇了。那么,索尼等一些日本企业为什么没能坚守住这一人本主义

---

① 即避其锋芒,站稳脚跟;创出品牌,增强竞争力;利用国际资源,迅速成长壮大(参见李毅《日本一代人的神话:索尼》,兰州大学出版社、北京大学出版社 1997 年版,第 271—272 页)。

② [日] 今井贤一、小宫隆太郎主编:《现代日本企业制度》,陈晋等译,经济科学出版社 1995 年版,第 8 页。

③ 参见天外伺朗(土井利忠)『成果主義がソニーを破壊した:偉大な創業者、井深大の理想はなぜ潰えたか?』,『文藝春秋』2007 年新年特別号。

④ 例如,发生了索尼与当年曾追随过它的三星公司和乔布斯领导下的苹果公司的大逆转。

的文化传统,而滑入绩效主义的泥潭呢?问题的症结在于,它们在经济转型时期的应对选择上出现了严重的失误。即在深刻的经济转型来临之际,不仅没能把握住技术的时代方向,而且更为致命的是在剧烈的变革冲击面前,失去了对自身优势的正确认识及其对问题所在的准确判断能力。在不知所措、被动应对中,错误地放弃了适合于自己的竞争利器——人本主义的文化传统(人力资本优势),而求助于模仿外部管理形式,来扭转困局和解决经营发展上的问题。事实证明,这条路是行不通的。

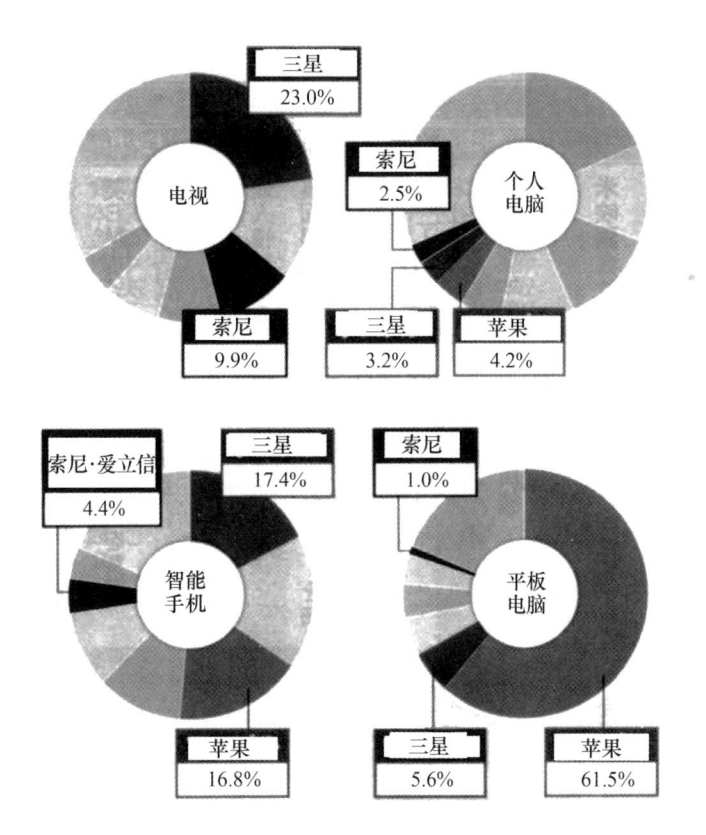

电视:三星 23.0%、索尼 9.9%、三星 3.2%

个人电脑:索尼 2.5%、苹果 4.2%

智能手机:索尼·爱立信 4.4%、三星 17.4%、苹果 16.8%

平板电脑:索尼 1.0%、三星 5.6%、苹果 61.5%

**图7—3 与三星、苹果公司比较的索尼战略产品在世界所占的比重**

资料来源:《周刊钻石》编辑部根据 IDC Japan 的个人电脑、智能手机数据,DisplaySearch 的薄型电视机数据制作,2012 年 2 月 4 日号,第 57 页。

索尼轨迹的影响因素复杂，需要讨论的问题很多。这里我们仅就上述观察与分析的事实，对一些事关产业及经济全局的问题，如经济转型中的企业成长路径选择对于解决经济体的结构性问题的意义，以及后起国家的企业在路径选择上应当规避的误区，给出我们的初步认识与研究结论。因为，这对人们思考索尼问题所反映的日本产业乃至日本经济整体陷入长期低迷的原因，可能会有一定的帮助。在这里，我们是把索尼视作一个企业集合，即在产业层次上分析与认识问题的。同时，对让市场在资源配置中发挥主导作用的中国来说，上述所指更是其完成结构调整不能忽视、不能回避的问题。

第一，经济转型中恰当的企业成长路径选择，是结构性问题赖以解决的微观基础。

以往的研究曾指出，随着工业化进程的推进和经济发展阶段性目标的变化，经济的转型及其产业发展的路径选择是一个必然到来的过程。① 但如果从经济过程的实际运行来看，恰当的产业发展路径选择，即全民族对其产业发展方向的共识，是要通过经济运行的最基本单位——企业在转型中的各项行动逐一完成的。市场经济条件下，尤其是市场在资源配置上发挥决定性作用的经济体制中，企业的成长路径选择是最为基础的，与政府政策相比，其对经济体的结构性问题解决的影响也是最为直接的。因为它们那些自觉和不自觉的选择行动，反映了面对经济转型的产业结构调整的真实情况。② 即恰当的选择集合，构成了经济体对未来产业发展方向的正确认识与把握；而不当的选择，则很可能使本已存在的结构性问题更趋恶化，进而使结构性问题的解决长时期处于一种无解的状态。

---

① 李毅：《经济转型中的产业发展路径选择：对日本经济长期低迷的一种新解释》，《日本学刊》2013年第5期。

② 它往往比统计数据更有说服力，也是我们进行结构调整的关键点，或者说突破口。

由于这种情况在像索尼这样的代表性企业与日本经济整体之间的发展关系中，得到了清晰的体现，因此，对经济转型中的产业发展路径选择的研究，就需要深入案例企业的微观层次。例如，索尼在战后的建立与迅速崛起，不仅反映了战后经济转型条件下，日本电子消费品产业顺应大众需求的潮流，由弱到强、由国内走向世界的历程，而且也反映了整个日本制造业，以技术的引进与创新为利器，不断地开发新领域，精益求精地研发高质量的新产品，使自己最终攀上工业经济峰巅的历史。同样，索尼在泡沫经济破灭后的业绩下滑，在其所经营的各主要领域几乎都遭遇到发展的困境，事实上，也是日本制造业整体在完成追赶欧美的目标后，面临经济转型的结构性课题，未能及时与恰当应对的一个微观写照。对索尼轨迹的研究也清楚地提醒人们，在经济转型到来的时刻，能否恰当地选择与新的形势相适应的成长路径，是一个企业、一个产业乃至整个经济体成功与失败的分界点。恰当的路径选择对企业和经济体而言，就是一个新的发展契机，一如索尼公司和日本自战后初期创业到20世纪80年代末90年代初在工业经济的发展上所呈现出的步步辉煌；反之，则会成为其走向衰落的一个转折点。犹如泡沫经济破灭后的索尼经营逆转与日本经济发展的长期低迷。所以，解决经济转型中的结构问题，必须重视从企业成长的恰当路径选择做起。一个没有强大稳固的企业发展基础的民族，将没有未来。

那么，在经济转型的过程中，企业尤其是那些已获成功的代表性企业，以及曾获快速增长的优势产业，从哪里入手选择其恰当的成长路径，才能避免陷入转型的误区呢？索尼的发展轨迹至少给了我们如下重要的启示。

第二，实行革命性变革，是经济转型中的企业实现恰当成长路径选择的内源性动力。

索尼本是一个在创新的大旗下建立起来的现代企业。公司从建立那天起就宣称自己是个开拓者，以为人类服务为己任，永远做未知领域的探索者。据此，依靠它的勇气和开拓精神，在拥有上百年经营史的老企业面前，乃至强手如林的世界市场上，大胆地向新的事业挑战。从而使它的名字（SONY）和世界上无数个具有革命性的创造性产品联系在一起。在短短的十几年时间里，奇迹般地成为世界一流的高科技企业。可见，人们谈论的"索尼精神"就是它作为挑战者所拥有的创造性。这种精神让它伴随战后日本的经济恢复、高速增长和稳定发展，围绕着满足大众的消费需求这个市场理念，在开辟一个又一个新领域、创造出一个又一个奇迹中，把自己的事业做大、做强。日本在战后初期经济的成功转型中实现了追赶欧美的跨越式发展，索尼也凭借它的创新精神使自己成长为一个成功的国际型企业。

但是，一次转型的成功应对，即对技术方向和市场前景的准确判断，并不能保证企业及产业的运营能够获得永久性的成功。因为伴随经济发展的阶段性变化，新的经济发展转型迟早会到来。尤其进入 21 世纪以来，伴随人类社会开始从工业经济向知识经济时代过渡，以及科学技术的革命性变革，使得完成了追赶欧美任务后的日本，面临着比以往任何时候都更为深刻的经济转型课题。这种情况要求它的企业能够通过市场，对这场深刻的转型与变革的到来，有敏锐的观察与感知能力，进而对已经到来和即将到来的崭新技术，连带对正在形成中的新的技术经济范式有尽早的认知，并做好积极投身其中的准备。这对日本企业尤其对于以往那些取得成功的成熟企业以至其享誉世界的整个制造业，都可谓一个极为严峻的挑战。即要求它们在对变革的形势有深刻认识的基础上，能以"创造性毁灭"的勇气与彻底的变革行动，去打破自己多年来早已习惯的技术和经济范式，主动地去拥抱新技术、新时代。但从索尼对新技术的市场应用行动迟缓，[①] 对变化了的以消

---

[①] 事实上是瞻前顾后，虽然索尼也看到了数字技术的发展前途，但却迟迟不愿着手转型，因为它害怕新的模式会毁掉自己原有的唱片、影视等娱乐产业的家底。

费者为中心的市场感知迟钝，只愿在自己熟悉的圈子里打转转等表现来看，显然，索尼等许多日本企业并未做好迎接这一转型中深刻变革的准备。而今天的世界，早已进入一个技术、经营乃至经济发展大洗牌的年代，不分已经成功或尚未成功的企业，谁能够顺应时代潮流，义无反顾地坚持走创新之路，谁就有可能立于时代的潮头。这就是苹果公司能从一个昔日索尼的仰慕者变成今日领先者的原因，甚或可以说是今天的美国与日本在经济发展的势头上发生逆转的重要原因。

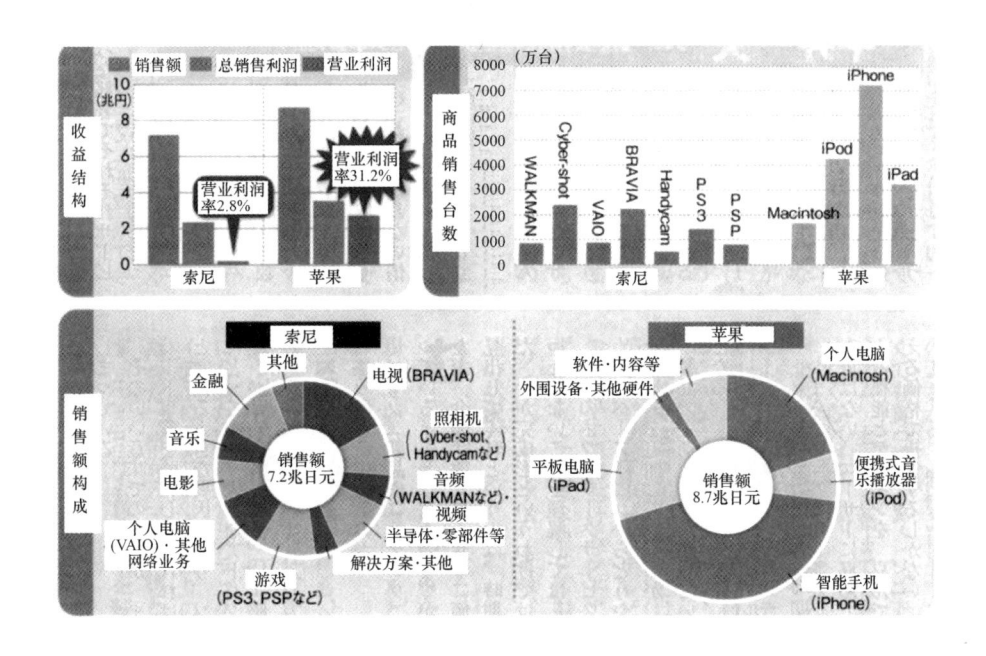

**图7—4 索尼与苹果公司的经营模式比较**

注：① 索尼为2011年3月数据，苹果为2011年9月数据。PS3、PSP分别为PlayStation3，PlayStation Portable的略称。② 关于汇率换算，与苹果的决算相对应，使用2010年10月至2011年9月的平均值，即1美元兑80.54日元计算。

资料来源：《钻石》周刊编辑部根据公司资料制作，《ダイヤモンド》週刊2012年2月4日号，第54頁。

第三，只有在转型中的成长路径选择上认清本源，才能在接受外部事物中不迷失方向。

索尼以往在竞争中的自信,不仅源于它对符合时代潮流的技术方向的理解,还源于它的能够最大限度地释放人的才能与创造性的企业文化氛围。为了践行它"永远做未知领域的探索者"的创业誓言,索尼把公司成立的宗旨确定为,给技术人员提供一种对技术工作感兴趣、能意识到其社会使命,并且能放手工作的稳定工作环境。在其几十年从事开拓性国际事业的历程中,始终把鼓励和尊重个人才智的发挥,允许人发展自己的才能放在第一位。因而得以形成了一个不拘泥于既成的观念,具有创新精神并坚决付诸实行的科技群体,并且能够把发挥人的创造性与形成群体效应有机融合,进而激励企业的全体成员同心协力,为实现企业的目标努力工作和奋斗。

正如索尼的创始人之一——盛田昭夫曾经说过的:"如果我们能够造成一种环境,使全体雇员能在集体协作的精神下团结一致,并按照我们的意愿发挥他们的技术才能,那么这样的组织便会给我们带来无穷的快乐和不可估量的利益。"[①] 这种日本企业所共有的文化所含的人本主义特点与包容性,本是企业乃至日本经济成长的宝贵知识财富。它不仅使索尼等企业获得了成功,而且使日本迅速为世界所接受。但是在 20 世纪 90 年代中期,日本遭遇泡沫破灭和经济转型的艰难时期,在索尼欲克服困难,进一步与世界接轨所做的选择中,人们却看不到它本应以此为本源,尽力与外部先进事物融合的努力,相反,看到的却是它弃自身的有效知识,在引进绩效管理的过程中,单纯推行考核主义为中心的管理办法,唯此来指导企业的运营与发展。

本来,源自美国的绩效管理,也是一种为了调动人的积极性,提高企业生产和经营效率的制度性安排,但索尼在引进和实施过

---

① [日] 盛田昭夫:『MADE IN JAPAN:わが体験の国際戦略』,朝日新闻社,1983 年,第 95—96 页。

程中，完全未顾及创新与人才发挥作用所需的环境，甚至将其游离于自己的传统文化之外。结果不仅没能带来国际化事业的转机，反而因人才流失严重束缚了企业发展的手脚。它不仅扼杀了员工与技术人员的创新积极性，使他们失去了宽松的从事创造性工作的空间以及容忍失败的包容性环境，反倒迫使人们不得不为眼前取得好的业绩而降低目标计划，以至为了部门的利益与报酬产生矛盾乃至造成组织系统的割裂。可见，失去了适合于自身生长、发育的传统知识和传统文化的滋润，嫁接的外部制度再光鲜时髦，也无法在本土顺利地存活和生长。丢弃自己的文化传统与知识遗产，照搬和套用外部的知识并置于企业的运行与发展之先，必然要患严重的水土不服之症。这是日本的企业和产业在转型时期的成长路径选择上所留下的一个极其沉痛的教训。

可见，索尼这家曾戴着日本最具竞争力企业的光环，并以创新著称的世界级著名企业，也未免落入转型的误区。但索尼轨迹告诉人们的绝不仅仅是某家日本企业的选择失误，人们看到的是日本经济整体转型遭遇困境的一个缩影。它留给世人尤其是新兴经济体的，关于一国企业乃至经济整体究竟应当如何面对经济转型的启示，需要我们认真加以思考。

# 第 三 篇

## 中国等新兴经济体国家在当代经济转型中面对的产业课题

20世纪后期开始，随着发展中国家群体的成长壮大，尤其是新兴经济体的崛起，在其构成世界经济增长重要力量的同时，也就成为人们预测经济大势所不能忽视的重要因素。作为广义的后起国家，由于复杂多变的国际环境和自身发展中遇到的问题，它们在推进工业化的过程中，既带有与发达工业国家工业化发生时一致的某些规律性特征，也有反映这类国家发展特性及其国情特点的独特之处。一方面，它们成为世界经济舞台上的鲜活存在；另一方面，正是由于这种存在和发展，则很有可能为当代发展经济学增添新的内容。因此，继作为比较对象的发达工业国家美国与日本研究之后，从本编开始我们将着重研究新兴经济体，尤其是新兴大国经济转型与发展所面对的产业课题。

# 第八章

# 发展中大国的工业化与新兴经济体的崛起

目前,以金砖国家为代表的新兴经济体正处在工业化的过程中。尽管不同国家在不同的经济发展阶段,会面临着不同的要素禀赋、资源约束和市场环境,从而选择不同的经济发展模式,但从新兴大国的工业化历程来看,如果能够发展那些既能充分利用当时的资源禀赋,又有利于增进社会福利总水平的产业部门,就有可能推动主导产业实现从资源密集、劳动密集型产业到资本、技术密集型产业再到高新技术产业的有序替代,并在主导产业更替的过程中实现持续的经济增长。尽管金砖国家的产业发展都取得了长足的进步,但由于不同国家间存在资源禀赋的差异,因而它们的主导产业发展路径也各有千秋。本章主要探讨新兴大国工业化过程中制造业与经济发展的相互关系,从新兴经济体发展的经验事实来看,巴西和中国的工业化过程具有比较典型的意义,通过对两国工业化之路的分析,有利于我们更深入地认识工业发展对新兴大国崛起的重要推动作用。而观察印度近些年的产业发展表现,可能会从不同方面说明同样的问题。

## 第一节 工业化与巴西的经济发展

从 20 世纪 30 年代开始,巴西开始了以进口替代为特征的工业化进程。巴西的工业化道路非常曲折，既创造过经济高速增长的"制造奇迹"，也经历过陷入"中等收入陷阱"的持续低迷。但数十年的工业化探索还是使巴西建立起相对完整的工业体系，并成为拉丁美洲地区工业最发达的国家。得益于工业化的推动，巴西的经济规模和发展水平在发展中国家中也名列前茅，并成为新兴经济体的代表群体"金砖国家"中的一员。

**一 巴西工业化的历史进程**

通常认为，巴西的工业化开始于20世纪30年代，大致经历了三个发展阶段。

1. 推动以进口替代为导向的工业化（20世纪30—70年代）

巴西是拉美地区国土面积最大的国家，拥有丰富的自然资源，矿产储备也很丰富。在很长一段时期里，巴西向西方国家出口大量初级产品以换取工业产品。从19世纪末开始，巴西采取了吸引外国移民、开发土地资源等优惠政策，大批欧洲移民带来了适用技术，废奴运动所解放的大批奴隶也为工业发展提供了劳动力，食品加工、纺织等简单加工部门开始在巴西出现。但初级产品出口增长并没有推动工业部门的发展，工业品仍然主要依靠从西方国家进口。巴西工业化的转折点始自1929—1933年大危机。这场百年不遇的大萧条不仅重创了西方国家，也对经济结构单一、过度依赖大宗商品出口的巴西造成重大打击。国际市场需求锐减导致初级产品价格暴跌，使得巴西的出口收入大幅下降，无力支付工业品的大规模进口。在这种背景下，通过本国生产的工业品来替代进口产品，逐步降低对西方国家工业品的进口依赖，就成为巴西各界的共识。巴西的工业化在启动阶段就打上了进口替代的烙印。

在50年代中后期，巴西出现过一轮快速的工业化浪潮。当时正值拉美经委会经济学家普雷维什等人提出的进口替代工业化理论大行其道，这个理论对巴西的工业化和产业发展也产生了深远的影响。在此期间执政的库比契克（1956—1961年在任）在参加总统竞选时就提出了一项雄心勃勃的计划，承诺将大力发展食品、电力、运输和基础工业。库比契克执政时期制定并执行了巴西战后的首个全国经济发展纲要，推动巴西经济出现了迅速发展：一是基础设施有了明显改善，发电量从300万千瓦上升到500万千瓦，新修建11000多公里的道路，相当于1955年原有公路里程的80%，政府不仅资助私人航空公司购置新飞机，政府也购置了80艘现代化船只，使巴西拥有了拉丁美洲最大的航运能力。二是工业部门特别是重化工业部门有了显著发展，钢铁年产量达到了200万吨，较库比契克就任前翻了一番，铝和其他有色金属的产量增加了800%，石油炼制能力提高了3倍，基本实现石油自给，水泥生产也基本能够满足国内需求。尤其值得一提的是，巴西的汽车工业也奠基于这一时期，1960年巴西汽车工业就已经形成了10万辆的产能，年产13万辆卡车和轿车。三是农业部门也有了一定的发展，为工业化提供了资金支持和市场支撑。化肥产量远超原定指标的1/3，国产农用拖拉机也开始在市场上替代进口产品。尽管库比契克政府对农业的关注度远不如工业部门，但农业机械和化肥的使用提升了农业生产的效率，使巴西的粮食和鲜活食品的储存量提高了500%以上。四是建设了一个新首都。为了实现区域经济的平衡发展，1960年，巴西将首都迁至巴西利亚。迁都成为库比契克发展计划的顶峰和主要象征。[1] 在1956—1961年的库比契克执政时期，巴西工业生产年平均增长高达10.7%，国内生产总值更是以年均8.3%高速增长。[2]

进口替代工业化虽然能够在一定程度上推动工业化，但它也

---

[1] ［巴西］若泽·马里亚·贝洛：《巴西近代史（1889—1964）》，辽宁大学外语系翻译组译，辽宁人民出版社1975年版，第683—685页。

[2] 陈作彬：《巴西的工业发展水平》，《拉丁美洲丛刊》1981年第2期。

存在难以克服的弊端,进口替代并不鼓励工业制品的出口,出口创汇的重任只能通过初级产品部门的增长来实现,但随着大宗商品价格持续下跌,巴西面临的贸易条件不断恶化,初级产品出口所换取的外汇根本不足以支撑工业部门的发展;工业化过程中的大规模投资需要大量的资金支持,但巴西国内储蓄率不足,资金缺口只能通过对外借款来弥补,这导致库比契克执政时期巴西的外债规模增长了3倍。国内的通货膨胀也日趋严重,由于政治体制和社会结构改革的滞后,工业化所产生的社会福利增长并没有惠及全体居民,而是被某些既得利益群体所占有,导致社会矛盾不断激化,社会秩序持续恶化。巴西经济增长也因此大受影响,增速从1961年的10.28%下降到1963年的0.87%,[①]最终导致了1964年的军事政变,开始了巴西长达21年的军人干政时期。

军政府利用高压手段迅速稳定了社会秩序以后,在经济上实施紧缩性财政政策,并强制压低工资水平,有效遏制了通货膨胀。在宏观经济形势趋于稳定之后,巴西积极反思进口替代工业化战略的缺陷,开始转变工业化发展战略,由进口替代战略转向出口替代战略,积极利用外国资金和技术来发展出口部门,通过出口部门的扩展带动国内产业升级和经济结构调整,从而推动经济增长。尽管巴西对利用国外资金的态度较过去要积极得多,但进口替代体制转型非常艰难,因此在利用方式上更偏重于利用国外贷款,而不是利用外国直接投资,这也为20世纪80年代巴西经济陷入债务危机埋下了隐患。

巴西经济发展战略的调整取得了明显的效果,这主要表现在:一是工业制成品的出口大幅增长。二是重化工业部门发展迅速。在1968—1974年间,汽车工业增长速度是同期GDP增速的一倍以上,1971年汽车年产量达53.8万辆,并形成了相对完整的零部件

---

[①] 本节中的数据如无特别标明,均来自CEIC数据库或者作者根据CEIC数据库进行的计算。

生产体系,汽车不仅能够基本满足国内市场需求,还开始向国外出口;船舶工业成为重要出口创汇产业,不仅能生产40万吨的巨轮,而且船舶国产化率达到了80%以上,成为当时仅次于日本的世界第二大造船国;[①] 民用航空工业也开始起步。三是推动了经济的高速增长。从1968—1974年,工业生产年平均增长12%以上,国内生产总值年平均增长10%以上,远高于同期西方发达国家的工业和经济增长速度,创造了"巴西奇迹"。

表8—1　　　巴西与主要西方发达国家工业增长速度的比较　　　单位:%

| 年份 | 巴西 | 美国 | 西德 | 日本 | 英国 | 法国 | 意大利 |
|---|---|---|---|---|---|---|---|
| 1950—1960 | 9.2 | 4.8 | 11.0 | 16.5 | 3.5 | 6.4 | 9.5 |
| 1961—1970 | 6.8 | 5.1 | 5.3 | 13.7 | 2.8 | 5.8 | 7.2 |
| 1971—1976 | 11.7 | 3.4 | 2.3 | 3.7 | 0.4 | 3.5 | 3.5 |
| 1950—1976 | 8.9 | 4.5 | 6.9 | 12.4 | 2.5 | 5.6 | 7.2 |

资料来源:巴西《经济趋势》1977年7月号,转引自陈作彬《巴西的工业发展水平》,《拉丁美洲丛刊》1981年第2期。

## 2. 债务危机冲击下的工业部门萎缩(20世纪80—90年代)

"巴西奇迹"使巴西政府对经济增长的前景充满了乐观,开始建设一些脱离实际发展水平的重大基础设施项目,仅仅在能源基建领域,就上马了总预算达400多亿美元的伊普泰水电站、图库鲁伊水电站和几个核电站。虽然在20世纪70年代巴西出口增长很快,但换取的外汇仍然不足以弥补国内基础设施建设和工业部门扩张所需要的巨大资金缺口。由于国内资本市场发育迟缓,不具备大规模的社会资本动员能力,巴西只能寻求到国际资本市场开展融资。20世纪50—60年代,巴西的国际融资主要依靠国外政府和国际金融机构的优惠贷款,从私人银行获取的商业信贷规模并不大。但随着70年代巴西工业化所需资金缺口的扩大,仅靠官

---

① 金计初:《现代巴西发展的经验和教训》,《世界历史》1988年第3期。

方贷款已经不足以满足巴西的融资需求,商业信贷成为巴西在国际金融市场的主要资金来源。当时国际金融市场上流动性相当充沛,贷款利率也较低,巴西利用有利的融资环境借入大量美元贷款。进入80年代以后,随着美国货币政策外溢效应的不断显现,国际金融市场发生了很大变化,利率水平大幅攀升,这使得持有大量美元债务的巴西面临越来越大的偿债压力。据测算,当时利率每上升一个百分点,巴西就要多支付5.7亿美元的利息。而巴西经济发展战略调整所带来的出口红利已经不断减弱,初级产品出口面临的贸易条件又开始恶化,国内通过融资建设的大型基建项目尚不能产生足够的经营性现金流,无法覆盖债务本息。国内外经济环境的巨大变化使巴西无法按时偿还外债本息,从1982年开始,巴西爆发了严重的债务危机,对巴西的经济增长和工业化产生了重大的影响。

债务危机的爆发迫使巴西决策当局反思过去的经济发展战略和宏观经济政策的得失,当时正值新自由主义思潮在拉美国家广泛流行,国家对产业部门的过度保护和政府对经济的过度干预受到广泛的批评。80年代末西方国家所总结的"华盛顿共识"对包括巴西在内的拉美国家的政策调整产生了深刻的影响。从80年代末开始,巴西开始推行以新自由主义为导向、以国企私有化和贸易自由化为主要内容的经济改革,由国家干预经济逐渐转向开放的市场经济。

私有化和自由化政策对巴西的制造业造成了巨大冲击。尽管巴西的制造业有了长足的进步,但是在进口替代战略实施期间,制造业发展主要依靠高筑贸易壁垒和政府高额补贴来实现,由于在国内市场上缺乏强大的竞争力量,巴西企业在降低生产成本、提升产品质量、推动技术创新等方面缺乏足够的动力。尽管与其他拉美国家相比,巴西建立起了相对完整的工业体系,但制造业的国际竞争力并不强。一旦放开市场竞争,大部分巴西企业对跨国公司的挑战基本没有还手之力。80年代的债务危机沉重打击了巴西经济，衰退的经济和高企的财政赤字使政府再也无力为工业企业继续提供补贴。当时放松管制的浪潮正在席卷世界，巴西政府也顺应了这一趋势，开启了国有企业私有化进程。私有化的过程也伴随着自由化，巴西逐渐向外资开放本国的产业部门，吸引了不少跨国公司进入巴西市场。在巴西的政策设计者看来，私有化和自由化能够改变工业企业的股权结构，国有股被全部或者部分转让给国内外私人企业后，微观经济主体的激励约束机制就会发生很大的变化，将直接影响企业的投资和经营行为，有利于提升企业效率。但当时跨国公司主要是通过收购兼并而不是绿地投资的方式进入巴西工业部门。由于巴西企业的资金实力和技术能力完全无法与外资比肩，导致部分具有一定规模和实力的工业企业被外资并购，成为跨国公司的巴西子公司，同时也有更多的中小工业企业在残酷的市场竞争中被迫破产倒闭。在国内产业部门竞争力依然较低的情况下过快、过度地对外开放，不仅没有推动工业部门的市场扩张和投资增长，反而导致在整个90年代巴西制造业的投资、产出和出口都出现了大幅下降，产业升级进程戛然而止，甚至出现了"去工业化"的趋势。

3. 初级产品部门对工业部门的"挤出"（21世纪初至今）

在全球金融危机爆发以前，全球经济曾经经历过一段景气周期，无论是发达国家还是发展中国家的经济都出现了良好的增长态势。世界经济的繁荣必然会促进全球贸易的扩张，尤其是中国、印度等新兴经济体的快速发展，对能源、矿产品和农产品等大宗商品都产生了巨大的需求，拉动大宗商品贸易非常活跃，商品价格也不断攀升，国际市场的旺盛需求极大地改善了巴西的贸易条件，来自初级产品出口的繁荣推动了巴西经济的持续增长。巴西经济一改20世纪90年代的颓势，增长情况有了明显好转，从2000—2008年的年均增长速度为3.75%，是1990—1999年的年均增速1.88%的两倍。作为巴西最大的贸易伙伴，中国对大宗商品持续增长的需求，在很大程度上缓解了全球金融危机对巴西经济的冲击。在全球金融危机爆发的最初几年，巴西经济增长仅仅经历了短暂的小幅度波动，尤其是在发达国家为摆脱经济负增长而苦苦挣扎的2010年，巴西经济甚至实现了7.53%的高速增长，昔日的"巴西奇迹"仿佛重现。但好景不长，受到中国经济增长减速以及对大宗商品需求明显回落的影响，巴西经济也开始回落。随着世界经济的持续低迷以及原油、矿产品等大宗商品价格的大幅下跌，主要依赖初级产品出口的巴西进一步受到重创，2014年经济增速仅为0.5%，2015年和2016年更是连续两年出现负增长。经济困境背后折射出的是巴西基础设施落后、工业体系中存在结构性问题。

20世纪90年代的"去工业化"现象使巴西的产业结构出现了倒退，21世纪之初的出口繁荣为巴西重振制造业提供了难得契机，但巴西没有利用好这个机遇。初级产品出口的扩张吸引了更多的经济资源不断流向这一领域，反而对制造业的发展产生了挤出效应。90年代，初级产品出口在巴西出口中的比重一直在25%上下浮动，进入21世纪之后这个比重不断上升，2014年甚至达到了50.1%，占到了巴西出口产品的半壁江山。而工业制成品的占比则从2000年的60.7%下降到2017年的37.7%。巴西制造业的增速也出现了明显下滑，从2001—2010年，制造业的平均增速只有2.82%，远低于同期3.7%的GDP增速；在2012—2016年的五年时间里，制造业有四年出现了负增长，2015年增速更是跌至-10.4%。丰富的自然资源禀赋使得巴西在国际贸易中形成了初级产品领域的比较优势，但如果不能有效利用贸易收益推进本国的工业化，使巴西形成新的基于制造业的比较优势，将可能使巴西与发达国家甚至中国、印度等新兴经济体之间的经济差距不断扩大。

## 二 巴西工业化进程中的产业结构变迁

### 1. 三次产业占比的变化

经过数十年的工业化发展,巴西的产业结构发生了巨大的变化。在工业化起步时期的1949年,巴西农业在GDP中的占比为25.97%,工业占比为26.20%,现代工业部门在国民经济中的占比刚刚超过传统农业部门。随着工业化的加速,农业占GDP的比重下降很快,60年代初还高达20%以上,1989年降到10%以下,1995年下降到5%左右,此后这一比例保持相对稳定,2016年农业在GDP中的比例为5.45%。第二产业的比重经历了一个先升后降的过程,经过20世纪50年代工业部门的快速发展,工业部门在GDP中的占比提升了10个百分点左右,1960年为37.07%。在60年代上半期大体稳定在这一水平,随着60年代下半期制造业迅速发展,工业部门的比重上升到40%以上,在整个80年代工业部门的占比基本保持在42.70%以上,1987年达到了45.88%的最高水平。从90年代开始,基于华盛顿共识的自由化和私有化对巴西的工业部门造成了重大影响,工业在国民经济中的占比急剧下降,1995年跌到30%以下,此后基本保持稳中有降,21世纪初的全球经济和贸易繁荣也没有明显提升工业部门占比。巴西经济结构出现了与经济发展水平相悖的去工业化倾向。巴西服务业的比重则持续上升,自1962年以来,巴西服务业占比持续超过工业部门,成为名副其实的第一大产业。从1990年开始,服务业在国民经济中的比重开始超过50%,2016年服务业占比已经达到了73.31%,服务业占比之高已经与发达国家比较相近了。

### 2. 制造业在工业部门中地位的变化

工业部门通常由制造业、采掘业和建筑业等所构成,其中制造业部门是工业部门的主体。从统计数据来看,从20世纪60年代到80年代中期,巴西制造业在工业部门的占比一直保持在75%左右。

(%)

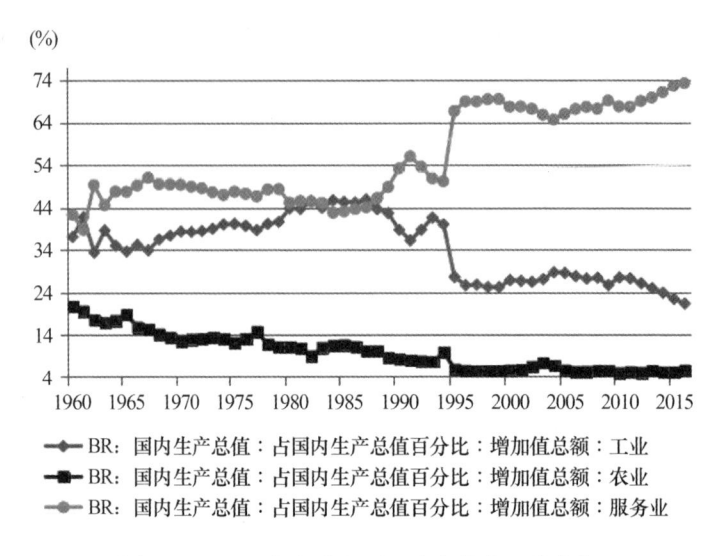

- BR：国内生产总值：占国内生产总值百分比：增加值总额：工业
- BR：国内生产总值：占国内生产总值百分比：增加值总额：农业
- BR：国内生产总值：占国内生产总值百分比：增加值总额：服务业

**图8—1　1960年以来巴西三次产业占比的变化**

资料来源：根据CEIC数据库整理制作。

从1996年开始，制造业在工业部门中的占比下降到60%以下，此后虽有反弹，但制造业的占比情况总体上呈现稳中有降的趋势，2016年这一比例为55.14%。① 这反映了20世纪80年代以来制造业相对萎缩的严峻现实，同时也折射出在21世纪初全球贸易繁荣的拉动下，大宗商品出口的增长带动了采掘业比重的上升。

3. 制造业内部的结构变化

巴西的工业化从食品、服装等一般消费品部门开始起步，随着国民收入的提高和国内市场的扩大，也推动了家电等耐用消费品部门的发展。进口替代工业化战略的实施，又刺激了钢铁、化工、机械、运输设备等重工业部门的发展，重化工业占比开始显著提升。随着工业化的不断发展，巴西制造业中的主导产业不断发生变化，产业结构出现了明显的升级趋势。从1950—1974年，重工业占比27.60%提升到52.80%，轻工业占比则从高于70%降

---

① 作者根据CEIC数据库自行计算。

至不足50%。但自20世纪90年代以来，随着巴西制造业整体萎缩，产业升级的趋势也出现停滞。1990年劳动密集型的食品加工、服装等轻工业部门在制造业中的占比为25.80%，化工、机械和运输设备等典型的重化工业部门占比为36.99%，2014年前者占比上升为27.71%，后者占比则下降为33.22%。[①] 这表明，去工业化对巴西制造业配套体系的完善产生了很大影响，阻滞了近年来巴西产业升级的步伐。

4. 商品出口结构的变化

在国际贸易中，一个国家出口的产品通常都是能够体现比较优势、具有较强国际竞争力的产品。因此，从出口商品结构的变化，也能够反映出一个国家产业发展的状况。20世纪50—60年代，随着巴西工业化的迅速发展，农产品、矿产品等初级产品在巴西出口结构中的占比持续下降，1962年初级产品出口占比为25.61%，1971年下降到21.82%，1977年更是降至12.49%的历史最低值。与此同时，工业制成品的出口比重却在不断提高。受进口替代战略的影响，60年代初期巴西的工业品出口规模很小，1962年工业品在出口产品中的占比仅为3.07%，但在60年代中期以后，随着巴西经济发展战略的调整，工业制成品出口迅速增加，1970年工业品出口占比突破10%，仅仅在四年之后的1974年又上升到20%以上。1984年，工业制成品第一次成为巴西最大的出口产品种类，这在很大程度上反映出巴西工业化曾经取得的巨大成就。巴西工业品出口占比的峰值出现在1993年，为58.86%。此后，随着巴西工业增长的下滑，工业品的出口占比也一路回落，2016年下降到39.86%，较峰值下降了19个百分点。在此期间，初级产品出口占比重新出现上升的趋势，从1994年的14.83%上升到2011年的33.38%，此后随着全球贸易的低迷也出

---

[①] 作者根据CEIC数据库自行计算。

现下滑，但2016年初级产品出口占比仍高达21.62%。由于巴西的结构性改革没有取得实质性进展，自20世纪90年代以来的大宗商品出口繁荣仅仅提振了初级产品出口部门的发展，而没有促进巴西制造业国际竞争力的提升。

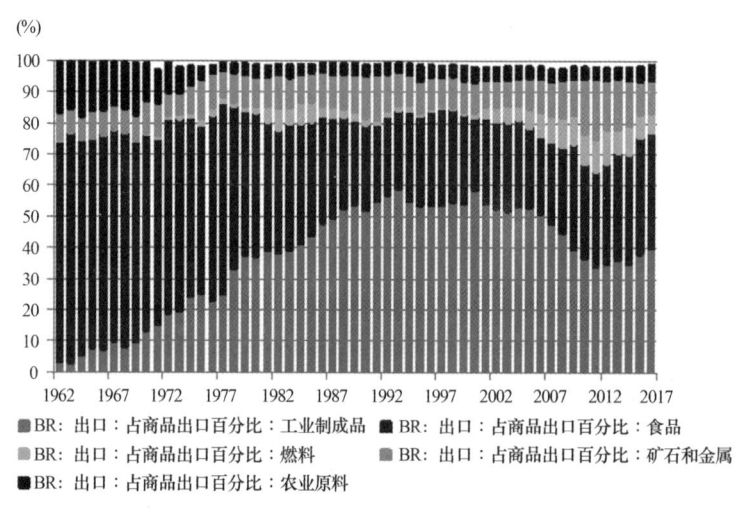

**图8—2　1962—2016年巴西出口产品结构的变化（单位：%）**

资料来源：根据CEIC数据库整理制作。

### 三　工业化与巴西国际地位的提升

1. 制造业的发展推动了巴西经济规模的扩张

巴西是发展中大国，这不仅因为这个国家幅员辽阔，国土面积广大，更因为它的经济规模庞大，产业体系相对齐全。国内生产总值是一个经济体在一段时期所创造的全部产品和劳务的市场价值总和，它既反映了经济体的生产能力，也在一定程度上体现出经济体的综合实力。随着工业化的启动，巴西工业部门不断发展，国内市场容量也随之扩张，巴西国内生产总值的规模也越来越大。按照世界银行提供的数据，1960年巴西的名义GDP为151.65亿美元，2016年增长到1.79万亿美元。如果按不变价格计算，在50多年时间里，巴西的实际经济总量扩张了9倍。按照世界银行公布的2016年世界各国GDP的排名，巴西的GDP仅次于美国、中国、日本、德国、英国、法国、印度和意大利,名列全球第九,成为名副其实的世界经济大国。

巴西的经济增长很大程度上得益于工业尤其是制造业的推动。从图8—3不难看出,巴西经济增长率与工业增加值尤其是制造业增加值之间具有很大的相关度。三者的波动方向基本一致,并且工业增加值的波动幅度通常大于经济增长率,而制造业增加值的波动幅度通常又大于工业增加值,这表明制造业增加值影响了工业增加值,而工业增加值又会影响到经济增长率。对于巴西来说,重新提升制造业在国民经济中的地位,是成为世界经济强国的必由之路。

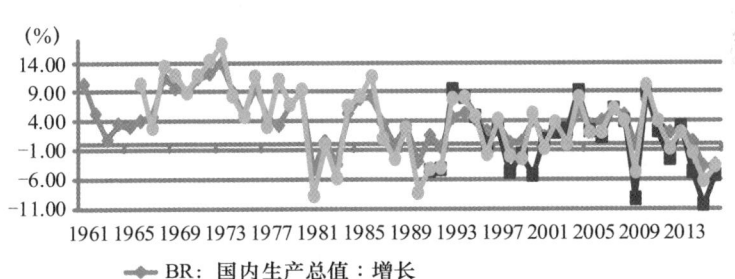

**图8—3 1960年以来巴西的经济增长率、工业增加值和制造业增加值的波动(单位:%)**

资料来源:根据CEIC数据库整理制作。

## 2. 制造业的升级提升了巴西经济的国际竞争力

尽管巴西的产业升级过程被拉美债务危机所打断,但巴西已经建立起相对完整的工业体系,尤其是在实施进口替代战略时期,巴西大力发展重化工业,化工、钢铁、汽车、民用航空工业等资本和技术密集型的产业部门取得过长足的进步。巴西民用航空工业的崛起是近年来全球航空工业发展中非常引人注目的事件。巴西民用航空工业在20世纪60年代还只能生产简单的教练机,经过40年的发展,巴西已经在全球支线飞机制造领域形成了巨大的竞争优势。巴西民用航空产业的发展体现为巴西航空工业公司的成长。目前，巴西航空工业公司已成长为全球最大的支线客机生产商和全球第三大民用飞机生产商。尽管巴西航空工业公司的主要产品是座级低于100座的支线飞机，并非座级在100座以上的大型客机，但作为一个发展中国家，巴西能够从薄弱的工业基础起步，在发达国家实力雄厚的企业所占据的民用客机市场上形成竞争优势，充分展现了巴西具备进一步提升工业化水平的巨大潜力。

## 第二节　新中国的工业发展

### 一　1949年以来中国产业结构的变迁

自1949年以来，新中国就开始了工业化的艰难探索。从20世纪70年代末开始，中国创造了经济持续高速增长的奇迹，从经济积贫积弱的国家一跃成为世界第二大经济体。中国的经济奇迹很大程度上应当归功于工业部门的快速成长。经过近70年的发展，尤其是改革开放40年的发展，中国工业部门的总体规模和技术水平都得到了极大的提高。2016年中国的工业增加值已经达到247877.7亿元，① 按照不变价格计算，是1978年的151倍。按照国际标准工业分类，在22个大类中，我国在7个大类中名列第一，钢铁、水泥、汽车等220多种工业品产量居世界第一位。②

近70年来，中国经济结构经历了从农业国到工业国、从以轻工业为主导到以重化工业为主导再到服务业快速上升的重大变化，这些变化可以从下述方面体现出来。

1. 三次产业结构的变化

成立之初的新中国是一个典型的农业国。1952年农业在三次

---

① 如无特别说明，本节中的数据均来自WIND数据库或作者根据数据库的计算。
② 马建堂：《六十五载奋进路　砥砺前行谱华章》，人民网（http://theory.people.com.cn/n/2014/0924/c40531-25721232.html）。

产业中的占比高达50.5%，工业部门的占比只有17.6%，工业基础极为薄弱。从20世纪50年代初开始，中国掀起了社会主义建设高潮，大规模的工业化运动得以迅速展开。当时中国深受苏联的影响，选择了通过高积累优先发展重工业的产业发展之路，并建立了高度集中的中央计划经济体制，通过连续实施"五年计划"，集中经济资源来逐步推进工业化建设。在第一个五年计划时期，在苏联的帮助下，中国的工业建设以156个建设项目为中心、由限额以上的694个建设项目所组成，"一五"计划取得了巨大的成就，初步奠定了工业化的基础。到1957年农业在三次产业中的占比下降到40.1%，工业部门占比上升到25.3%。

受第一个五年计划初战告捷的鼓舞，中国在推进工业化的过程中开始变得急躁冒进，发动了全民大炼钢铁的运动，试图通过数量扩张来扩大工业化的成果，最终导致了国民经济的大跃进。从50年代末到60年代初，中国的工农业在三次产业中的占比曾经出现过一次大逆转，农业占比急剧下降，工业部门的占比大幅提高，工业占比连续三年超过农业占比。但这种变化实际上反映了当时农业歉收导致农业产值剧减，从而使得工业占比出现了相对的上升。随着60年代初的经济结构调整，农业部门得到了一定程度的恢复，农业占比有了明显回升，工业部门的发展也趋于稳健，工业占比重新恢复到与当时工业化程度相适应的水平。在整个60年代，除个别年份以外，农业占比一直高于工业占比，这意味着当时中国仍然是一个农业国，但工业占比总体上仍然在持续上升。

1970年是工农业相对关系的一个转折点，第二产业在三次产业中的占比再次超过第一产业，这种超越一直保持至今。尽管从统计学的意义上可以认为，中国在1970年前后就实现了初步的工业化，并且建立了相对完整的工业体系。但当时中国的工业发展水平仍然不尽如人意。尤其是消费品的种类、数量、质量和生产技术都远远满足不了国民经济发展和人民群众的基本生活需求。由于片面强调发展重工业,导致工业部门中重工业占比偏高,农业劳动生产力低下的局面一直没有改善,以商业、运输业为代表的服务业也长期徘徊不前。

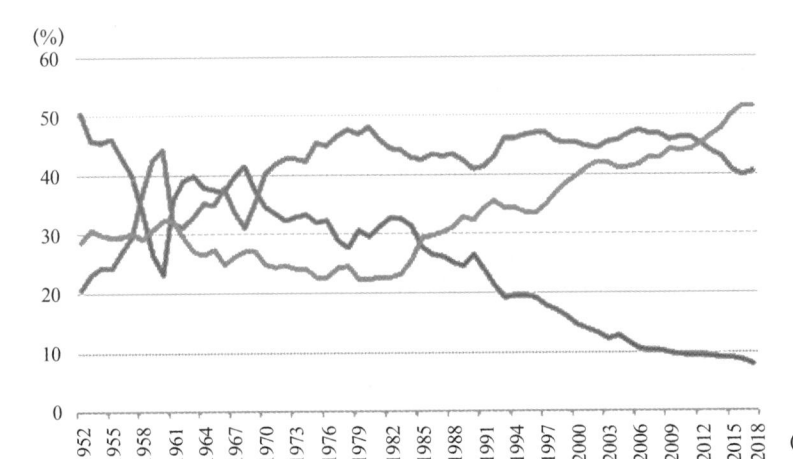

**图8—4　1952—2017年中国三次产业占比的变化(单位:%)**

资料来源:根据WIND数据库整理制作。

中国工业化的飞跃始自1978年。随着党的十一届三中全会确定将工作重心转移到经济建设中来,中国开始了影响极为深远的改革开放,中国巨大的经济潜力逐渐释放了出来,三次产业都获得巨大的发展。

(1)从第一产业看。中国的改革开始于农村,联产承包责任制的推行使得农民的生产积极性空前提高,农业生产迅速发展。在整个70年代,农业占比曾经持续下滑,从1970年的34.8%一直下降到1978年的27.7%,但随着农村改革导致的农业产值大幅提升,农业在三次产业中的占比又一次开始上升,从1980年到1984年,农业占比一直在32%左右。此后,由于工业和服务业的持续发展,农业在三次产业中的占比出现趋势性下降,2017年这一比例已经下降到了 7.9%。虽然农业部门的占比已经不足 10%，但按照不变价格计算，2017 年农业增加值是 1978 年的 70 倍，中国农业生产实现了巨大的飞跃。

（2）从第二产业看。改革开放之初，第二产业的占比并没有保持 70 年代持续上升的势头，在 80 年代反而出现了下降，从 1980 年的 48.1% 下降到 1990 年的 41%，工业占比也从 1980 年的 43.9% 下降到 1990 年的 36.6%。其原因可能在于：一是 1978—1980 年的"洋跃进"使工业部门的占比畸高，1978 年和 1980 年第二产业在三次产业中的比例分别达到了 47.7% 和 48.1%，其中工业占比分别为 44.1% 和 43.9%，这一比重至今也未被突破。因此，80 年代第二产业占比下降可以被视为产业结构的自然调整。二是改革前长期受到抑制的农业和服务业获得了迅速的发展，这也导致第二产业占比相对下降。但从 90 年代开始，随着中国工业部门产业升级的顺利进行，第二产业占比重新开始上升，从 1990 年的 41% 上升到 1997 年的 47.1%，从那时起直到 2012 年，第二产业占比一直保持在 45% 左右。从 1970 年开始，第二产业就一直是三次产业中占比最大的产业，直到 2013 年才被第三产业超越。

（3）从第三产业来看。在 60—70 年代第三产业占比明显偏低，始终在 30% 以下。改革开放以后，随着工农业的迅速发展，带动了批发零售、住宿餐饮、交通运输等服务业的发展，1987 年第三产业的占比突破了 30%，而进入 90 年代以后，随着金融、房地产、移动通信等新兴服务业的兴起，第三产业发展速度明显提升，2001 年第三产业占比首次超过 40%，2013 年第三产业的占比达到 46.7%，首次超过第二产业，这表明中国的产业结构出现了历史性的飞跃，服务业成为三次产业中占比最大的产业类别。近年来第三产业仍在快速发展，2017 年第三产业的占比为 51.6%，已经比第二产业要高出 11 个百分点。从发达国家产业发展的历史经验来看，中国第三产业还有很大的上升空间。

2. 工业部门内部轻重产业比例的变化

如果按照发展中国家产业发展的一般规律，对于中国这个世界上人口最多的国家来说，启动工业化的最优选择应当是从本国具有比较优势的劳动密集型产业起步。因此，在工业化之初，工业部门内部结构应当表现为轻工业占比显著高于重工业。事实上，在1952年中国轻重工业占比分别为64.5%和35.5%，轻工业占比比重工业要高出将近一倍。但在优先发展重工业的工业化战略指引下，重工业在工业中的占比开始大幅度上升，1963年重工业比重较1952年上升了约20个百分点。尽管在"文化大革命"期间有所波动，但直到改革开放前，重工业占比一直大致维持在这个比例上。中国之所以选择优先发展重工业的战略，不仅因为深受苏联工业化模式的影响，也是当时复杂的国内外政治及安全环境约束下的必然选择。这种工业化发展道路固然有利于在短期内迅速建立起相对比较完整的工业体系，尤其是相对独立的国防工业，但技术能力的限制使得重工业大而不强，与人民生活息息相关的轻工业则长期受到抑制，产能严重不足导致市场供给短缺，甚至基本的生活消费品都不得不实行凭票供应的配额制，这在很大程度上制约了居民生活水平的提高，从而也限制了国内市场容量的扩张。

改革开放以后，为了更好地满足人民群众日益提高的物质文化需求，中国开始大力发展轻工业。随着食品、轻纺等轻工业部门的迅速发展，轻工业占比也从1978年的43.1%上升到1990年的49.4%。尽管由于历史的原因，在这一段时间里重工业占比仍然高于轻工业，但轻工业的迅速发展极大地改善了中国人民的生活水平，到90年代中期，绝大多数消费品已经实现了充分供给，新中国成立以来一直困扰中国的短缺经济现象基本消失。当人们丰衣足食的基本生活需求得到满足之后，中国消费需求升级的态势日益明显,住房和汽车等商品成为新的消费热点。消费结构的升级必然推动工业结构的升级。从 90 年代后期开始,中国在钢铁、机械、化工、汽车等重化工业领域的固定资产投资规模持续扩大,重工业产值不断增加,重工业占比重新上升,从 1996—2012 年,重工业占比从 57% 上升到 71.6%。从国际经验来看,中国已经进入以重工业为特征的工业化中后期。

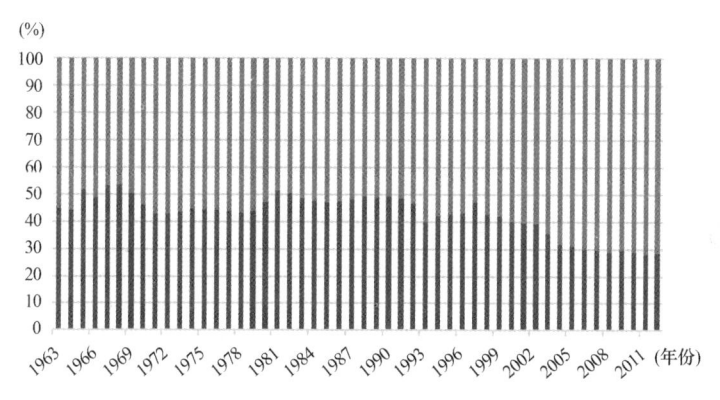

**图 8—5  1963—2011 年中国轻重工业比例的变化**

注:2013 年《中国统计年鉴》没有公布轻重产业的产值,只有营业收入。从 2014 年开始,《中国统计年鉴》不再公布轻重产业指标。

资料来源:根据 WIND 数据库整理制作。

### 3. 出口商品结构的变化

改革开放以来中国的工业化战略充分利用了本国的比较优势。与其他发展中国家相比,中国拥有相当丰富的资源禀赋和几乎是无限供给的廉价劳动力,以及不断扩张的规模巨大的消费市场。这种资源禀赋决定了中国在劳动密集型产业具有低成本、低价格的竞争优势。从 70 年代末期开始,中国积极发展那些国内要素丰富而生产成本相对低廉的劳动密集型产业,并按照国家之间基于比较优势的专业分工开展国际贸易。对外贸易规模的不断扩张,极大地推动了中国的工业发展与产业结构升级。据海关统计,

2017年中国货物贸易进出口总值27.79万亿元人民币，其中，出口15.33万亿元，进口12.46万亿元，贸易顺差2.87万亿元。货物贸易规模又一次超过美国，重新成为全球第一货物贸易大国。

在外贸规模不断扩大的同时，中国的出口商品结构也有了很大改善。中国出口的主导产品从资源性产品转向轻纺产品，继而转向机电产品及高新技术产品，成功地实现了出口商品结构的升级。工业制成品在出口产品中所占比重从20世纪70年代末期的不到50%上升到2016年的95%，工业制成品已经占据了中国出口商品的绝对主导地位。

1981年，工业制成品在中国出口产品中的占比达到53.3%，首次超过初级产品。从1985年开始，随着劳动密集型制成品出口份额的迅速上升，工业制成品出口开始加速。在80年代后半期，服装、玩具和鞋类的出口增速快速上升：服装从34%上升至118%，旅游用品从27%上升至90.5%，鞋类从34.9%上升至41.3%。[1] 1991年，劳动资源密集型产品在出口份额中的比例达到62.2%的最高水平。在整个90年代，劳动密集型制成品出口份额有所下降，但仍保持在50%以上。[2]

随着中国进入工业化后期，中国重工业部门的产业竞争力也日益提升，通信设备、交通设备、发电设备等产品的国际市场份额稳中有升，中国的机电产品出口总额也随之逐年增加。2016年，机电产品出口额达到1.21万亿美元，同比增长3.7%，占出口总额的57.6%，已经拥有出口商品的半壁江山。随着"一带一路"建设的实施，中国与沿线国家的国际产能合作正在不断深化，将进一步带动中国装备产品的出口。

高新技术产品出口的快速增长，是中国出口产品结构变化的

---

[1] World Bank, "China: foreign Trade Reform", Washington: World Bank, 1994, p.21.

[2] 《中国对外经济贸易年鉴》，中国对外经济贸易出版社2003年版。

新亮点。在2000年以前，中国的高新技术产品出口规模不大，2000年仅为370亿美元，但随着中国制造业技术升级的加快，中国高新技术产品的出口明显提速，2016年已达6035亿美元，14年时间增加了约16倍。中国经济增长的动能正在由投资驱动型向创新驱动型转变，通过实施"中国制造2025"规划，强化工业基础能力，大力推进智能制造，加快新一代信息技术与制造业深度融合，不断实现中国特色新型工业化道路的新跨越。这将为高新技术产品出口的持续增长提供新的动力。

### 二 中国推动工业化的政策与绩效

自1949年以来，特别是20世纪70年代末期以来，中国的工业化取得了举世瞩目的伟大成就。中国的工业化进程能够不断深化，改革开放功不可没。通过所有制改革，国有企业逐步建立了归属清晰、权责明确、保护严格、流转顺畅的现代产权制度，民营企业的市场准入及其推动的市场竞争，更是显著提高了工业企业的经营效率；随着产品和要素市场价格形成和调节机制的建立、完善，市场机制这只"看不见的手"在资源配置方面发挥了决定性的作用；扩大对外开放使中国能够充分利用国际和国内两个市场、两种资源，将"引进来"和"走出去"有机结合起来，形成了全方位、多层次、宽领域的对外开放新格局，推动中国从农业国一跃成为"世界工厂"。

1. 所有制改革与工业企业效率的改善

改革开放以来，中国对社会主义基本经济制度的认识不断深化，逐渐形成了"以公有制为主体、多种所有制经济共同发展"的基本经济制度。正如2013年《中共中央关于全面深化改革若干重大问题的决定》中所指出的，"社会主义基本经济制度不仅是中国特色社会主义制度的重要支柱，也是社会主义市场经济体制的根基。公有制经济和非公有制经济都是社会主义市场经济的重要组成部分，都是我国经济社会发展的重要基础"。中国工业化的持续深化很大程度上应当归功于社会主义基本经济制度的逐渐建立和完善，它对中国工业化的影响主要体现在两个方面：一是国有企业股权结构的多元化和公司治理结构的改善对提升国有企业经营效率的影响；二是非国有经济的迅速发展丰富了工业制成品的供给，促进了企业间的市场竞争，竞争性的市场体制对产业发展和产业升级产生了重大的影响。

国有企业的改革从放权让利开始起步。20世纪80年代到90年代初，中国先后采取了放权让利、利改税、承包经营责任制等政策措施，努力扩大企业经营自主权。这些改革在很大程度上调动了企业的生产经营积极性，激发了微观经济主体的活力。但这些改革只是在企业经营管理体制的调整上做文章，没有触及产权制度改革，更没有突破传统计划经济的束缚，难以从根本上解决国有企业的激励约束问题。从20世纪90年代初开始，随着社会主义市场经济体制的确立，"产权明晰、权责明确、政企分开、管理科学"的现代企业制度也成为国有企业改革，特别是大中型国有企业改革的目标模式。促进企业法人治理结构的建立和企业经营机制的转换，并在此基础上对国有经济进行战略性重组，就成为国有企业和国有经济改革的主要方向。在推进国有企业制度创新的同时，中国也开始从战略上调整国有经济布局和结构。目前，国有经济在一般竞争性产业部门已经不占支配地位，主要分布在关系国民经济命脉的重要行业和关键领域，重点提供公共服务、发展重要前瞻性战略性产业、保护生态环境、支持科技进步、保障国家安全。

国有企业改制和优化国有经济布局的改革取得了明显的效果。截至2002年，15.9万户国有控股企业中的50%实行了公司制改革，地方国有小企业改制面达85%左右。其中县一级国有小企业的80%左右、市（地）一级国有小企业的60%左右通过出售转为非国有企业。国有经济的改革也带来了企业效益的提升，1995年到2002年，国有及国有控股工业企业户数下降了46%，而利润上升了163.6%。国有中小企业户数下降了39.2%，整体效益也从1997年的净亏损额502亿元，2002年转而实现利润286.9亿元。[①] 2002年以后，中国进入了新一轮的增长周期，又叠加中国产业升级也进入了重化工业时期，这为具有规模经济以及资金、技术和人才优势的国有企业提供了难得的发展契机。国有经济规模大幅增长，截至2016年底，全国国有企业（不含金融、文化国有企业）资产总额达到154.9万亿元，比2003年底增长了7.76倍。国有企业效率也有了大幅提升，2017年全国国有企业营业收入达到了52.2万亿元，利润达到了2.9万亿元。[②] 国有企业中还出现了一批具有国际竞争力的大型企业，有82家国有企业进入《财富》杂志世界500强。

在国企改革稳步推进的同时，非公有制经济的发展空间也在不断扩展，极大地增强了中国工业部门的活力。从20世纪50年代中期起，"左"的思想曾经在很长一段时期里抑制了中国非公有经济的发展。改革开放前，中国的企业组织形态基本可以概括为"一大二公"，全民所有制企业占绝对主导地位，此外，还有少量的集体企业，其他所有制企业则几乎不存在。70年代末期中国开始允许非国有经济的发展，它最初只是公有制经济的补充，但随着非公经济的贡献日益凸显，它在中国经济中的地位也逐渐得到提升。党的十五大上，非公经济已经被视为"我国社会主义市场经济的重要组成部分"。自1982年以来，中国三次修改宪法中关于非公有经济的提法，为非公有经济的发展提供了坚实的法律保

---

① 陈云：《继续调整中国国有经济布局和结构》，人民网（http://www.people.com.cn/GB/jingji/8215/30588/30590/2198707.html）。
② 《2017年1—12月全国国有及国有控股企业经济运行情况》，国务院国资委网站（http://www.sasac.gov.cn/n2588035/n2588330/n2588370/c8515497/content.html）。

障。为了促进民营企业的发展,国家还专门制定和颁布了《中小企业促进法》《个人独资企业法》等法律法规。21世纪以来,中国在市场准入方面对民营经济采取了更加积极、开放的政策。2005年,国务院颁布了《关于鼓励支持和引导个体私营等非公有制经济发展的若干意见》,即著名的"非公经济三十六条",在许多重要领域取消或进一步降低了行政壁垒,纠正了在市场准入上对民营企业的歧视待遇。在面临全球金融危机冲击的严峻时刻,为了更好地促进民营经济的发展,国务院在2010年又颁布了《国务院关于鼓励和引导民间投资健康发展的若干意见》,由于这个文件也有三十六条,又被称为"非公经济新三十六条"。"非公经济新三十六条"与"非公经济三十六条"相比,内容上更加具体,更具可操作性。"非公经济新三十六条"强调要进一步拓宽民间投资的领域和范围,鼓励和引导民间资本进入一系列过去难以涉足的新领域,包括基础产业和基础设施领域、市政公用事业和政策性住房建设领域、社会事业领域、金融服务领域、商贸流通领域、国防科技工业领域,鼓励和引导民间资本重组联合和参与国有企业改革、加强自主创新和转型升级、积极参与国际竞争。2013年召开的党的十八届三中全会通过的《中共中央关于全面深化改革若干重大问题的决定》中更是明确指出,"公有制经济财产权不可侵犯,非公有制经济财产权同样不可侵犯"。民营经济的成长使市场竞争不断加剧,国有企业面临着越来越大的竞争压力,被迫加快产权改革的进程,并通过不断改善管理水平来提高经济效率。所有制改革和竞争的结合促进了工业部门效率提高。[①]民营经济不仅成为经济增长的重要推动力量,在扩大社会就业、缓解就业压力、保持社会稳定等方面,更是发挥了难以替代的重要作用。因此,2017年召开的党的十九大继续强调,要在毫不动摇巩固和发

---

① 刘小玄:《中国转轨过程中的产权与市场——关于市场、产权、行为和绩效的分析》,上海三联书店2003年版。

展公有制经济的同时,毫不动摇地鼓励、支持、引导非公有制经济发展。非公有经济在中国经济发展和产业升级中将继续扮演重要的角色。

2. 价格改革、竞争性市场结构与产业绩效

中国城市经济体制改革是从价格改革开始的,价格体制改革和产品及要素的市场化极大地促进了中国的经济增长和工业发展。与原苏联东欧国家以休克疗法和全面私有化为特征的快速经济转型不同,中国按照消费品价格改革——生产资料价格改革——要素价格改革的次序依次展开的价格改革,首先放开了长期受到压抑的最终产品部门的市场价格,而这些下游消费品部门在市场竞争机制作用下的迅速发展,又带动了对上游重工业部门生产的中间投入和技术装备的市场需求,从而提高了中间产品部门的技术效率,并最终带动了整个工业部门经济效率的提高[1](杨开忠、陶然、刘明兴,2003)。中国通过渐进式改革,分阶段、分产品逐步放开对绝大部分商品和服务价格的管制,基本建立了在国家宏观调控下以市场形成为主的价格机制,有效避免了"休克疗法"式的改革对社会造成的剧烈震动,逐渐营造了一个竞争性的市场环境,市场机制在资源配置中开始发挥越来越大的作用。

中国的经济体制改革不断深化的过程,也是一个市场竞争性不断增强和市场竞争领域不断扩展,经济运行的协调方式由政府的直接干预逐渐被价格机制和竞争过程所替代的过程。在改革开放之前,部门管理体制使中国工业形成了"部门所有""地区所有"的条块分割的局面。长期的分散投资使很多产业部门内的生产结构已经高度分散化,存在着潜在的竞争力量。比如,1980年前后,全国电视机生产厂家已达63个,轻型汽车生产厂家有28

---

[1] 杨开忠、陶然、刘明兴:《解除管制、分权与中国经济转轨》,《中国社会科学》2003年第3期。

家,23省市已有40多个电冰箱厂家和100多家洗衣机生产厂家。① 在任何一个产业部门,只要允许企业追求合理的利润,很快就会形成激烈的企业竞争格局。20世纪80年代,地方政府投资兴建的地方企业迅速增加,大量非国有企业也纷纷进入轻工产品生产领域,使这些产业部门很快形成了竞争性的市场结构,使中国经济呈现高速增长和繁荣活跃的特征。进入90年代以后,随着生产资料价格改革的完成,竞争机制不仅在最终产品生产部门,而且在中间产品生产部门也开始发挥越来越大的作用。市场竞争促使高效率企业成长壮大,优胜劣汰使得大部分竞争性工业部门的集中度明显上升,竞争推动的市场集中成为促进市场绩效改善的最重要因素。进入21世纪以来,在实现产业升级和推动战略性新兴产业发展的背景下,不仅在钢铁、汽车等重化工业部门,而且在光伏、新能源汽车等领域也出现了一轮投资和建设热潮。地方政府和各类资本在重化工业和新兴产业等领域开展投资竞赛,固然促进了市场竞争和产业发展,但也导致从传统产业到新兴产业都普遍形成了程度不同的产能过剩。随着供给侧结构性改革的不断深化,推动技术创新、提高产业集中度、增强产业竞争力,正在成为中国工业部门调整和发展的新趋势。

3. 开放经济下的产业成长

(1) 对外贸易与产业升级

改革开放以来,中国的对外贸易发展极为迅速。改革开放之初的1978年,中国货物进出口总额仅为206亿美元,居世界第32位。随着改革开放的不断深化,中国也越来越深地融入世界经济,进出口规模不断扩大。加入WTO更是推动了中国进出口的高速增长。2004年中国对外贸易总额突破1万亿美元大关,仅仅三年后就又翻了一番,2007年突破2万亿美元。在全球金融危机的阴霾

---

① 江小涓等:《体制转轨中的增长、绩效与产业组织变化——对中国若干行业的实证研究》,上海三联书店1999年版。

尚未散去的2011年，中国的进出口总额越过3万亿美元，2013年进出口总额达到了4.16万亿美元，一举超越美国而成为世界最大的货物贸易国。2013—2017年，除2016年被美国以微弱优势反超以外，中国一直保持着货物贸易第一大国的位置。

从发达国家和新兴经济体的发展经验来看，国际贸易不仅是驱动经济增长的发动机，也可以成为产业结构升级的推进器，这在东亚地区表现得尤为明显。自20世纪80年代以来，对外贸易的强劲增长对中国制造业的成长起到了积极的推动作用。中国的贸易战略很大程度上借鉴了东亚地区的出口导向型发展战略，通过对外贸易规模的持续扩张，将国内产业部门聚积起来的巨大生产能力在国际市场充分释放出来。在这个过程中，中国的产业结构与贸易结构也依托本国的资源禀赋和比较优势实现了循序升级。中国出口导向型的制造业部门通过引进技术和边干边学，提升了技术能力和生产效率，基于资源禀赋的比较优势逐渐升级为基于大规模生产和低成本控制的竞争优势。改革开放以来，尤其是中国加入WTO以来的经验表明，对外贸易的发展，能够引导国内资源向有效率的出口部门有序流动，从而推动本国具有比较优势的产业部门渐次扩张，而这些产业部门的产业关联效应和技术溢出效应又能带动整个产业结构的不断升级。

（2）外国直接投资对产业结构升级的贡献

外国直接投资是促进中国工业发展和对外贸易规模扩张的重要力量。自20世纪70年代末期以来，中国吸引的外商直接投资一直稳步增长。中国已连续25年成为吸收国际直接投资最多的发展中国家。截至2016年12月末，中国累计使用外商直接投资13544.04亿美元，中国外商投资存量占全球比重达到5.07%。[①]制造业是中国对外资开放较早、开放领域较宽的产业，也是吸收

---

① 《中国外商投资报告2017》，商务部网站（http：//images.mofcom.gov.cn/wzs/201804/20180416161221341.pdf）。

外商直接投资最多的产业。在2012年以前,中国吸引的外商直接投资中有60%左右投向制造业。外商集中投资于制造业领域,使外商投资企业对工业增长的贡献非常突出。20世纪90年代以来,中国出口的大幅度增长,在很大程度上得益于外商投资企业出口的快速增长,外商投资企业的出口额从1991年的120亿美元上升到2017年的9776亿美元,占全国出口总额的比重从1991年的16.75%上升到2014年的43.2%。中国工业部门能够成功融入国际分工体系,中国能够成为名副其实的"世界工厂",在很大程度上得益于外国直接投资的拉动。

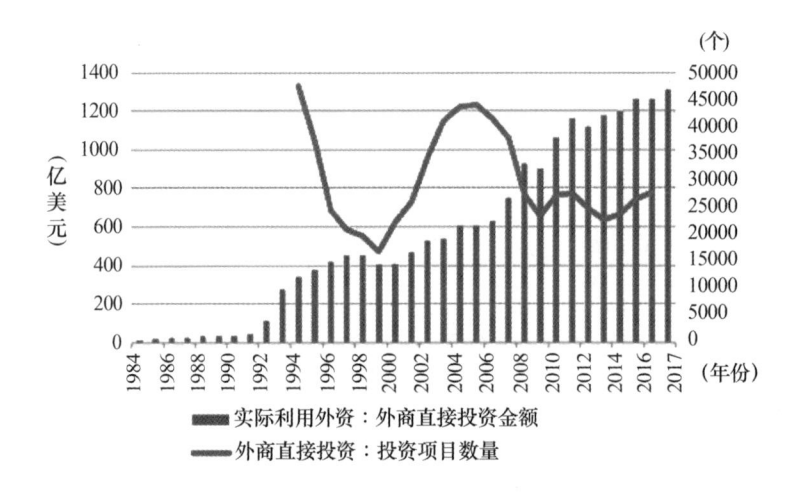

**图8—6　1984—2017年中国引进外资的金额和项目数**

资料来源:根据WIND资讯数据整理制作。

从20世纪80年代开始,中国在深圳、珠海、汕头和厦门建立了四个发展出口加工的经济特区,吸收的外部直接投资最初主要来源于中国香港和中国台湾等地的中小企业。随着向社会主义市场经济体制的转型,中国的投资和贸易环境得到进一步改善,来自发达国家跨国公司的投资开始迅速增加,对中国的工业结构升级和生产效率提高产生了积极的影响。跨国公司的纷至沓来加剧了产业内的竞争，对国内企业产生了积极的竞争示范效应。在跨国公司的竞争压力下，原先处于市场主导地位的国内企业为了保持市场竞争力，不得不加大技术创新和产品研发的力度，以更好地满足市场需求。在通信设备、交通运输设备等资本和技术密集型产业中，跨国公司带来的竞争压力成为内资企业不断提升技术能力的重要推动力量。跨国公司大量投资于资本密集型和技术密集型产业，使得机电产品和高新技术产品的出口规模不断扩大，中国的出口商品结构不断改善。总体来看，外国直接投资促进了中国产业结构的优化，提高了工业制成品尤其是高技术产品的出口竞争力。

随着中国在全球分工体系中的重要性不断提高，现阶段中国更关注的问题是提高产业竞争力而不仅仅是扩大产业规模，是争取成为制造业强国而不仅仅是制造业大国。与此相适应，中国引进外资的政策也正在发生积极的变化，更加致力于把更高技术水平、更大增值含量的加工制造环节和研发机构引进到中国，引导加工贸易转型升级。近年来，跨国公司在华建立的研发机构不断增加，目前跨国公司在华设立的地区总部、研发中心等功能性机构已经超过1800家。中国还致力于结合国内产业结构调整，积极引进国外先进技术、现代化管理经验和专门人才，提高利用外资的质量；鼓励跨国公司在中国设立管理运营中心、物流采购中心、研发中心和地区总部；进一步加强产业配套能力建设，不断提高自主创新能力，从代加工向代设计乃至自创品牌发展，推动中国制造业从价值链低端向高端的跃迁，逐步成为全球先进制造的重要基地。为了实现这些目标，中国正在进一步放宽市场准入制度，建立准入前国民待遇和负面清单管理相结合的外商投资管理体制，营造更加公开、透明、可预期的投资环境，通过良好的营商环境去吸引更多的外国投资者。

### 三　挑战与前景

自 1949 年以来，中国的工业化经历了两个明显不同的发展模式转换。改革开放以前，中国推行了以生产资料部门优先发展为特征的苏联式工业化模式，而 1978 年以后的工业化发展模式则与日本、韩国、中国台湾有很多相似之处。克鲁格曼曾经质疑东亚奇迹，认为这种建立在资本和劳动等要素大量投入之上的所谓依赖"汗水经济"的增长方式是不可持续的。近年来，中国出现了严重的产能过剩和经济增速的持续下滑问题，更使得一些国外批评者认为中国也迟早会陷入东亚危机式的窘境。但中国积极推动供给侧的结构性改革，大力促进经济增长方式和经济发展动能的转变，并通过"一带一路"建设重塑中国的对外开放布局，经济结构调整开始取得明显成效，GDP 和工业增速止跌回升，2017 年国民生产总值和工业增加值同比分别增长 6.9% 和 6.4%。市场出清的大力度推进和研发领域的持续高强度投入正在改善行业供给结构，提升企业效率，使得工业部门的潜力再次开始释放。改革和开放将继续为中国工业发展提供不竭的动力。

中国的工业化已经取得了举世瞩目的成就，但是未来的持续发展也面临着很多不确定因素，制造业在全球价值链分工中总体上仍然处在微笑曲线的底端、工业部门的技术创新能力比较薄弱、环境资源的约束不断增加、产能过剩的问题亟待解决。中国作为一个发展中大国，正在建设富强、民主、文明、和谐、美丽的社会主义现代化强国。要想在 21 世纪中叶实现这个目标，就必须继续推进工业化，实现产业结构的进一步升级和产业竞争力的不断提升。中国国土面积广大，市场规模巨大，这为中国发展战略的调整提供了极大的回旋余地。中国既要发挥中西部地区劳动力资源丰富的比较优势，推动劳动密集型产业在区域间的梯度转移，同时也要引导东部经济发达地区强化在资本密集和技术密集型产业的竞争优势，并积极促进新兴产业的发展，实现由制造业大国向制造业强国的成功转型。

## 第三节 印度的制造业与其经济增长

印度作为重要新兴经济体国家，其经济发展与工业化尤其制造业发展的关系，受到人们普遍关注。印度工业化历程始于殖民时期，独立后进入大规模推进阶段。虽然以尼赫鲁为代表的印度领导人都高度重视工业发展，但其工业化之路却极其蜿蜒曲折，至今仍充满艰难险阻。印度以工业制造主导的第二产业远远落后于服务业主导的第三产业，无法进一步吸纳印度庞大的劳动力进入全球经济循环。虽然印度依托以 IT 服务、网络通信、石油化工、生物制药为代表的高端产业，成功跻身全球经济增速最快的大型经济体行列，且成为新兴经济体的主要代表，但其整体滞后的工业化进程，尤其是落后的制造业，仍是制约经济进一步腾飞的桎梏。从世界经济史的视角看，大型经济体难以跨越第二产业而直接依靠第三产业实现经济持续发展，因此如何填补"工业化欠账"问题仍是当前印度经济最根本和最关键的问题。

### 一 印度工业化的历史轨迹

印度工业化肇始于独立之前，并在 1947 年独立之后进入国家主导的大规模推进阶段，1991 年改革后则呈现出曲折的发展轨迹。虽然印度工业化进程近年来出现加速迹象，但是总体而言仍处于"曲折发展"阶段，能否突破这一阶段不仅取决于印度执政者的经济发展理念，更取决于其推行改革的政治决心和执行力。印度工业化的历史进程虽然可以依据上述年份大致分为三大阶段，但这种分类法并不完全严谨，仅为学术研究提供便利。

1. 独立前的工业化初始阶段（殖民时期至1947年）

自1757年普拉西之战算起，印度经历了近200年的英国殖民统治，这段历史从多方面深刻影响了印度的工业化进程。虽然英国殖民统治在基础建设、市场培育、制度奠基等方面有利于印度工业化推进，但更多的是殖民掠夺和压制本土产业发展。这些正面和负面因素不仅影响了印度独立后的经济基础和产业形态，更重要的是它们也深刻地塑造了历届印度领导人对于工业化的态度和看法。

与土耳其、非洲等受多个欧洲列强同时侵染的"共占殖民地"不同，印度自18世纪中后期以来就成了英国的"独占殖民地"。因此，比起疆域多变且"主权模糊"的共占殖民地，印度作为独占殖民地则获得了宗主国更多的关注和投资，为其工业化奠定了较好的基础。例如，早在19世纪中叶，英国就开始在印度铺设铁路，作为维持殖民的军事统治工具和输送原料、商品的经济剥削工具。[1] 到20世纪初叶，英国已经在印度建成遍及整个次大陆的铁路网，英属印度铁路网一跃成为当时全球第四大铁路系统。[2] 此外，依靠战略性突出的地理位置和丰富的自然资源，印度也成了英国重要的战备工业中心之一。鉴于英国本土面临封锁和上升的战争压力，印度在第一次世界大战时期发展出较强的钢铁和冶金部门，在第二次世界大战时期建立起了汽车、化工、机械等部门。[3] 据印度经济学家巴特尔统计，第二次世界大战期间印度按照

---

[1] K. Sreekala, *Problems and Prospects of Industrialization and Their Impact on Environment with Special Reference to Kerala: A Gandhian Critique*, Mahatma Gandhi University Press, 1995.

[2] K. Sreekala, *Problems and Prospects of Industrialization and Their Impact on Environment with Special Reference to Kerala: A Gandhian Critique*, Mahatma Gandhi University Press, 1995.

[3] K. Sreekala, *Problems and Prospects of Industrialization and Their Impact on Environment with Special Reference to Kerala: A Gandhian Critique*, Mahatma Gandhi University Press, 1995, p. 18.

工业品生产计，曾是世界名列第十的工业国。① 到1947年独立前，印度就已经形成了远超一般殖民地和半殖民地的工业化基础和生产力水平，培育出了较为完善的国内市场、基础工业和基础设施，能够规模生产原煤、电力、粗钢、生铁、水泥、硫酸等一系列重要的工业产品。②

然而需要指出的是，印度在这一时期获得的工业成就绝非殖民者主观善意的产物，而更多的是殖民掠夺政策在特殊时空地缘条件下产生的"意外"。对于英国来说，印度是供其压榨掠夺的对象，只需维持殖民地最基本的生存延续即可，根本无须考虑发展问题，因此"去工业化"才是殖民时期的经济主题。为了避免殖民地与宗主国在商品销路和原材料供应上的竞争，英国凌厉打压印度的本土工业，通过各种手段将印度定格为原材料供应地和制成品倾销地。在这种逻辑下，印度在两次世界大战期间取得的工业成就只是英国"应急政策"的副产品，背后是印度人民付出的惨痛代价。例如，为了满足英国在第二次世界大战中的军需生产需要，印度被迫将大量用于民生消费品的资源紧急转移到国防产品的生产中，因此即使1943年印度东部爆发夺走350万至400万人生命的大饥荒，英国也拒绝伸出援手。③

2. 印度独立后的工业化推进阶段（1947—1991年）

（1）建立独立自主的工业体系是印度立国的重要目标

虽然英国的百年统治为印度留下了较为丰厚的底子，但更为刻骨铭心的是作为殖民地被惨痛压榨的经历和屈辱历史。因此，建立一个能使人民生活富足，且不受西方列强侵略、不受国际资本控制、不依赖国际经济循环的经济体系就成了印度独立后领导

---

① 陈峰君主编：《世界现代化历程：南亚卷》，江苏人民出版社2012年版，第130页。
② 张文木：《印度国家发展及其潜力评估》，《大国》2005年第2期。
③ Shashi Tharoor, "Churchill's Shameful Role in the Bengal Famine", *Time Magazine*, November 29, 2010, http://content.time.com/time/magazine/article/0,9171,2031992,00.html.

人的迫切愿望。而推进工业化就成了摆脱殖民束缚、树立民族自尊心,并达成政治经济独立自主的最重要途径。从这个角度看,印度独立以后几代领导人的工业化主张和态度很大程度上是对殖民地经历的"创伤后应激反应"和"制度性反动":一是为了保卫政治独立和维系经济自主,印度独立后开始强调重工业和基础工业主导的工业化;二是为了确保国家免受外国资本的剥削和外国商品的压制,印度独立后选择封闭自守的内向型发展道路,大力推进进口替代;三是为了防止与克服巨大贫富分化和普遍赤贫问题,印度独立后选择限制私营企业,而转向强调国有企业和国家管制的计划经济。

虽然印度独立以后在政治上选择了西方式的议会民主,但是在经济上却抛弃了西方倡导的自由市场经济,转而投向苏联式的计划经济,由政府对经济发展的规模、速度、比例、结构等进行统筹规划。① 当时,印度领导人一方面希望学习苏联的做法,通过优先发展重工业在短时间内完成国家战略赶超,但又厌恶苏联"极权国家"统治模式;另一方面拥护业已形成路径依赖的西方式议会民主,但又担心私人资本做大,形成左右政治的寡头集团。② 面对两难的困境,尼赫鲁博采众长,走上了糅合民主政治和计划经济的渐进式"费边社会主义"(Fabian Socialism)道路。

(2) 印度前三个"五年计划"工业化取得突破性进展

从印度独立至"三五"(1961—1966 年)计划结束,印度正式踏入了大规模推进工业化的时代。1956 年,尼赫鲁的首席经济顾问、著名统计学家马哈拉诺比斯教授(Prof. Mahalanobis)提出了被称为"马哈拉诺比斯增长模式"的印度工业化战略:一是主

---

① 陈峰君主编:《世界现代化历程:南亚卷》,江苏人民出版社 2012 年版,第 98 页。

② Baldev Raj Nayar, *India's Mixed Economy: The Role of Ideology and Interest in Its Development*, South Asia Books, 1990.

张公私合营的混合经济体制,通过国家计划调节,重点发展公营部门,控制私营部门的投资与生产;二是主张通过提高整体投资率,带动经济整体发展;三是突出强调资本品(生产资料)工业投资,认为想要获得长期的消费增长,就必须即期强化对资本品工业的投资。①

这种提法与尼赫鲁的想法不谋而合,因此从"二五计划"开始,印度中央政府调集资源优先发展对工业化起到关键支撑作用的重工业和基础工业,通过投资电力、钢铁、采矿、机械、石化、化肥等部门,形成了一套较为完整的工业体系。在1954年为印度北部的布哈拉大坝(Bhakra Dam)揭幕时,尼赫鲁甚至对于新兴工业成就无比自豪,宣称"大坝应该成为现代印度的神庙"②,他还指出"一个基本的事实是,如果你要发展,你就必须有更多钢铁,而且有自己制造机械设备的能力"③。在这种思想的指导下,经过近40年的努力,到20世纪80年代末,印度经济发展取得了一定成绩,初步建立了工业基础,提高了关键工业品的自给能力。

(3)由于体制难以协调,印度工业化发展迅速推进后遭受重大波折

印度在这一时期虽然通过计划经济手段建起了规模庞大的国有经济系统,但由于没有建立起一套足以驾驭它们的政治体系,因此,这些企业虽有国有之名,但是却不听政府调遣,反而成为能够左右决策的利益集团。这样一来,印度的政治经济运行体制

---

① Dr. Asim K. Karmakar, "Development Planning & Policies under Mahalanobis Strategy: A Tale of India's Dilemma", *International Journal of Business and Social Research*, Vol. 2, No. 2, 2012.

② B. G. Verghese, "A Temple of Modern India", Business Standard, 2013, https://www.business-standard.com/article/beyond-business/a-temple-of-modern-india-106080701046_1.html.

③ Sarvepalli Gopal, "Jawaharlal Nehru Vol. 2, 1947 – 1956: A Biography", Vintage Digital 2014.

就成了一种最为糟糕的组合：市场调节和行政调节同时失灵。印度国有企业就形成了一个个独立王国——它们既不太在乎市场的反应，也几乎对政府的行政命令免疫，同时还吞噬了大量经济资源。印度政府过度管制和国有企业低效运转与其民主政治结合，就产生了制度化、常态化、机构化腐败，并形成了各式各样的分利集团和阻力集团，进一步拖垮了本就举步维艰的工业化进程。

同样，由于政治方面的考虑和掣肘，印度没有像苏联和中国一样进行比较彻底的土地改革，而是大体保留了原有的土地私有制，而且分配仍较为不均。这直接影响了印度资源动员的效率和规模，使其无法持续实行工农业"剪刀差"以维持大规模工业化所依赖的大额投资、举借外债和赤字财政。因此，印度常常陷入资源不足导致的周期性政策逆转和摇摆之中。[1] 这一问题在工业化进程初期还不明显，然而一旦工业规模上升，印度可以动员的资源就开始捉襟见肘、难以为继，除了寅吃卯粮，就只能拆东墙、补西墙。造成这种困境的原因在于，很多重工业项目和基础设施项目的经济收益周期极长，但是印度中央政府又无法动员起足够经济资源和政治资本来"填坑"，先期项目因此沦为吞噬财政资源的黑洞，形成系统性风险。[2] 在这种情况下，宏观经济一旦出现波动，印度经济建设就会陷入完全停滞甚至倒退。

尽管取得了一些成绩，但是由于上述原因，印度在这一时期的工业化发展较为滞后，不仅远远落后于东亚的新兴工业化国家，比起基点比印度还低的中国也相形见绌。1950—1980年，印度人口年均增长率约为2.3%，而国民生产总值年均增长率为3.5%，因此这一阶段印度人均国民生产总值年均增长率仅为1%左右，这

---

[1] 陈峰君主编：《世界现代化历程：南亚卷》，江苏人民出版社2012年版，第111页。

[2] K. Sreekala, *Problems and Prospects of Industrialization and Their Impact on Environment with special Reference to Kerala: A Gandhian Critique*, Mahatma Gandhi University Press, 1995.

种缓慢的增长率被称为"印度教徒式增长率"（Hindu Growth Rate）。[①] 印度也从第二次世界大战以后的全球排名第10工业国，下降到了第27位，其工业产出占全球份额从1950年的1.2%降至1980年的0.7%，退步明显。[②]

3. 印度改革年代的工业化曲折发展阶段（1990年至今）

（1）内外压力交织，导致印度政府决心撇开"尼赫鲁模式"

1990年，连年举债导致印度还本付息压力加大，且海湾战争导致的油价高启又导致经常性账户恶化，印度出现了严重的国际收支危机，其外汇储备曾一度仅能支付一周的进口账单。[③] 国际收支危机恰逢苏联解体导致的意识形态恐慌，再加上IMF纾困贷款带来的"结构调整"（Structural Adjustment Pressure）压力，1991年印度拉奥政府下决心与传统的尼赫鲁模式决裂，对经济结构进行大幅度调整。印度由此正式步入经济改革年代。如果说计划经济、国有经济、内向经济是印度改革开放以前经济发展模式的主要特征，那么拉奥改革就是通过将印度经济推向自由化、私有化和开放化，以达成经济发展目标。值得注意的是，出于对尼赫鲁模式的反动，此时印度不再突出强调工业制造对于经济发展的重要性。这一指导思想变化是印度工业化进程在这一时期陷入曲折发展的关键原因。

以建立成熟的市场经济体系为目标，印度政府通过对原先严格实行计划指令的统制经济进行改造，以完成由计划经济主导向市场经济主导，由国有经济主导向私有经济主导，由内向型经济向外向型经济的转变。从政策上说，印度政府主要采取了三项改

---

[①] Baldev Raj Nayar, "When Did the 'Hindu' Rate of Growth End?", *Economic and Political Weekly*, Vol. 41, No. 19, 2006.

[②] 陈峰君主编：《世界现代化历程：南亚卷》，江苏人民出版社2012年版，第130页。

[③] Valerie Cerra and Sweta Chaman Saxene, "What Caused the 1991 Currency Crisis in India?", *IMF Staff Papers*, Vol. 49, No. 3, 2002.

革措施：一是全面放松了统制经济，大力削减了许可证制度管制的产业范畴，开放除少部分特殊工业领域外的几乎所有工业部门，并宣布政府不再对各类企业的经营事宜进行直接干预。二是全面推进对外开放，放松保护主义色彩浓重的进口替代经贸政策，通过放宽外资进入条件、采取出口促进措施、降低总关税税率，进一步利用国际市场和国际资源。三是推行包括金融改革和公有企业改革在内的关键举措，兼并重组了一批经营不善的国有企业和银行，并引入市场化规则进行管理，以提高经营管理效率。在长期压抑之后，印度通过改革从市场化、开放化和私有化中汲取了可观的经济动能。印度改革开放后的头 10 年就取得了年均 5.5% 左右的经济增速，成功跻身全球增速最快的大型经济体之一，也成为新兴经济体的主要代表之一。①

（2）尽管经济改革成效显著，但是工业发展反遭挫折

尽管印度经济在这一时期取得了较快增速，但是同期工业化进程却陷入停滞，甚至倒退。虽然印度政府推行了各式各样的改革措施，但改革一旦进入涉及既得利益集团的关键领域，就变得举步维艰、难以推进，这一点在用工制度、土地制度和基础设施建设等事关工业化发展大局的关键问题上尤为明显。关键改革无法全面推进导致用工标准严苛、土地征收困难，基建进展缓慢，印度工业发展因此终无法进入规模化发展的快车道。大量劳动力被迫滞留在效率低下的非正规部门，同时大量项目因为土地征收问题被迫搁置。与其说印度主动选择了服务业主导的经济发展模式，不如说是印度制造业难以推进造成的被动结果。由于这些领域的改革推进缓慢，印度采取了与传统工业化国家"农业—工业—服务业"模式大相径庭的"跳跃式"和"错位式"发展，希

---

① Poonam Gupta, "India's Remarkably Robust and Resilient Growth Story", End Poverty in South Asia Blog, 2018, http://blogs.worldbank.org/endpovertyinsouthasia/india-s-remarkably-robust-and-resilient-growth-story.

望直接从农业主导的第一产业主导跨向服务业主导的第三产业，从而避开工业主导的第二产业。这一时期，印度服务业而非工业成为其国民经济的支柱产业，呈现出一般只有在西方发达工业国家才呈现的"后工业化"产业结构特征，甚至还出现了"去工业化"的现象。例如，1980—2003年，服务业占印度国民生产总值的比例从40.9%上升到51.2%，而同一时期第二产业占比则从27.6%下降到26.6%。[①]

表8—2　印度三次产业占国民生产总值比例的变化（1980—2003年）

|  | 1980 | 1985 | 1990 | 1995 | 2000 | 2003 | 变化率（%） |
| --- | --- | --- | --- | --- | --- | --- | --- |
| 第一产业 | 38.7 | 33.0 | 31.4 | 28.4 | 26.2 | 22.2 | -42.7 |
| 第二产业 | 24.2 | 28.1 | 27.6 | 27.9 | 26.9 | 26.6 | 9.9 |
| 第三产业 | 37.1 | 38.8 | 40.9 | 43.7 | 48.2 | 51.2 | 38.0 |

资料来源：《国际统计年鉴（1997—2005）》，中国统计出版社出版。

印度作为人口庞大的发展中国家，其经济发展却伴随着服务业占比上升、工业占比下降的"后工业化"现象引起了广泛的关注和议论。持肯定态度的一方认为，印度依靠高科技、高端服务业可以绕过工业化，走出一条从农业主导直接转向服务业主导的新型发展道路，并认为这是符合印度特殊国情、具有印度特色的发展模式，印度可以借此完成经济崛起的历史任务。与此相对，反对的一方则认为，对于印度这样的人口大国而言，本身并不进行物质生产的服务业难以为经济发展提供持续动力，而能够发展实体经济和大规模吸纳就业的工业制造才是动力之源，因此工业化是印度经济做大做强的必由之路，而倚重服务业的发展模式难以为继，迟早要补齐工业化的欠账。

关于印度发展模式的争论至今仍没有定论，但是印度经济的

---

①　陈峰君主编：《世界现代化历程：南亚卷》，江苏人民出版社2012年版，第133页。

现实表明，工业发展滞后给印度带来严重系统性问题。第一，印度经济发展水平根本不足以支持内生性的现代服务业发展，因此过于倚重服务业发展，这就带来了外部市场的依赖性问题——与工业品的国际供应不同，印度国际化的高端服务业供应无法与本地需求相匹配，如果外部市场出现波动，将对印度经济发展造成严重挑战。第二，服务业尤其是高端服务业吸纳就业能力有限，无法为印度每年千万级别的新增劳动力提供就业机会，更无法触及低技能、低知识的农村贫困人口，因此无助解决"普遍贫困"这一阻碍印度崛起的重大问题。第三，服务业不涉及物质生产，因此难以发展出包括产业集群和产业链在内的工业生态系统，使得印度自身经济结构难以进一步升级，并无法顺利融入全球产业体系，难以获得新技术带来的普惠性生产力提升。

（3）经济发展过于依赖服务业，以改革促进制造业发展仍任重道远

虽然不少印度学者和评论家仍以服务业导向的"抄近路"经济发展方式为荣，自豪地认为这是独树一帜的创举，但印度政府却出于实际考虑，逐渐将经济发展过于依赖服务业当作结构性问题来解决。因此，进入21世纪以来，印度历届政府推出了多项旨在推动制造业发展的政策，这一方面是为了获得更高速、更稳定、更可持续的跨越式经济增长，真正使印度达成"大国崛起"的目标，另一方面是为了通过扩大就业、推进减贫、增加福利而获得政绩，并赢得选票。

在种种举措中，力度最大的要数莫迪的"印度制造"（Make in India）战略。2014年9月，就任总理不到半年的莫迪就推出"印度制造"战略。通过鼓励外商直接投资（FDI）、降低行业准入标准、改善国内营商环境，莫迪意欲撬动印度巨大的市场潜力和丰富廉价的人力资源，以此推动印度工业化，以达成优化国内产业结构、全面提升其经济实力和社会发展水平的目标。例如，

实现 2020 年电子产品"净进口为零"的目标,莫迪政府 2017 年初批准总额达 15 亿美元的特别奖励计划(MSIPS),而这还只是"印度制造"战略的一部分。①

通过对劳工制度、土地制度、基础设施、外资管理进行根本性的改革,莫迪希望击碎长期阻滞印度工业化推进的桎梏,让印度真正驶入跨越式发展的快车道。虽然莫迪推出了多项切实改革举措,但因其政策牵涉利益集团过多,体制性问题过于复杂,他的改革到目前为止并未取得理想中的效果。虽然印度工业化进程近年来出现了一系列积极的变化,并在少部分行业和领域取得了可观的成就,但是总体上仍处于"曲折发展"阶段,能否突破这一阶段不仅取决于印度执政者的经济发展理念,更取决于其推行改革的政治决心和行动力。

## 二 印度工业化的问题与挑战

虽然印度近年来取得了较高的经济增速,并且历届政府都较为重视工业发展问题,但印度却在工业化进程上长期停滞不前,阻碍其经济进一步做大做强。根据美国中央情报局的估算,2016 年印度农业、工业、服务业对 GDP 的贡献分别为 15.5%、23% 和 51.5%,但是却分别雇用了 47%、22% 和 31% 的劳动力。② 从产业结构上看,印度与经济发展阶段相似的其他国家相比,其工业部门占比明显落后,但是服务业占比却与发达国家趋同。然而,对于仍处于工业化前期的印度而言,高新产业的光鲜外表难以掩饰其内部种种难以解决的结构性问题,即印度就业机会不足、整体效率低下、产业缺乏联动、社会整合乏力的问题并没有得到解

---

① Oliver Gonsalves, "Make in India: Incentives for Electronic System and Design Manufacturing", India Briefing, 2018, https://www.india-briefing.com/news/india-incentives-electronics-design-manufacturing-17229.html/.

② "India – Economy", CIA Factbook, 2019, https://www.cia.gov/library/publications/the-world-factbook/geos/in.html.

决。例如，虽然印度在 2004—2009 年经历了 GDP 年均增长 9% 的历史性高潮，但却由于经济结构不尽合理而每年仅创造了约一百万个就业机会。① 而庞大的人口基数和年轻的人口结构使印度每年至少需要一千万个就业机会，因此这种"无就业增长"给印度带来了巨大的经济和社会压力。由此可见，如何通过推动工业化以规模化创造就业机会，并通过部门间的劳动力转移提高整体生产效率就成了印度经济发展需要解决的核心问题。

1. 资源动员不足导致的资本匮乏问题

从经济原理的角度看，工业化的过程必然是资本丰度上升的过程，一国如果缺乏资本的内生筹集和外部投入就不可能完成工业化。历史上完成了工业化的西方国家大多通过对外殖民掠夺完成资本原始积累，但是包括印度、中国在内的后起大国已经不再可能重复这一途径，因此它们必须寻找新的途径完成资本积累。从这个角度看，没有找到合适途径获取资本的印度，在其工业化的各个阶段始终伴随资源动员不足导致的资本匮乏问题。

（1）土地改革不利导致工业资本积累不足

尼赫鲁最初希望仿照苏联的工业化模式，先进行土地改革和农业组织化以培育和积累资源，再通过工农业"剪刀差"的方式从农业部门汲取工业化亟须的资本。然而，由于印度并未建立强有力的行政体系，尼赫鲁主张的土地改革受到了地主和富农群体的激烈抵抗，最后并未得到贯彻执行，土地仍然集中在少数私人手中，印度政府无法进行整合利用。在土地改革推进不力的情况下，印度农业部门无法为其工业化提供充分支持。也正是这个原因，印度工业化在经历了前三个五年计划的高速推进以后，就因

---

① Vishnu Padmanabhan, "Has Economic Growth in India Been Jobless?", Livemint, 2018, https://www.livemint.com/Politics/L7xZNO0xdFysZ96xUzPJsN/Has-economic-growth-in-India-been-jobless.html.

为印度政府无法顺利从农业部门汲取足够多的资源进行工业投资，陷入了发展缓慢的瓶颈期。① 此外，由于土地改革不力，印度庞大的农业部门无法提高生产效率，贫困普遍存在，使印度长期无法形成足以支撑其工业化的内需消费市场。

（2）对投资限制过多导致外国资本无法进入

1990 年改革之后，虽然印度逐步对国内资本放松了投资限制，但是对外资一直限制较多，而各方也难以在这个问题上达成一致。造成这种现象的主要是意识形态方面的原因：一方面，包括国大党在内的中左翼政党奉行社会主义的原则，认为引入外资的实质是允许外国资本家剥削印度人民，因此反对这种"引狼入室"的行为；另一方面，以印度人民党为代表的中右翼政党奉行经济民族主义，他们反对引入外国资本，认为这会挤压印度本土小生产者和小店主的生存空间。② 虽然莫迪 2014 年上台以后放宽了外资准入条件，但是由于土地、劳工等政策法规的桎梏，印度吸引外资的规模和成效仍有较大提高空间。

（3）通货膨胀率较高导致的储蓄率和投资率不足③

由于印度经济运行既缺乏强力政权的统筹，又缺乏市场力量的塑造，其供给和需求严重失衡，除"一五"时期之外，一直存在较为严重的通货膨胀压力。由于物价上涨势头强劲，印度民众储蓄意愿长期低迷，这也严重影响了印度的资本形成率。虽然印度政府采取了提高消费税、鼓励储蓄甚至强制储蓄的办法以提高

---

① K. Sreekala, *Problems and Prospects of Industrialization and Their Impact on Environment with Special Reference to Kerala: A Gandhian Critique*, Mahatma Gandhi University Press, 1995.

② Kaliappa Kalirajan, Raymond Prasad & Peter Drysdale, "Have China & India Achieved Their Potential in Attracting Foreign Direct Investment?", *Journal of Emerging Knowledge on Emerging Markets*, Vol. 4, Art. 3, 2012.

③ "Saving And Investment Trends Since 1950", Encyclopedia of India, 2006, https://www.encyclopedia.com/international/encyclopedias–almanacs–transcripts–and–maps/saving–and–investment–trends–1950.

储蓄率，但是收效甚微。在工业的发展得不到农业部门的支持外资又无法进入的背景下，印度较低的储蓄率难以支持印度实现东亚式的工业化目标。

2. 利益集团过于强大的问题

印度资源动员能力不足的问题的背后，其实是印度各种利益集团过于强大，既阻碍了政府对社会进行整合，也阻碍了社会内部通过市场力量进行自发整合。例如，土地征收制度改革涉及人数众多、分布极广的农民阶层，劳工制度改革涉及组织严密、选票集中的各行业工会和公共雇员，等等。受制于强大的既得利益集团，印度政府无法做出最具经济合理性的决策，因而无法推出最有利于工业化推进的政策，资本的力量也无法按照市场规律进行自由优化配置，因此一直难以形成足以推动工业化进程的合力。

一国在发展过程中利益集团的出现难以避免，但利益集团背后的制度性问题对经济发展造成的深刻影响才是最致命的。虽然这些利益集团为了自身的小利而使整个印度经济付出了工业化推进不力的巨大代价，但是由于受损者呈难以形成合力的消极状态，而受益者呈抱团取暖的积极状态，两者政治势力对比失衡，因而长期难以革除这些困扰印度工业化发展的弊端。具体来说，阻碍印度工业化推进的利益集团大致可以被分为下列几类。

（1）强大的"有地阶级"造成的征地难题

通过对传统社会中高度集中的土地进行改革和再分配，促进农业生产力发展，是工业化的必要前提。虽然尼赫鲁推出了"土地持有最高限额法"等土地改革的重磅政策，但是由于地主、富农掌握了农村基层政权，并在邦一级的立法机构中势力极为强大，土地改革在实施过程中遭遇了重重阻碍，最终只得搁浅，沦为一场"纸面上的改革"。土地改革失败以后，土地私有制被进一步巩固，在"产权神圣"的精神指引下，"有地阶级"坐地起价造成的征地难题也成为印度工业化发展的关键阻碍之一，对于需要大规模土地征收的基础设施建设工程尤是如此。

(2)"劳动贵族"造成的用工难题

印度人口基数庞大、劳动力素质偏低、资本相对缺乏，因此劳动密集型产业理应成为优先发展的行业，但是印度却没有顺应自身资源禀赋，反而走了一条发展技术密集型、资本密集型产业的道路。造成这种现象的原因很大程度上就是印度的"劳动贵族"集团。印度工人一旦进入规模以上工厂工作，就可以享受全方位劳动权利和保护。例如《产业争议法》规定规模大于100人的雇主，如果要裁员或关闭必须获得政府允许；《行业工会法》规定7个人以上的雇用单位就能组成工会；而《工厂法》规定一个季度的加班上限是50个小时。① 虽然低廉的用工成本是印度最大的比较优势，但是严苛僵化的用工法律却培育出了一大批"劳动贵族"，不仅大大降低了印度的工业生产效率，还妨碍了劳动力从农业部门向工业部门转移，使印度难以形成一个有效的劳动力市场。印度受雇于正规部门的工人往往组成各种工会，再通过工会组成政治联盟，这种严密的组织与选票民主结合起来，就形成任何政治势力都不敢小觑的政治集团。"劳动贵族"带来的用工问题成为印度工业化面临的重大瓶颈，也致使印度劳动力比较优势难以发挥。

(3)"小业主联盟"带来的规模化难题

规模化带来的效率提升，是工业化发展的重要源动力。但是，在印度经济发展碎片化的背景下，以小店主、小厂主为代表的小业主势力由于人多势众，反而通过票选民主进行政治动员，促使政府出台有利于小生产的政策。例如，为了保护印度的小杂货店，印度政府对大型综合超市进行了诸多限制。② 在这类政策的影响

---

① 毛克疾：《史上最大规模抗议冲击印度》，《凤凰周刊》2015年第29期。

② Sean M. Dougherty, Richard Herd and Thomas Chalaux, "What is Holding Back Productivity Growth in India? Recent Microevidence", *OECD Journal: Economic Studies*, 2009.

下,印度事实上进入了一种"逆向淘汰"的状态——除了一些超大规模的家族垄断企业,一般的大中型企业在面临更高合规成本的同时,又不能享受政府针对小微企业的优惠政策,因此印度绝大部分企业都是缺乏扩大规模动力的小微企业。规模难以扩大意味着印度企业无法通过扩大生产提高效率和竞争力,这又成为印度工业化进程长期受阻的一个重要因素。

### 三 印度经济发展带来的警示与启迪

虽然印度目前已经成为世界上经济增速最快的大型经济体之一,但是其经济进一步向前发展仍面临诸多阻碍,完成工业化和现代化赶超仍挑战重重。在政府高度重视工业化发展,且拥有丰富劳动力储备和巨大市场需求的比较优势背景下,印度仍无法顺利走上推进工业化快速发展的阳关大道,这为其他处于类似地位的国家提供了警示和启迪。

1. 上层建筑必须与经济基础相匹配,否则将产生巨大的制度性阻力

印度经济发展面临的困难本质在于"上层建筑"与"经济基础"错位发育。殖民地时期,英国人为笼络本地精英在印度设立了议会,而印度精英则利用议会和英国大地主、大资本家和大商人周旋。为了反对英国的殖民剥削,印度仿照英国体制的法规出台了大量保护土地、劳工和小业主的措施。作为反殖民运动的一部分,印度独立后也保留了这些法律遗产。然而,印度从英国借鉴了后工业化时代的上层建筑,但经济基础却还停留在工业化前期阶段。印度的票选民主再加上"过于先进"的法律体系,使印度形成大量利益集团:印度工人常常滥用劳工保护法,坚决反对新的农村转移劳动力进入工厂,以维护他们的稳定生活和高工资;小地主结成联盟,宁愿土地荒芜,也要漫天要价,使得印度工业征地成本远超其经济发展水平;小业主形成政治压力集团,宁愿坚守极低的劳动生产率

也要用行政许可证的办法来限制规模生产。在这种情况下,即使印度有世界上最充裕的廉价劳动力和土地资源,印度的工业化依旧无法享受应有的要素红利,无法发挥其潜力。

2. 推进工业化是高度复杂的系统性工程,需要强有力的国家治理能力

不论印度实行的是计划经济体制还是市场经济体制,其始终面临"国家能力"不足的问题,即无法将自身的意志和目标转化为现实,这种"国家能力赤字"是印度无法顺利推进工业化的重要原因。例如,中国实行计划经济的基础是共产党领导的人民民主专政国体。在这一体制下,中国不仅完成了土地改革和社会主义三大改造,还逐步对旧文化、旧习俗进行革新和重造。因此,中国的党和政府不仅仅具有国家发展的领导力,还拥有超强的社会动员和资源调配能力,这为其后的社会发展与经济的市场化改革打下了坚实的基础。反观印度,虽然脱离了殖民统治,但是在政治和社会层面却延续了殖民时代的窠臼——上层建筑继承了议会民主,基层则沿着种姓、宗教、民族、阶层的断层线板结,形成各色利益集团。由于其经济控制力与极低的社会、政治整合水平难以适配,印度国家治理能力长期孱弱,无法贯彻落实既定的工业化方针。

3. 产业发展应契合比较优势,做到实事求是、因地制宜

印度人口基数庞大,劳动力素质偏低,资本相对缺乏,因此劳动密集型产业理应成为优先发展的行业,但是印度却没有顺应自身资源禀赋,反而走了一条发展技术密集型、资本密集型产业的道路。几十年来,印度一直以其极具竞争力的制药和 IT 服务业等技术和资本密集型产业而著称。这种看似光鲜、实则扭曲的工业发展路径让印度经济付出了巨大代价,它既忽视了印度消费者对工业制成品的巨大需求,使得其不得不依赖进口,同时也不能提供足够的就业机会来满足国内劳动力不断增长的工作需求,使

就业问题成为阻碍国家经济与社会发展的顽疾。不过,与其说印度主动选择,不如说印度是因为种种限制而被迫走上了这条与比较优势背道而驰发展的道路。与孤立的高端服务业相比,工业制造对土地征收、劳工制度、基础设施和营商环境的要求反而更高。这也是为什么虽然印度用工价格低廉,但是却依然难以把劳动力成本优势转化为产业优势的原因。毕竟,面对漫天要价的土地征收、冗员无数尾大不掉的劳工体系、供应短缺价高质低的基础设施、一心权力寻租无心发展的官员,再低的用工价格也无法补偿巨大的隐性生产成本。服务业和高新技术不涉及大量的土地、劳工问题,对交通能源基础设施要求也比较低,因此反而就成了"门槛较低""易于发展"的行业。从这个角度上说,印度发展制造业面临的核心挑战在于如何激活和利用其资源禀赋,从而在国际经济竞合中更好地利用其内生的比较优势。

由本章,第一,工业化要以制造业的深度发展为核心。

制造业是物质财富积累的基础,工业生产是综合国力的支柱。发展中国家的工业化通常从发展与本国资源禀赋相适应的制造业开始起步,逐渐实现制造业内部的升级。制造业的发展过程,也是一个关于制造的知识和技能的学习、研究和创造的过程。生产的过程可以被视作管理者和生产者集体学习的过程,制造业的发展推动着产业部门和生产企业对相关知识不断学习、理解并创造新的知识,在这个过程中会逐渐形成并积累以组织为载体的难以模仿的独特知识,这通常表现为企业能够推出更丰富的产品组合,生产成本更低、质量更好的产品,创造更先进的技术和发明。事实证明,制造业越发达的国家,就越可能开发并利用先进的工艺,生产技术含量更高、结构更加复杂的产品,并且这些产品蕴含着与企业相关的、难以复制的独特知识,可以保障企业独享新产品、新技术所带来的垄断资金。正如一些学者的研究所发现的,一个国家的制造工业越先进,生产的产品结构越复杂,就越有可能实现经济的繁荣。对于任何仍处在工业化过程中的发展中国家来说,大力发展以制造业为代表的实体经济是工业化的核心。将经济资源长期集中在能实现出口增长的初级产品出口部门,或者人为跨越制造业升级的必要环节,片面强调服务业比重的提升,都是不可取的。离开了制造业部门的持续发展,国家强盛和人民富裕都只能是空中楼阁。

第二,在工业化过程中要尊重市场机制的引导作用。

很多发展中国家在实施工业化过程中都面临过进口替代战略和出口导向战略的选择,从某种意义上讲,二者的区别其实在于产业发展的驱动力量是政府保护还是市场竞争。竞争是市场经济的本质要求,也是市场机制发挥作用的核心过程。市场竞争有助于激发技术创新、提高企业效率、推动产业发展并最终改善消费者福利。在一个以市场机制为主导的经济体制中,价格机制这只"看不见的手"指引下的资源配置过程,同时也是一个市场参与者之间通过公平竞争和优胜劣汰不断分化的过程,在竞争机制的筛选下,低效率的企业最终被淘汰,由此释放出的生产要素被高效率的企业所吸收。中国的经验和巴西的教训向我们昭示了:对发展中国家的幼稚产业实施保护,在产业发展初期可能会起到暂时的扶持作用,但如果长期实施过度保护,最终会限制企业间的正常竞争,以至损害产业部门的竞争力,使幼稚产业成为长不大的产业。

工业化的根本推动力量来源于充满生机的民间部门识别和利用市场机会的能力,而市场竞争有助于筛选出真正具有竞争力的企业。在经济发展的不同阶段,在新的需求结构或者获利机会的激励下,总会有一些勇于创新的企业和充满冒险精神的企业家率先对当时面临的经济环境约束做出反应,并通过创造性的技术革新或者生产组织方式创新,改变生产经营过程中的要素组合方式,从而在市场竞争中获得先机。先行者的成功会通过示范效应和模仿效应逐渐扩散，最终使创新企业的技术和组织方式成为经济中的主流，这种变化影响到产业层面和需求层面，就会导致原有经济结构的解体和新的经济结构的形成，从而完成产业升级和结构转型。

第三，在工业化的过程中政府能够发挥积极作用。

在古典经济学家看来，政府的作用是市场经济的"守夜人"，其职能是保护经济参与者的财产安全和维护市场经济的基本秩序，在市场机制这只"看不见的手"指引之下的资源合理配置，将会有效地推动产业成长和经济发展。政府经济职能的过度扩张是以市场机制的萎缩为代价的，它只会对充满创造精神的私人部门产生排挤效应。因此，市场机制充分发挥作用的前提就是政府不应当过度干预经济活动。但发达工业国家的产业实践与新兴大国工业化的经验、教训都表明，尽管市场机制在经济发展中起着基础性的调节功能，但政府也能够起到不可替代的作用。随着经济活动的日益复杂化和规模经济、公共产品、外部性等因素的存在，市场机制存在失灵的可能。政府的职能不仅体现为传统意义上的维护国家安全和市场秩序，它还可以通过鼓励企业开展技术创新并提供优惠政策，积极支持教育和人力资源培训，建立鼓励长期投资和促进资金有效配置的稳定的金融市场等方式，营造出鼓励创新的制度安排，从而纠正市场失灵并推动经济发展。正如诺贝尔经济学奖获得者斯蒂格利茨所强调的："发展战略必须要特别关注公共部门"，应当"增强公共部门的能力，包括提高公共服务的效率，重建公共部门以更有效地利用激励"，政府发挥作用的方式并不是以自己的意志替代市场机制，而是与民间部门有机协调，"在发展中彼此合作，相互补充"①。

---

① [美] 约瑟夫·斯蒂格利茨：《走向一种新的发展范式》，王燕燕编译，《经济社会体制比较》2005 年第 1 期。

# 第九章

# 制造业的基干产业在当代新兴经济体发展转型中的作用：以汽车产业为例

自20世纪80年代以来，新兴经济体利用了经济全球化的机遇，利用本国的资源禀赋优势承接国际产业转移，经济得到了快速的发展。但总体而言，目前新兴经济体在制造业领域的竞争优势仍然主要体现在低技术产业和加工组装等低附加值环节。要想顺利实现新兴大国向现代化强国的转变，就应当在坚定不移地发展制造业的基础上进一步推动其内部的结构升级，在持续扩大中等技术产业在制造业中占比的同时，积极发展技术密集程度更高的产业部门，以此打造自己具有强大国际竞争力的基干产业。事实上，包括金砖国家在内的一些新兴大国已经具备了发展资金、技术密集型产业的基础和能力。这些国家以长期的产业实践为基础，通过消化吸收国外技术，产业技术能力有了长足的进步，甚至在某些技术领域能够追赶国际上的创新前沿。资金、技术密集产业的发展将推动制造业的技术进步，促进技术能力的跃迁，进而提升新兴大国在国际产业分工中的位置。汽车是一个具有高度复杂性的工业产品，汽车工业也是一个典型的资金技术密集型产业，对于工业基础较好的发展中大国来说，大力发展像汽车工业那样的支柱性产业，不仅能够促进制造业内部的产业结构升级，而且能够进一步打牢自立发展的根基。因此,本章通过对部分新兴大国汽车工业发展历程的回顾与展望,来深刻认识制造业在新兴大国当代发展转型中所处的位置,进而探讨新兴大国在转型发展过程中的基础产业部门选择。

## 第一节 新兴大国制造业的发展潜力尚未充分释放

随着新兴经济体工业化进程的不断深化,产业结构也表现出逐步升级的趋势,这在以金砖国家为代表的发展中大国表现得尤为明显。从2016年的数据来看(见图9—1),金砖国家农业占GDP的比重已经大幅下降,除了印度农业在GDP的占比稍高,其余四国农业占比都不超过10%;金砖国家第二产业的比重在21%到40%之间,其中中国第二产业所占的比重最大。金砖五国服务业在国民经济中的比重均已超过50%,成为名副其实的第一大产业。通常情况下,产业结构的变迁是经济发展内在规律驱动的结果。在新兴经济体经济发展的初始状态,农业在国民经济中居于主要地位,农产品在人们的需求结构中占有很大比重。随着人们的收入水平因经济增长而提高,对工业品的需求会不断增加,从

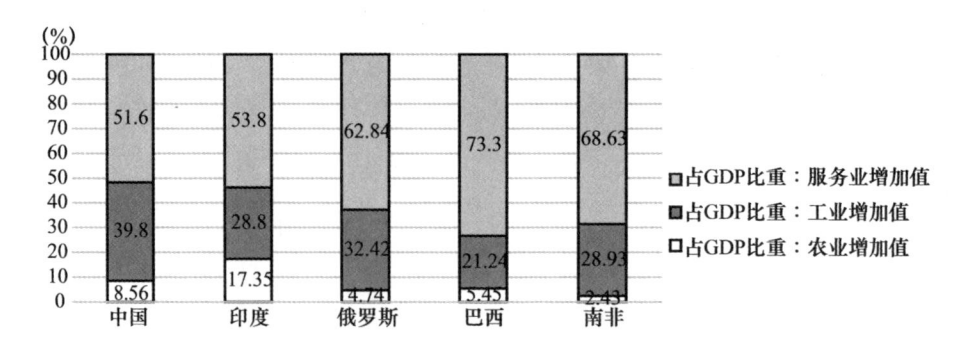

| 国家 | 农业增加值 | 工业增加值 | 服务业增加值 |
|---|---|---|---|
| 中国 | 8.56 | 39.8 | 51.6 |
| 印度 | 17.35 | 28.8 | 53.8 |
| 俄罗斯 | 4.74 | 32.42 | 62.84 |
| 巴西 | 5.45 | 21.24 | 73.3 |
| 南非 | 2.43 | 28.93 | 68.63 |

图9—1 金砖国家三次产业占GDP的比重(2016年)

资料来源:根据WIND资讯的数据整理制作。

而激励着工业部门的扩张，以不断满足人们的物质需求。当人们的收入水平增加到一定程度，对非物质服务将会产生越来越大的需求，服务业因而迅速发展。从统计意义上看，金砖国家确实体现出了三次产业的交相更替，这是否意味着发展中大国已经完成了工业化的历程，正在迈向后工业化社会？对这些国家而言，是否已经到了第三产业替代工业部门成为主导产业的时候了？

近年来，新兴经济体的工业部门，特别是制造业部门获得了长足的发展。从联合国工业发展组织提供的数据来看，从1990—2014年，全球制造业增加值占GDP的比重从15.6%增加到16.2%。其中，工业化国家制造业增加值占GDP的比重从1990年的15.4%下降至2014年的14.5%，而发展中国家和新兴经济体则从16.2%升至20.5%。随着制造业的迅速发展，2014年发展中国家和新兴经济体的制造业增加值比1990年增加了近4倍。中国制造业的发展尤为迅猛，从1990—2014年，中国在全球制造业增加值中所占比重增加了6.5倍。[①] 其他金砖国家的制造业发展也很快，尤其是印度的制造业增长速度非常迅速。根据世界银行WDI数据库的测算，以2010年美元为不变价格计算，从1990—2016年，印度制造业增加值增长了5.02倍，巴西和南非也分别增长了11.6%和53.8%。

制造业的发展表明新兴经济体的工业化取得了很大的进展，但这并不意味着这些经济体的工业化进程已经接近尾声，可以通过逐步实现"去工业化"，以服务业而不是制造业为主要动力来推动经济增长。事实上，新兴经济体大多处在工业化进程的中期或者中后期，工业部门尤其是制造业部门内部的结构升级尚未充分

---

① United Nations Industrial Development Organization, "Industrial Development Report 2016: The Role of Technology and Innovation in Inclusive and Sustainable Industrial Development".

展开，制造业为经济结构转型和经济持续增长所提供的巨大机遇仍未得到充分利用，过早退出工业化进程将会迟滞经济现代化的进程。

发展中大国的制造业还有很大的发展潜力，原因在于：

（1）发展中大国的制造业比重与人均GDP变化趋势不相匹配。发达国家已经基本完成了工业化，目前基本都处在以服务业为经济发展主要驱动力量的后工业化时期。从发达国家的工业化历程来看，它们不仅经历了三次产业的依次更替，在工业部门内部也经历了从劳动密集型产业到资本密集型产业再到技术密集型产业的持续升级。伴随着产业升级的过程，人均GDP也在不断提高。由于发达国家大都处在技术创新的前沿，技术进步推动制造业的生产效率不断提高，资本和技术密集度也在提升，生产过程所需劳动力数量开始下降，使得劳动力开始游离出制造业部门，转向服务业部门。工业部门生产效率的提升也催生了为制造业提供研发、物流、营销等功能的生产性服务业部门的发展。发达国家的"去工业化"建立在工业部门效率提升的基础上，效率提高推动了产业结构的转变，产业结构、就业结构和需求结构的转变又为进一步增长提供了新的动力。

从发达国家的历史经验来看，其制造业在GDP中的占比达到峰值的时期，通常已经处在高收入阶段。研究表明，当英、美、日等制造业强国的制造业比重达到峰值时，制造业占比通常在30%左右，当时的人均GDP基本都在1万美元左右（按1990年价格计算）。[①] 但从金砖国家的情况来看，近年来制造业增加值在GDP中的占比都开始下降，而从世界银行提供的数据来看，这些国家目前仍处在中等收入阶段，2016年金砖五国的人均GDP现值均未达到1万美元，如果按1990年价格进行折算将会更低。不仅

---

① 王文、孙早：《产业结构转型升级意味着去工业化吗？》，《经济学家》2017年第3期。

如此，金砖五国中，除中国和巴西在制造业占比的峰值时期曾经达到 GDP 的 30%，其他国家从未达到 GDP 的 25% 以上，印度和俄罗斯甚至都没有达到过 20%。通常情况下，如果一个经济体的制造业占比开始趋势性下降的时候，制造业占 GDP 的比重已经达到 30%，那么制造业的积极效应可能早就传导到了国民经济各个部门。相反，如果制造业占比过早下降，制造业促进增长的作用将难以充分实现（UNIDO，2016）。

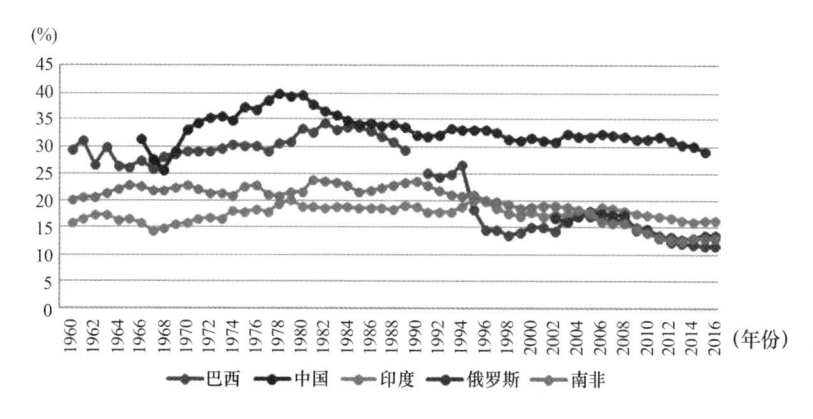

**图 9—2　1960 年以来金砖国家制造业在 GDP 中占比的变化**

资料来源：根据世界银行数据库整理制作。

（2）低技术产业占比偏高。按照产业部门中技术复杂程度的不同，制造业中的产业部门通常被分为低技术产业、中等技术产业和高技术产业。[①] 从 2013 年的数据来看，发达国家的中高技术密集产业在制造业中的比重基本都是 50% 以上，例如美国、德国、日本、

---

[①] 按照联合国工业发展组织的分类，低技术产业包括食品和饮料、烟草制品、纺织品、服装、毛皮和皮革制品及鞋类、木材制品、纸和纸制品、印刷及出版、家具制造等部门；中等技术产业包括焦炭、精炼石油产品和核燃料、橡胶及塑胶制品、非金属矿物制品、基本金属、金属制品等；高技术产业则包括化学品及化学制品、机械和设备（未另分类）以及办公、结算、计算机械、电气机械及设备以及广播、电视和通信设备，医疗器械、精密仪器和光学仪器、汽车、挂车和半挂车以及其他运输设备等。参见 UNIDO，"Industrial Development Report 2016"。

韩国的占比分别为50.6%、59.9%、54.9%和63.2%,但金砖国家中高技术密集产业的占比都不到50%,其中中国占比最高,也只有44%,南非占比最低,只有24.4%。从出口结构来看,金砖国家的高科技产品出口在制成品出口中的占比明显要低于发达国家。从20世纪90年代到21世纪初,在美国和日本的工业品出口中,高科技产品的占比一直在20%以上,美国甚至长期在30%以上,尽管在全球金融危机的冲击下,发达国家的高科技产品出口也受到重创,但当时美、日、德等制造业发达国家的高科技产品在其制成品出口中的占比仍然保持在15%以上。近年来,金砖国家中高科技产品的出口占比都有所提高,其中高技术产业发展最快的是中国,自2003年以来,除个别年份以外,中国的高科技产品在制成品出口中的占比基本都在25%以上。但其他金砖国家的这一比例都在15%以下,印度的占比甚至不到10%。这表明,从制造业的内部结构来看,金砖国家目前还主要以低加工度、低技术密集型产业为主,要想实现以高技术密集产业为主导的产业升级尚待时日。

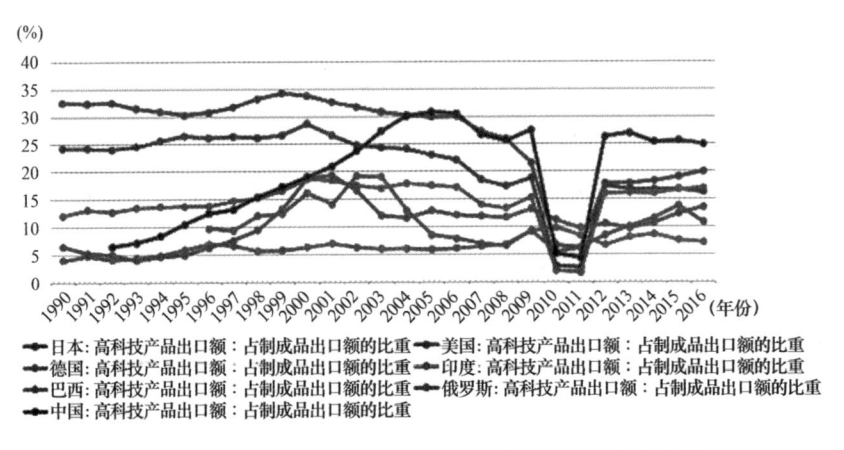

**图9—3 1990年以来主要大国高科技产品出口占制成品出口比例**

资料来源:根据WIND资讯的数据整理制作。

(3)制造业国际竞争力仍然偏弱。如果按照一国制造业增加值在全球制造业增加值中的占比进行排序，金砖国家的制造业规模在全球经济体中名列前茅，金砖国家正在迈向全球制造业大国。但制造业规模巨大并不意味着产业竞争力强大。按照联合国工业发展组织《2016年工业发展报告》所构筑的产业竞争力指标体系来衡量，从制造业增加值来看，金砖国家中制造业规模最大的是中国，2013年中国的制造业增加值占全球制造业增加值的比重为17.55%，仅次于美国的19.39%。金砖国家中制造业规模最小的是南非，仅占全球制造业增加值的0.52%。从2013年人均制造业增加值来看，金砖国家中还是中国最高，为1142.6美元，印度最低，仅为161.7美元，而美、日、德、韩等制造业强国的人均制造业增加值中，最低的美国也有5464.5美元，最高的日本为7820.7美元，都远远高于金砖国家。在制造业人均出口额方面，中国和印度仍然处在金砖国家的高低两端，分别为1540.5美元和223.3美元，而美、日、德、韩四国的制造业人均出口额低值为3229美元，高值为15504.2美元，远超金砖国家。这表明，由于拥有产业高技术和生产高效率，发达国家制造业创造价值的能力要比金砖国家强得多。从出口情况来看，除了俄罗斯制造业出口占总出口的比重低于50%，其他四国的这个比重均超过了60%，表明这些国家已基本进入工业化中期。但从制造业内部结构来看，金砖国家中高技术产业在制造业中的占比明显低于制造业发达国家，中高技术产品出口占制造业出口比重也表现出了同样的特点，这说明金砖国家的制造业总体上处在中低技术产业发展阶段，在产品的多样性和复杂性等方面，与制造业强国相比仍有很大差距。

表9—1　　　　　　　　主要大国制造业竞争力比较

| 指标 | 年份 | 巴西 | 中国 | 印度 | 俄罗斯 | 南非 | 日本 | 美国 | 德国 | 韩国 |
|---|---|---|---|---|---|---|---|---|---|---|
| 人均制造业增加值（以2005年美元为不变价格） | 2008 | 783.9 | 788.4 | 131.9 | 931.1 | 931.9 | 7951.4 | 5459.2 | 7342.2 | 5801.4 |
| | 2013 | 756.7 | 1142.6 | 161.7 | 968.1 | 894.0 | 7820.7 | 5464.5 | 7655.8 | 7180.7 |
| 制造业人均出口额（现价美元） | 2008 | 691.7 | 1020.4 | 132.9 | 1228.1 | 1016.9 | 5675.6 | 3178.2 | 15427.8 | 8552.6 |
| | 2013 | 766.8 | 1540.5 | 223.3 | 1532.1 | 1208.9 | 5163.5 | 3229.0 | 15504.2 | 11043.4 |
| 中高技术产业在制造业中的比重 | 2008 | 37.2 | 44.0 | 38.5 | 24.6 | 23.6 | 55.4 | 51.3 | 60.3 | 82.8 |
| | 2013 | 35.1 | 44.0 | 40.8 | 27.7 | 24.4 | 54.9 | 50.6 | 59.9 | 33.1 |
| 制造业增加值占GDP比重 | 2008 | 15.0 | 33.0 | 15.0 | 14.0 | 16.0 | 22.0 | 12.0 | 20.0 | 27.0 |
| | 2013 | 13.0 | 33.0 | 14.0 | 14.0 | 15.0 | 21.0 | 12.0 | 21.0 | 29.0 |
| 中高技术产业出口占制造业中出口比重 | 2008 | 43.6 | 58.1 | 27.3 | 28.2 | 51.1 | 79.6 | 69.0 | 71.1 | 72.7 |
| | 2013 | 40.1 | 58.3 | 28.7 | 22.8 | 43.7 | 78.1 | 61.7 | 72.7 | 72.4 |
| 制造业出口占总出口比重 | 2008 | 67.0 | 95.8 | 85.8 | 37.7 | 69.1 | 92.5 | 83.3 | 87.7 | 97.0 |
| | 2013 | 63.4 | 96.6 | 83.1 | 41.5 | 67.0 | 91.8 | 75.3 | 87.9 | 97.2 |
| 制造业增加值占全球比重 | 2008 | 0.02 | 0.13 | 0.02 | 0.02 | 0.01 | 0.12 | 0.2 | 0.07 | 0.03 |
| | 2013 | 1.68 | 17.55 | 2.25 | 1.53 | 0.52 | 11.02 | 19.39 | 7.02 | 3.92 |
| 制造业出口占全球比重 | 2008 | 0.01 | 0.12 | 0.01 | 0.02 | 0.0 | 0.06 | 0.09 | 0.11 | 0.04 |
| | 2013 | 1.21 | 16.83 | 2.2 | 1.73 | 0.50 | 5.18 | 8.15 | 10.11 | 4.29 |

资料来源：UNIDO,"Industrial Development Report 2016".

对于国土面积狭小、人口规模不大的发展中小国来说，如果发展几个能够充分利用本国资源禀赋的产业，就可以为本国居民提供较高的收入和福利。但以金砖国家为代表的发展中大国具有国土幅员辽阔、自然资源丰富、人口数量众多、市场容量巨大的特征，这就决定了发展中大国不可能采取小国的经济发展模式，而应当推动工业化进程不断向纵深发展，建立起相对完整的产业体系，从而推动本国经济的可持续增长。而发展中大国巨大的国内市场潜力，也能够为各类产业部门的发展和升级提供有力的市场支撑。金砖国家的工业化已经取得了很大的成绩，工业部门尤其是制造业部门取得了巨大的发展，工业部门的规模不断扩大，产业门类不断丰富，产业配套体系逐渐完善，产业技术能力日渐提升，工业制成品在世界市场的份额也在稳步提升。但正如前面的分析所揭示的，包括金砖国家在内的发展中大国的工业化历史使命尚未完成，制造业国际竞争力仍然偏弱、产品的多样性和复杂度亟待提升、制造业内部的产业升级还需推进。虽然发展中大国都面临着经济结构转型升级的挑战，但从这些国家实际的产业结构和产业竞争力来看，目前它们经济发展战略的重心不仅不应当是"去工业化"，反而要通过增加研发投入、提升技术能力、积极引进外资、改善营商环境等手段，提升工业部门的技术能力和生产效率，促进制造业内部从中低技术产业向中高技术产业的升级转型，将制造业对经济增长和技术进步的积极效应充分挖掘出来，使制造业成为发展中大国实现经济赶超、完成经济经济结构有序转变的助推器。

## 第二节 从汽车产业发展看新兴大国的产业升级

从国际产业发展史上来看，现阶段的汽车产业已经是一个发展相对成熟的产业，由于它的技术密集度很高，[①] 生产的产品复杂

---

① 按照联合国工业发展组织的分类，高技术产业则包括化工、机械设备、电气机械及设备、广电及通信设备，医疗器械、精密仪器和光学仪器、汽车等。根据这个分类，汽车产业是一个技术密集度很高的产业部门。

性很强，价值链条上的协调合作涉及众多环节与广泛部门，因此在各国经济发展中举足轻重。是否拥有具备国际竞争力的汽车工业部门，在某种程度上已经成为一个国家工业发达程度的标志。由于汽车产业强大的关联效应及其对经济增长的推动作用，吸引着以金砖国家为代表的新兴经济体先后涉足汽车工业，试图建立起既具有独立性又具备国际竞争力的汽车产业。该产业也就在事实上成为这些国家经济发展的基础性、支柱性产业。金砖国家抓住了全球汽车产业生产格局重大调整的战略机遇，及时融入进汽车业全球生产体系，形成了大规模的汽车制造能力。通过对金砖国家汽车产业发展情况的考察与分析，能够折射出新兴大国制造业基干产业的发展情况及其向价值链高端攀缘的复杂轨迹。

## 一 通过引进技术来件组装，奠定汽车工业发展基础

汽车是由几万个零部件组合而成的复杂产品，汽车产业也因此成为一个技术密集度很高的产业部门。[①] 由于汽车产业通常具有巨大的规模经济、沉没成本和高昂的研发费用，这在客观上为后进者设置了很高的进入门槛。世界银行在研究了一些新兴经济体汽车产业的发展历程之后，从产业技术进步的视角，总结了新兴经济体汽车产业发展的四个阶段（见表9—2）。新兴经济体在汽车工业发展之初，技术研发能力总体上比较薄弱，远远落后于当时的世界先进水平。技术水平的初始状态决定了新兴经济体的汽车工业通常从引进技术开始起步，从发达国家引进成熟的生产设备和装配技术，并进口各种零部件进行组装，通过CKD（全散件组装）和SKD（半散件组装），在"干中学"和"用中学"逐渐形成生产能力。通过这种方式，新兴经济体建立了大规模的汽车制造企业，形成了很强的整车装配能力，生产的汽车主要供给本

---

① 被日本学者称为复合型产业。

国和周边国家的汽车市场。随着整车装配业务的发展，新兴经济体也形成了规模不等的零部件配套体系。新兴经济体在发展汽车产业方面，通过不断深化的技术学习过程，经历引进—吸收—模仿—创新的过程，逐渐获得技术创新不可或缺的技术能力的积累。

表9—2　　　　　　　新兴经济体的汽车产业发展阶段

| 技术 | 国内能力 | 产品 | 市场 | 产业结构 |
|---|---|---|---|---|
| 第一阶段　封闭环境中的进口替代 | | | | |
| 技术落后，通常与当时世界先进水平有20—30年差距 | 整车和零部件都由国内自制 | 产品设计简单落后，质量低劣，成本高昂，通过进口限制和政府补贴保护国内企业 | 国内市场以国产汽车为主，也有少量特殊用途的车辆需要进口 | 不成规模的分散的产业结构，降低成本还没有成为产业发展的推动力量 |
| 第二阶段　引进国外技术：装配技术能力的发展 | | | | |
| 国内汽车业从国外引进技术，最初的技术进口的重点是发展装配能力 | 通过CKD和SKD发展国内技术能力。但国内还不具备生产重要零部件和特殊原材料的能力，仍需进口 | 产品设计和质量提高，但仍落后于国际水平，产品的可靠性和安全性和售后服务尚不完善 | 规模不大并且受保护的国内市场以国产汽车为主，但先进技术、重要总成和某些整车仍需进口 | 装配活动的经济规模是四万辆，产业内的领先者能达到这一规模，产业结构仍然散、乱 |
| 第三阶段　大规模生产和制度建设：生产技术能力的发展 | | | | |
| 引进技术的重点转向零部件部门和上游产业 | 国内企业掌握了现有车型的生产技术，实现了大部分零部件的国产化，质量、安全性和售后服务网有了很大发展，但产品技术和特殊零件仍需进口 | 产品设计虽然简单但已经开始与时代同步，但与世界水平仍有数年差距，新车型不多，企业开始综合考虑产品生产、质量、安全性和售后服务网络等问题 | 随着国内经济增长，汽车市场规模开始扩大；随着企业实现规模经济和生产效率提高，车价快速下降 | 整车的经济规模上升到15万辆到30万辆之间，小企业被淘汰，产业结构逐渐形成寡头垄断格局 |

续表

| 技术 | 国内能力 | 产品 | 市场 | 产业结构 |
| --- | --- | --- | --- | --- |
| 第四阶段 | 产品设计的创新：产品技术的发展 | | | |
| 随着自主开发能力的提高，技术引进越来越少 | 国内企业已具备产品创新、企业发展和市场销售能力 | 产品质量达到世界先进水平，新车型的不断推出既必要也有可能 | 国内企业产业具备国际竞争力，参与国际竞争，不再需要产业保护 | 随着R&D和产品开发的成本增加，企业生产规模增加到一两百万辆，寡头垄断格局形成 |

资料来源：World Bank, "China industrial Organization and Efficiency Case Study: The Automotive Sector Report", No. 12134 – CHA, December 31, 1993.

## 二 积极承接国际产业转移，形成大规模汽车生产能力

第二次世界大战结束以来，苏联、中国、巴西、印度、南非等国先后建立起了具有一定规模的汽车工业体系，但这些国家在很长一段时间里由于不同原因，分别实行了带有浓厚政府干预色彩的计划经济体制或者进口替代的经济发展战略，使汽车工业在一个相对封闭的经济环境中发展比较缓慢。随着经济全球化的不断深化，发达国家的大型汽车企业基于其全球价值链，把不同的生产环节、供应链管理、分销网络以及研发、运营中心在全球范围内进行重新配置。汽车及零部件的制造和组装业务环节向市场潜力巨大、产业配套能力较强、生产成本较低的国家和地区转移，以金砖国家为代表的新兴经济体成为承接全球汽车产能转移的重点区域。

随着新兴经济体的经济发展开始提速，经济开放程度不断提升，汽车工业的外国直接投资大量增加。汽车业跨国公司的进入，不仅带来了新兴经济体汽车业所缺乏的生产设备、先进技术和管理经验，也在很大程度上改变了这些国家汽车业的市场格局，使得新兴经济体在全球汽车业体系中的重要性日益凸显。从表9—3不难看

出,近年来新兴经济体汽车工业的生产能力迅速扩张,2016年巴西、中国、印度、俄罗斯、南非这五个国家的汽车产量分别约为215.63万辆、2811.88万辆、448.90万辆、130.40万辆、59.90万辆,分别比2000年增长了22%、1259%、460%、8%、68%。2016年金砖五国汽车业的总产量比2000年增加了431%,金砖五国汽车业的总产量在全球总产量中的占比也从2000年的10.5%上升到2016年的34.2%,占到了全球总产量的1/3以上。

表9—3　　　　　　2000年和2016年金砖国家的汽车产量

| 国别 | 2000年 | | | 2016年 | | |
| --- | --- | --- | --- | --- | --- | --- |
| | 乘用车（辆） | 商用车（辆） | 总计（辆） | 乘用车（辆） | 商用车（辆） | 总计（辆） |
| 巴西 | 1351998 | 329519 | 1681517 | 1778464 | 377892 | 2156356 |
| 中国 | 604677 | 1464392 | 2069069 | 24420744 | 3698050 | 28118794 |
| 印度 | 517957 | 283403 | 801360 | 3677605 | 811360 | 4488965 |
| 俄罗斯 | 969235 | 236346 | 1205581 | 1124774 | 179215 | 1303989 |
| 南非 | 230577 | 126787 | 357364 | 335539 | 263465 | 599004 |
| 五国共计 | 3674444 | 2440447 | 6114891 | 26151403 | 6308002 | 32459405 |
| 全球共计 | 41215653 | 17158509 | 58374162 | 72105435 | 22871134 | 94976569 |

资料来源：根据国际汽车工业协会（OICA）的数据整理制作（http://www.oica.net/category/production-statistics/2016-statistics/）。

### 三　零部件生产体系基本建立,国内外供应链不断完善

汽车是由成千上万个零部件组成的复杂产品,汽车产业的发展离不开配套完善的零部件生产体系。对于新兴经济体来说,KD方式（进口散件组装）是汽车工业发展的起点,CKD和SKD是这些国家汽车企业技术能力形成的初始来源。从KD起步的新兴经

济体几乎无一例外的经历过国产化的过程。在汽车工业发展初期，这些国家通过引进国外的生产技术和某些车型，初步具备了基本的装配能力。但由于国内的上游产业和零部件部门发展不完善，技术水平低，基本上不能提供构成整车的原材料和全部零配件，整车装配企业只能从国外进口零部件进行组装。随着国内市场规模的逐渐扩大，汽车工业对上下游产业的关联作用逐渐显现出来，一些零部件企业开始成长起来，在国产化政策的要求或者降低成本的动机驱动下，整车企业开始选择一些国内零部件供应商，用国产零部件替代进口零部件。随着国内零部件企业技术水平的提高和配套体系的完善，整车装配中国产化的比例也越来越高。在汽车零部件的研发方面，新兴经济体已经形成了各自的优势，印度长于软件系统开发、中国在汽车电子应用方面独树一帜，而巴西的可替代燃料技术研发领先全球。

新兴经济体的汽车零部件生产规模近年来增长很快。巴西已成为拉美地区的汽车零部件出口大国，2017年仅汽车发动机及零件、其他汽车零件和汽车底盘及车身的出口总额就达到了67.61亿美元，较1990年增长了4.78倍。[①] 中国由于拥有大量的工资低廉并且技能熟练的劳动力和完善的产业配套体系，汽车零部件生产较深地融入跨国公司的全球供应链体系，与其他新兴经济体相比，在国际市场上的产业竞争优势更加突出。2016年，中国汽车零部件出口额达到645.73亿美元，占中国汽车商品出口总额的84.97%，汽车零部件进出口贸易顺差达到282.16亿美元。零部件生产体系的建立和完善，为新兴经济体汽车工业技术水平的整体提升奠定了坚实的基础。

## 四　技术研发强度不断增加，基本具备新产品研发能力

新兴经济体经济的快速发展吸引了大量跨国汽车企业的投资，

---

① 数据来源：CEIC数据库。

国际汽车巨头的先后进入使新兴经济体汽车市场的市场格局发生了巨大的变化，市场的日趋激烈竞争推动了本土企业创新能力的建设，不仅在发动机等关键零部件的领域取得了很大的进步，在汽车整车的设计开发方面也取得了长足的进步。跨国汽车企业强大的竞争压力极大地压缩了新兴经济体本土汽车企业的生存空间，迫使它们形成了强烈的技术学习愿望和较强的消化吸收能力，不仅投入了巨资开展自主研发，而且与国外的专业设计公司开展联合研发，通过高强度的"干中学"和"研发中学"提升创新能力。中国奇瑞汽车公司在技术研发上开展了大规模、高强度的投资，并通过与国际知名公司的技术合作进一步增强了自己的研发实力，在DVVT双可变气门正时技术、TGDI涡轮增压缸内直喷技术、CVT无级变速器、新能源以及智能技术等核心技术上获得突破。截至2016年底，奇瑞累计申请专利14316件，授权专利9155件。基于不断提升的技术能力，公司每年都自主研发出系列新车型，累计销量已超过600万辆，成为第一个乘用车销量突破600万辆的中国乘用车品牌汽车企业，其中，累计出口超过125万辆，连续14年保持中国乘用车出口第一位。[①] 印度最大的本土汽车生产商塔塔汽车公司自主研发的低成本汽车NANO，最初售价只有10万卢比（约合1878美元），号称世界"最便宜的汽车"。奇瑞、吉利、塔塔等本土汽车企业通过生产能力、创新能力的形成和提升，不仅在本国汽车市场上获得了立足之地，而且利用金融危机前后全球汽车生产格局调整的难得契机，通过收购兼并的方式将沃尔沃、捷豹、路虎等高端汽车品牌及相关技术纳入麾下，进一步提升了企业的技术能力。

目前汽车产业正处在重大技术革命的前夜。新能源汽车被认为是未来汽车能源动力系统的发展方向，全球主要汽车生产企业都在

---

① 数据来源：奇瑞汽车公司网站。

积极开展相关研发。电池、电机、电控关键零部件技术是新能源汽车的关键技术，其中动力电池是最核心的部分。目前全球新能源汽车的关键技术开发和产业化主要沿着三条技术路线在展开：一是混合动力汽车。随着电机电池多能源动力总成控制、混合动力发动机匹配、制动能量回收等关键技术的突破，混合动力汽车已成为新能源汽车中商业化应用最高的车种。二是纯电动汽车。锂离子电池等车载能量系统技术、动力系统匹配技术、智能充电技术等关键技术已经获得突破，使得电动车成为新能源汽车技术研发的重要方向。三是燃料电池汽车。主要是以氢能源为燃料的电池车，多数情况还处于实验室的研制当中。尽管发达国家对新能源汽车的研发和产业化起步较早，但新兴经济体在新能源汽车的研发方面各具优势。尤其是中国高度重视新能源汽车的发展，已经将发展新能源汽车上升为国家战略。《中国制造2025》明确提出，要大力发展包括新能源汽车在内的十大重点领域。强调要继续支持电动汽车、燃料电池汽车发展，掌握汽车低碳化、信息化、智能化核心技术，提升动力电池、驱动电机、高效内燃机、先进变速器、轻量化材料、智能控制等核心技术的工程化和产业化能力，形成从关键零部件到整车的完整工业体系和创新体系，推动自主品牌节能与新能源汽车同国际先进水平接轨。[①] 在政府的引导下，国内产、学、研联合开发新能源汽车核心技术，并取得了一系列技术突破。中国新能源汽车的产业化已经取得了巨大的进展。根据中国汽车工业协会提供的数据，2017年，新能源汽车产销分别达到79.4万辆和77.7万辆，比上年分别增长53.8%和53.3%。其中，纯电动乘用车产销分别完成47.8万辆和46.8万辆，同比分别增长81.7%和82.1%；插电式混合动力乘用车产销分别完成11.4万辆和11.1万辆，同比分别增长40.3%和39.4%。2017年，新能源汽车在汽车市场上比重已达

---

① 《国务院关于印发〈中国制造2025〉的通知》，国发〔2015〕28号文（http://www.gov.cn/zhengce/content/2015-05/19/content_9784.htm）。

2.7%，同比增加了 0.9 个百分点。① 中国已经成为全球最大的新能源汽车市场。

**五 新兴经济体汽车产业成长迅速，在全球汽车市场中的重要性日益凸显**

席卷全球的金融危机不仅重创了全球汽车业，也改变了世界汽车业的版图。2016 年中国、印度、巴西分别都跻身全球汽车总产量的前十名（见图 9—4）。中国汽车产业的崛起是金融危机以来全球汽车业最引人注目的事件。在汽车工业调整和振兴政策以及下调乘用车购置税等一系列汽车消费政策的刺激下，2009 年中国汽车业历史性的首次荣登世界产销量第一的宝座。2017 年，中国汽车市场购买力依然旺盛，拉动了汽车产能继续扩张。全年汽车产销量分别为 2901.54 万辆和 2887.89 万辆，同比增长 3.19% 和 3.04%，不仅连续八年蝉联全球第一大汽车市场，而且创造了世界汽车发展史上年产销量的最高纪录。

新兴经济体汽车业的迅速发展也体现在从全球汽车企业排行榜的变化中。在美国《财富》杂志公布的 2017 年世界 500 强排行榜中，全球有 23 家汽车制造企业上榜。从上榜企业的区域分布来看，依然主要来自发达国家，但新兴经济体有 7 家企业上榜，分别是中国的上海汽车集团股份有限公司、东风汽车公司、中国第一汽车集团公司、北京汽车集团、广州汽车工业集团以及浙江吉利控股集团，还有印度的塔塔汽车公司，这进一步凸显了新兴经济体汽车业的进步。

---

① 《中汽协：2017 年新能源汽车产销分别达到 79.4 万辆和 77.7 万辆》，新能源汽车网（http://nev.ofweek.com/2018-01/ART-71008-12008-30188460.html）。

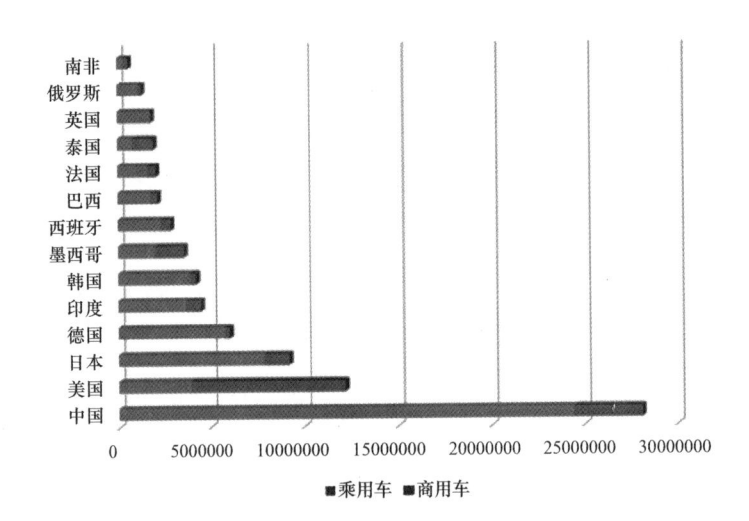

**图9—4　2016年全球主要汽车生产国的产量（单位：辆）**

资料来源：根据国际汽车工业协会（OICA）的数据整理制作（http://www.oica.net/category/production-statistics/2016-statistics/）。

## 第三节　新兴经济体汽车产业发展的启示

### 一　新兴经济体的技术密集型产业发展潜力巨大

作为技术密集的基干性产业，汽车产业的发展对于新兴经济体的产业升级具有重要的意义。新兴经济体只是刚刚迈进汽车社会的门槛，新兴经济体的千人汽车保有量水平与发达国家的平均水平相去甚远。发达国家的人均收入均在1万美元以上，千人汽车保有量都在400辆以上，而新兴经济体的人均收入不足1万美元，千人汽车保有量大都在200辆以下，因此，新兴经济体的汽车市场容量还有很大的扩展空间。不仅汽车工业存在巨大的发展空间，随着经济增长和居民收入水平的提高，新兴经济体内中产阶级的规模也将不断增加，消费结构升级势在必行，需求升级必然产生对制造业更高的要求，将推动制造业向高加工度、高技术含量的持续升级。如果新兴经济体能够抓住消费升级的有利时机，制定并实施可行的技术开发战略和品牌升级战略，在生产制造体系、质量保证体系、技术创新体系、供应链管理体系和售后服务体系的建设方面投入更大的精力，密切跟踪制造业技术和市场发展的前沿，力争在一些具有独特优势的领域取得大的技术突破、全面提升制造业的生产效率，那么新兴经济体就有可能提升制造业产业竞争力，从制造业大国跻身制造业强国。高技术产业的发展和制造业整体效率的提高，不仅会加快制造业的发展速度，还将带动经济增长速度的提升，使新兴经济体在追赶高收入国家方面迈出更快的步伐。

## 二 企业技术能力建设是增强产业竞争力的核心

近年来，新兴经济体的汽车产业取得了长足的进步。从新兴经济体汽车产业的发展历程来看，通过更加市场化的方式扶持本土汽车企业的成长，有组织、有计划地鼓励本土企业通过国产化的方式实现对引进技术的消化吸收，并在此过程中推动企业技术能力的提高，减少对国外技术的过度依赖，形成自主开发能力和自有汽车品牌，才能构筑起与跨国公司分庭抗礼的产业竞争力。

汽车产业的发展经验同样也适用于制造业的其他领域。产业竞争力取决于企业核心竞争力。要想进入一个被寡头垄断的行业并获得一定的市场份额，就要求后进者在相当长的时间里保持竞争优势并实现持续成长，这依赖于企业核心竞争力的培育和积累。大量的研究表明，企业的核心竞争力不是一成不变的，这种能力结构应当具有动态特征，它能够迅速适应外部环境的复杂变化，并对企业的内外部资源进行重新配置，从而形成新的竞争优势，使企业的竞争优势得以持续。随着经济全球化的不断深化和技术进步日新月异，企业面临的外部环境变化越来越剧烈，企业多年积累的竞争优势可能在很短的时间内就被外部的技术创新所削弱。企业怎样才能适应不断变化的外部环境的挑战，并重塑新的持续竞争优势？创新能力是企业动态能力的重要组成部分，企业只有具备强大的创新能力，才能迅速对外部市场需求和技术变革做出反应。企业要想形成动态能力，就必须与外界保持充分的交流互动，不断推动技术创新和管理创新。正是因为这个原因，包括汽车业在内的制造业高技术产业始终存在着激烈的技术开发和创新竞赛，在位企业希望通过创新战略进一步巩固自己的行业地位，而后进者也试图通过不断的创新，来形成新的竞争优势。企业在成长过程中为了应对各种挑战而不断的开展研发活动，将使企业的知识存量不断积累，企业核心能力不断提高，并最终具备持续竞争优势。

### 三　制造业升级需要政府提供制度和政策的保障

制造业中的高技术产业不仅技术含量高，同时存在规模经济效应。任何一个产业部门都是由一条完整的产业链构成的。对一个新产业或者一项新产品的投资，如果想产生利润，往往需要生产配套产品的上下游部门或企业同时进行投资。高技术产业的产业链非常复杂，并且对资金和技术的要求极高，在高技术产业发展的早期阶段，由于跨部门的互补性投资规模十分巨大，超出了民间部门的投资能力，就需要由政府出面协调民间部门的投资行为，并通过研发补贴、政府采购等方式引导民间资本向这个产业部门聚集。不仅在高技术产业发展的早期阶段需要政府的支持，即使是产业已经进入增长期，政府一定程度的扶持也是必要的，这是因为，在技术创新速度越来越快、成本越来越高的时代，仅仅依靠企业的力量去推动一个产业的技术创新是远远不够的，政府在推动技术进步中的作用将会越来越重要。政府不仅通过提供补助金等方式提供研发经费，还参与研发活动的组织和协调，集中政府和企业的研究力量，共同开展重大项目的技术攻关，从而将相对分散的研发力量整合起来，避免重复研究，分散风险和成本，促进产业的技术交流和技术体系升级。

但政府的扶持并不是全方位的干预，政府干预的领域应当局限在纠正市场失灵，更多的是通过鼓励企业开展技术创新并提供优惠政策，积极支持教育和人力资源培训，建立鼓励长期投资和促进资金有效配置的稳定的金融市场等功能性产业政策，营造出鼓励创新的制度安排，从而提升产业动态能力。新兴经济体发展汽车产业的经验表明，高技术产业的发展，单纯依赖国家非市场化的投入和支持模式，难以保障产业发展的活力和前景。高技术产业的发展，不仅需要在持续的、高强度的技术学习的基础上实现技术跨越，更需要通过制度变迁和产业创新形成一个良好的制度安排，使之能够在一个市场化的环境中从事持续的技术创新、组织变革和产业整合。

# 第十章

# 新兴经济体崛起与战略性新兴产业的发展

进入21世纪以来，一大批新兴产业的快速发展正成为引领全球经济增长的新动力。不仅发达工业国家率先制定和出台了鼓励新兴产业发展的国家战略与计划，并努力付诸实践，以中国为代表的新兴经济体也普遍重视高科技产业的发展，掀起了战略性新兴产业建设的热潮。同时，包括俄罗斯、巴西、印度和南非在内的金砖国家，也都基于本国现实国情或从产业比较优势出发，积极开发和利用新技术，加快战略性新兴产业的发展步伐。本章主要通过回顾与概括近十几年来主要新兴经济体的产业发展布局和新产业发展战略，对比不同新兴经济体的产业政策选择和施行成效，得出促进我国战略新兴产业顺利发展的启示。这里的研究，不仅有助于我们清晰地认识全球产业和经济发展的新潜力、新趋势，认清中国等新兴大国发展新兴产业面临的主要问题和挑战，而且更为重要的是，研究作为新兴大国产业重要组成部分的战略新兴产业的发展，将更有助于我们深入了解这类国家制造业发展的全貌，并且为我们思考发展战略新兴产业与改造传统产业之间的关系提供有益的帮助。本章对新兴经济体崛起与战略性新兴产业的研究，正是在这样的思路下展开的。

# 第一节　主要新兴经济体战略性新兴产业的发展情况比较

## 一　关于战略新兴产业的内涵

新兴产业在字面上的理解，是指随着新的技术发明以及新的科研成果的应用而出现的新兴行业，而我们这里所研究的则是战略性新兴产业。按照目前我国对战略性新兴产业的总体分类，主要包括节能环保、生物产业、高端装备制造业、新能源、新材料、新能源汽车、新一代信息技术七大产业。显然，它们都是以重大技术突破和重大发展需求为基础，对经济全局和长远发展具有重大引领带动作用的产业。

战略性新兴产业具有以下几个突出的特征：第一，战略新兴产业是对某一国家或地区的经济社会发展具有重大战略意义的产业，能对经济社会发展做出巨大贡献，而且直接最终关系到经济社会发展全局，对国家安全产生一定的影响，对带动经济社会发展、提高区域性竞争力具有极其重要的促进作用。战略性新兴产业不仅在产品市场、技术市场、劳动力市场等方面有着巨大的增长潜力，而且这种潜力一旦转化为生产力将对经济增长的贡献具有长期性和可持续性。同时，战略性新兴产业之间还具有极强的关联性，能够带动一批相关产业发展，形成产业链共同发展，并在快速发展中逐渐成为未来的主导产业和支柱产业。第二，战略性新兴产业具有典型的高风险和不确定性。其一是技术创新的不确定性。战略性新兴产业发展的核心是技术创新，重大技术创新在研发能否成功、研发成功时间等方面都存在着极大的不确定性。从产品在原始材料阶段到工程化与规模生产，在这其中的每一阶段都需要相当大的跨越新技术。同时，设计是否优越、技术上能否超越已有产品的工艺、制造成本能否达到商业化的要求以及进一步改进的潜力如何等存在巨大的不确定性；其二是市场的不确定性。战略性新兴产业发展的重要动力来自市场需求的变化，市场的不确定性也会对战略性新兴产业的发展产生阻碍或者带来风险。高新技术产品要经过一段时间的市场检验才能最终被更多使用者或客户认可，前期对高新技术产品潜在需求和市场定位存在较大的不确定性；一项新技术能否在市场竞争中胜出，除了具备技术先进特征之外，还受到消费者的收入水平与消费习惯以及企业的市场战略规划等众多市场不确定因素的影响。第三，战略性新兴产业具有显著的正向外部性和动态调整特征。科技创新具有很强的正外部性，技术创新成果投入生产就会迅速广泛地被他人所共享，具有公共品性质。如果创新人无法获得科技创新所带来的所有好处，私人进行科技创新的意愿和积极性就会受到抑制，因此，正外部性决定了科技创新必须有严格的知识产权保护法以及完善的融资体制。不仅如此，战略性新兴产业是一个动态的概念，需要依据外部和内部经济形势的变更进行适当的调整，使其能够适应当前社会经济发展新要求，从而成为技术密集、物质资源消耗少、成长潜力大、综合效益好的产业。

## 二 金砖国家在战略性新兴产业发展方面的政策和成效对比

在 2008 年金融危机之后，各主要经济体都在制订产业发展的国家战略计划，以求在全球经济复苏不确定的情况下寻求新的发展机遇，在产业振兴和竞争力提升方面实现突破。面对困境，新兴经济体也及时推出了多项新兴产业发展战略，期望在未来的产业发展中实现赶超带动经济社会的全面发展。除了中国之外，巴西、印度、俄罗斯和南非金砖国家是目前新兴经济体中较为典型的代表。它们的经济发展水平较为接近，对世界经济增长都具有显著的影响力，但各国的比较优势、资源禀赋又存在极为显著的差异性。通过观察和总结这些国家在新兴产业上的发展方向和发展成效,有助于我们明确战略性新兴产业发展与新兴经济体实现崛起和经济赶超之间的关系。

1. 俄罗斯战略新兴产业发展概况

2008年,俄罗斯制定了《2020年前经济社会发展规划》,提出了加快经济结构调整,重点推进科技创新和优先发展航天航空、新材料、新能源等产业部门发展,确立了在2020年俄罗斯进入中等发达国家水平的目标。为实施新的核电工业发展计划,2007年俄罗斯国家杜马和俄罗斯联邦委员会批准通过了《俄罗斯核能工业改革法律》,打造具备国际竞争力的大型核能工业集团,提高参与国际核电市场竞争力,计划占据国际核电站建设市场20%的份额。计划到2030年将俄罗斯核电发电量由现在占整个发电量的16%提高到25%,同时成为世界核电市场的主要出口大国。2009年,俄罗斯的经济现代化蓝图主要是提出发展纳米技术和新核能发展目标,俄罗斯政府决定将《2008—2010年纳米基础设施发展国家专项计划》延长实施一年,并继续部署纳米技术研发中心和产业化基地与技术产业群。2010年,俄罗斯在莫斯科郊外的斯科尔科沃建立了创新科研中心,重点支持通信技术、生物医药、空间技术、核能和能源节约五个领域的企业发展。政府已经投入600亿卢布建设经济特区和高新技术园区,还将继续投入170亿卢布。已经建成24个经济特区和12个高新技术园区,已有670家从事生物医学和纳米技术等领域的企业入驻园区。俄罗斯政府要求,创新产品在总产量中的比例应当从目前的12%提高到2020年的25%—35%。为了鼓励高校与外国科学家开展联合研发工作,充分利用国外高级智力资源,2010年俄罗斯政府设立了总额为120亿卢布的高校科研专项计划。2011年俄罗斯确定了科技优先发展的八大领域及27项关键技术,主要包括:安全与反恐、纳米技术、信息与通信、生命科学、未来尖端武器、军事和特种技术装备、自然资源合理利用、交通与航天系统、能效、节能核技术,并出台了具体设施规划及配套扶持政策。2011年俄罗斯正式批准了修订后的《2020年创新发展战略》，对俄罗斯创新的目标、重点方向和国家政策都做了明确的规划，该战略要求俄罗斯加快创新型经济建设，并以此为突破口尽快向创新型经济现代化迈进。

从总体的政策执行和落实情况来看，俄罗斯在新兴产业发展方面的成就并不明显，过去10年时间里，俄罗斯经济发展波动较为剧烈，产业结构单一化以及能源输出的结构并没有得到有效的改善，在高新技术和新兴产业发展方面并没有取得太大的成就，产业调整和转换还主要集中在传统的能源领域。虽然石油、天然气等部门进行了结构整合和技术升级，但政府出台的一些支持新兴产业和高新技术产业部门的政策规划总体上仍然停留在酝酿阶段，并未有明显的推动，对经济增长和产业结构调整并未产生显著的带动作用。

2. 印度战略新兴产业发展总体状况

印度政府对高新技术产业的发展给予了长期的关注，积极利用其人才和技术优势发展新兴产业，期望对经济社会发展起到更大的推动作用。20世纪80年代以来，将汽车制造、电子、软件、服务外包、医药等作为新兴产业部门加以重点发展，主要突出信息服务、生物技术、材料产业三个领域。历届印度政府出台了一系列优惠政策，不遗余力地促进了以软件产业为主的信息技术产业的发展，提出了"用电子革命把印度带入21世纪"的口号，制定了发展信息产业特别是依靠信息产业和软件业的振兴带动印度经济发展的策略。历届政府都有一系列促进软件产业发展的优惠政策，全面促进软件产业的发展。1987年，印度开始建设班加罗尔、布巴尼斯瓦尔和普那3个软件园区，通过兴建软件技术园区吸引外资，带动软件产业的发展。1991年，实施《软件技术园区计划》和《电信港建设计划》，开始在班加罗尔等地建设软件科技园区和电信港，又陆续通过建设出口加工区、出口导向企业、电子硬件技术园区和经济特区等方式，促进电子和软件产业的发展。1998年，印度提出了"信息产业超级大国"战略目标和发展软件产业的108条措施，要求印度在2008年独立60周年时，成为世界最大的软件生产和出口国家。印度1999年颁布的《信息技术法》建议政府各部门将预算的2%—3%用于发展信息技术，并且专门成立了IT产业部，在2003年的《科技政策》中印度政府再次强调了信息技术、生物技术和材料技术在科学研究和创新领域的优先地位。2007年，印度又发布了庞大的汽车产业发展计划，制定了优惠的吸引外资进入政策。2009年，印度提出了新能源促进目标，规定2012年把可再生能源发电在印度电力需求中的比重提升到10%，在电力构成中的比重达到约5%。2011年，印度可再生能源产业吸引的投资达到103亿美元，其中对太阳能的投资项目达到42亿美元，太阳能发电的装机容量从2010年的18万兆瓦上升到了277兆瓦；2011年，风电领域的投资更是高达46亿美元，新增装机容量2827兆瓦。为推动创新积极性，印度还出台了包括设立塔塔科技创新奖金，允许科学家在研发项目中按比例提成，从企业收取科技咨询费等措施提升科研人员的创新积极性。

通过不断加大投入和产业扶持，印度总体上在新兴产业发展方面取得了长足的进步，信息技术、医药产业等领域都得到了快速的发展。2008年，印度软件出口超过200亿美元，占印度总出口的20%多，印度占据世界信息服务业比重的65%和外包业务的46%，成为世界最大的软件和服务外包市场。外包业务为印度创造了超过230万的就业岗位。产值占印度国内生产总值的7%，占印度出口总额的近40%。印度TCS公司雇员超过2万名，分布在全球50多个国家，年销售收入超过20亿美元，印度的Infosys；Satyam、Wipro公司年销售收入都超过了10亿美元，印度的软件业成为具有显著国际影响力的成功战略新兴产业。印度的一些制造业部门同样得到了长足的发展，例如印度非专利药品的市场规模超过 100 亿美元以上，工业产量进入全球第四，出口占产值的一半。新兴行业的快速蓬勃发展为印度经济增长注入了强大的动力，也是印度近十多年来经济增长速度连续超过 6% 的重要原因。

3. 巴西战略新兴产业发展概况

多年来，巴西积极发展战略性新兴行业，在新能源、环保汽车、民用航空和现代生物以及农业领域都具有较强的国际市场竞争实力。在过去十多年来，巴西在乙醇可再生燃料开发方面取得了巨大的进步，成为全球最大的乙醇燃料生产国，并且还在继续加大乙醇产业的发展速度。在可再生燃料方面，巴西除了拥有先进的玉米乙醇制造技术之外，同时还可以在甘蔗渣、植物纤维、秸秆及农产品废弃物中提取纤乙醇，形成了第二代生物燃料乙醇研发生产。巴西在深海区大型油气田开发技术以及深海石油开采碳捕捉和储存技术方面同样处于世界靠前的位置。巴西利用生物能源优势，把生物燃料汽车技术开发作为提升汽车工业国际竞争力的核心，成为世界上最早掌握生物柴油技术的国家和生物能源应用的国家。为推进电动汽车和氢能源汽车研发生产网络，2009 年巴西国家环境委员会规定自 2013 年柴油车排放减少 33%，2014 年巴西国内市场销售汽油车和乙醇燃料车排放平均减少 33%。

巴西对战略支柱产业同样给予了大力扶持，制定了明确的大企业研发创新公共扶持政策，同时巴西还积极开展国家合作，推动本国新兴产业的发展。巴西倡导建立拉美地区一体化科技合作机制，由巴西科技部科研项目信贷局、巴西经济社会发展银行和国家石油公司，为拉美地区建立联合研发中心提供信贷支持。2012 年，巴西出台了振兴新能源汽车产业的新政策，包括对在巴西投资设厂且国产化率达到 65% 以上的汽车厂家减免税收；对于使用清洁燃料或者混合燃料的汽车厂家降低税收。为加快人力资本积累和快速引进、培养人才，巴西从 2008 年开始将研究生的奖学金额度上调 20%，将科学和工程类学生从 9.5 万名增加到 16 万名，以期望培养更多的高级实用性人才，为战略性新兴产业发展提供更多的支持和保障。

经过多年的发展，巴西在植物乙醇提取、热带生物农业、民用航空领域取得了巨大的进步。巴西将国内支线飞机制造作为战略性产业重点扶持，取得了很大成功，喷气式支线飞机制造迅猛发展和大量出口，使巴西成为发展中国家中重要的航空制造业大国。同时，巴西在农业生物技术研发和产业化方面取得的重大成就，也领先于其他新兴经济体。

4. 南非战略新兴产业发展总体概况

南非同样从多个方面出台对新兴和战略性行业的扶持政策，重视通过促进新技术研发和新产业发展带动经济实现可持续增长。2002年，南非科技部出台了《南非国家研究与开发战略》，提出了促进创新、促进科技人力资源开发、建设有效的政府科技管理体制三项战略重点，为南非的科学研究与技术创新体系描绘了发展方向，明确了重点支持的研发和技术创新领域。同时，南非还出台了《南非纳米技术战略》《南非生物技术战略》《2008—2018：面向知识经济的十年创新计划》《面对全球变化重大挑战的国家研究计划》《南非国家航天战略》等战略规划，并实施了一系列配套扶持政策。2010年，南非政府公布了《新经济增长路线》，提出了要不断增加对科技研发的公共和私人部门资本投入，使全社会研发投资占GDP的比重从2008年的0.9%上升至2014年的1.5%，到2018年则持续上升2%。在新兴产业发展的选择方面，南非根据自己的产业优势和要素禀赋特征主要选择新能源作为新兴产业发展的重点领域。由于南非石油资源贫乏，但煤炭资源相对丰富，电能主要以火电为主，大量实用燃煤发电不可避免会导致环境污染和碳排放加剧，为了改善目前的能源结构，南非近年来积极推动新能源产业发展。2003年，南非发布了可再生能源政策框架，提出到2013年可再生能源满足全国能源需求总量的 4%，出台了可再生能源保护价格、可再生能源财政补贴计划、可再生能源市场转化等一系列政策措施来推动清洁可再生能源的发展。同时，南非利用本国生物多样性资源以及地理位置的独特优势，积极开发生物制造、航空航天新兴产业领域。为了吸引、培养人才，南非还提出了首席科学家计划，在全球范围内招揽各类高级科技人才。

虽然巴西、俄罗斯、印度、南非等新兴经济体在最近十几年普遍加大了对战略新兴行业的关注力度和扶持政策，新兴产业的选择也能够紧跟世界潮流，并且巴西和印度还在某些领域取得了较为显著的成绩，但与美国、日本和德国为代表的发达国家新兴产业发展相比，战略性新兴产业的进展仍然相对缓慢，发展不够持续，与发达国家仍然存在巨大的差距。新兴产业发展对新兴经济的带动作用有限，而且在新兴产业重点扶持政策，包括资金支持、研发投入和人力资本积累方面还存在不少问题。尤其是新兴经济体在产业技术创新和管理、政府和市场关系、传统产业和新兴产业相互之间的关系处理方面，尚未走出一条明确的、能够反映国情特点的道路。

## 第二节　中国作为世界最大新兴经济体战略性新兴产业的发展现状

中国作为世界最大的发展中国家和新兴经济体，改革开放 40 年来经济建设取得了令人赞叹的成就，不同产业部门无论是在规模数量还是在技术水平上都取得了显著的进步。与此同时，由于中国的产业发展长期依赖于低成本，发展过程中的高能耗、高污染、低附加值的特征也十分突出。进入经济新常态发展阶段以来，如何尽快摆脱以往产业发展中存在的主要问题，切实提高产业的国际竞争力，加快发展战略新兴产业就成为当前中国经济转型升级的迫切任务。

## 一　中国发展战略新兴产业的必要性

首先，从国际竞争来看，金融危机之后中国发展战略性新兴产业具有迫切性。2008年国际金融危机之后，全球经济进入艰难的复苏期，产业发展进入调整变革时期。国际市场需求萎缩导致传统的产业规模显著缩小，以汽车产业为例。2009年，全球汽车总产量下跌12.5%，其中北美地区汽车产量萎缩32.3%，日本萎缩31.5%，欧洲萎缩21.5%。在传统产业部门产能过剩的情况下，主要发达国家将绿色能源、信息网络技术、生物技术、新材料技术等作为未来产业发展的重点规划和发展方向，因此发展战略性新兴产业是国家应对国际竞争的必然选择。

其次，从国内市场环境来看，发展战略性新兴产业是我国实现经济转型和走新型工业化道路的现实要求。改革开放以来，通过大量吸引跨国投资转移并且凭借劳动力、土地、资源、环境等方面的低成本优势实现了较快的经济增长。进入21世纪后，中国一直以来所依附的经济增长条件发生了根本性变化，依赖低成本优势和牺牲生态环境的发展模式难以持续，改变粗放型的增长模式变得尤为迫切。以劳动力为例，中国已开始逐渐丧失低劳动力成本优势，未来低端劳动力价格上涨成为必然。据中国机电产品进出口商会调查，2011年3月在珠三角地区民工短缺超过200万人。

最后，发展战略性新兴产业是实现产业转型升级的必然要求。长期以来，我国传统产业发展总体上坚持了重视数量和规模扩张，忽视质量和技术升级的粗放式发展模式。造成多数传统产业部门存在产能过剩、资源短缺、质量和技术水平低、能源利用率低、环境污染严重等一系列问题。以2006年为例，中国氧化铝消耗量占全球消耗量的19%，钢材消耗量占全球消耗量30%，铁矿石消耗量占全球消耗量的30%，铜消耗量占全球消耗量的20%，能源消耗量占全球消耗量的15%，煤炭消耗量占全球消耗量的31%，而GDP只占全球5.5%。粗放式的产业发展模式还使得环境污染问题十分突出，废气、废水、固体废弃物和二氧化碳等排放量巨大，严重降低了经济发展的质量。因此，发展战略性新兴产业，对于解决上述问题具有重要的促进作用，也是产业转型和升级的必然要求。

## 二 中国发展战略新兴产业的七大领域

### 1. 节能环保产业

我国节能环保分为两大领域：节约能源和满足可持续发展的能源供给体系。前者主要通过提高能源使用效率来实现，具体措施包括推进高能效技术和装备对低能效技术和装备的替代、推广建筑节能材料、推广合同能源管理等；后者通过构建高效、清洁、低碳的能源供给体系实现，包括化石能源的高效利用，可再生能源、核能等清洁能源的规模利用，以及页岩气、煤层气等非常规油气资源的有序开发。

我国节能环保产业在"十二五"上半期发展迅速。资源循环利用产业迅速发展，产值超过1万亿元，在2012年增长较为缓慢，2013年上半年以来呈现恢复性增长，废弃资源综合利用业1—4月主营业务收入比2012年底提高了11.3%，利润总额累计增速恢复到2013年1—4月的11.4%。节能产业方面，合同能源管理等节能服务产业产值在2011年和2012年分别达到1250亿元、1653.37亿元，同比分别增加50%、32.2%。截至2012年底，全国从事节能服务业的企业达4175家，从业人员达到43万人。2013年上半年，第5批节能服务公司通过审核备案，大批有实力的央企进入该行业。此外，企业发行企业债券、项目抵押等金融创新不断涌现。另外，我国煤炭利用的节能增效显著，重点突破700℃先进超临界发电技术、煤制特殊液体燃料、煤分级利用多联产、煤基燃料电池等清洁能源为代表的新一代转化技术，突破污染物高效一体化联合脱除、二氧化碳利用和处理等核心单元技术，构建起以煤为主的多能源近零排放联产系统。环保产业增速不断加快，产业在国际上的竞争力有所提升，水务公司在国际市场已经打开局面，静电除尘设备实现了大量出口。

同时，存在的主要问题也是比较突出的：首先，自从国家大力推进节能环保产业以来，随着政策的频繁出台，各地区都在大力推动自己的环保产业项目，产业发展存在过热过快的问题，即环保产业的发展脱离实际的市场需求。环保产业的高速发展最适宜的时机是经济高速发展时期，也是主体经济形势较好的时期。如果环保措施已经与企业生产密不可分了，环保措施才能得到有效的执行。相反，主体经济或者说是实体经济发展艰难的时候，鼓励企业上环保设施，恐怕更多看到的是环保配套项目的缓建，或者就算建了可能也不会真正投运，甚至成为一些地方向国家换取优惠政策的工具。另外，目前我国的环保市场其实不是一个完全开放的市场，或者说是一个半封闭的市场，各地都兴建了自己的环保工业园区，最终会导致地区间的行业壁垒，不利于整合资源、发挥互补优势，容易造成重复建设和运行效率低下的问题。其次，企业投资节能环保产业缺乏明确细致的规划和定位。现今的节能环保企业较为混杂，不少新建企业功利心、投机心强，投资环保产业主要目的是希望得到国家产业政策的支持，期许在短期内获取较大利润，缺乏投资环保产业长远的规划。因此，国家在政策上大力扶持节能环保产业的同时，应当设置严格的资金、技术等行业资质门槛，以控制进入节能环保行业的企业的数量和产业规模，确保投资节能环保企业的长期性和稳定性，实现产业的良性循环发展。

2. 生物产业

生物产业指以生命科学理论和生物技术为基础，结合信息学、系统科学、工程控制等理论和技术手段，通过对生物体及其细胞、亚细胞和分子、结构、功能与作用机理开展研究并制造产品，或改造动物、植物、微生物等并使其具有所期望的品质特性，为社会提供商品和服务的行业的统称，包括生物医药（服务产业）、生物农业（资源产业）、生物能源、生物环保等，以及生物工业（生物制造产业），微生物工业为最早的生物工业。

首先，从生物产业总体的发展状况和规划来看。在"十一五"期间，我国生物产业取得较快发展，产业规模持续保持高速增长，产业结构不断优化，产业投资十分活跃，创新企业大量涌现，技术创新能力大幅提升，对经济社会发展的带动作用日益显现，为未来发展奠定了较好的基础。2008 年，我国生物技术产业总产值突破 8000 亿元。北京、上海、广州、深圳等地相继建立了 20 多个生物技术园区，出台了一些优惠政策，在税收、金融、人才引进、进出口等方面对生物技术企业给予了全面支持。2009 年 6 月，国务院发布了《促进生物产业加快发展的若干政策》，要求将生物产业培育成为我国高技术领域的支柱产业，以生物医药、生物农业、生物能源、生物制造和生物环保产业为重点，大力发展现代生物产业。《促进生物产业加快发展的若干政策》的颁布，标志着我国生物产业已步入快速发展期。2010 年 10 月 18 日，国务院出台《关于加快培育和发展战略性新兴产业的决定》，生物产业等七大产业除获得财税优惠、鼓励金融机构信贷支持以及协助企业融资之外，更将提出设立新兴产业发展专项资金，为产业建立稳定财政投入增长机制，增加财政投入；同时为产业引入市场资金，让保险公司、社保基金、企业年金管理机构以及其他投资者参与投资，增加产业发展的资金渠道。自"十一五"以来，国务院批准发布了《促进生物产业加快发展的若干政策》和《生物产业发展"十一五"规划》，大力推进生物技术研发和创新成果产业化，一批生物科技重大基础设施相继建成。2012年颁布的《生物产业发展"十二五"规划》，进一步推进了生物产业的发展。

其次，从中国与其他国家生物产业发展的国际比较来看。中国生物产业的规模及产品创新取得一定进展，生物医药、生物农业、生物制造、生物能源等产业初具规模，全国生物产业产值持续保持20%以上的增长速度。通过实施蛋白类生物药和疫苗、生物育种等专项，推进了生物技术产业的发展。民营企业成为发展这项战略性新兴产业的重要力量，企业数量占七大领域企业总数的比例超过70%，在国家实施的重大产业专项中，民营企业获得支持的比例占到50%以上。化单克隆抗体、高强度超声聚焦治疗系统、高端医疗诊断服务等一批具有国际水平的产业新方向快速发展。出现了一批年销售额超过100亿元的大型企业和年销售额超过10亿元的大品种，国内产品的水平在不断上升，如迈瑞在生命信息与支持领域的产品完全不弱于进口产品，心血管支架领域国产产品在国内市场也已经居于绝对主导地位。中国和世界生物产业的专利产出趋势呈现较大差异。2003年，世界专利公开数量超过8000件，达到顶峰，此后五年专利产出有下滑趋势。而中国在该领域的发展相对比较平稳，2007年出现增长的拐点，2009年专利数量达到顶峰，近几年专利产出速度明显提高，技术创新绩效正逐渐得到改善；美国、澳大利亚、日本、德国和中国在生物医药领域的专利申请活动比较积极。其中，美国和澳大利亚在该领域的专利活动趋势非常相似，两国在1985—2011年间的专利公开总量分别超过5万件和3万件，位居世界前列；日本和德国也呈现出相似性，专利公开数量先增长后下降，份额比重却一路下滑。中国作为最具增长潜力的新兴市场，27年间专利公开数量和份额比重都在逐年稳步增长，平均专利份额将近21%，已经超过德国。总体来看，美、日、澳三国在生物产业占据一定的主导地位，而中国则处于技术追赶阶段。

数量和专利份额比较数据统计结果表明，1985—2011年，在全球生物产业专利公开数量排名前十名的企业中，美国企业所占比例达到70%，技术优势非常显著，引领全球生物产业的发展；此外，德国拜耳和瑞士诺华也体现出一定的研发实力。中国虽然在该领域的专利数量占据一定的规模，但没有跻身生物行业世界先进水平的企业，与美国相比仍存在一定的差距，需要加大对生物技术的研发投入，不断提高创新能力。

3. 高端装备制造业

高端装备制造业是指生产制造高技术、高附加值的先进工业设施设备的行业。高端装备主要包括传统产业转型升级和战略性新兴产业发展所需的高技术、高附加值装备。高端装备制造业是以高新技术为引领，处于价值链高端和产业链核心环节，决定着整个产业链综合竞争力的战略性新兴产业，是现代产业体系的脊梁，是推动工业转型升级的引擎。大力培育和发展高端装备制造业，是提升我国产业核心竞争力的必然要求，是抢占未来经济和科技发展制高点的战略选择。

加速培育和发展高端装备制造业，既是构建国际竞争新优势，掌握发展主动权的迫切需要，也是转变经济发展方式，推进产业结构升级的内在要求。从国际看，金融危机使工业发达国家重新重视实体经济发展，提出了"再工业化"，瞄准高端制造领域，瞄准新兴产业，谋求塑造新的竞争优势。不仅对我国高端装备的未来发展构成激烈竞争，而且对已经形成优势的产品造成市场空间挤压。从国内看，国民经济重点产业的转型升级、战略性新兴产业的培育发展和国家重大工程建设对装备制造业绿色化、智能化、服务化提出了新的更高的要求，并提供了巨大的市场需求空间。

高端装备制造产业各领域取得初步成效。航空装备制造产业在大型客机、大型运输机、先进直升机和通用飞机等的研发生产方面取得了重要进展。运20实现首飞，C919和ARJ研制继续推进，同时国际零部件在中国的转包生产量不断上升，波音零部件在国内采购每年增长20%。不过，民用航空产业规模较小，许多项目仍处于研发和认证阶段。卫星体系正在向平台化、系列化、业务化、高性能化发展，卫星应用产业正在由科研型向应用服务型发展方式转变，我国已经具备了空间基础设施自主建设的条件，北斗导航系统投入试运行，北斗系统产业化进入实质推进阶段。轨道交通形成了以"高铁"为代表、具有国际影响力的系统自主发展能力，已投入使用的高速列车达820列，高铁运营里程已达到9356千米，居世界第一位。

但总体而言，我国高端装备制造产业技术发展还较为落后，主要表现在：创新能力薄弱，核心技术和核心关键部件受制于人；基础配套能力发展滞后，装备主机面临"空壳化"；产品可靠性低，产业链高端缺位；产业规模小，市场满足率低；产业体系不健全，相关基础设施、服务体系建设明显滞后等。

4. 新能源产业

新能源产业，主要源于新能源的发现和应用。如太阳能、地热能、风能、海洋能、生物质能和核聚变能等。新能源产业是衡量一个国家和地区高新技术发展水平的重要依据，也是新一轮国际竞争的战略制高点，世界发达国家和地区都把发展新能源作为顺应科技潮流、推进产业结构调整的重要举措。

中国自20世纪90年代中后期进入工业化中期阶段，目前正处于重化工业加速发展时期，到2020年，中国将一直处于这个特殊的发展阶段，进入低速增长阶段。长期以来，我国能源利用以煤炭为主，煤炭资源日趋枯竭，经济发展过度依赖化石能源必然影响能源安全。煤炭开发利用带来了环境压力，以煤为主的传统能源利用模式是温室气体的主要来源。改革开放以来，随着能源市场化改革不断推进，能源工业进一步对外开放和国家对能源投入的增加，能源对经济社会发挥发展的制约得到很大缓解。21世纪以来，能源供求形势发生新的变化，工业化和城市化的快速推进，引致高能耗行业的过快发展，能源消耗呈现高增长态势，在加速消耗常规化石能源储量的同时，对生态环境产生严重破坏。

首先，从政策规划和扶持方面来看，我国出台了一系列支持新能源发展的政策措施。

2010年10月，《国务院关于加快培育和发展战略性新兴产业的决定》中明确指出要加快培育和发展战略性新兴产业、构建国际竞争新优势，推动节能环保、新能源等新兴产业快速发展。积极开发新一代核反应堆技术和先进核工业的发展；加快太阳能热利用技术推广应用，开拓多元化的太阳能光伏光热发电市场；提高风力发电技术和设备水平，有序推进风能规模化发展，以适应新的智能电网体系建设和能源发展的运行，因地制宜地开发和利用生物质能。

2010年10月，《中华人民共和国国民经济和社会发展第十二个五年规划纲要》中论述了促进清洁能源多元化发展：安全高效煤矿的发展，推动煤炭资源整合和煤矿企业兼并重组；大型煤炭企业集团的发展，推进煤制天然气，煤制液体燃料和煤基多联产研示范有序开展，稳步推进产业化。增加石油和天然气的勘探和开发力度，稳定国内石油产量，促进天然气产量快速增长，推进煤层气、页岩气等非常规油气资源开发利用。发展清洁高效、大容量燃煤机组，优先考虑利用城市的电厂、工业园区热电联产机组以及大型燃煤和煤矸石的电厂。在良好的生态保护和移民安置的前提下积极发展水电，重点推进水电站建设，以及因地制宜地开发水电资源，科学规划建设抽水蓄能电站。保证核电高效发展的安全基础。加强和支持网络建设，风电的有效发展。积极开发其他新能源，如太阳能、生物质能、地热能等，促进分布式能源系统的推广应用；2011年3月，《关于进一步推进可再生能源建筑应用的通知》中明确指出：要切实提高太阳能、浅层地热能、生物质能等可再生能源在建筑用能中的比重，到2020年，实现可再生能源在建筑领域消费比例占建筑能耗的15%以上。力争到2015年底，新增可再生能源建筑应用面积25亿平方米以上，重点区域内可再生能源消费量占建筑能耗的比例达到10%以下，形成常规能源替代能源3000万吨标准煤。2011年3月，国家发改委2011年第9号《产业结构调整指导目录（2011年本）》在鼓励类的"新能源"方向设置了10个方面的鼓励支持类目录，在"核能"方向设置了11个方面的鼓励支持类目录，在"电力"方向设置了24个方面的鼓励支持类目录。2011年4月，在国家发改委、财政部、商务部发布的《鼓励进口技术和产品目录（2011年版）》中，与新能源有关的"鼓励引进的先进技术"有15个方面；与新能源有关的"鼓励进口的重要装备"有两个方面；与新能源有关的"鼓励发展的重点行业"有4个方面；与新能源有关的"资源性产品、原材料"有D14（商品编码28441000）天然铀。2012年2月，工信部发布了《太阳能光伏产业"十二五"发展规划》，进一步明确了光伏的建设重点和产量等。2012年6月，国家能源局发布了《关于鼓励和引导民间资本进一步扩大能源领域投资的意见》，进一步鼓励民间资本进入新能源领域。2012年7月，国家发改委制定了《可再生能源"十二五"发展规划》，明确了新能源的"十二五"规划布局和建设重点工作。2013年7月，国务院下发了《关于促进光伏产业健康发展的若干意见》；国家发改委下发了《分布式发电管理暂行办法》。

其次，从具体的发展内容来看。我国的新能源产业的发展在复杂环境中有所提升。目前，高效聚光太阳能电池、大型并网风力发电、第四代核电、"水力压裂"页岩气开采等技术正在快速突破，将引发新能源产业爆发式增长。太阳能和风能产业装备制造规模位居世界第一，但面临美国和欧盟的贸易保护政策打压、国内市场发展缓慢和高端技术储备不足等发展压力，陷入市场尚未打开就产能过剩的困境。随着各项培育政策的推进，2013年以来形势有所好转。当前我国的农、林、废弃物生物质能资源较为丰富，可以折合成3亿吨标准煤，但如何拓展应用还面临一定的困难。我国的智能电网建设处于广泛试点建设阶段，电网智能调度、智能变电站、配电系统自动化、智能用电等领域已经建成了一批示范工程，以天津生态城为代表的综合性智能电网示范工程也已经建成或正在建设中。

在风电发展方面，与中国风电产业快速发展相比，风电产业的市场秩序相对比较混乱。导致市场秩序混乱的根本原因在于国内风电发展的系统规划不够完善，产业发展缺乏强有力的基础保障以及整体推进措施。

在光电发展方面，一是在经济性方面，我国太阳能光电产业发展的主要障碍仍旧是高成本。要达到"平价上网"的发展水平，中国太阳能光电产业仍然有较长的路需要走。二是在产业发展方面，国内光电产业发展的关键核心技术亟待进一步提升。部分高端生产设备至今尚未摆脱需要进口的局面，与国际的先进水平相比，中国光电产业在单位产品的能耗上还有很大的差距。三是在政府管理方面，政府目前的扶持力度与手段尚不足以促使国内光电产业市场得以大规模发展，中国光电产业对于国外市场的依赖性仍在继续。国家尚未颁布普遍适用的光伏发电上网电价，这使得大部分光伏发电上网项目不能获得良好的发展空间，不利于整体系统的质量提升与可靠运行的长期持久性。

在核电发展方面，一是发展核电产业面临的突出问题就是核电产业的经济性。此外，核电产业的建设周期长，预计20—30年投入的大量的资金才有可能得到回收继而盈利，短期来看，资金的回报率并不算高。二是核电安全标准的逐步提高，导致企业成本不断增加。与此同时，中国核安全监管部门不断地对核安全法律、标准法规进行修订,力图提高核电厂设计、建设的安全标准,要求在运行期间与在建期间,核电厂应对照标准予以整改。该项技术水平的改进有助于提高核电厂的整体安全水平,但同时也增加了核电厂的运营成本,以致核电产业发展缓慢。三是我国核电产业发展过程中的一些关键部件、材料与技术的研发制造,相较于国际先进水平是存在一定差距的,这也在一定程度上影响了中国核电产业自主化发展进程及在建项目工程进度。

5. 新材料产业

"新材料产业"包括新材料及其相关产品和技术装备,在产业体系中占有重要地位。新材料产业与传统材料相比,具有技术高度密集,研究与开发投入高,产品的附加值高,生产与市场的国际性强,以及应用范围广、发展前景好等特点,其研发水平及产业化规模已成为衡量一个国家经济、社会发展,科技进步和国防实力的重要标志。世界各国特别是发达国家都十分重视新材料产业的发展。新材料产业涵盖新材料本身形成的产业、新材料技术及其装备制造业、传统材料技术提升的产业等。

材料工业是国民经济的基础产业,新材料又是材料工业发展的先导。目前,尽管经过多年的努力,我国新材料产业已经在产业规模、技术水平、发展机制等方面取得了巨大进步,具备了良好的发展基础,但依旧面临着关键材料保障能力不足、产学研用一体化体系尚未真正形成、政策环境不能完全适应产业发展需要等多个方面的问题。

新材料产业的技术突破为进一步的市场化准备了基础。"十二五"规划以来,新材料产业实现了多项突破,如 T800 高性能碳纤维生产在国内首次实现规模生产,打破了国外企业的垄断。实现高纯硅、碳化硅材料、钛合金、碳纤维、高模量聚乙烯、生物基降解塑料、纳米绿色印刷材料等关键材料的规模化生产,骨干企业迅速成长,产业规模逐步壮大,支撑了航空航天、新能源、汽车制造、轨道交通等产业的需求。近年来，发展较快的航空产业成为新材料产业的重要带动力量，带动碳纤维、钛合金等新材料不断加大应用。相关技术不断取得突破，如"飞机钛合金大型复杂整体构件激光成形技术"获得国家技术发明奖一等奖。可用于航空件的8万吨级模锻液压机正式投入生产。高性能、纳米化、复合化和绿色化成为发展趋势，促进新材料产业市场空间和应用范围日益拓展。同时，伴随着稀土市场的整治，市场秩序趋向完善，产能持续增长。但总体而言，技术上仍然存在"点上有突破，系统突破不足"等问题。

在新材料产业化发展过程中，存在着若干问题，如在科研力量的投入上重复浪费，整合能力不足；在产业的总体规划上，存在着产业结构和产品结构不合理的状况；行业结构性调整与行业转型的时滞期过长，如纺织企业大量关停并转而出口服装的面料60%需进口，化工企业亏损而高分子材料的原材料每年进口量超过7亿美元等；管理体制条块分割，致使新材料企业优势集成不够，达不到合理经济规模；新材料的基础研究与开发应用衔接不够好，缺乏高水平人才，工程化、产业化未得到足够重视；其他高新技术产业对新材料的应用处于被动状态；大型新材料企业依靠的大多是本地的矿业资源，技术及市场都严重依赖国外，产业发展具有很强的脆弱性等。

6. 新能源汽车产业

新能源汽车产业从经济学描述，是从事新能源汽车生产与应用的行业。新能源汽车是指除汽油、柴油发动机之外所有其他能源汽车，被认为能减少空气污染和缓解能源短缺。在当今提倡全球环保的前提下，新能源汽车产业必将成为未来汽车产业发展的导向与目标。

伴随国际能源供应的日益紧张、石油价格的持续上涨以及全球环境保护呼声的日益高涨，新能源汽车作为解决这一难题的最佳选择受到全球汽车厂商的普遍关注，以美国、欧洲和日本为代表的发达国家和以巴西为代表的发展中国家都积极展开了新能源汽车产业发展的开发应用。新能源汽车是引发汽车动力技术全面变革的汽车革命，将带动世界汽车产业进入新一轮变革，也是实现我国汽车产业全面崛起和赶超的最好时机。

首先，从政策扶持方面来看。2001年，中国启动了"863"电动汽车重大专项计划，开启了我国新能源汽车规划之门。2007年11月，国家发改委颁布《新能源汽车生产准入管理规则》，首次对新能源汽车的基本含义和分类做出了标准解释，也标志着我国新能源汽车正式走入产业化进程。2009年1月发布《关于开展节能与新能源汽车示范推广试点工作的通知》，部署了在全国13个先进城市开展节能与新能源汽车示范推广工作。2009年3月20日，国务院办公厅发布《汽车产业调整和振兴规划》，进一步提出了纯电动汽车和混合动力汽车产业化的未来规划布局，指明了新能源汽车研发推广的方向。新能源汽车作为国家节能减排的重要组成部分，在"十二五"规划中更是被列为加快培育和发展的七大战略性新兴产业之一，在政策引导和资金倾斜方面继续重点扶持。2012年7月9日，国务院正式发布《节能与新能源汽车产业发展规划（2012—2020）》，规划称纯电动为新能源汽车发展和汽车产业转型的重要战略路线。这些政策为我国新能源汽车的产业振兴和全面赶超提供了保障，为国内汽车工业学者提供了新的研究课题，同时为我国汽车厂商开发应用新能源汽车提供了理论支持和政策扶持。

其次，从具体的发展状况来看。新能源汽车产业在技术和市场方面都取得了一定的进展。"十二五"上半期，突破了一批关键核心技术，已申请电动汽车相关技术专利3000项以上，制定电动汽车相关标准56项，锂离子电池、磷酸铁锂电池技术也都有所进步。精进电动生产的新能源车用电机实现了向美国出口，节能与新能源汽车销售继续推进,在"节能和新能源汽车示范推广"的25个城市的公共服务领域和6个私人购买新能源汽车试点城市,推广节能与新能源汽车2.7万辆。新能源汽车整体产业实现较快增长,但相对汽车总销量的比例甚低,还远达不到规模效益,电机和电控等关键零部件性能及整车可靠性仍落后于国际先进水平,骨干企业的新能源汽车还处于产品研发和产业化的初期阶段,技术基础薄弱,产品成熟度不高,新的产业链还处于建立过程中。

目前来看,我国的新能源汽车发展主要存在以下几方面的问题:首先,核心技术落后,自主创新能力不足。我国汽车企业已经掌握的新能源汽车技术较为简单,在一些核心零部件上的技术研发能力仍然较为落后;发展时间较短且对国外汽车技术依赖较大,使我国汽车厂商的自主研发创新能力不足,造成我国新能源汽车推广困难,难以取得消费者信任。其次,研发费用不足,技术人才短缺。国内各大汽车厂商在技术研发方面经费投入不足,与欧美发达国家存在明显差距。汽车产业研发人员短缺现象也十分严重,特别是在研发、设计等领域人才储备不足。最后,基础配套设施滞后,规模效益不显著。长期以来,由于技术和市场等因素限制,我国的基础充电设备很不完善,普及率较低,很难满足个人车主的使用需求。高成本、高投入、占地面积大也是制约充电设施发展扩大的因素,进而影响我国新能源汽车的市场推广和普及。另外,是否有足够的新能源汽车维修网点,也是需要系统考虑和迅速解决的问题。近年来,跨国汽车厂商逐渐通过兼并手段,整合全球资源,促进产业集群化建设,发挥规模效益。而我国汽车企业存在地理位置分散和专业分工不足的现象。我国新能源汽车产品产销规模低,有的还停留在样车阶段,严重影响了我国新能源汽车产业化进程。

### 7. 新一代信息技术产业

新一代信息技术产业是国务院确定的七个战略性新兴产业之一，新一代信息技术分为六个方面，分别是下一代通信网络、物联网、三网融合、新型平板显示、高性能集成电路和以云计算为代表的高端软件。发展"新一代信息技术产业"的主要内容是：加快建设宽带、泛在、融合、安全的信息网络基础设施，推动新一代移动通信、下一代互联网核心设备和智能终端的研发及产业化，加快推进三网融合，促进物联网、云计算的研发和示范应用。着力发展集成电路、新型显示、高端软件、高端服务器等核心基础产业。提升软件服务、网络增值服务等信息服务能力，加快重要基础设施智能化改造。大力发展数字虚拟等技术，促进文化创意产业发展。

2009年2月18日，温家宝主持召开国务院常务会议，审议并原则通过了《电子信息产业调整振兴规划》。会议确定了今后三年电子信息产业的三大重点任务：完善产业体系，确保骨干产业稳定增长，着重增强计算机产业竞争力，加快电子元器件产品升级，推进视听产业数字化转型；立足自主创新，突破关键技术，着重建立自主可控的集成电路产业体系，突破新型显示产业发展瓶颈，提高软件产业自主发展能力；以应用带发展，大力推动业务创新和服务模式创新，强化信息技术在经济社会各领域的运用，着重在通信设备、信息服务和信息技术应用等领域培育新的增长点。

从发展的具体现状来看，我国主导的 TD—LTE 成为第四代移动通信国际标准之一；计算机、微电子、软件、互联网等新一代信息技术向泛在、智能和高可信方向加速发展，日益成为推动"新工业革命"的关键。华为、中兴等通信设备制造企业具备了较强的国际竞争力，京东方、华星光电、上海天马等企业平板产业创新能力不断增强。下一代互联网建成了全球最大的示范网络，我国自主的地面数字电视国际标准逐步在海外推广应用。物联网和云计算市场规模迅速扩大，后者作为产业，在 2015 年已进入成长阶段，其市场规模就以超过 30% 的年均复合增长率快速增长。互联网的技术创新进一步向产业创新推进，阿里巴巴的余额宝将对互联网产业金融系统产生重大影响，而微信的推广应用则冲击了传统的通信模式。

## 第三节　关于中国发展战略新兴产业面临的课题

发展战略新兴产业是一项系统性工程，需要科学规划，积极调动企业积极性，坚持以市场为导向合理配置资源，为新兴产业发展营造良好的制度环境。

### 一　完善合作机制，突出内部研发创新，使企业真正成为创新主体

与主要发达国家相比，中国发展战略性新兴产业的主要劣势在于，多数战略性新兴产业部门缺乏核心技术和创新能力优势，在国际分工中仍然处于较低层次，尽管近年来中国在研发投入、科技论文以及专利申请数量均已跃居世界前列，但我国科技发展与企业自主创新能力增强之间长期存在的脱节问题仍然十分突出，主要原因在于：首先，大量的基础性研究主要集中在科研院所和高等院校，由于这类研究长期与生产相分离，研究的成果转化率很低，造成大量的科研投入不能有效转化为企业创新的支撑和动力；其次，与多数发达国家的研发投入主要以企业为主导不同（德国、美国、日本的研发活动 90% 以上是企业的自主行为），目前我国的大量研发项目和经费投入都由政府来主导，真正在企业内部建立研发机构和开展研发活动的企业比重仍然很小，与发达国家存在巨大差距。据科技部的一项调查统计显示，规模以上工

业企业设立研发机构的企业从2000年的7639家上升到2011年的31320家，占全部规模以上企业比重仅为7.8%；2011年，"863计划"新立项课题554个，仅有32.1%依托企业；科技支撑计划实施共投入总经费143亿元，企业承担经费为45.6%。由政府主导和资助的企业研发项目，一是容易偏离市场导向，二是企业对研发资金的使用和管理约束性不强，容易导致资金使用效率低等，而由企业直接开展的研发活动是从市场出发，研发项目直接来源于生产需要，研发成果直接在生产中应用和完善，并不存在研发与应用脱节成果转化的问题，企业研发的积极性和研发效率都会显著增强。

加强企业的自主创新需要对战略性新兴产业部门的企业创新研发组织模式进行合理优化配置，促进产、学、研之间的合作。因为各企业分头研究往往交流不足，科研能力软弱，难以发挥集聚在一起从事共同研究的优势，因此联合研究可以选择具有互补关系的企业组建，也可以选择具有竞争关系的企业组建，使实力雄厚的企业联合起来共同研发攻关，不仅整合了各企业的核心竞争力，加快战略性新兴产业的崛起，而且有利于科学技术快速地向现实生产力转换。在自由竞争的市场经济条件下，同行企业之间由于竞争关系，难以进行有效的合作研究，技术推广慢，企业之间甚至会通过价格战进行恶性竞争。可以通过与企业合作成立技术研发联盟，进行共同研发，一定程度上解决这个问题。参加研究联合体的同行企业将资金和人才聚集到一起，可以在研究开发上形成规模经济。企业携手组建研究联合体后可突破很多制约，进军一些投资大、难度高的技术领域。另外，同行企业组成技术研究联盟共同研究某领域的共性与基础技术，可以避免重复投资，降低研发风险，同行企业结成研究联合体可以减少技术专有对社会经济发展造成的负面影响，而且还有助于企业间共性知识的交流。

## 二 保护知识产权，塑造产业发展良好的市场环境

我国的战略性新兴产业大多处在初期发展阶段，由于战略性新兴产业的研发有着高投入、高风险的特性，很多企业在战略性新兴产业的发展上不仅受到高投入资金的困扰，更可能由于创新成果得不到完全的回报而导致自主研发创新的动力大打折扣。与欧美发达国家高度重视知识产权教育不同，我国知识产权人才的匮乏远远不能满足现代社会对知识产权人才的需求，非常不利于战略性新兴产业的健康发展。因此，要促进战略性新兴产业高速发展必须要重视知识产权教育的普及，提高全民知识产权意识，培养大量知识产权人才。完善科技创新激励机制，激发科技人员的积极性和创造性，切实地推动我国战略性新兴产业的健康发展。

随着新科技、新知识的不断涌现，新一代信息产业技术、生物技术、新材料、新能源等知识产权的保护类别相继出现，但我国现有的知识产权保护体系却不能将这些新技术类别全部覆盖。以低碳技术、信息技术、生物医学技术为核心的战略性新兴产业不仅具备高投入、高回报的特点，亦同时具备高风险的特性，企业只有确保自己的投资能得到应有的回报才可能下定决心将大量资金投入战略性新兴产业的发展，只有足够的专利权保护才能消除企业的后顾之忧。因此，只有将战略性新兴技术全部纳入专利权保护范围中才能使企业安心研发新技术，才能对新兴产业形成有效的保护和激励机制。

## 三 发展战略新兴产业与改造传统产业相结合

首先，战略性新兴产业代表了未来产业的发展方向，对其他产业发展带动作用大，对经济发展的影响和辐射范围广泛。在全球价值链分工体系中真正具有战略价值的在于高端制造业，以美

国、日本、德国为代表的制造业强国无一不是高端制造业的大国，特别是在新一轮信息产业革命背景下，主要制造业大国都在出台发展更尖端制造业的战略，能否在高端制造领域抢占先机决定了各国在未来国际产业格局的地位和作用。中国同样把发展高端制造业提到了国家战略层面，提出了《中国制造2025》规划。与发达国家相比，中国在高端制造业领域长期落后也造成了中国虽然是世界第一制造业大国，但主要扮演世界加工厂的尴尬角色，在国际产业分工格局中一直处于低端位置。坚实的工业基础、广阔的市场需求以及大批素质优良的产业工人队伍为中国发展高端制造业提供了优良的先决条件，未来中国在核电、高速铁路、航空航天制造等领域具有显著的发展空间。

其次，高端制造业对产业升级带动作用较大，但传统的制造业仍然是基础，推动传统制造业的技术升级和改造同样十分关键和重要。特别是对于中国这样一个人口大国，长期都会面临较大的就业压力，在发展战略性新兴产业的同时继续推动劳动密集型产业的持续发展具有重要的战略意义，而且后者也是完整的工业体系不可分割的组成部分，是战略性新兴产业顺利前行的基础。一些发达工业国家在推动产业升级的过程中，都充分注意发挥原有制造业的优势，通过不断提升原有产业产品的设计、质量和性能，保持着传统产业的竞争力。比如，意大利能够在纺织服装等劳动密集型行业长期保持较强的国际竞争力，就是与其高度重视产品的设计和质量，不断对劳动密集型行业进行技术更新和改造存在密切关系。中国在推动传统劳动密集型行业转型升级的策略方面应该侧重于淘汰掉落后的生产方式，采用先进的新技术改造传统劳动密集型产业，侧重提高产品的质量和性能，促进传统的劳动密集型产业和战略性新兴产业的良性互动发展。

### 四 加强人才培育、促进人力资本积累,职业教育与基础研发并重

无论是推动战略性新兴产业的发展还是对传统产业部门的改造和升级,都依赖于一大批高素质产业工人的支撑。依靠完善的职业教育体系培养出大批优秀的产业技术工人,是战略性新兴产业发展的重要支撑。以德国为例,德国《职业技术培训法》规定,青年人入岗之前必须接受专门的职业技术培训,企业也会为新员工提供充分的职业培训岗位,通过职业培训不仅能够使大量的实际操作经验得以直接被传递到青年工人,同时也能够将职业意识和敬业精神传承下去。通过职业学校和企业、工厂的紧密结合,为德国培养出了数量众多的高素质技术人员,这对德国高端制造业能够持续保持很高的竞争力起到了十分关键的作用。与德国完善的职业教育体系相比,中国的职业教育目前发展还远不能适应于产业发展的需要。一方面,没有真正把发展职业教育放在战略位置考虑。由于长期存在重视普通高等教育、轻视职业教育的认识和社会环境,造成职业教育在我国教育体系中的地位严重偏低,处于弱势地位。另一方面,在职业教育的具体人才培养方面同样存在诸多的问题。一是职业教育很多的课程设置与普通高等学校相关专业并无实质区别,与企业的实际需求脱节;二是各行业的企业对职业教育的参与程度低,企业缺乏参与职业教育的意识和积极性,企业和学校之间缺乏有效的信息沟通机制,职业教育培养人才缺乏实践锻炼的机会,职业教育质量不能适应和满足企业的真正需求;三是职业教育的老师大多来自普通高等学校,缺乏在企业实际工作的技能和经验,对职业课程的教授也只限于从书本到书本,无法真正传授实际操作技能和实践应用能力。职业教育是科技成果向实践应用转化的重要桥梁,培养大批能够熟练操作先进设备、具有丰富操作技能和经验的高素质劳动力,对于增强现代企业经营能力、市场竞争力以及提高产品质量都发挥着不

可替代的重要作用。未来中国需要政府把职业教育发展放在重要的战略位置，为职业教育发展提供良好的市场和社会环境，加快进行教育体制改革，在职业教育的课程设置、师资培养以及校企对接方面重点提供支持和服务，为促进战略性新兴产业发展提供坚实的人力资本储备。

# 第十一章

# 制造业与新兴经济体今后的发展课题分析

近年来,伴随新兴经济体对全球经济增长贡献度的提升和话语权的增加,其在国际事务中的重要性日益凸显。当然,这种局面的出现,很大程度上得益于新兴经济体经济的快速发展。2008年开始的全球性金融危机的冲击,则使得新兴经济体的结构性问题不断暴露出来。在目前国际经济和政治格局出现重大变化的形势下,新兴经济体的产业发展即面临着新的严峻挑战。切实地总结经验,吸取教训,面对课题找准方向,对于新兴经济体今后加快完成其经济结构的转型与产业升级,回归到可持续发展的轨道,可能意义更为重大。这是许多新兴经济体国家的首要任务,也是本章关注的主要内容。

## 第一节 新兴经济体的发展成就:新兴大国的制造业发展

### 一 新兴经济体成为拉动世界经济增长的重要力量

新兴经济体通常是指通过市场导向的改革和对外开放实现了经济快速增长的发展中国家和地区,其中,以中国、俄罗斯、巴西、印度、南非组成的"金砖国家"是新兴经济体的代表。近十几年来,随着持续的国际资本流入和迅速的经济增长,新兴经济体的整体实力明显增强,在全球经济治理中也扮演着越来越重要的角色,在国际经济合作和其他经济事务中发挥着日益重要的作用,受到了国际社会的普遍关注。

由于新兴经济体拥有优良的资源禀赋、数量庞大的劳动力和快速扩张的国内市场容量,因而具有广阔的经济发展潜力。按照世界贸易组织提供的数据,自 2000 年以来,新兴经济体的平均增长速度明显快于世界和发达经济体的平均增长水平。其中中国和印度的表现尤为突出。2000—2016 年,中国经济的平均增速高达 9.42%,印度的平均增速也达到了 7.07%,远远高于同期世界经济和发达经济体的平均增速 2.89% 和 1.83%。新兴经济体成为拉动世界经济增长的重要引擎。

经济的快速增长使得新兴经济体的经济规模不断壮大,在全球经济中的份额显著提升。根据 WTO 的测算,按照购买力平价计算,发展中经济体在全球经济中的比重已经从 2000 年的 39% 上升到 2012 年的 52%,首次超过发达经济体。如果将 G20 中的发展中经济体作为新兴经济体的代表,那么发展中经济体的经济规模扩张很大程度上来自新兴经济体的贡献。其中,中国在全球经济中的地位上升最快,按照购买力平价计算的 GDP 全球占比从 2000 年的 7% 上升到 2012 年的 15%,翻了一番;印度的比重也从 4% 上升到 6%。即便按照实际美元计算,发展中经济体 GDP 的全球占比也从 2000 年的 23% 上升到 2012 年的 40%。[①]。

随着持续的经济增长和经济规模的扩大,新兴经济体在国际贸易中的地位也日益突出。在全球金融危机爆发之前,全球贸易曾经经历过较快的发展,1980—2008 年全球货物出口平均增速为 6.10%,同期新兴市场和发展中国家货物出口平均增速为 6.42%,要高于全球货物出口增速。随着金融危机导致的全球经济欲振乏

---

① WTO,"World Trade Report 2014".

力，国际贸易也持续低迷，但新兴经济体在贸易方面的表现仍然好于发达经济体，2010—2016年新兴市场和发展中国家货物出口平均增速为3.71%，比同期发达经济体要高出22%。在主要的新兴大国中，中国在全球贸易中的地位上升最快。1980年中国的进出口贸易总额仅为381.4亿美元，1988年贸易总额突破千亿美元，2004年又突破万亿美元大关。2013年中国首次超过美国，成为全球最大的货物贸易大国，此后连续三年保持世界第一，2016年因为汇率变化等原因被美国反超，但2017年中国进出口总额创下六年新高，再一次成为世界第一货物贸易大国。

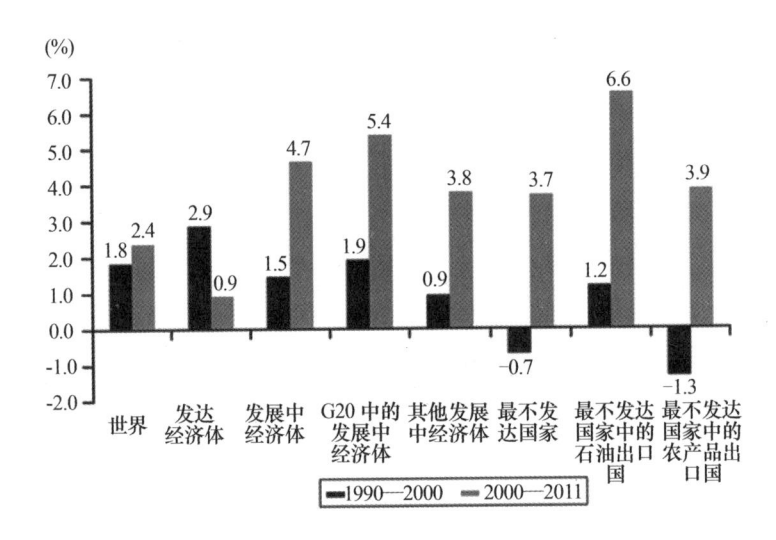

图11—1 1999—2011年不同经济体按购买力平价计算的人均GDP增长率

资料来源：WTO: World Trade Report 2014.

新兴经济体对世界经济增长的贡献也越来越大。根据国际货币基金组织提供的数据，按购买力平价计算，自20世纪80年代以来，新兴市场和发展中国家对全球产出和消费增长的贡献一直在持续提高。1980—1990年，新兴市场和发展中国家在全球产出增长中的平均占比不到20%，在全球消费增长中的比重还不到

15%，但是在 2000—2010 年期间，新兴市场和发展中国家对全球产出增长的贡献就超过了 50%，在全球消费增长中的比重也接近了 50%，二者都几乎是 20 世纪 80 年代的两倍。在全球金融危机爆发后，发达经济体受到严重冲击，经济复苏缓慢，对全球生产和消费增长中的贡献进一步下降，而新兴市场和发展中经济体尽管也受到很大影响，经济发展状况也出现严重分化，但整体上仍然表现出了勃勃生机，如果按照按市场汇率计算，2010—2015 年，新兴市场和发展中经济体对全球产出和消费增长的贡献率都高达 70% 左右，成为世界经济增长的主要推动者。[1]

在全球金融危机冲击下，新兴经济体曾经成为世界经济增长的主要推动力量。但随着世界经济进入持续的低速增长，新兴经济体固有的经济结构性缺陷也暴露了出来，随着国际经济环境的变化和全球金融市场的波动，近年来新兴经济体也面临着增长下滑、财政赤字、资本外流等问题，各国纷纷进行结构性改革，通过消除不利于经济发展的体制障碍，以发挥本国经济的潜力，实现经济的可持续增长。

## 二 制造业发展为新兴经济体的持续增长奠定了坚实基础

从新兴经济体的发展历程来看，不同的国家在不同的经济发展阶段，会面临着不同的要素禀赋、资源环境和市场条件，如果能够大力发展最能充分利用本国的资源禀赋、最能增进社会福利总水平的制造业部门，就会推动本国经济的快速增长和产业部门的成长。作为新兴经济体代表的金砖国家即这样的情况。近年来，中国、印度等国在全球制造业中所占份额大幅提升，俄罗斯、巴西、南非等国也形成了在国际市场上极具竞争优势的能源和资源产业，并在全球大宗商品市场上具备了一定的话语权。

---

[1] IMF, "World Economic Outlook: Gaining Momentum?", April 2017.

1. 新兴经济体在全球价值链中的重要性日益凸显

自20世纪80年代以来,经济全球化的浪潮席卷全球,国际产业分工体系也发生了深刻的变化。发达国家加快了以跨国公司为主导的国际分工进程,将大量的非核心制造和组装业务环节向市场潜力巨大、产业配套能力较强、生产成本较低的国家和地区转移,导致了资本、商品、技术、人员及管理技能等生产要素的跨国界流动,形成了制造业的全球价值链。根据联合国工业发展组织提供的数据,1990年,发达国家的制造业增加值占全球制造业增加值的比重为79.3%,随着发达国家制造业向发展中国家的不断转移,这一比重也呈现不断下降的趋势,2000年降至76.1%,2010年更是降低到64.4%。面对制造业国际分工体系的发展趋势,新兴经济体积极承接国际产业转移,而廉价的劳动力成本优势和优越的区位优势,也使得新兴经济体成为发达国家产业转移的重要区域,这一切均推动着新兴经济体在全球制造业增加值中的比重大幅攀升,2010年较1990年上升了15%。

在新兴经济体中,制造业发展最为迅速的是中国。1990年中国仅占发展中国家和地区制造业增加值的13%,而这一比重在2010年就上升到了43.3%,20年时间里增加了大约两倍。随着对外开放的不断深化,中国的工业部门成功融入了国际分工体系,在诸多产业部门形成了巨大的产能。根据著名咨询公司IHS Global Insight发布的报告,2010年中国制造业产值达1.955万亿美元,而当年美国的制造业产值为1.952万亿美元,中国和美国在全球制造业的占比分别为19.8%和19.4%,中国历史性地成为世界制造业第一大国,成了名副其实的"世界工厂"。尽管印度制造业的规模总体仍然偏小,但其发展势头不可小觑。印度的总人口仅次于中国,但65岁以上的老人只占总人口的5.3%,拥有充足的人口红利,具有发展劳动密集型产业的巨大潜力。从制造业增加值来看,印度已经超过墨西哥和巴西,成为发展中国家里的制造业第二大国。中国和印度的制造业加起来，几乎占据了发展中国家和地区的半壁江山。由于大部分发展中国家都在大力推动制造业的发展，因此，尽管近年来巴西、俄罗斯等国的制造业也取得了不小的进步，但它们在制造业增加值中的比重相比而言反而有所下降。

2. 产业升级趋势日渐明显

随着经济的迅速增长，新兴经济体的产业结构也在不断升级，一些新兴大国的产业部门正在沿着劳动密集型产业—资金技术密集型产业——知识密集型产业的路径向高端攀升。汽车工业和航空工业被公认是具有高度产业关联性的产业，几乎是无出其右地反映着一个国家的工业化程度和高端制造业的发展水平。汽车和大型客机的生产需要材料、化工、橡胶、纺织、电子元器件、机械制造、冶金等行业的支撑和配套，围绕着汽车和大型客机的制造已经形成了一个巨大的产业链。汽车和大型客机产业的发展，不仅能够对一个国家的经济增长起到积极的拉动作用，还能够拉动其他相关产业的发展，无可置疑地成为带动国民经济发展的战略性产业。中国汽车工业的崛起是金融危机以来全球汽车工业中最引人注目的事件。在汽车工业调整和振兴政策以及下调乘用车购置税等一系列汽车消费政策的刺激下，2009年中国汽车业历史性地首次荣登世界产销量第一的宝座。近年来，中国汽车市场购买力依然旺盛，拉动了汽车产能继续扩张，2017年汽车产销量均突破2800万辆，不仅连续八年蝉联全球第一大汽车市场，而且创造了世界汽车生产史上年产量的最高纪录。巴西、印度也跻身世界汽车产量前十名之列。

近年来，随着巴西、中国、俄罗斯等新兴经济体纷纷进入民用航空工业，使这一领域的全球市场竞争更趋激烈。新兴经济体的大型民用飞机产业主要集中在支线飞机制造领域，巴西航空工业公司是这一领域的全球领跑者之一。自20世纪90年代以来，巴航相继研发生产了 ERJ135/140/145 和 E170/175/190/195 两大系列的商用喷气飞机，基本覆盖了 40—120 座级。目前，巴西航空工业公司在全球支线飞机市场上已经拥有了约 50% 的市场份额，与行业巨头加拿大庞巴迪公司形成了分庭抗礼之势。作为支线飞机领域的新进者，中国和俄罗斯都在积极研发基于现代航空技术的新型飞机。中国中航商飞公司推出了 ARJ21"翔凤"，俄罗斯苏霍伊公司研发了"超级喷气"100 客机。并且这两家公司都在将机型系列化，如 ARJ21 包括基本型 ARJ21—700、加长型 ARJ21—900、货运型 ARJ21F 和公务机型 ARJ21B 这 4 种机型；苏霍伊"超级喷气"100 包括基本型和远程型等，力图以更好的产品来满足不同细分市场的需求。不仅如此，中国在自主研制大型干线飞机方面也迈出了坚实的一步，组建了中国商用飞机有限公司并开始研制大型干线飞机 C919，这一重大决策表明了中国进军高端制造业并以此推动产业结构升级的决心。C919 以单通道 150 座级为切入点，已于 2017 年首飞，正在积极申请适航证。随着 C919 翱翔蓝天，中国乃至新兴经济体高端制造业的历史有望翻开新的一页。

在新兴经济体产业升级的过程中，一些大型企业也开始应运而生，甚至在某些市场领域具备了与跨国公司分庭抗礼的能力，这从《财富》500 强的榜单上也能略见端倪。在 2000 年的《财富》全球 500 强公司中，绝大部分是美国、日本和欧盟的大公司。来自新兴经济体的大企业寥寥无几，中国上榜的企业最多，但总共也只有 10 家。但在 2017 年的全球 500 强排名中，进入榜单的中国企业数量达到了 115 家，总量仅次于美国的 132 家。从其他新兴大国的情况来看，印度和巴西各有 7 家，俄罗斯有 4 家。随着新兴经济体的产业发展和国内市场的不断扩张，还会孕育更多的具有国际竞争力的大型企业。

3. 新兴产业已经初具雏形

在新兴经济体制造业不断进步的过程中，随着企业技术能力的不断提升，部分企业的技术研发已经开始接近全球技术前沿，新兴经济体的知识密集型产业也开始成长。中国的通信设备制造业极具代表性。在形成企业核心能力的诸多要素中，创新能力是最为重要的可持续的要素。面对外部环境的迅速变化，企业必须通过技术创新、商业模式创新、组织设计和制度创新以及人力资源管理创新，使企业具备动态能力，从而持续保持竞争优势。华为公司长期致力于研发投入，每年将10%以上的收入用于技术研发，取得了大量的技术突破和专利成果。截至2016年12月31日，华为累计获得专利授权62519件；累计申请中国专利57632件，累计申请外国专利39613件，其中90%以上为发明专利。[①] 华为公司在国际专利申请方面在国际上也是名列前茅。正是凭借高强度的研发投入和持续的技术创新，中国的通信设备企业逐渐形成了全球领先的技术优势，在全球通信设备市场激烈的竞争中脱颖而出，成为全球主流通信产品和解决方案提供商。

近年来，随着中国企业在通信领域研发投入的不断增加、研发能力的不断提高，中国在通信领域取得了一系列重大的技术突破。中国提出的第三代移动通信标准TD－SCDMA已成为3G无线通信国际标准。由大唐通信、华为技术、中国移动等中国企业与阿尔卡特—朗讯、诺基亚等跨国公司共同开发的、包含大量中国专利的第四代移动通信技术与标准TD－LTE已经成为全球4G三大主流标准之一。5G技术研究是目前全球通信领域的技术研发前沿。2016年11月，华为主导的Polar Code（极化码）方案获得国际移动通信标准组织3GPP的认可，成为5G三大应用场景之一的eMBB场景下数据信道编码的解决方案。[②] 这表明，中国企业在5G

---

[①] 数据来源：华为公司网站（http：//www.huawei.com/cn/about－huawei/research－development）。

[②] 《争夺5G话语权重要一步"短码"方案被华为拿下》，通信世界网（http：//zhuanti.cww.net.cn/3G/html//2016/11/21/201611211249526334.htm）。

研发方面已经取得了一系列重要的技术突破,有望在这个领域继续保持国际领先水平,并不断提升在全球5G技术标准制定中的话语权。中国企业正在从信息通信领域的追随者变为领跑者,对全球通信产业的影响力正在不断提升。

随着中国企业的强势崛起,全球通信设备行业的市场格局发生了重大变化,华为公司已经成功跻身于原本被西方跨国公司所垄断的高端通信设备制造领域。从2013年开始,华为的销售额超过爱立信,成为全球最大的通信设备制造企业。随着阿尔卡特—朗讯公司与诺基亚的合并,全球通信基础设施供应商五强鼎立的局面变为四强争霸的格局,中国企业已经占据了全球通信设备制造业的半壁江山。这表明,通过多年的发展,来自新兴经济体的电信企业已经拥有了雄厚的资金实力和市场开拓的经验,具备了在全球舞台上与跨国公司同台竞技的能力。

## 第二节 大国增长的教训:对拉美增长陷阱的反思

后发工业化国家的产业升级通常体现为产品结构从单一到多样化的过程。在经济发展的不同阶段,主导产业沿着资源密集型——劳动密集型——资本和技术密集型——知识密集型的方向渐次演进。在这个过程中,新的产业部门不断出现,可生产的产品种类不断增加,产品技术的复杂性不断提升,最终推动产业结构持续升级。但从第二次世界大战后后发工业化国家的发展历程来看,能够按照这个路径成功实现产业升级的经济体并不多,更多经济体在实现工业化的过程中走了不少弯路,导致工业化过程被延缓甚至中断,这在拉丁美洲表现得尤为明显。

### 一 进口替代战略与拉美制造业的发展

拉丁美洲自然资源非常丰富。在很长一段时间里,拉美各国处于欧洲殖民者的统治之下。欧洲宗主国从自身利益出发，并没有积极推动拉美地区的工业化进程，而是将拉美地区作为本国工业化过程中的原料产地和产品市场，使拉美国家逐渐形成了以自然资源采掘和简单加工为主的生产体系，出口结构以资源密集型产品为主，工业制成品主要依靠从发达国家进口。这种比较单一的生产和贸易结构，极易受到国际大宗商品市场波动和主要贸易伙伴经济形势变化的影响。拉美国家的主要出口目的地是欧美发达国家，1929—1933年大危机导致欧美国家出现严重衰退，经济大萧条降低了欧美国家对大宗商品的需求，给严重依赖初级产品出口的拉美地区带来了沉重打击。部分拉美国家痛切地意识到推动本国工业化发展、调整出口产品结构的必要性。为了推动产业结构的合理化，自20世纪30年代开始，巴西等拉美国家就开始实行以进口替代和幼稚产业保护相结合的发展战略。第二次世界大战结束以后，由于欧美国家经济遭受战争重创而自顾不暇，拉美国家的外资流入大幅下降，国际市场上大宗商品需求明显不足，资源品的贸易条件随之恶化，使得拉美国家的出口遭受重挫，国际收支持续出现逆差。这种不利的经济形势下，普雷维什等人提出的进口替代工业化理论对拉美国家产生了极大的吸引力，这些国家试图通过建立并扩展工业体系，逐渐实现本国制成品对进口商品的替代，并在工业部门优先发展的基础上再带动其他经济部门发展，进口替代战略一度成为当时拉美国家经济发展战略的主流趋势。

为了实现进口替代的政策目标，拉美各国高筑关税壁垒以保护"幼稚工业"，提供低息贷款以激励进口替代产业的发展，高估本国货币价值以刺激资本品和中间产品的进口。在进口替代战略的推动下，拉美国家的民族工业曾经获得过较快的发展，各国的产业结构也发生过积极的变化。工业部门在三次产业中的占比有了一定提升。从整体上看，拉美国家制造业在GDP中的占比从

1950年的20%增加到1978年的25.9%，1950—1978年工业产值年均增长率为6.5%，人均工业产值从1950年的78美元大幅增加到1978年的231美元。这个时期拉美各国的工业部门发展也较快，其中巴西制造业在GDP中的占比从1950年的21.6%提升到1978年的30%，工业产值年均增长率为8.5%；阿根廷从26.2%增加到32.9%，工业产值年均增长率为4.1%，墨西哥从18.8%增加到23.4%，工业产值年均增长率为7%。在制造业部门内部，不仅劳动密集型的消费品部门有了发展，在巴西、墨西哥等拉美大国，钢铁、汽车等资金密集的资本品部门也开始起步。拉美国家产业结构的变化也推动了贸易结构的调整，以初级产品换取工业制成品的贸易结构得到了一定程度的改善。1970年，拉美国家初级产品出口在总出口中的占比为87.7%，1980年下降到83.2%。而一些工业化发展较快的国家这一比率下降更快，巴西初级产品在总出口中的占比从1970年的84.6%下降到1980年的62.8%，阿根廷从86.1%下降到76.9%，乌拉圭从84.6%下降到62.1%。拉美国家不仅能够生产一般性消费品提供给本国市场，还能部分出口一些工业制成品。拉美国家工业制成品出口在总出口中的占比从1970年的12.3%上升到1980年的16.8%。巴西工业制成品出口在总出口中的占比从1970年的15.4%提升到1980年的37.2%，阿根廷从13.9%上升到23.1%，乌拉圭从15.4%增加到37.9%。从拉美国家实施进口替代战略的实际绩效来看，这个战略在不同程度上改善了拉美各国单一的经济结构，减少了对国外工业品的进口依赖，推动了民族工业的发展。

尽管进口替代战略在拉美国家的工业化初期曾经发挥过积极的作用，但这一战略也存在着明显的内在缺陷：进口替代战略下制造业企业主要供应国内市场，由于经济发展水平的制约，拉美国家市场容量有限，这就使企业很难实现规模经济，生产成本因而居高不下；过度的贸易保护削弱了国内市场竞争，使本国企业缺乏改善管理和技术创新的动力,大量生产出价格较高而质量较差的产品,产业的国际竞争力比较低下;进口替代战略并没有发展出健全的工业体系和完善的产业结构,尽管拉美国家的消费品部门已经初步建立,但产业升级不可或缺的资本品、中间产品等仍需进口;汇率高估妨碍了拉美的产品出口,降低了出口创汇能力,导致拉美国家的贸易赤字和国际收支恶化;而具有明确指向性的补贴政策也强化了特定产业部门的垄断地位,加剧了不同部门和不同阶层之间的收入分配不平等。随着进口替代战略自身局限性的日益显现,客观上要求拉美国家的政府根据国内外经济环境的变化,适时调整经济发展战略,理顺激励机制,促进经济从内向型的进口替代转向外向型的出口替代,更好地发挥市场经济对经济发展的引导作用,推动本国经济更深度地融入世界经济体系。但拉美许多国家在结构调整方面始终迈不出有力的步伐。进入 20 世纪 80 年代以后,拉美经济发展的放缓叠加国际金融环境的恶化,最终导致了席卷拉美的债务危机。

## 二 外部冲击、经济自由化与拉美制造业发展的停滞

20 世纪 80 年代爆发的债务危机使拉美地区的产业发展受到重大挫折,工业化进程基本趋于停滞。在偿还外债的巨大压力下,拉美各国不得不对经济进行了结构性调整。发展初级产品的出口部门,以推动出口创汇,大量经济资源更多地配置到资源型产品出口部门而不是制造业领域。由于外汇严重短缺,难以为制造业部门进口资本品和中间产品提供资金支持;经济衰退导致居民收入持续下降,而拉美各国被迫实施的紧缩性政策也减少了政府的公共开支和对国有企业的投入,导致社会总需求减少,使制造业部门面对的国内市场进一步萎缩,进一步挤压了制造业部门的发展空间。在拉美国家经济大幅调整的过程中,制造业受到了很大的冲击,制造业的增速持续放缓,制造业在各国 GDP 中的占比出

现了显著下降,而制造业的萎缩又进一步恶化了经济增长,使20世纪80年代成为拉美"失去的十年"。

拉美国家在20世纪90年代推行的自由化和私有化,对民族工业又造成了新一轮的冲击。关税保护政策和进口替代战略的受挫使拉美各国转向更加自由化的经济政策。由世界银行、国际货币基金组织等国际金融机构所倡导的《华盛顿共识》对当时拉美国家政府产生了很大的影响,各国纷纷推出大力度的贸易自由化和产权私有化政策,彻底放弃了进口替代的发展战略,强调发展基于本国比较优势的出口部门,大幅降低关税和非关税壁垒,对外资开放本国市场。由于拉美国家的自然资源非常丰富,资源禀赋主要体现在农产品和矿产品等大宗商品部门,基于这一比较优势来推进出口导向型经济,必然将更多的劳动力、资金等生产要素导向以资源加工为主的资源加工型产业,进一步压缩了拉美国家制造业的发展空间。迅速地放开贸易壁垒固然有利于国内外资源流动和商品流通,但由于拉美制造企业长期处于政策保护之下,管理能力低、技术水平差、产品成本高,面对大量涌入的质优价廉的外国工业品,拉美企业在激烈的市场竞争中处于极为被动的境地,难以应对外国工业品的冲击,大批企业不得不破产倒闭。国有企业私有化和允许外资持股,固然吸引了大量外国直接投资的流入,但这些外资主要流向了企业的收购兼并而不是技术改造和产能扩张,使拉美国家的制造业被动融入全球产业链,经济依附性特征更加突出。从世界银行提供的数据来看,1990年工业在GDP中的比重为38%,2000年这一比例下降了6个百分点,10年后工业比重依然维持在33%,但2016年工业比重进一步下降到27%。在制造业内部也没有出现明显的产业升级趋势,从拉美制造业较为发达的巴西、阿根廷、墨西哥和智利的情况来看,在制造业内部最能体现重化工业的机械、化工行业占比增长缓慢,2016年巴西机械与运输设备产品占制造业增加值的22%,比2000

年仅仅增长了 3 个百分点,而墨西哥机械与运输设备产品占比则没有增加,两国的化工行业占比反而都出现了下降。

表 11—1　　1990 年以来拉美地区三次产业占比的变化　　单位:%

| 拉丁美洲和加勒比地区 | 1990 年 | 2000 年 | 2010 年 | 2016 年 |
|---|---|---|---|---|
| GDP 年度增长率 | 0.5 | 3.8 | 5.8 | -0.7 |
| 农业增加值在 GDP 中的占比 | 9 | 6 | 5 | 6 |
| 工业增加值在 GDP 中的占比 | 38 | 32 | 33 | 27 |
| 服务业增加值在 GDP 中的占比 | 54 | 63 | 61 | 68 |

资料来源:根据世界银行世界发展指标数据库整理制作。

表 11—2　　2000 年以来部分拉美国家制造业内部结构的变化

| | 制造业增加值 | | 食品饮料 | | 纺织服装 | | 机械与运输设备 | | 化工 | | 其他制造业 | |
|---|---|---|---|---|---|---|---|---|---|---|---|---|
| | 十亿美元 | | 占比(%) | | 占比(%) | | 占比(%) | | 占比(%) | | 占比(%) | |
| | 2000 年 | 2012 年 | 2000 年 | 2012 年 | 2000 年 | 2012 年 | 2000 年 | 2012 年 | 2000 年 | 2012 年 | 2000 年 | 2012 年 |
| 阿根廷 | 46.88 | 84.59 | 29 | | 8 | | 11 | | 15 | | 37 | |
| 巴西 | 86.09 | 182.20 | 17 | 22 | 7 | 6 | 19 | 22 | 12 | 11 | 45 | 39 |
| 智利 | 13.14 | 27.68 | 37 | | 3 | | 6 | | 12 | | 43 | |
| 墨西哥 | 132.13 | 204.20 | 25 | 24 | 4 | 3 | 24 | 24 | 15 | 12 | 31 | 37 |

资料来源:根据世界银行世界发展指标数据库整理制作。

国际资本和外国商品的大量涌入对拉美制造业造成了很大冲击,拉美的制造业增速以及制造业产值在 GDP 中的占比都持续下降,在工业化还很不充分的情况下又出现了所谓的"去工业化"现象。从世界银行提供的数据来看,拉美最大的两个经济体巴西和墨西哥在 1990—2000 年制造业的平均年度增速分别为 1.4% 和 4.3%,而 2000—2016 年两国的制造业年均增速分别下降到 1.2% 和 1.6%,不仅均低于同期 GDP 增速,巴西的制造业增速甚至都不及同期农业的增速,墨西哥制造业增速仅仅比同期农业增速高一个百分点。① 这说明制造业对两国增长的贡献趋于下降，制造业推动经济增长的潜力远未充分发挥。联合国工业发展组织提供的数据也显示，从发展中国家和地区的制造业增加值来看，1990年巴西和墨西哥在发展中国家和地区制造业增加值中的占比曾分别高达9.4%和7.8%，分列第三位和第四位，当时中国的占比仅为13%，略高于巴西和墨西哥。但20年后情况就发生了巨大的变化，2010年中国的占比上升到了43.3%，20年时间里增加了大约两倍，几乎占据了发展中国家和地区的半壁江山。而巴西和墨西哥的占比却都减少了将近一半，分别下降到4.9%和4.0%。

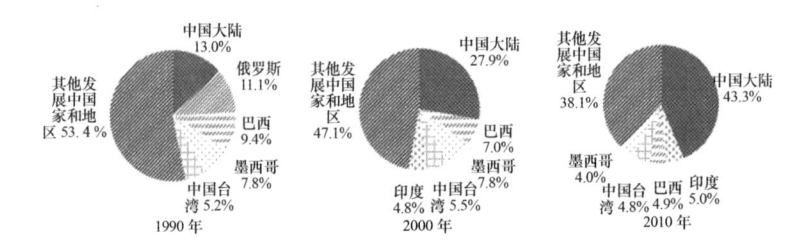

**图11—2 主要经济体在发展中经济体制造业增加值中所占比重的变化
（1990年、2000年和2010年）**

资料来源：United Nations Industrial Development Organization, "Industrial Development Report 2011", p. 143.

### 三 从去工业化到再工业化

得益于初级产品出口的推动和制造业的快速发展，20世纪50—70年代拉美地区的经济曾经出现过较快的增长，用人均GDP的数据衡量，当时的拉美地区总体上已经进入中等收入国家的行列。但是80年代以来，拉美经济增长明显放缓，金融体系多次动荡，制造业出现了大幅滑坡，人均GDP也在中等收入水平上停滞不前。相比之下，起步比拉美要晚的东亚和东南亚地区很多经济

---

① 数据来源：世界银行，世界发展指标数据库。

体已经迎头赶上，并且有些国家进入高收入经济体行列。拉美经济的这种窘境被称为"中等收入陷阱"。进入21世纪以来，在超级商品贸易周期的拉动下，拉美地区的经济增长情况有了明显改观，但制造业的状况仍然没有大的好转，初级产品的出口繁荣掩盖了经济结构上的重大缺陷。在全球金融危机之前，世界经济的持续扩张带动了国际贸易的繁荣，尤其是中国等新兴经济体的高速增长拉动的大宗商品需求，使拉美地区具有显著比较优势的资源密集型出口部门获得了迅速的发展，对工业部门的投资也主要集中在资源采掘业，从而加剧了制造业的边缘化。其后，随着金融危机以来全球经济的持续低迷，特别是中国经济增速的逐渐放缓，拉美的出口增长又面临着失速的风险。

深刻的教训使拉美地区越来越多的有识之士认识到，重新回归工业化，努力推动产业结构的持续升级和工业化不断深化，才是拉美地区摆脱对初级产品和外国资本依附、实现经济持续增长的可行之路。经合组织和联合国拉美经委会在一份研究报告中指出，拉美国家要想扭转经济困境，需要通过深化区域市场和获得更多附加值来推动出口多元化，并推动生产结构的高端化。① 为了更好地实现经济结构的调整，一些拉美国家先后制定了雄心勃勃的以工业化为核心的经济发展规划，如2011年巴西政府曾发布实施了《工业强国计划（2011—2014）》，目前阿根廷正在推进《2020年工业战略计划》，预期未来十年工业产值年均增长速度将达到7%。② 不少拉美国家正在积极建立与本国资源禀赋相适应的产业部门和生产能力，形成新的经济增长点，推动工业化向纵深发展，力争走出中等收入陷阱。

---

① 《2014年拉丁美洲经济展望》，知识产权出版社2014年版，第6页。
② 高潮：《阿根廷：拉美最具投资潜力的国家》，《中国对外贸易》2014年第9期。

## 第三节 快速增长后的新兴大国经济转型的课题

### 一 新兴经济体产业发展面临的新挑战

近十几年来,新兴经济体创造了经济持续高速增长的奇迹,经济实力显著增强,已经越来越深入地参与世界经济体系之中,成为全球资本的重要流入地和世界经济的重要增长点。市场化改革和对外开放改善了新兴经济体的要素配置状况,提高了产业部门的效率,从而造就了新兴经济体的产业成长和经济发展。新兴经济体在承接国际产业转移方面成就斐然,逐渐融入了由跨国公司所主导的国际生产网络,较好地嵌入了全球价值链。尽管新兴经济体的制造业有了长足的进步,但不可否认的是,它们的产业层次仍然偏低,国际竞争力仍然不强。目前新兴经济体都处在产业转型升级的关键时期,对新兴经济体面临的产业发展问题进行深入思考,有助于新兴经济体更好地应对国际国内经济环境的新挑战,实现产业升级和产业赶超。新兴经济体的产业转型升级仍然面临以下挑战。

1. 企业创新能力有待提升

作为产业转移的承接者,整体上的产品技术含量不高和技术创新能力不足,已成为新兴经济体制造业发展与升级的主要制约性因素。新兴经济体在制造业领域的竞争优势主要体现在加工组装环节,企业主要通过进口中间产品进行组装生产,对发达国家的核心技术和关键部件高度依赖,只能在产业链的低端获取少量的加工费用。制造业关键技术的自给率较低,一些高技术含量的关键设备基本上依靠从发达国家进口;绝大部分制造业企业技术开发能力和创新能力薄弱,缺乏技术创新的资金和优秀的人才,原创性技术和产品非常少,新兴经济体每年的发明专利数占世界的比重并不高；普遍缺乏有效的知识产权保护，企业创新的积极性因创新不能获得预期的回报而受挫。如果企业的技术创新能力发展滞后，甚至在进口技术的竞争下趋于萎缩，那么新兴经济体的产业发展将形成对国外技术的长久依赖。对于新兴经济体的企业来说，要想向市场提供具有一定技术含量且具有相对成本优势的产品，构建企业的竞争优势，就必须通过高强度的"干中学"和"研发中学"，理解技术诀窍，形成包括创新能力在内的技术能力，在此基础上最终开发出适合市场需求的质优价廉的产品。

2. 新工业革命可能再次拉大新兴经济体与发达经济体之间的技术落差

近年来，在人工智能、3D 打印、纳米材料、清洁能源等关键技术领域发生了一系列革命性的技术变迁，随着不同领域的重大技术之间相互影响和深度融合，以现代科技为依托的先进制造技术已日趋成熟并正在得到广泛应用。越来越多的现象表明，当今世界正处于新科技革命的时代，一些重要科技领域显现出发生革命性突破的先兆，新的工业革命已经初现端倪。以生产工艺数字化、制造过程智能化、新材料高性能化和新能源利用网络化为特征的新工业革命将在很大程度上改变制造业的要素组合和生产方式，从而推动制造业的整体性变革。

新的工业革命将颠覆传统的生产方式，使生产制造模式从大规模生产转向个性化定制生产，生产组织方式从工厂化转向社会化，产业组织形态从大企业主导的产业链转向中小企业的网络集聚，从而对全球制造业生产方式产生深刻的影响，导致全球生产格局的调整和国家间产业竞争优势的重构。为了进一步强化竞争优势，发达国家都在大力发展先进技术和新兴产业。随着这些领域出现重大的技术突破，处于技术前沿的发达国家企业有条件率先利用这些新技术，以技术优势克服成本劣势，生产出附加值更高、更加个性化的新产品，并将竞争优势从产品竞争前移到研究开发能力乃至研究开发方向选择的竞争，从而在国际产业竞争中继续处于主导地位。

后发国家技术追赶的过程通常是通过引进—消化—吸收—再创新的路径实现的，因此这些国家通常掌握了集成创新和消化吸收再创新的能力，能够沿着主流的技术路线不断改良现有的主导技术。新兴经济体通过多年来持续的技术引进和技术创新，工业部门的现代化程度和生产能力获得了极大的提高，与发达国家之间的技术落差不断缩小。但赶超型经济模式的特点决定了新兴经济体很少从事原始创新，因此在基础研究方面比较薄弱。这种情况导致，新兴经济体在实现技术创新的过程中，比较务实的研发路径是，运用积累的工程技术能力不断完善现有的主导技术，并实现改良技术的产业化。但工业革命必定以重大的技术突破为先导，新的工业革命通常会颠覆传统的技术路线，使沿着传统技术路线寻求技术改良的新兴经济体与发达国家之间的技术差距有可能再一次拉大。

3. 发达国家的制造业回流使新兴经济体的产业升级模式面临挑战

在经济全球化的背景下，新兴经济体通过引进外国直接投资、融入全球生产体系等方式有效实现了产业升级。随着跨国公司的兴起，外国直接投资的技术溢出效应一直为人们所关注。正如一些学者曾经指出的，在东道国的市场竞争中，跨国公司与熟知当地消费者行为、拥有丰富当地业务经验的东道国企业分庭抗礼的前提是，跨国公司必须具备专有知识和技能的所有权优势。但跨国公司对东道国的投资却有可能使其专有知识和技能转移到东道国企业中，从而产生FDI的技术溢出效应。国际产业转移有利于新兴经济体学习工艺和产品创新技能，新兴经济体可以直接利用发达国家丰富的知识存量，通过模仿、人员流动等方式实现FDI技术溢出，从而逐步升级制造能力，促进产业快速成长。

席卷全球的金融危机使美国和欧盟等发达经济体重新认识到

制造业对于推动技术进步、拉动就业的重要性，再度将重整制造业视作拉动经济复苏、恢复经济活力的关键，并出台了一系列政策来实现本国的"再工业化"并吸引制造企业的回归。尤其是特朗普就任美国总统后，奉行"美国优先"的宗旨，积极推动产业回流，已经开始吸引部分高端制造企业的回流。制造企业向发达国家回流的现象如果持续下去，将可能导致新兴经济体通过承接国际产业转移、利用跨国公司的技术溢出效应向价值链高端攀升的产业升级模式难以为继。

4. 成本上升使得新兴经济体制造业的竞争优势遭到削弱

成本优势一直是以往中国等制造业相对发达的新兴大国最主要的竞争优势。曾经拥有几乎无限供应的廉价劳动力的资源禀赋，决定了这些国家在劳动密集型产业和资金、技术密集型产业的制造装配环节具有显著的成本优势。但近年来，国内外宏观经济环境的剧烈变动使新兴经济体的资源禀赋和经济结构不断发生着新的变化。随着劳动力成本提高、土地稀缺、能源短缺、环境恶化等约束因素的日益凸显，新兴经济体维持制造业低成本优势的现实基础逐步被侵蚀，这在中国表现得尤为明显。随着中国人口红利的消失，劳动力成本开始持续上升。同时，新工业革命的兴起，又使中国的产业竞争优势面临着新的挑战。例如，工业革命将改变制造业的要素投入结构，随着生产自动化水平的显著提高，智能控制系统和机器人对劳动力会形成越来越多的替代，企业成本结构中人工成本所占比重将会进一步下降，使得中国劳动力成本优势不再突出，但工业部门的技术创新能力、品牌与渠道管理能力等新的竞争优势尚未形成，这将进一步弱化中国制造业的国际竞争力。德勤旗下的全球消费者及工业产品行业小组联合美国竞争力委员会发布的《2016全球制造业竞争力指数》中指出，尽管中国制造业竞争力指数排名从2013—2016年一直排名第一，但根据全球企业高管对未来五年各国制造业发展与表现的观点，随着低成本、低价格优势的逐渐削弱,预计2020年美国制造业竞争力有可能超过中国,重返世界第一的宝座。①

## 二 新兴经济体产业升级的可能方向

1. 通过新兴产业的渗透,推动传统产业升级

当前,新兴经济体的可持续发展越来越多地受到劳动力、资源和环境等内外部因素的约束,通过调整经济结构、推动产业升级来实现经济发展方式的转变,已在许多国家成为全社会的共识。在寻找经济增长新源泉的过程中,新兴产业引起了广泛的关注。发展新兴产业的积极意义,不仅仅在于它可以引领未来产业的发展方向,还在于它能显著地提升新兴经济体的自主创新能力,进一步增强新兴经济体产业的国际竞争力。从新兴经济体现实的产业结构来看,通过新兴产业的渗透作用,实现传统产业内的优化升级,其积极意义可能并不亚于产业间的升级。

传统产业是相对于新兴产业而言的构成既有产业体系的主要产业部门。几年来,劳动密集型产业已经成为新兴经济体在国际市场上最具竞争力的产业部门,以重化工业为代表的资本密集型产业的市场竞争力也有了显著增强。在未来较长的一段时期,传统产业仍将是新兴经济体经济增长的依托和开拓国际市场的主力。不可否认,随着国内外经济环境的急剧变化,这些传统产业正面临着新的挑战,但传统产业仍然存在着很大的发展空间。传统产业提供的产品与人们的日常生活息息相关。随着人们收入水平的继续提高,以及政府扩大内需政策的不断落实,将会为传统产业创造多不胜数的差异化的市场机会。从这个意义上讲,只有夕阳产品和夕阳技术,而没有夕阳产业。只要传统产业中的企业能够提供优质的产品和服务,满足某一个细分市场的需求,它就有生

---

① 德勤:《2016 全球制造业竞争力指数》,https://www2.deloitte.com/cn/zh/pages/manufacturing/articles/2016 - global - manufacturing - competitiveness - index.html.

存和发展的空间。

尽管传统产业部门竞争优势尚存，但其整体上处于全球产业链的低端则是不争的事实。传统产业要想更好地应对经济环境变化的挑战，就必须利用先进技术，提升产业动态竞争能力，尽快实现产业内的优化升级。从这个意义上讲，新兴经济体新兴产业的发展，实际上为传统产业升级提供了有力的技术支撑。随着清洁能源、低碳环保和信息技术等新兴产业向传统产业的不断渗透，有利于实现传统产业与新兴产业的有机融合，从而推动传统制造业和服务业加速转型为先进制造业和现代服务业，进一步提升新兴经济体产业整体的国际竞争力。

2. 扩大对外开放，为出口部门提供增长新动能

新兴经济体的经济增长带动了居民收入的不断增加，国内市场容量正在扩大，但新兴经济体目前的国内市场规模还不足以支撑这些国家快速的产业发展。随着新兴经济体越来越深地融入国际生产体系之中，它们对国际市场的依赖性也在不断增加。全球金融危机前持续多年的世界贸易扩张，在很大程度上拉动了新兴经济体的经济增长和产业发展，使新兴经济体巨大的产能通过国际市场得以释放。全球金融危机使世界贸易进入一轮收缩周期，作为最终市场需求的发达经济体遭到重创，尽管各国政府相继出台了一系列经济刺激政策，但发达经济体仍然欲振乏力，发达国家的外需萎缩和大宗商品价格回落对新兴经济体的外贸增长和出口产业一度造成不小的影响。新兴经济体的崛起在很大程度上改变了全球经济发展格局，新兴经济体对制成品和原材料的旺盛需求，则使之成为拉动全球经济复苏和贸易增长的主要力量。随着新兴经济体经济规模的不断扩大，新兴经济体间的进出口规模未来还有巨大的成长空间。

3. 推动国际产能合作，使其成为新兴经济体产业升级的突破口

尽管新兴经济体的总体经济发展取得了不小的成就，但不同

经济体之间的经济发展水平和产业发展状态也存在着较大的差别。尽管新兴经济体国家有着促进产业多元化的强烈愿望,但它们在技术能力和装备水平上所处的发展层次是不同的。这就给了彼此之间实行广泛合作以充分的机会。改革开放以来,中国工业部门充分利用后发优势,积极引进外国直接投资,通过消化吸收的技术学习过程逐渐形成了强大的生产能力,研发能力和产业配套能力也都有了长足的进步,迅速缩短了与发达国家在制造业上的差距,在通信技术、高速铁路、新能源等领域还处在国际技术前沿,具备了向全球价值链高端进一步攀升的条件。目前,中国业已建立的工业部门涵盖39个工业大类、191个中类、525个小类,是全球唯一一个拥有联合国产业分类中全部工业门类的国家。[①] 当前,中国制造业正在努力实现从资源密集、劳动密集型产业到资本技术密集型产业再到高新技术产业的有序升级,力争在主导产业更替的过程中实现持续的产业成长。中国不仅在劳动密集型和资源密集型产业中形成了较强的国际竞争力,在汽车工业、航空工业等反映一个国家的工业化程度和高端制造水平的复杂制造业部门,也开始在国际市场上占有一席之地。

中国完备的产业体系和雄厚的生产能力为新兴经济体之间开展产能合作提供了坚实的物质基础,而新兴经济体的经济增长,也为在制造业领域具有一定优势的中国企业提供了市场机会。尽管中国装备制造业总体水平仍然处在全球价值链的中端,整体水平与发达国家尚有一定差距,但与其他新兴经济体相比,中国制造业的技术水平和产业配套能力具有相当明显的优势,能够提供更适合这些地区的适用技术和成套设备,更能契合它们积极推进工业化的现实需求。中国工业部门正在充分利用开放的市场环境,通过对发达国家的先进技术的引进、消化、吸收和再创新,使之

---

① 《从一穷二白到现代工业体系的历史跨越》,http://www.stats.gov.cn/ztjc/ztfx/qzxzgcl60zn/200909/t20090921_68644.html.

与中国制造业的规模生产能力和价格优势有机结合起来，进一步强化中国制造业的竞争优势。中国向其他新兴经济体提供"优质优价"的装备，将中国富余的优势产能转移到亟须推进工业化的这些地区，不仅能够加快这些地区的工业化和城镇化进程，而且可以对相关区域内新型产业分工体系的形成与发展起到积极的影响作用，从而大大提升中国在国际产业分工中的地位，推动中国制造业向全球价值链高端攀升。国际产能合作顺应了新兴经济体消费结构和产业结构的升级趋势，扩大和提升了新兴经济体经济合作的规模和质量，有助于形成以互惠互利、合作共赢为基础的新兴经济体之间经贸合作新机制。

4. 加大研发力度，促进新兴经济体的技术进步

对于新兴经济体来说，新的工业革命既带来了严峻的挑战，也提供了产业赶超的契机。与先前的工业革命主要发生在发达国家不同，经济全球化使得信息、技术和产品的跨国流动更为便捷，新的工业革命的影响将很快波及新兴经济体，从而为新兴经济体工业部门通过技术赶超，实现弯道超车提供难得的历史机遇。新兴经济体充分利用后发优势，积极引进国外先进技术，并通过消化、吸收的技术学习过程逐渐形成了生产能力和创新能力，迅速缩短了与发达国家在技术上的差距。由于在新工业革命的背景下，通过承接国际产业转移和引进先进技术的方式来提升产业技术能力的难度大大增加，这反过来也迫使新兴经济体大力发展创新技术和新兴产业，引导创新要素向符合未来产业发展方向的领域集聚。如俄罗斯将交通与航天系统列为今后几年优先发展的八大科技领域之一，已制定出2040年前的航天发展计划，并启动太阳系行星研究计划和载人登月计划，开始研发航天核动力发动机和超重型运载火箭。印度已经成为全球最大的仿制药生产国，在生物医药领域也开始取得一些重大进展。如果新兴经济体能够在技术创新领域开展持续的大力度投资，将形成建立在技术能力之上的

新竞争优势，进而提升在国际产业分工中的位置。

尽管新兴经济体的总体科技水平落后于发达国家，但它们在不同的产业领域也形成了各自的技术优势，如中国在通信设备等产业，俄罗斯在航空航天业、核电产业，印度在软件开发和生物制药业，巴西在民用航空和深海石油开发业，南非在煤化工等领域都拥有比较先进的技术。为了更好地推动新兴经济体之间的科技合作，新兴经济体已经召开了第一次科技创新合作高级官员会议，一致同意在科技创新战略和政策交流、促进技术转移、粮食安全与可持续农业、气候变化和自然灾害减灾、新能源、可再生能源与节能、纳米技术、基础研究、医药、生物技术等领域开展合作。但从目前的情况来看，新兴经济体间的科技合作主要集中于高校和科研机构，企业只占有极小的比例。民间科技合作是政府科技合作的重要补充，企业间的技术交流与合作应当是民间科技合作中最活跃的力量，新兴经济体企业之间的科技合作对企业自主创新能力的提高会产生积极的影响，将成为新兴经济体技术进步的重要途径。

# 第 四 篇

## 全球化、信息化条件下新兴经济体结构转型中的产业发展路径选择

在进入路径选择的研究之前，我们需要进一步从量的关系上测度新兴经济体国家产业发展所达到的水平。继而通过国际比较，转入对其产业发展路径选择的理论分析，以及实践中的路径选择研究。后者主要是以中国情况的研究为主，因为中国是新兴大国的典型代表，是世界最大的发展中国家，对其转型路径的研究有可能丰富和深化我们对发展经济学的认识。同时，解决中国经济转型的恰当路径选择问题，也正是我们进行比较研究的落脚点。这两者恰恰是中国研究的意义所在。

第十二章

# 新兴经济体国家经济转型中的产业发展：质与量的测度

从本章开始，我们将进入以中国为代表的新兴经济体经济结构转型中的产业发展路径选择的分析。由于制造业是新兴经济体尤其是中国解决结构性问题，进而实现由经济大国向经济强国转变的重要产业基础，所以，我们在进入产业发展路径选择分析之前，有必要通过国际比较的方式，对中国等新兴经济体国家制造业发展的质量水平进行一个规范的量化分析，以明确我们在世界制造业发展中的位置所在，即为实现经济转型中的制造业产业升级进行必要的实证研究。由于对外贸易数据的可得性与可比较性，以及贸易结构能够较为清晰地反映一国制造业的发展水平及其国际竞争力，因此，本章的研究将以此为切入点，重点通过对中国贸易结构变化的历史观察与分析，进行多方面的国际比较研究，以得出我们的认识与研究结论。

过去 30 多年来，中国对外贸易经历了极为迅速的发展，凭借巨大的市场潜力和丰富的劳动力生产要素，中国成了跨国投资转移最为重要的东道国，从 20 世纪 90 年代开始累计吸引的非金融类跨国直接投资超过 15000 亿美元，而进入中国的跨国投资企业 70% 以上都集中于制造行业，并且主要从事以出口导向特征十分明显的加工贸易，因此大量的跨国产业转移不仅显著地带动了中国制造业产出和贸易规模持续攀升，同时促使中国的制造业成功融入了全球产业链生产体系，对中国经济发展和产业结构升级起到了巨大的推动作用。中国目前已经成为世界第一制造业和货物贸易大国，但长期以来中国的制造业发展和制成品贸易竞争力优势总体上仍然没有摆脱依赖低成本以及低价格的竞争优势的弱点，在国际产业链分工格局中仍然处于较低的位置。随着中国劳动力生产成本的快速上升以及资源生态环境的约束逐步增强，依赖低成本、低价格竞争的发展模式变得越来越不可持续，增强自主创新能力、改造升级传统制造业、发展战略性新兴制造业成为当前中国制造业转型升级最为重要的研究课题。

为了明确中国制造业贸易结构变化和制造业产业升级状况，本部分主要从两个方面对中国制造业贸易和结构转型问题进行国际比较分析：首先，基于中国与主要经济体在制造业的生产网络分工发展、产业链分工趋势，以及传统贸易数据和贸易增加值数据，评估了中国与其主要经济体在制造业领域的贸易竞争力、贸易依赖度以及贸易互补性状况，同时对制造业贸易的增加值构成进行了分解比较，主要从国际比较的角度分析中国与其他主要经济体制造业的优势以及升级变化状况。其次，考虑到单纯基于贸易进出口数据来评估制造业的竞争力很大程度上只能反映一国贸易的专业化程度，并不能反映出一国制造业技术含量和产品质量的升级变化趋势，因此本章的第二部分同时基于产品出口市场份额和出口单位价格来推测中国与主要经济体出口产品质量的分布和变化状况。贸易结构是产业结构的延伸和主要体现，通过对不同国家和地区贸易结构变化的分析可以很大程度上明确不同国家产业结构的竞争优势和分工特征。

## 第一节 包括中国在内的 G20 国家贸易竞争力比较：基于贸易数量和专业角度的分析

对中国制造业贸易专业化竞争力的测度研究主要包括三部分：第一部分主要依据中国和其他 G20 成员经济体传统的多边贸易数据，测度各成员国的贸易比较优势、专业化竞争力水平、贸易的互补依赖程度以及竞争性，从总体上认识 G20 成员经济体之间的经贸关系特征及其发展趋势；由于全球价值链分工趋势日趋深入和明显，贸易产品可能循环往复地进入一国进行加工和价值增值，因此单纯依赖传统的加总贸易数据显然无法准确地反映 G20 成员经济体的比较优势、国际竞争力、分工地位以及参与国际分工的水平，因此第二部分主要基于 OECD－TiVA 贸易增加值数据库，将中国和其他 G20 成员经济体的贸易总额总体上分解为国内增加值和国外增加值两部分，而出口的国内增加值进一步分解为国内直接增加值、国内间接增加值、国内进口后再出口的增加值，通过对比成员国制造业总出口增加值的构成比重，可以从总体上明确不同成员经济体参与国际分工的深度和特征。同时，基于投入产出分析方法同样可以具体计算，得到各国全球价值链参与程度指标以及参与国际分工的具体阶段和位置指标，通过对比 G20 成员经济体上述指标可以进一步明确其参与国际分工的地位。为了对比基于贸易增加值数据和基于传统加总贸易数据对贸易竞争力指标计算的差异性，第二部分同样基于贸易增加值数据重新计算了相关的贸易竞争力指标。基于第一部分和第二部分的计算结果，第三部分对于中国和其他 G20 成员经济体制造业发展状况和趋势进行了具体的分析和总结。

该部分的定量计算相关数据全部来自 OECD 贸易统计数据库和 OECD - TiVA 贸易增加值数据库，基于投入—产出分析方法计算的贸易增加值数据库提供了 1995 年、2000 年、2005 年、2008 年、2009 年、2010 年、2011 年共 7 年的相关贸易数据；为了对比分析，这里基于传统方法计算指标，同样选取了各经济体在制造业上述年份的相关加总贸易数据。尽管基于 OECD 贸易增加值数据库计算相关的贸易指标存在时间跨度较短且时间间隔较大不连续的缺陷，但这里的研究重点是从区域生产网络角度刻画和描述 G20 成员经济体总体的经贸关系特征，并且 OECD 贸易数据库提供了 G20 成员经济体的全部相关贸易数据，具有较好的代表性。

### 一 基于传统贸易统计数据的考察

我们首先基于传统的贸易统计数据来定量分析 G20 成员在制造业的经贸关系，这里主要通过测度 G20 成员经济体的贸易竞争力以及贸易关联度指标来刻画相关国家的竞争优势以及相互之间的依赖度及竞争性。与多数已有的相关研究文献一样，这里贸易竞争力的测度主要选取了四个指标进行定量测度：贸易竞争力指数（TC）、显示性比较优势指数（RCA）、相对贸易优势指数（RTA）、净出口显示性比较优势指数（NRCA）。而贸易关联度指标主要选取了两个指标进行测度：贸易结合度（强度）指数（TI），贸易互补性指数（TCI）。

1. 贸易测度指数的定义及描述

（1）贸易竞争力指数（TC）

贸易竞争力指数，即 TC（Trade Competitiveness）指数，是对国际竞争力分析时比较常用的测度指标之一，它表示一国进出口贸易的差额占进出口贸易总额的比重，即 TC 指数 =（出口额 - 进口额）/（出口额 + 进口额）。该指标作为一个贸易总额的相对值，剔除了经济膨胀、通货膨胀等宏观因素方面波动的影响，即无论进出口的绝对量是多少,该指标均在 -1—1 之间。其值越接近于 0 表示竞争力越接近于平均水平;该指数为 -1 时表示该产业只进口不出口,越接近于 -1 时表示竞争力越薄弱;该指数为 1 时表示该产业只出口不进口,越接近于 1 时则表示竞争力越大。显然,该指数只是基于一国自身的进出口数量的相对值来测度竞争力水平而并没有考虑一国进出口与其他国家进出口的相对变化水平,较为简单直观但不够全面。

(2) 显示比较优势指数(RCA)

经济学家巴拉萨(Balassa)于 1965 年提出了显示比较优势指数(Revealed Comparative Advantage Index,RCA 指数)。它是衡量一国产品或产业在国际市场竞争力最具说服力的指标。它旨在定量地描述一个国家内各个产业(产品组)相对出口的表现。通过 RCA 指数可以判定一国的哪些产业更具出口竞争力,从而揭示一国在国际贸易中的比较优势。所谓显示比较优势指数,是指一个国家某种商品出口额占其出口总值的份额与世界出口总额中该类商品出口额所占份额的比率,用公式表示:

$$RCAX_{ijt} = \frac{\dfrac{x_{ijt}}{\sum_{j} x_{ijt}}}{\dfrac{\sum_{i} x_{ijt}}{\sum_{i} \sum_{j} x_{ijt}}}$$

其中,$i$ 表示国家或经济体,$j$ 表示行业,$t$ 表示时间,$x$ 表示出口额。显示比较优势指数也有它的局限性:当一个产业的产业内贸易盛行时,以显示比较优势指数所衡量的该经济体和产业的比较优势不具有客观性,更不能用来预测一个贸易发展的模式。另外,RCA 指数忽视了进口的作用。

(3) 相对贸易优势指数(RTA)

由于出口显示比较优势指数只从出口的角度考察了一国出口

产品的竞争力水平,而没有考虑进口贸易的影响作用。相对贸易优势指数(又称为显示竞争优势指数,由 Vollratlh 于 1988 年提出)同时基于出口显示比较优势指数和进口显示比较优势指数来测度一个贸易的相对竞争力水平,公式表示为:

$$RTA_{ijt} = RCAX_{ijt} - RCAM_{ijt}$$

进口显示比较优势表示为:$RCAM_{ijt} = \dfrac{\dfrac{m_{ijt}}{\sum_j m_{ijt}}}{\dfrac{\sum_i m_{ijt}}{\sum_i \sum_j m_{ijt}}}$

显然相对贸易优势指数同时考虑了一国出口和进口的相对竞争力水平,能够更为全面地评估贸易的相对竞争力水平。该指数大于 0 表示一国产业具有显示竞争优势,反之亦然。

(4) 净出口显示比较优势指数(NRCA)

为了反映进口对出口竞争力的影响,1989 年,贝拉·巴拉萨又提出了一个改进的显示比较优势指数,用一国某一产业出口在总出口中的比例与该国该产业进口在总进口中的比例之差来表示该产业的贸易竞争优势,这一指数称为"净出口显示比较优势指数"(NRCA),用公式表示为:

$$NRCA_{ijt} = \dfrac{x_{ijt}}{\sum_j x_{ijt}} - \dfrac{m_{ijt}}{\sum_j m_{ijt}}$$

净出口显示比较优势指数值大于 0 表示存在竞争优势,指数值小于 0 表示存在竞争劣势,指数值等于 0 表示贸易自我平衡。净出口显示比较优势指数剔除了产业内贸易或分工的影响,反映了进口和出口两个方面的影响,因此用该指数判断产业国际竞争力要比其他指数更能真实反映进出口情况。该指数值越高,国际竞争力越强;该指数值越低,国际竞争力越弱。如果考虑贸易壁垒的影响,这种比较优势与真实的比较优势可能出现一定的差距。

## 2. G20 成员经济体贸易竞争力分析

(1) 贸易专业化竞争力水平分析

上述公式中,表示各国在产业 i 历年进出口总额占全部时期的在产业 i 的进出口比重,作为加权平均的权重,分别表示各国在 i 行业的出口和进口额。

图 12—1 给出了 19 个 G20 成员经济体(不包括欧盟经济体)的贸易专业化竞争力指数,为了从总体上比较各经济体的贸易竞争力指数,我们将历年计算的结果进行了加权平均。图 12—1 的计算结果显示:在制造业部门,贸易专业化竞争力水平较高的经济体分布较为分散,19 个成员经济体 1995—2011 年只有 7 个经济体的贸易专业竞争力指数为正值,其中韩国、中国、日本和德国的专业化贸易竞争力指数最高,这些国家也是传统的贸易大国,是过去 20 多年来贸易增长最为迅速的国家。与此相反的是,虽然英国和美国世界制造业大国和强国,但其贸易专业化竞争力指数为负值,这与过去 20 多年来美国和英国制造业大量向外转移存在密切关系,制造业进口规模总体上大于出口规模。而制造业贸易专业化竞争力指数较低的经济体除了美国和英国等传统的制造业强国之外,还包括澳大利亚、沙特阿拉伯、土耳其和墨西哥等其他东南亚新兴经济体,这些国家主要以资源密集型产业出口为主,制造业总体的贸易专业化程度较低。与其他 G20 国家相比,韩国、中国和日本的专业化贸易竞争力指数最高,显然中、日、韩在过去 20 年是全球出口贸易增长最快的国家,贸易扩张的速度远超过其他 G20 经济体,同样是贸易顺差增长最为迅速的国家,特别是中国在这一时期通过吸收大量的跨国投资转移,快速地提高了自己的贸易专业化水平。

(2) 出口显示比较优势指数 (RCAX)

出口显示比较优势指数是指一个国家某种商品出口额占其出口总值的份额与世界出口总额中该类商品出口额所占份额的比率,

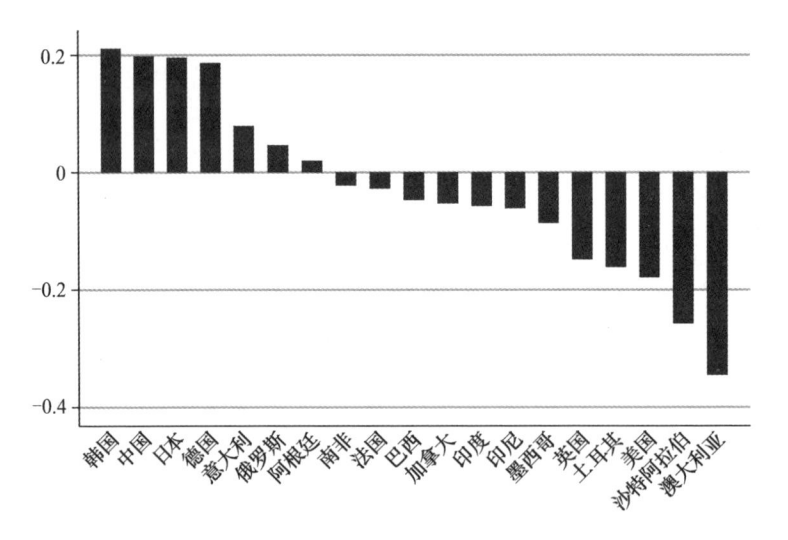

图 12—1　G20 国家制造业贸易专业化竞争力指数对比
（按贸易加权，1995—2011 年）

用公式表示：

$$RCAX_{ijt} = \sum_{t=1995}^{2009} W_{it} \frac{\dfrac{x_{ijt}}{\sum_j x_{ijt}}}{\dfrac{\sum_i x_{ijt}}{\sum_i \sum_j x_{ijt}}}$$

其中 $i$ 表示国家或经济体，$j$ 表示行业，$t$ 表示时间，$x$ 表示出口额。$W$ 表示各国历年在产业 $i$ 的出口比重占全部时期产业 $i$ 出口的比重。

与专业化贸易指数不同，出口显示比较优势指数通过测度一国某部门的出口与世界该部门出口比值的相对之比来揭示一国出口的相对比较优势水平，被广泛用来评估出口的比较优势变化情况。图 12—2 给出了基于出口显示比较优势指数计算的 G20 成员经济体在制造业的出口比较优势变化状况。这里同样将历年计算的结果按照贸易加权的方式进行了处理，从总体上反映不同经济体在不同部门的出口显示比较优势水平。

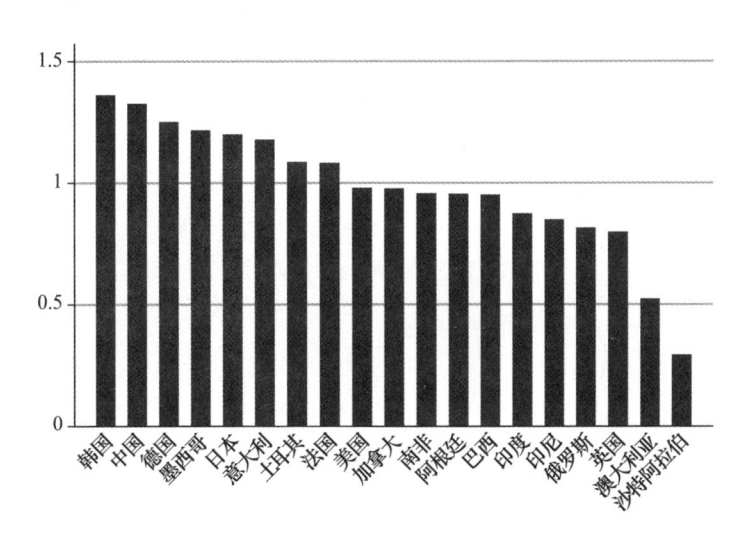

**图12—2　G20国家出口显示比较优势指数**
**（按贸易加权，1995—2011年）**

在制造业部门，出口显示比较优势指数的计算结果显示，与贸易专业的计算结果基本一致，在19个G20国家中共有8个国家的出口显示比较优势大约为1，其中韩国、中国、德国、墨西哥、日本和意大利的加权显示出口比较优势最高，表明上述国家的出口具有明显的优势，这些国家中日本、德国、意大利属于传统的贸易强国，出口竞争力一直都处于较高水平，中国、韩国、墨西哥的专业出口水平较高主要原因在于其奉行出口导向战略，与发达国家将大量的制造业生产环节转移到上述经济体作为出口加工生产基地存在密切的关系。同样，与上述传统贸易强国和新兴出口导向经济不同，主要以资源出口的沙特阿拉伯、澳大利亚、俄罗斯等国家的出口显示比较优势指数都显著低于1，表明这些国家的出口专业化水平较低，出口的数量和规模优势较弱，与南非、巴西、印度、俄罗斯相比，中国的出口竞争力具有明显的数量和规模优势。与贸易专业化指数计算结果对比,出口显示比较优势指数计算的结果结论总体上并没有发生较大的变化。总体来看,相关的指数计算结果仍然表明由于跨国产业转移效应的存在,传统贸易强国的出口比较优势指数要高于资源密集型出口国家。

(3) 相对贸易优势指数

相对贸易优势指数,又称为显示竞争优势指数,同时基于出口显示比较优势指数和进口显示比较优势指数来测度一个贸易的相对竞争力水平,公式表示为:

$$RTA_{ijt} = \sum_{t=1995}^{2011} W_{xit} RCAX_{ijt} - \sum_{t=1995}^{2011} W_{mit} RCAM_{ijt}$$

$$RCAM_{ijt} = \frac{\dfrac{m_{ijt}}{\sum_j m_{ijt}}}{\dfrac{\sum_i m_{ijt}}{\sum_i \sum_j m_{ijt}}}$$

显然,相对贸易优势指数同时考虑了一国出口和进口的相对竞争力水平,能够更为全面地评估贸易的相对竞争力水平。该指数大于 0 表示一国产业具有显示竞争优势,反之亦然。$W_{xit}$ 表示各国历年在产业 $i$ 的出口占全部时期产业 $i$ 的出口比重;$W_{mit}$ 表示各经济体历年在产业 $i$ 的进口占全部时期产业 $i$ 的进口比重。

由于出口显示比较优势指数只是从出口的角度测度经济体的出口比较优势,忽视了进口对贸易竞争力的影响作用。相对贸易优势指数(又称为显示贸易竞争力指数)同时考虑了出口和进口的显示比较优势特征,能够更为全面地评估一国的贸易竞争力水平。图 12—3 给出了计算得到的 APEC 成员经济体的相对贸易优势指数结果:

在制造业部门,在考虑了各国的进口显示比较优势之后,采

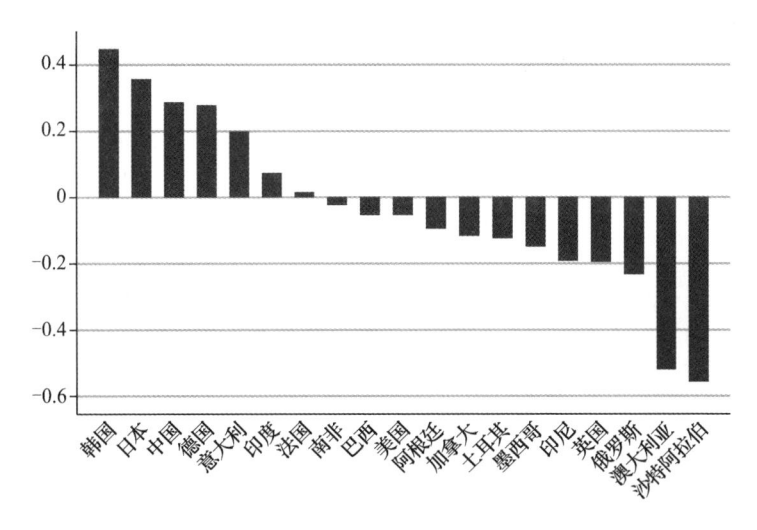

**图12—3 G20国家相对显示比较优势指数**
**（按贸易加权，1995—2011年）**

用相对显示比较优势计算结果与采用出口显示比较优势指数和贸易专业化指数计算的结论总体上一致，韩国、日本、中国、德国、意大利是竞争力水平最高的国家，而沙特阿拉伯、澳大利亚、俄罗斯的相对显示比较优势指数仍然处于最低的水平；印度的位置变化较为明显，其贸易专业化竞争力指数和出口显示比较优势指数均显示印度贸易竞争力较低，但贸易相对显示优势指数却大于零，表明印度的出口显示比较优势指数高于进口显示比较优势指数，综合来看，印度总体的贸易专业化水平仍然具有一定的优势。

（4）净出口显示性比较优势指数

用一国某一产业出口在总出口中的比例与该国该产业进口在总进口中的比例之差来表示该产业的贸易竞争优势，这一指数称为"净出口显示性比较优势指数"（NRCA），用公式表示为：

$$NRCA_{ijt} = \sum_{t=1995}^{2011} W_{it} \left( \frac{x_{ijt}}{\sum_j x_{ijt}} - \frac{m_{ijt}}{\sum_j m_{ijt}} \right)$$

净出口显示性比较优势指数值大于0表示存在竞争优势，指数值小于 0 表示存在竞争劣势，指数值等于 0 表示贸易自我平衡。该指数值越高，国际竞争力越强；该指数值越低，国际竞争力越弱。如果考虑贸易壁垒的影响，这种比较优势与真实的比较优势可能出现一定的差距。$W_{it}$ 表示各国历年在产业 $i$ 的进出口额占全部时期产业 $i$ 进出口总额的比重。

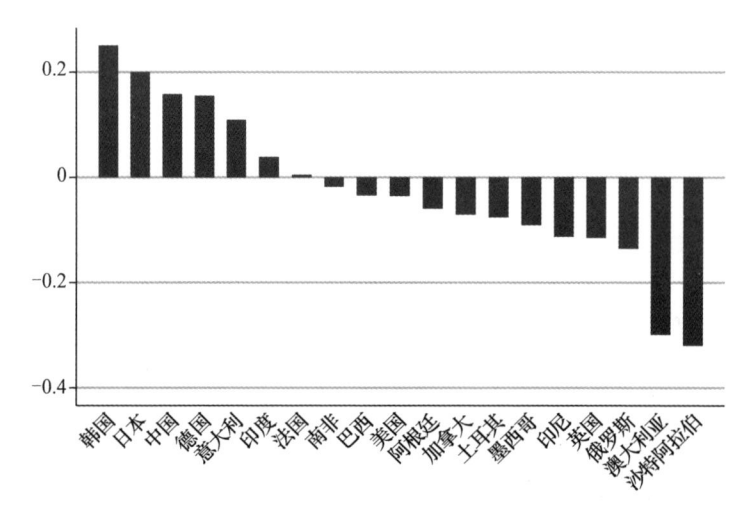

**图 12—4　G20 国家净显示比较优势指数**
**（按贸易加权，1995—2011 年）**

净出口显示比较优势指数同样通过出口和进口的相对变化值来测度一国的贸易竞争力水平，与相对显示比较优势采用相对比值的变化测度不同的是，净出口显示比较优势是基于各自国家的出口和进口相对变化来测度出口竞争力水平。图 12—4 给出了 G20 成员经济体 1995—2011 年按贸易加权平均计算的净出口显示比较优势指数结果。从制造业计算的结果来看，净出口显示比较优势指数与相对显示性优势指数的计算结果较为接近，19 个 G20 国家中只有 7 个国家的净显示比较优势指数大于零，计算结果仍然表明韩国、日本、中国、德国、意大利的净显示比较优势指标值相对较高，而沙特阿拉伯、澳大利亚和俄罗斯的净出口显示比较优势指数最低，同样表明这些国家的制造业的进口比重要显著高于其出口比重；综上所述，在制造业部门，东亚新兴经济体和主要贸易强国具有较强的竞争力和比较优势，总体来看，G20成员经济体在制造业部门存在较大的互补性特征，具有良好的合作基础。

## 二 基于增加值贸易统计数据的考察

由于全球价值链分工日趋明显，出口产品会在不同国家进行加工增值，不同国家的出口产品中包含了不同程度的外国增加值，并且很多贸易产品（特别是制成品）会循环往复地进入一国进行加工增值过程，显然直接采用传统的贸易进出口加总数据有可能会严重高估一国的出口产品在世界市场的真实份额，从而使贸易竞争力和比较优势指标的测度产生显著的偏差。基于相关的研究（Koopman 等，2014；Johnson 等，2012；Timmer 等，2014），一国总体的出口贸易值可以进一步分解为：出口的国内增加值部分和出口的国外增加值部分，而出口的国内增加值可以进一步分解为国内直接增加值、国内间接增加值以及国内出口后再进口的增加值部分；基于全球价值链角度对贸易的分解和竞争力测度不仅可以更为真实地反映一国的出口比较优势和贸易竞争力水平，同样可以分析和明确一国出口产品价值增值的链条和分工地位，以及与相关产业的相互关联程度，能够更为准确地反映一国的国际竞争力和发展潜力。基于上述考虑，这里主要基于 OECD – TiVA 贸易增加值数据库，在对 G20 成员经济体的贸易进行分解基础上，进一步测度了不同成员经济体的贸易比较优势和竞争力水平，同时与传统的计算结果进行对比分析，考察传统贸易计算结果与贸易增加值计算结果的差异性。

1. G20 成员国分行业出口的增加值分解

（1）出口的国内增加值和外国增加值比重

图 12—5 给出了 G20 成员经济体在制造业部门出口国内增加

值在 1995—2011 年的平均比重。在制造业部门，G20 成员经济体出口产品国内增加值比重存在较大的差异，19 个成员国的平均值比重为 80.5%，其中，国内增加值比重最高的为沙特阿拉伯，最高达到 96%，最低为韩国，相应比重为 62.4%，中国的相应比重为 67.5%，19 个成员经济体共有 8 个经济相应的比重超过 80%。总体来看，出口导向新兴经济体（韩国、中国、墨西哥）和欧洲国家（意大利、德国、法国）均属于出口国内增加值比重较低的经济体；主要原因在于这些国家的制造业的全球价值链分工特征较为明显，制造业国内增加值比重显著偏低，外国增加值的比重显著偏高，特别是对于接受跨国投资转移最多的东亚新兴经济体以及欧盟内部价值链分工特征较为明显的国家，出口产品中国内增加值的比重显著偏低。

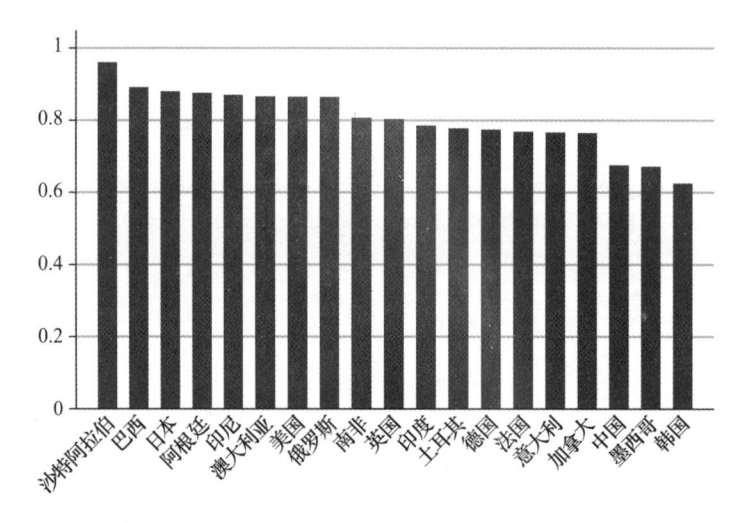

图 12—5　G20 国家出口国内增加值比重

（按贸易加权，1995—2011 年）

图 12—6 给出了 G20 成员经济体出口总额中外国增加值比重的分布情况，由于出口的外国增加值比重等于 1 减去出口国内增加值比重，因此图 12—6 和图 12—5 刻画的问题完全一致，显然

图12—6的结果仍然表明G20成员经济体中制造业部门的外国增加值比重要显著高于其他产业部门,以出口导向为主的新兴经济体国家的制造业部门外国增加值所占比重最为突出。同时,不难发现,在所有的G20经济体中,韩国、中国和墨西哥的出口外国增加值比重都处于最高或者次高的位置,显然与这些国家深度融入全球或者区域贸易价值链分工存在密切关系。

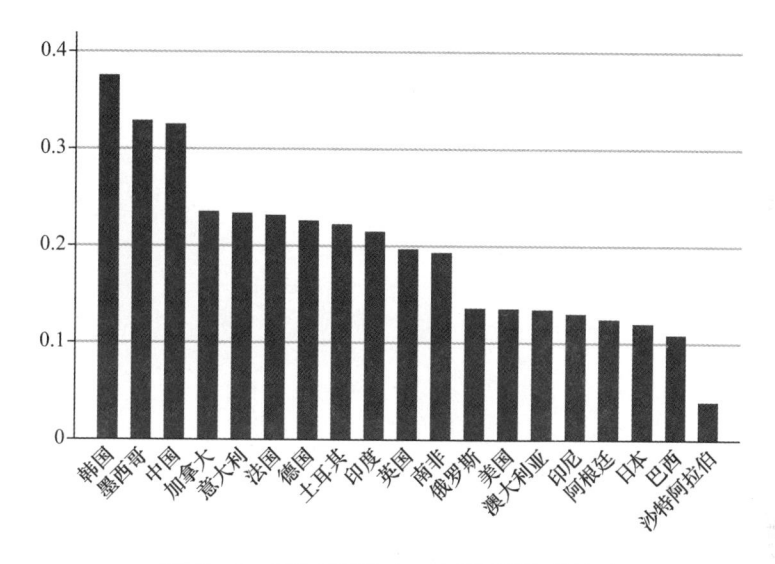

**图12—6 G20经济体出口中外国增加值比重**
(按贸易加权,1995—2011年)

(2) 出口的国内直接和间接增加值比重

尽管多数G20成员经济体在农业、采矿业和服务业部门的国内增加值比重较高,但仅仅从国内增加值的总体比重测算仍然无法全面反映出口与国内产业的关联效应或者出口产品价值链长度,而国内直接和间接增加值的比重,以及国内出口后再进口的增加值比重可以更为全面地概括一国出口产业关联效应和价值链的分工模式。国内出口的直接增加值比重越高,表明其出口对国内产业的带动作用越小,与其他产业的关联效应越弱;国内出口的间接增加值比重越高，表明出口对其国内其他行业的带动作用越大。图 12—7 和图 12—8 分别给出了 G20 成员经济体在各产业部门出口的国内直接增加值比重和国内间接增加值比重分布情况。

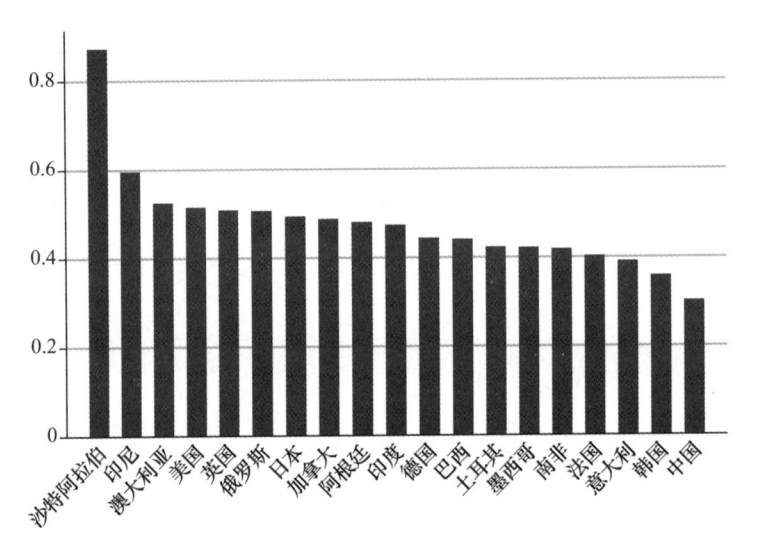

**图 12—7　G20 国家制造业出口国内直接增加值比重**
（按贸易加权，1995—2011 年）

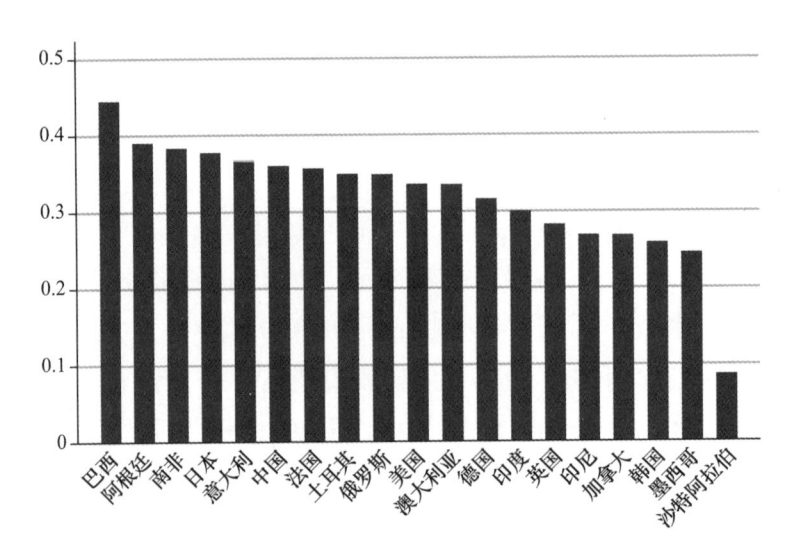

**图 12—8　G20 国家制造业出口国内间接增加值比重**
（按贸易加权，1995—2011 年）

从出口的国内直接增加值比重的分布情况来看，在制造业部门：在19个G20成员经济体中，出口的国内直接增加值所占平均比重为47.7%，显著低于农业和采矿业相应的比重，表明各经济体的制造业部门对其本土其他产业的带动作用总体上要高于农业和采矿业；其中沙特阿拉伯制造业出口的国内直接增加值比重最高为87.2%，而中国制造业出口的国内直接增加值比重最低为30.2%；同时，19个成员经济体中，出口国内直接增加值占出口国内总增加值相对比重较高的经济体包括：沙特阿拉伯、印尼、澳大利亚，平均相对比重超过50%，表明其制造业出口对上述经济体本土的其他产业带动作用相对较小；而相对比重较低的经济体主要包括：中国、韩国、意大利、法国，其相对出口平均比重低于40%，说明上述国家的制造业出口对其国内产业带动作用较高，其中中国的比重最低，表明在19个G20成员经济体中，中国的制造业出口对其国内其他产业部门带动作用最大。

2. 基于贸易增加值统计数据的贸易竞争力测度

正如前文强调的一样，在全球价值链分工模式下，由于一国出口最终产品可能包括了大量的外国增加值，并且出口产品还可能循环往复地进入一国进行加工增值，因此采用加总的贸易数据测度和评估各经济体的实际贸易竞争力水平可能会严重高估或者低估一国的相对贸易竞争力水平。因此，这里同样基于经过分解后的贸易增加值数据，扣除外国增加值影响因素之后，采用了出口产品中国内增加值数据，重新计算和对比了G20各经济体各项贸易竞争力指数。

（1）专业化贸易竞争力指数（TSI）

图12—9给出了采用贸易增加值数据计算的G20成员经济体专业化贸易竞争力指数1995—2011年的加权平均值。具体计算中，出口数据采用了出口的国内增加值数据，而进口数据采用了总进口减去本国出口后再进口的国内增加值。在制造业部门在19

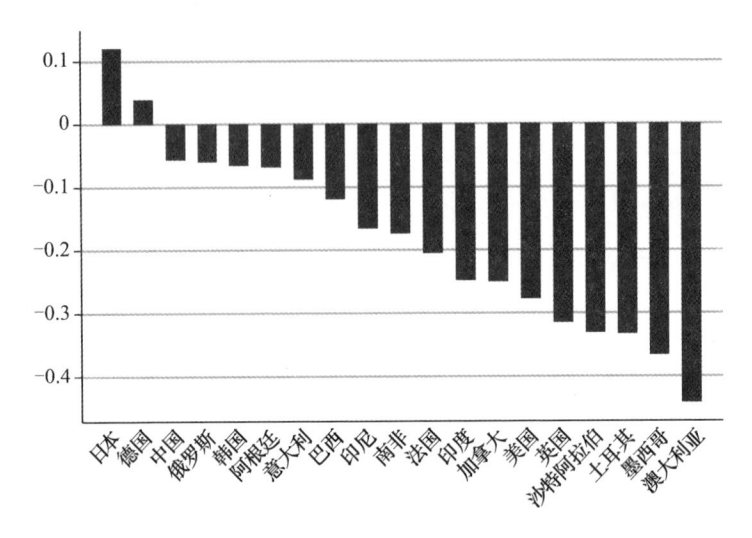

图 12—9　G20 国家制造业专业化贸易竞争力指数

（贸易增加值，按贸易加权，1995—2011 年）

个 G20 成员经济体中，只有日本和德国制造业部门的专业化贸易指数大于 0，包括中国在内的其他 17 个经济体的贸易专业化指数均小于 0，这与直接采用加总的贸易数据计算结果形成了十分鲜明的对比，竞争力发生明显逆转的国家主要包括中国、韩国、意大利、墨西哥，表明上述国家的贸易增加值与贸易总额之间存在较大差别，其贸易竞争力主要依赖于发达国家的产业转移，出口产品的国内增加值总体上低于进口产品的外国增加值。除了上述发生明显逆转的国家之外，其他多数 G20 国家的贸易专业化竞争力指数总体上也都处于较低的水平，其中澳大利亚、墨西哥、土耳其的贸易专业化竞争力水平最低，增加值度量的贸易专业竞争力指数均小于 -0.3，表明上述 G20 国家的出口参与国际分工的程度较高，进口的外国增加值水平远高于本国出口国内增加值的比重。显然，无论是传统的贸易加总数据测度，还是贸易增加值数据测度，都表明日本和德国具有显著的专业化竞争力水平，这也说明日本和德国在全球的贸易大国中具有显著的竞争优势，其出口的比较优势和竞争力主要来自国内增加值，这与大多数以出口导向的新兴市场经济形成较为鲜明的对比。总体来看,与传统的计算方法相比,采用贸易增加值数据测算后,制造业的贸易专业化竞争力指数大小和各成员经济体的贸易竞争力的相对位置发生了较大的变化,表明在制造业部门全球价值链分工特征较为突出,各经济体采用加总贸易数据和贸易增加值数据的测度指标值存在很大的区别。

(2) 显示出口比较优势指数（RCAX）

由于采用专业化贸易竞争力指数只是简单地从进出口差额的角度来测度一国的贸易竞争力水平大小,为了更加全面地反映一国的贸易比较优势,我们同样采用出口增加值数据计算了 G20 成员经济体的显示性出口比较优势指数。图 12—10 给出了相应的计算结果。在制造业部门,19 个成员经济体中,共有 11 个经济体的出口显示比较优势指数大于或等于 1,其中韩国、德国、中国、日本、意大利、墨西哥相应的比较优势指数最高,平均值均超过 1.2,而沙特阿拉伯、澳大利亚、英国、印度相应的出口显示比较优势指数最低。显然,与采用传统的贸易数据计算结果相比:采用增加值计算出口显示比较优势的结果仍然表明传统的贸易强国和新兴市场经济体具有较高出口显示比较优势指数,而以资源出口为主的国家出口显示比较优势指数仍然最低,虽然采用贸易增加值计算得到的出口显示比较优势指数的排名发生了一定程度的变化,但总体的分布特征与采用加总的贸易数据计算的结果差别并不大,这也表明 G20 国家经济体中,虽然随着全球价值分工链的深入发展,各国的出口产品中存在不同程度的外国增加值因素,但这仍然没有从根本上改变各国出口增加值主要依赖于各自国内增加值的现实,亚洲新兴经济和德国、日本仍然是全球出口专业化水平最高的国家。

(3) 相对显示比较优势指数

由于出口显示比较优势指数只考虑了各国出口相对于其他经

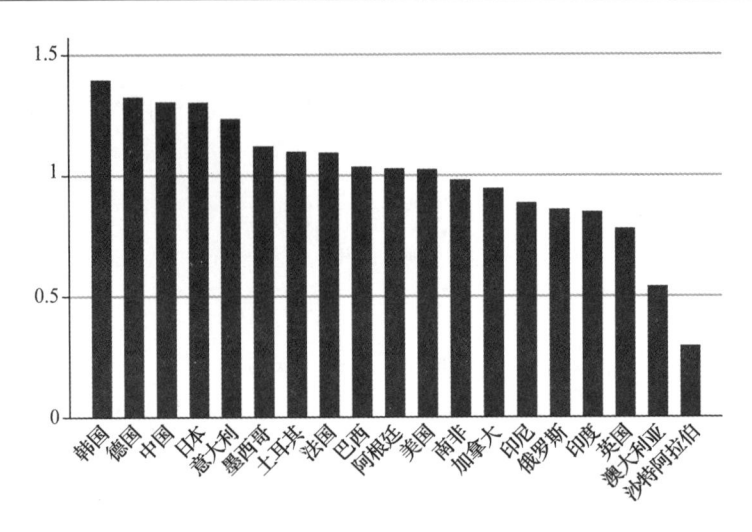

图 12—10　G20 国家制造业出口显示比较优势指数
（贸易增加值，按贸易加权，1995—2011 年）

济体的比较优势，而忽略了进口的作用。图 12—11 给出了同时考虑出口和进口影响作用的贸易相对显示优势指数（或者贸易显示竞争力指数）的计算结果。在制造业部门，韩国、日本、德国、中国、意大利的贸易显示相对优势水平最高，相应的贸易显示相对优势指数均大于 0.5，在 19 个成员经济体中，贸易显示相对指数大于 0 的国家总共有 8 个，小于 0 的国家共有 11 个，计算结果仍然明确地显示，沙特阿拉伯、澳大利亚、俄罗斯等资源密集型国家相对显示比较优势指数较低，这与图 12—10 中的结果较为一致，但是如果同时考虑了出口和进口的相对比较优势之后，图 12—11 中部分国家的计算结果与图 12—10 的计算结果存在非常明显的差别，比如墨西哥如果只计算其出口比较优势指数表明其竞争力很高，但是如果同时看进口和出口的计算指标，图 12—9 和图 12—11 的增加值计算结果表明墨西哥的相对竞争力很低，表明其出口增加值对进口的依赖程度非常高，这与同样为出口导向型的东亚新兴经济体韩国和中国形成了鲜明的对比。与基于传统贸易数据计算的结果相比较，基于贸易增加值计算的贸易竞争力指数变化同样不大，同时部分成员经济体的贸易竞争力相对位置和排名发生了较为显著的变化。总体来看，采用同时考虑出口和进口显示比较优势的相对竞争力指数计算结果仍然显示制造业相对于其他产业部门全球价值链分工体系最为明显。

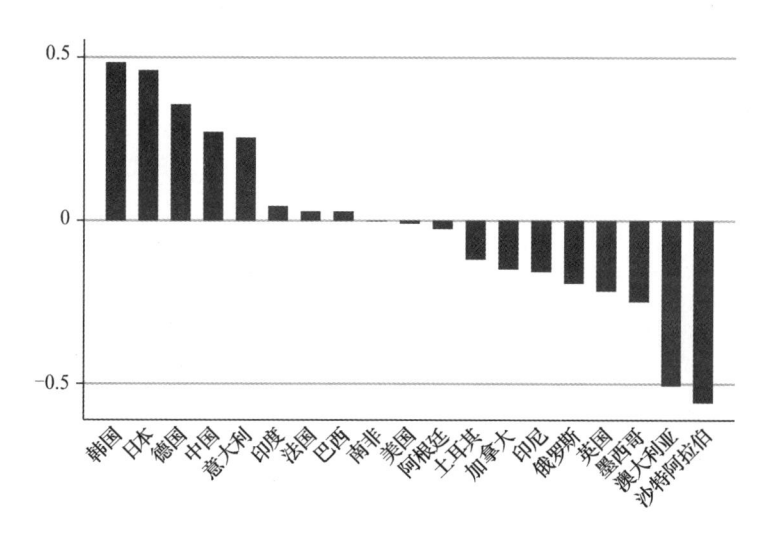

**图12—11 G20国家制造业相对显示比较优势指数**
（贸易增加值，按贸易加权，1995—2011年）

（4）净显示比较优势指数（NRCA）

净显示比较优势指数同样考虑了出口和进口的影响作用来测度一国的贸易竞争力水平，与相对显示竞争力指数不同的是，净显示比较优势指数是通过计算一国某产业的出口比重和进口比重之差来判断其相对比较优势。图12—12给出了利用上述指数计算的19个G20成员经济体相应的比较优势。

在制造业部门，采用贸易增加值计算的净显示比较优势指数表明，19个G20成员经济体中只有5个经济体的数值大于0，主要包括韩国、日本、德国、中国和意大利，而沙特阿拉伯、澳大利亚、墨西哥、英国、俄罗斯的净显示比较优势指数最低；与基于传统贸易数据的计算结果相比，印度的指数计算结果发生了逆

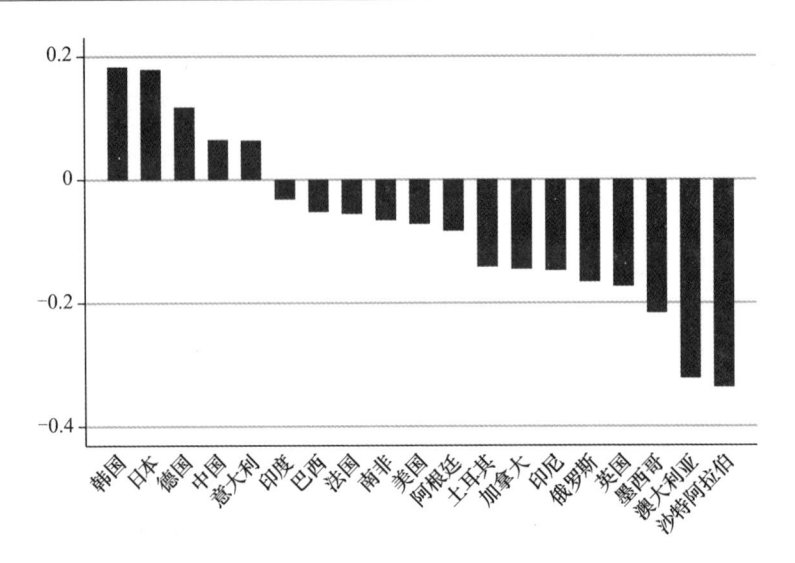

图 12—12　G20 国家制造业净显示比较优势指数
（贸易增加值，按贸易加权，1995—2011 年）

转，其他国家对应指数的计算结果基本没有发生大的变化，显然图 12—12 的计算结果仍然与图 12—11 和图 12—9 的计算结果总体上保持了较高的一致性。事实上，无论是采用贸易增加值计算还是采用加总贸易数据计算，同时考虑进口和出口的比较优势情况下，G20 国家中东亚新兴经济体和传统的贸易专业化强国德国和日本是贸易竞争力水平最高的国家，资源密集型出口国家的竞争力水平最低，而其他国家总体上竞争力水平也较低。比较特殊的是美国，无论采用哪一种指数计算，美国的出口竞争力，相对显示竞争力水平总体上都不高，这也与美国存在逆差的现实背景较为符合，这表明美国是全球最主要的进口国家，同时美国长期存在较为严重的经常账户逆差与美国大量产业转移到东亚新兴经济体市场存在密切关系。

综上所述，采用贸易增加值数据对 G20 成员经济体的贸易比较优势和竞争力指数进行重新评估后，在制造业部门采用贸易增加值计算相应的比较优势和竞争力指数后，发现部分 G20 成员经济体的比较优势和竞争力水平发生了逆转，同时很多经济体比较优势和竞争力水平的位置和排名次序也会发生一定程度的变化，表明制造部门全球价值链分工特征最为突出，采用贸易增加值方法来评估 G20 成员经济体相对比较优势和贸易竞争力水平更为合理。

### 三 结论和政策含义

前面的两部分主要基于传统的贸易数据和贸易增加值数据全面评估了 G20 成员经济体在制造业部门的比较优势、贸易竞争力水平，同时通过对比、分析 APEC 成员经济体出口贸易增加值的构成，考察了各成员经济体在不同产业部门参与全球价值链生产的状况，明确了各经济体在全球价值链分工中所处的地位和作用。通过上述的分析，我们可以将 G20 各成员经济体在制造业部门的经贸关系总结如下。

对 19 个成员经济体贸易增加值分解计算表明，19 个 G20 成员经济体 1995—2011 年出口的国内增加值比重为 65.7%，并且各经济体出口国内增加值比重呈现显著的差异性，19 个成员经济体中有 16 个经济体出口国内增加值比重超过了 70%，显然，在 G20 国家中制造业出口的国内增加值比重显著偏高。不仅如此，从出口国内增加值比重的构成来看，制造业部门的直接国内增加值以及出口后再进口的国内增加值相对比重都显著较高，表明 G20 国家成员在制造业部门的全球价值链分工趋势总体上并不突出，制造业中间产品在各经济体循环往复的进出口现象并不频繁，同时制造业对国内其他产业部门的带动作用也总体上有限。正因为 G20 国家制造业部门在全球价值链分工特征并不突出，造成多数 G20 成员经济体采用传统加总的贸易数据和贸易增加值数据计算的比较优势指数和竞争力指数总体上并不存在显著的区别，只是部分国家的排名出现了一定程度的变化，总体上以东亚新兴市场国家中中国、韩国的出口和贸易比较优势较为突出，发达国家中日本、德国、意大利的出口优势和贸易相对优势较为明显，而美国和英国的贸易比较优势和竞争力水平较低，这主要是因为美国和英国主要是全球的进口大国，跨国产业投资转移特征价较为明显，而贸易竞争力水平最低的国家主要集中在沙特阿拉伯、澳大利亚、俄罗斯以及加拿大等主要以资源产品出口为主的经济体，这些国家总体上参与全球分工的深度较低，出口产品的国内增加值较高。总体上表明 G20 国家中许多成员经济体的制造业存在较大程度的互补性，虽然采用贸易增加值数据和传统的贸易数据计算比较优势和竞争力存在一定程度的区别，但总体来看，韩国、中国、日本、德国、意大利等经济体的贸易比较优势和竞争力指数较强，而美国、墨西哥、俄罗斯、澳大利亚、沙特阿拉伯等经济体相应的指数较低，美国相应的指数较低与制造业大量转移到东南亚新兴经济体存在较大关系。从上述的计算和分析结果来看，G20 成员经济体目前在制造业部门尚未形成较为成熟的生产网络体系，全球价值链分工特征较弱，G20 成员经济体在制造业部门互补性较高，在 G20 合作机制下进一步推动贸易和投资自由化、促进制造业分工进一步深化具有广泛的潜力和发展空间。

## 第二节 中国与主要经济体出口产品质量的国际比较分析

前面主要从贸易专业化程度分析了中国与其他 G20 国家的竞争力水平以及贸易互补情况，由于贸易专业化水平主要从数量角度来考察不同国家和地区的竞争力水平，并不能够全面反映贸易结构和质量的升级状况，为了全面考察贸易和产业结构的升级状况，同样需要从质量升级角度来比较不同国家贸易质量升级状况。

对于出口产品质量的测度一直是国际经济学领域重要的研究

课题。最为简单直观的方法是采用出口产品的单位价值进行测度（Schott，2004；Hallak，2006），由于出口产品质量只是决定价格变化的众多因素之一，因此直接采用该方法测度比较产品质量差异受到了较大的质疑。近年来，一些研究开始采用多维度信息来推测产品质量的变化，比如 Khandelwal（2010）、Amiti 和 Khandelwal（2013）同时通过产品市场份额和产品价格信息来推测产品质量，测度的基本原理为：在控制产品价格前提下，产品获取的市场份额越高，代表消费者对产品的认可度越高，也就表示该产品的质量越高。Hallak 和 Schott（2011）基于全新的理论分析框架，采用出口价格和贸易差额信息，将出口产品价格分解为质量指标和纯净价格指标，测度了不同国家出口产品质量在 1989—2003 年的变化状况。Piveteau 和 Smagghue（2013）基于产品需求方程，利用进口份额与汇率交叉项作为产品价格的工具变量，考察低工资国家进口竞争情形下法国企业产品质量在 1995—2010 年的变化特征。而另外的一些学者采用更为直接的质量信息来测度产品质量的变化，比如 Verhoogen（2008）采用了 ISO9000 国际质量标准认证作为出口产品质量的评价指标。Crozet 等（2011）采用了法国葡萄酒等级分类的详细信息对香槟酒的质量进行了准确的区分。

过去 20 多年来，中国不仅出口增速迅猛，而且从出口产品的复杂度和发达国家出口产品的重叠度来看远超过目前中国人均收入水平应该达到的阶段，具有显著的独特性（Rodik，2006；Schott 等，2008）。很多采用 2004 年之前相关数据的研究表明，尽管中国的出口产品在世界市场的份额增长较快，但其比较优势仍然是依赖低成本价格竞争，其出口产品质量相对于其他竞争者并没有得到显著的提高（Khandelwal，2010；Hallak 和 Schott，2011；Fontagne 等，2008；Xu，2010）。与上述研究不同的是，Pula 和 Santabarbara（2011）采用欧盟 1995—2007 年的海关进口数据，发现中国对欧盟的出口市场份额并非完全依赖价格竞争，其出口产品质量也在逐步提高，与许多其他竞争者相比，中国对欧盟市场的产品质量提升具有显著的优势，并且中国出口产品质量提升与快速融入全球生产网络体系存在密切关系。Vandenbussche 等（2013）考察了中国相对于欧盟在服装制造行业 2000—2009 年出口产品质量的变化状况，表明中国服装纺织类产品在出口市场份额上升的同时与欧盟国家出口的相对价格差距也在逐步缩小，表明中国服装纺织出口产品的质量在不断提高。近年来，国内学者同样对中国出口产品质量的变化状况做了多方面的研究（李坤望等，2014；王永进、施炳展，2014；张杰等，2014），并且均认为中国的出口产品质量在样本期内并没有得到显著的提升，甚至出现了一定程度的下降趋势，出口产品质量与出口企业的所有权性质和贸易方式存在密切关系。这里需要强调的是：一是国内已有的研究主要采用了中国海关 2000—2006 年企业数据库进行测度分析，时间跨度较短并且主要是基于时间维度的纵向比较研究，由于产品质量变化是一个缓慢的过程并且是一个相对概念，通过对比不同国家在不同时期的出口产品质量显然更能揭示一国出口在国际分工中的相对地位和作用，也更能明确一国出口产品质量升级的相对变化状况。二是尽管已有的国外研究比较了中国与其他国家出口产品的相对质量，但多数研究均采用了 2004 年之前的贸易数据，而中国与很多国家在不同时期的出口结构特征变化非常明显，出口产品质量在近年来（特别是近 10 多年来）相对于更早时期的变化可能会呈现截然不同的趋势。

测度出口产品需要重点考虑的一个问题是：由于全球价值链分工趋势的日趋明显，各国出口产品价值不仅存在重复计算的问题，而且都涵盖了不同程度的外国增加值（Koopman 等，2014；Johnson 等，2012；Timmer 等，2014）。在全球产品价值链的分工模式下对测度出口产品质量至少提出了两方面挑战：一方面由于各国出口产品可能循环往复地进入本国和其他国家进行加工、增值过程，造成各国出口统计中包括很多重复计算部分，因此在不控制各国出口产品的价值增值差异情况下，直接采用各国的出口市场份额信息来测度产品质量，可能会严重高估本国增加值产生的市场占有率，进而对出口产品质量测度产生显著偏差。另一方面，由于出口产品的价格与产品的价值增值环节存在密切关系，即出口产品价格很大程度上取决于进口中间产品的价格，因此，一国出口产品中最终包含多大程度的外国增加值比重不仅会对出口产品市场份额，同样会对出口产品的价格产生显著影响作用。显然，在采用市场份额和产品价格等多重信息来推测出口产品质量的分析框架下，是否考虑外国增加值影响作用，可能会产生截然不同的结果。虽然已有的跨国研究强调了中国加工贸易和中国融入全球生产网络对测度产品质量的影响作用，但并未将出口产品中的外国增加值影响作用纳入经验分析框架中进行统一对比分析；特别需要强调的是，不仅包括中国在内的新兴市场国家，而且很多的发达国家出口产品价值中同样可能包括了大量的外国增加值（OECD – TiVA 统计数据显示）；尽管已有的相关研究强调和对比了中国一般贸易和加工贸易出口产品质量的差别，但是在一般贸易模式下出口产品同样可能包含了很多高附加值的外国进口中间产品。基于上述考虑，这里将 OECD – TiVA 行业层面的贸易增加值数据库和 BACI 全球产品贸易产品数据库相结合，基于本章经验框架分别考察了在控制与不控制外国增加值影响的条件下，53 个国家产品质量的相对分布和变化状况。

为了全面考察中国与主要国家出口产品质量的变化特征和竞争力水平，我们首先对比了中国与其他主要贸易强国的出口单位价格和出口市场份额变化情况，同时综合对比考察了中国和主要贸易强国的国际出口市场份额和出口单位价格综合贸易竞争力指标变化情况。在上述统计分析的基础上，我们结合现有的理论分析框架，进一步测度了中国与主要贸易国家出口产品质量的差异性。

## 一 测度出口产品质量的方法

### 1. 理论分析框架

这里主要基于 Berry（1994）、Berry 等（1995）关于消费者对差异化产品需求的离散选择模型来推导测度产品质量的经验方程。消费者 $i$ 购买产品 $j$ 的效用函数（$U_{ij}$）可以表示为：

$$U_{ijt} = x_{jt}\widehat{\beta_t} - \alpha p_{jt} + \xi_{jt} + \varepsilon_{ijt} \tag{1}$$

$\widehat{\beta_t}$ 表示消费者的对 $j$ 产品的特征 $x$（对研究人员可观测的变量）的偏好系数，$p_{jt}$ 表示产品的价格水平，$\xi_{jt}$ 表示产品的垂直化特征（对研究人员不可观测），即产品的质量，可以分解为三部分：$\xi_{jt} = \xi_j + \xi_t + \Delta\xi_{jt}$，$\xi_j$ 表示不随时间变化的产品特征，$\xi_t$ 表示对所有产品的需求冲击效应，$\Delta\xi_{jt}$ 表示偏离平均质量水平的固定效应，误差项 $\varepsilon_{ijt}$ 表示产品的水平化特征，用来控制消费者的独特的偏好差异，比如为什么有些消费者会选择价格高但质量不高的产品。消费者对产品特征 $k$ 随机偏好系数可以表示为：

$$\widehat{\beta_{ik}} = \beta_k + \sigma_k \eta_{ik} \tag{2}$$

$\beta_k$ 表示消费者 $i$ 对产品特征 $k$ 的平均偏好系数，$\sigma_k$ 表示对产品特征 $k$ 偏好替代系数，$\eta_{ik}$ 为满足独立同分布假设的随机偏好系数，由方程式（1）和（2）可以得到：

$$U_{ijt} = x_{jt}\beta - \alpha p_{jt} + \xi_{jt} + \sum_k x_{jkt}\sigma_k \eta_{ik} + \varepsilon_{ijt} \tag{3}$$

其中，$\delta_{jt} = x_{jt}\beta - \alpha p_{jt} + \xi_{jt}$ 表示消费者选择 $j$ 产品的平均效用水平，而 $\varphi_{ijt} = \sum_k x_{jkt}\sigma_k \eta_{ik} + \varepsilon_{ijt}$ 表示消费者的随机偏好特征。如果直接基于多元 Logit 离散选择函数来刻画消费者的随机偏好特征，其基本的假设条件是消费者选择不同产品的交叉弹性系数是不变的，或者消费者选择一种商品对其他商品之间的替代率是恒定不变的（Independent and Irrelevant Alternatives，IIA），因此消费者的随机偏好系数只是通过误差项 $\varepsilon_{ijt}$ 来刻画。显然 IIA 假设条件过于苛刻，由于现实的多数情况下，相似产品之间的交叉弹性和替代率远高于不同类别产品之间的替代率，因此为了更为接近现实情况，采用更为灵活的嵌套（Nested）或者混合（Mixed）离散选择函数来刻画消费者的随机偏好和选择行为显然更为合理。为了简单起见，本部分同样采用了 Nest-Logit 函数来刻画消费者的随机偏好系数，假设消费者可供选择的商品可以分为 $g+1$ 个互斥组，$G=[0,1,2,\cdots,g]$，消费者即可以选择内部的产品种类 $g=[1,2,\cdots,g]$，也可以选择外部的产品种类 $g=0$，同一组内产品之间具有相同的替代率，而不同组间产品的替代率存在差别，消费者的效用函数可以表示为：

$$U_{ijt} = \delta_{jt} + \zeta_{igt} + (1-\sigma)\varepsilon_{ijt} \tag{4}$$

$0 \leqslant \sigma < 1$，当 $\sigma$ 趋近于 1，表示组内产品的接近完全替代，反之，当 $\sigma=0$ 表示组内产品的替代率为零，消费者的随机偏好可以直接用多元 Logit 函数刻画，$\zeta_{igt}$ 对选择组内产品的消费者具有相同的效用，其服从的分布形式取决于 $\sigma$。Cardell（1991）的研究证明，由于 $\zeta_{igt}$ 服从单一的分布形式，如果 $\varepsilon_{ijt}$ 服从极值函数分布形式 $\exp(-\exp(-\varepsilon))$，那么 $\zeta_{igt}+(1-\sigma)\varepsilon_{ijt}$ 同样服从极值分布函数形式。假设存在无限数量消费者，产品 $j$ 在对应组 $g$ 的市场份额可以表示为：

$$S_{j,g,t} = \exp\left(\frac{\delta_{jt}}{1-\sigma}\right) \Big/ \sum_{j\in g} \exp\left(\frac{\delta_{jt}}{1-\sigma}\right) \tag{5}$$

消费者在 $g$ 个内部互斥组中，选择 $g$ 组的概率为，即 $g$ 组产品总的市场份额为：

$$S_{g,G,t} = \frac{\sum_{j\in g}\exp\left(\frac{\delta_{jt}}{1-\sigma}\right)^{1-\sigma}}{\left(\sum_{g\in G}\sum_{j\in g}\exp\left(\frac{\delta_{jt}}{1-\sigma}\right)\right)^{1-\sigma}} \tag{6}$$

消费者选择内部产品 $j$ 的市场份额为：

$$S_{j,t} = S_{j,g,t} \times S_{g,G,t} = \frac{\exp\left(\frac{\delta_{jt}}{1-\sigma}\right)}{\left(\sum_{j \in G} \exp\left(\frac{\delta_{jt}}{1-\sigma}\right)\right)^{\sigma} \left(\sum_{g \in G} \sum_{j \in g} \exp\left(\frac{\delta_{jt}}{1-\sigma}\right)\right)^{1-\sigma}} \quad (7)$$

对方程式（7）两边取自然对数可得：

$$\ln(S_{j,t}) = \frac{\delta_{jt}}{(1-\sigma)} - \sigma \ln\left(\sum_{j \in g} \exp\left(\frac{\delta_{jt}}{1-\sigma}\right)\right) + e \quad (8)$$

其中 $e = -(1-\sigma)\ln\left(\sum_{g \in G} \sum_{j \in g} \exp\left(\frac{\delta_{jt}}{1-\sigma}\right)\right)$

对方程式（5）两边取自然对数可得：

$$\ln(S_{j,g,t}) = \frac{\delta_{jt}}{(1-\sigma)} - \ln\left(\sum_{j \in g} \exp\left(\frac{\delta_{jt}}{1-\sigma}\right)\right) \quad (9)$$

由（8）和（9）可得：

$$\ln(S_{j,t}) = \delta_{jt} + \sigma \ln(S_{j,g,t}) + e \quad (10)$$

由于消费者同时可以选择外部产品，为了简化分析，假设消费者选择外部产品的效用标准化为零（$\delta_{0,t} = 0$），且外部产品只有一组（g=0），可得：

$$S_{0,t} = S_{0,g,t} \times S_{0,G,t} = \frac{1}{\left(\sum_{g \in G} \sum_{j \in g} \exp\left(\frac{\delta_{jt}}{1-\sigma}\right)\right)^{1-\sigma}} \quad (11)$$

对方程（11）两边取自然对数，结合方程（10）可得：

$$\ln(S_{j,t}) = x_{jt}\beta - \alpha p_{jt} + \xi_{jt} + \sigma \ln(S_{j,g,t}) \quad (12)$$

基于消费者偏好理论推导方程显示：控制了产品价格和其他影响产品市场份额的因素（对研究人员可观测的因素）之后，可以通过估计方程（12）的误差项间接得到产品质量的估计值，即控制产品价格和其他影响市场份额的因素之后，如果一种产品仍然具有较高的市场份额表示消费者对该产品的认可度就越高，即产品的质量也越高。

2. 经验分析框架

基于上述的理论推导方程和第一节对出口产品质量测度需要考虑的具体问题论述，可以确定本部分的经验分析框架：

$$Ln(S_{i,j,t}) = \alpha P_{i,j,t} + \beta_1 Ln(FVS_{i,s,t}) + \beta_2 Ln(S^g_{i,j,t}) + \beta_3 Ln(POP_{i,t}) + \beta_4 Ln(XRR_{i,t}) + \xi_{i,j,t} \quad (13)$$

$$\xi_{i,j,t} = \xi_{i,j} + \xi_t + \Delta\xi_{i,j,t}$$

方程（13）中 $S_{i,j,t}$ 表示 i 国出口产品 j 的市场份额。由上述的理论分析框架可知，如何确定市场份额是一个关键性的问题，已有的研究（Khandelwal，2010；Pula，Santabarbara，2011）主要假设出口目的地消费者的外部选择市场为国内市场，因此总的市场规模界定为目的地进口市场规模和国内市场规模之和，即考虑进口产品和国内产品之间的替代性，不考虑进口来源地（出口国家）产品的之间的替代性。由于对大多数国家很难获取国内市场产品分类和海关 HS 产品分类对接的准确信息，采用目的地国内市场作为消费者的外部选择市场很大程度上限制了其应用的范围。基于上述考虑，这里假设目的地国内市场规模是相对稳定的，消费者倾向于在不同国家的进口产品之间进行选择消费。由于本部分主要测度 53 个经济体对目的地市场（发达国家总体市场）的出口产品质量，目的地消费者的内部选择为 53 个经济体的出口产品，而外部选择为除了 53 个经济体之外其他经济体对目的地市场的出口产品，因此总的出口市场规模为全球所有经济体对目的地市场的出口规模。[①] 基于上述假设和对市场规模界定之后，可以将 $S_{i,j,t}$ 表

---

① 由于出口国家同时也可能同时属于出口目的地市场的组成国家；由于并不存在各经济体向自身出口产品的问题，因此 53 个经济体对目的地出口和价格都是指各经济体对不包括自己在内的目的地市场出口总规模和加权价格水平，二者存在严格一致的对应性，不同经济体对目的地市场出口规模和加权平均价格的计算会存在单个样本选择范围的差异，但这与本文的分析框架和核心原理并不冲突，同时本部分从多个角度的稳健性检验结果也表明这并不会对经验结果产生实质性影响。

示为：

$$S_{i,j,t} = EXP_{i,j,t}/TXP_{jt}$$

$EXP_{i,j,t}$ 表示 $i$ 国对 OECD 国家总体市场 $j$ 产品的出口额，$TXP_{jt}$ 表示全球所有国家对 OECD 国家市场 $j$ 产品的出口额。[①]

$P_{i,j,t}$ 为相应的出口产品价格，这里采用了 BACI 经过统一度量标准之后的 HS 六位码 CIF 出口产品单位价值来表示。由于本文主要分析对 OECD 总体市场的产品质量，因此这里的 $P_{i,j,t}$ 为对目的地市场的出口加权平均价格水平，即

$$P_{i,j,t} = \sum_{c} w_{icjt} \times p_{icjt} \tag{14}$$

其中，$p_{icjt}$ 表示 $i$ 国对 $c$ 国出口 $j$ 产品的价格，$w_{icjt}$ 表示权重，这里采用 $i$ 国对 $c$ 国出口 $j$ 产品占各国对目的地市场出口 $j$ 产品总额的比重来表示。$C$ 表示出口目的地市场国家（OECD 国家总体市场）。由于出口价格中包括关税、国内税收、生产成本、运输成本、非关税壁垒、贸易自由化协定及安排等众多影响市场份额的因素，因此控制了价格以后就控制了绝大部分影响市场份额变化的因素。由于价格相对于市场份额的变化是一个显著的内生变量，因此对价格参数的估计需要采用工具变量进行识别，由于贸易成本和出口产品价格存在高度的相关性，和多数的文献一样，这里采用贸易成本作为出口价格的工具变量，尽管出口产品的平均质量水平与贸易成本同样存在显著的相关性，即存在"华盛顿苹果"效应（Hummels，Skiba，2004），但贸易成本与偏离出口平均质量的固定效应并不存在相关性，即贸易成本与经验方程中的误差项并不存在相关性，仍然可以采用贸易成本作为工具变量对出口价

---

[①] 这里采用出口金额而不是出口数量来计算出口市场份额，原因在于：1. 尽管 BACI 对出口产品的单位都做了统一处理，转化为了以吨计量，但作者仍然担心对各国出口产品计量单位的转换存在较大误差，从而对经验结果产生较大偏差；2. 同时本部分的稳健性检验表明，采用出口金额和出口数量计算的出口市场份额差别很小，二者存在很高的相关性，总体的相关系数大于 0.9，采用出口金额还是出口数量计算市场份额对经验结果并无显著的影响作用。

格的参数进行识别（Khandelwal，2010；Amit，Khandelwal，2013；Fernandes，Paunov，2013）。对于贸易成本的估算是一个较为繁琐的过程，但幸运的是，BACI 提供的 CIF 出口产品金额正好是基于 FOB 出口额加上估算的贸易成本而得到的，但 BACI 并未直接提供 FOB 出口价格数据。因此本部分基于 BACI 提供的 CIF 出口产品金额和相关测算贸易成本的变量指标数据采用同样的贸易成本估算方程可以反推出各国家出口产品的贸易成本（Gaulier，Zignago，2010）。

$$Ln(CIF_{ic}^{jt}) = \alpha + \beta Ln(Dist_{ic}) + 2\chi Ln(Dist_{ic}) + \delta Contiguity_{ic} + \varphi Landlock_i + \gamma Landlock_c + \eta Ln(UV^j) + \sum_{l=1998}^{2012} \varphi_l t_l + \varepsilon_{ic}^{jt} \quad (15)$$

$CIF_{ic}^{jt}$ 表示 BACI 数据库中表示 $i$ 国对 $C$ 国出口 $j$ 产品的金额，$Dist_{ic}$ 表示地理距离，$Contiguity_{ic}$ 表示两国之间是否接壤的虚拟变量，$Landlock$ 表示是否为内陆国家的虚拟变量，$UV^j$ 表示出口产品的平均单位价值，$t_l$ 为时间虚拟变量。利用全球贸易数据库对方程（15）进行 OLS 估计，通过上述变量回归的预测值间接得到各国出口不同产品的贸易成本总额，用贸易成本总额除以出口数量，可以获得出口产品的单位贸易成本。将单位贸易成本依据公式（14）以相同的方式进行加权平均，可以得到出口产品价格 $P_{i,j,t}$ 对应的单位贸易成本 $UTC_{i,j,t}$。

$FVS_{i,s,t}$ 表示 $i$ 国出口 $j$ 产品对应的行业 $s$（$j \in s$）的外国增加值比率。本部分将分别在经验方程中采用控制 $FVS_{i,s,t}$ 和不控制 $FVS_{i,s,t}$ 变量估计得结果对比各国出口产品质量的变化特征。同样外国增加值比率相对于出口产品质量（误差项）是一个内生变量，由于行业出口产品的种类多少会受到参与全球价值链程度的显著影响，而出口产品的种类与出口产品的质量并无直接必然的联系，因此这里采用行业对应的出口产品种类数量作为 $FVS_{i,s,t}$ 的工具变量进行经验方程的识别。

$S^g_{i,j,t}$ 表示 $i$ 国对出口 $j$ 产品在组内 $g$ 所占的比重，用来控制组内市场份额对出口产品质量测度的影响作用。由于同一组内产品具有相似的特征，本部分将 HS6 位码产品按照国际标准产业分类（ISIC Rev. 2 四位码）归组，将全部产品分别对应到 76 个国际标准产业组，因此 $S^g_{i,j,t}$ 表示各产品在对应的国际标准产业分类组中所占的比重。显然，组内份额相对于出口产品市场份额和产品质量是一个显著的内生变量，同样由于每一种产品的组内份额显然与组内产品的种类多少存在显著的相关性，而组内产品种类与出口产品质量（误差项）不存在必然的联系，因此这里同样采用每个产业组内产品种类作为组内市场份额的工具变量进行经验识别。

$POP_{i,t}$ 表示出口国家的人口规模，用来控制更为细分的出口产品标准下出口产品种类数量的多少对出口市场份额的影响作用。由于无论采用 HS6 位码还是 HS10 位码出口产品分类标准，都只是对实际出口产品种类的一种粗略分类，比如即使在 HS10 位码分类标准下内部仍然存在数量众多的不同种类产品，一国在 HS10 位码分类标准下某类产品总体出口市场份额较高可能与该国在该类产品的内部出口了更多的产品种类有关，并不完全代表该出口产品的质量和竞争力较高。

$XRR_{i,t}$ 表示出口国家货币对美元的名义直接汇率（上升表示本币贬值），用来控制汇率调整其出口产品市场份额的影响作用。显然，由于产品质量变化与汇率调整之间存在内生性问题，和已有的多数研究文献一样，这里采用原油价格和加权地理距离的交叉项作为名义汇率的工具变量进行经验识别。为了便于检验工具变量的有效性，在经验方程估计过程中本部分同时加入了各国对目的市场的加权地理距离作为工具变量进行 2SLS 估计。

## 二 主要贸易国家出口产品单位价格、市场份额及产品质量的比较

前面的理论和经验分析框架主要阐述了如何测度产品质量的

变化特征，由于上述的理论和经验测度的核心思想是同时基于出口产品的单位价格和出口产品的市场份额来推测产品质量的相对变化状况，在具体对比考察中国与主要贸易国家产品质量变化之前，我们有必要首先考察中国与主要贸易强国的出口单位价格变动以及出口市场份额变动情况，同时基于出口价格变动和市场份额变动来初步推断中国和主要贸易强国的综合贸易竞争力变化指标。

1. 中国与主要贸易强国的出口单位价格变动对比分析

为了对比不同国家出口产品单位价格的相对变化情况，我们这里选取了中国、美国、日本、德国、英国、意大利、法国、韩国8个贸易大国作为比较对象，基于BACI_HS6位码细分贸易产品数据，计算了2000—2013年各国出口加权价格相对于世界平均加权价格的相对变化情况，具体的计算过程中，对所有国家的出口产品价格都基于World Penn Table 9.0出口价格指数进行了平减。图12—13给出了中国与其他国家出口产品加权单位价格的相对变化情况，结果显示：与其他主要的贸易大国和强国相比，中国的出口产品单位价格总体上持续偏低，其他主要贸易国家的出口单位价格总体上高于世界平均出口价格（相对于世界平均出口价格大于1）。总体来看，主要贸易国家出口产品的单位价格相对于中国具有较为明显的优势。从变化的趋势来看，多数发达国家的出口产品单位价格相对于世界平均水平呈现先上升后下降的变化趋势，即在2002年之前主要发达国家的出口产品单位价格相对于世界平均价格总体上呈现上升变化趋势，但在2002年之后则出现了持续的下降变化趋势，可能主要原因在于：由于中国2001年加入世界贸易组织之后，大量的中国出口产品快速地进入世界市场参与竞争，导致中国对主要贸易国家的出口产品替代和竞争程度日趋激烈，在发达国家中日本的出口产品相对于世界平均价格水平最高，但下降幅度也最为迅速，到2013年底尽管日本的出口

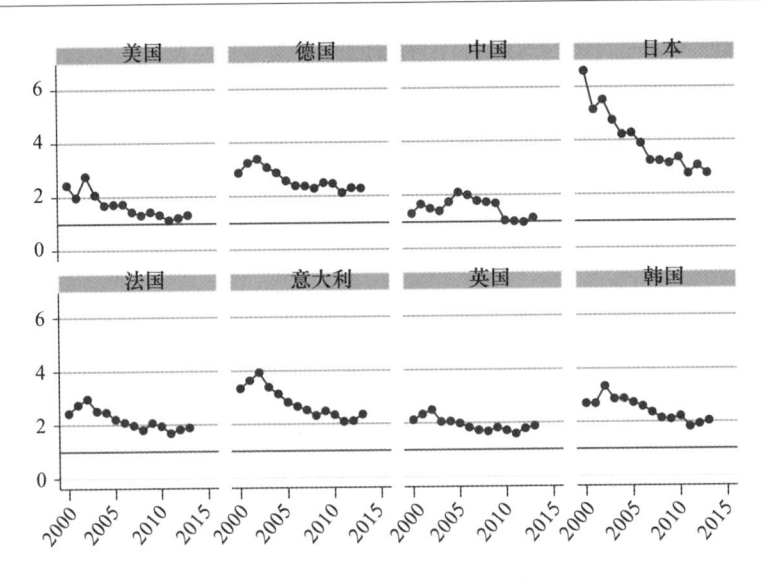

图 12—13　各国出口单价格与世界出口平均单位价格比

价格相对于世界平均水平出现了大幅的下降，但仍然在所有的贸易大国中具有非常明显的优势，日本的出口产品单位价格仍然明显高于其他国家。在发达国家中，美国出口相对于其他国家的出口价格总体上较低，2005—2009 年出口单位价格甚至低于中国的出口单位价格，2009 年之后美国的出口单位价格总体上接近于世界平均出口价格，造成这种现象的主要原因在于美国长期将大量制造业部门转移到了新兴市场和发展中国家市场进行加工和组装，主要以出口中间产品为主，大量的中间产品出口主要是跨国公司内部进行，其出口价格并不能真实反映美国出口相对竞争水平。与多数发达国家出口价格的变化趋势不同，中国的出口单位价格相对于世界价格虽然总体上偏低，但在 2005—2009 年出口相对价格总体上较高，而在 2010 年之后出口单位价格相对世界平均水平不仅没有提高，还出现了较为明显的下降态势，出口价格总体上和世界平均出口接近，表明中国的出口产品的价格加成能力总体上仍然较弱。

2. 中国与主要贸易强国的出口市场份额的对比分析

正如前面的理论和经验分析框架强调的一样，衡量一国的出口产品质量不能单纯考察出口单位相对价格的变动状况，还需要同时结合出口产品的市场份额变化来观察一国出口的综合竞争力水平。同样为了考察各国出口市场份额的变化，我们同样选取了上述国家，对比了中国与上述主要国家之间出口市场份额的变动状况，图12—14给出了基于HS6位产品加权平均计算的各国出口产品占世界出口市场份额在1995—2013年的变动状况。图中曲线清晰地显示：在中国没有加入世界贸易组织之前（1995—2001年），主要贸易大国的市场份额总体上呈现平稳的或者缓慢上升的变化趋势，其中美国的出口市场份额在这一时期上升最为明显，在2001年美国的出口产品占世界市场份额最高，占全球市场份额超过了13%，市场份额优势十分明显，贸易大国地位非常显著。但是在2001年之后，随着中国加入WTO，发达国家的市场份额出现了快速持续的下降态势，其中美国的出口市场份额在2001年之后同样下降最为迅速和显著，到2013年底美国占世界出口市场份额仅为6%左右，日本占世界出口市场份额也从最高的8%左右下降到2013年低于4%，德国占世界出口市场份额从最高的大约12%下降到2013年的6%，基本和美国处于接近水平，其他发达国家出口市场份额同样出现了明显下降的变化趋势，法国、意大利、英国占全球出口市场份额的比重都已经低于3%。与多数发达国家变化不同的是，韩国的出口市场份额总体上保持了稳定的变化趋势，在中国加入WTO后没有发生明显的逆转变化趋势，从1995—2013年出口市场份额基本保持在3%—4%之间。与上述主要贸易大国和强国形成鲜明对比的是中国的出口市场份额变化趋势，图12—14中的趋势线表明中国出口在世界市场的份额呈现持续的上升趋势，1995年占世界市场份额不足5%上升到了2013年的大约10%，目前已经成为全球最大的出口国家，市场份额远高于其他主要贸易大国。总体来看，中国出口市场份额上升和韩国出口市场份额较为稳定、发达国家出口市场份额显著下降除了与新兴市场国家自身贸易竞争力大幅提升以及对发达国家出口产品产生显著替代效应存在密切关系之外，与发达国家比如日本和美国将大量制造业部门转移到新兴市场国家同样存在密切关系。

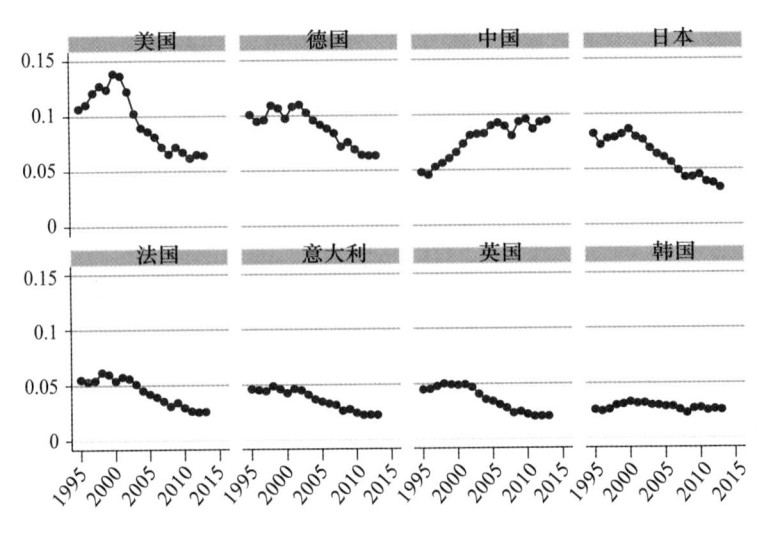

图 12—14 主要贸易大国出口占全球出口市场份额变化

3. 中国与主要贸易强国的综合贸易竞争力对比分析

由于出口价格和出口市场份额都是决定一国贸易综合竞争力的关键性因素，出口市场份额上升可能是出口价格低导致，同样也可能是出口价格不变，出口产品质量本身提升导致竞争力提高和市场份额上升，如果出口价格不变或者出口价格上升的情况下，出口市场份额也同时出现了较为明显的上升，我们就可以有很大把握认定出口产品的综合竞争力得到了有效的提升；如果出口价格下跌的同时，但出口的市场份额得到了有效的提升，并且市场份额提升的幅度和速度都远高于出口价格下跌的程度，那么我们同样有理由认为出口综合竞争力水平在提升。为了全面考虑出口价格和出口市场份额相互之间变动对出口竞争的综合影响作用，这里我们采用出口市场份额变化和出口价格变化的乘积项大致来测度一国出口综合竞争力的变化状况。图 12—15 给出了各国贸易综合竞争力的变化状况。图中的曲线表明在 2005 年之前，中国的综合出口竞争力水平要显著地低于美国、日本和德国，与其他贸易大国不同的是，大多数的发达国家贸易竞争力指数呈现先上升后下降的变化趋势，而中国的综合贸易竞争力指数则波动较大。可以看到，由于出口相对价格和出口市场份额的同时持续下跌，多数传统的贸易大国和强国的出口综合竞争力指数都出现了持续的下滑，从出口的综合竞争力显著高于中国逐步转变和中国趋于一致，甚至明显落后于中国的出口综合竞争力水平，发达国家中自 2010 年以来，美国和日本的出口综合竞争力指数已经和中国基本趋于一致，但德国的出口综合竞争力指数仍然高于中国，而法国、意大利、英国和韩国的综合出口竞争力指数已经大幅低于中国了，也就是从综合的竞争力水平来看，中国的出口优势目前仅落后于德国，表明中国与主要的发达国家相比，出口的竞争力水平已经不完全依赖于降低的出口价格水平，出口市场份额上升幅度显著抵消了出口相对价格较低的劣势，综合考虑来看中国的出

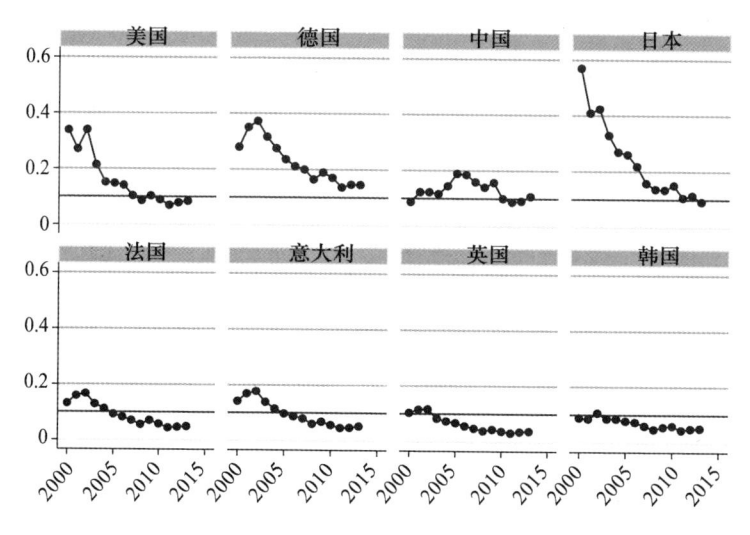

图 12—15 全球主要贸易国家的出口综合竞争力指数

口竞争力超过了大多数发达国家和新兴市场国家,不仅是全球第一出口大国也已经开始成为真正意义上的贸易强国。

4. 出口产品质量的进一步比较

基于上述估计结果,本部分将从多个角度对比和分析不同国家在 1998—2012 年出口产品质量的分布及其变化过程。为了便于比较首先构建了相对质量的比较指标:

$$\lambda_{ijt} = \xi_{ijt} - \sum_{i} w_{ijt} \xi_{ijt} \tag{16}$$

$\lambda_{ijt}$ 表示 $i$ 国出口 $j$ 产品相对于 53 个国家出口 $j$ 产品加权平均质量的距离,$\lambda_{ijt}$ 大于零表示该国出口 $j$ 产品质量高于 53 个经济体出口 $j$ 产品的平均质量,差值越大表示该国出口产品 $j$ 的质量相对于平均质量水平越高,反之亦然。$\xi_{ijt}$ 为基于本部分经验分析框架测度得到的各国 HS6 位码出口产品在不同时间点质量指标,$w_{ijt}$ 代表贸易权重,这里采用各经济体每一种 HS6 位码出口产品占所有经济体该产品出口的比重来表示。为了同时考虑出口产品质量分布的深度和广度边际,本部分用各国出口产品高于平均加权质量的种类占其全部出口产品的种类的比重反映各国整体出口质量水平,即

$$Share_{it} = N_{it|\lambda_{ijt}>0} / N_{it} \tag{17}$$

$N_{it|\lambda_{ijt}>0}$ 表示 $i$ 国出口产品(HS6 位码)质量高于 53 个国家加权平均质量出口产品的种类数量,$N_{it}$ 表示 $i$ 国出口产品的全部种类数量。显然 $Share_{it}$ 值越高表明一国出口产品的总体质量水平越高。由于产品质量的变化是一个相对缓慢的过程,为了让对比的结果更为稳健可靠,将 1998—2012 年以四年为一个周期,划分为 1998—2002 年、2003—2007 年、2008—2012 年三个阶段,分别对应在不同时期出口产品平均质量的变化过程。

这里我们主要选取中国、美国、日本对发达国家市场本土出口产品质量(控制了出口的增加值水平)在产品层面的分布情况,表 12—1 给出了 1998—2012 年中国、日本、美国出口产品平均质

量最高的 20 种产品分布情况。同时计算了各国每一种产品质量与该产品在 53 个经济体出口中最高质量的比值，即对测度得到的产品质量指标取指数形式。表 12—1 的数据显示，中国对发达国家出口质量最高的 20 种产品中只有 3 种产品是 53 个经济体中质量最高的，其他 17 种出口产品与最高质量的相对比值介于 0.85—0.71 之间，而日本和美国对发达国家市场出口质量最高的 20 种产品中全部都属于 53 个国家和地区中质量最高的产品；从产品的分布来看，中国出口质量最高的 20 种产品中有 17 种主要集中锅炉、机械器具及零件制造行业（HS84 章），与中国不同的是日本出口质量最高的 20 中产品分布行业较为分散，除了车辆及其零件附件（HS87 章），录音机及放声机等零件（HS85 章）、钟表及零件（HS91 章）等日本传统的出口优势产品之外，还包括铜木螺钉、订书机装订机及零件、桉木板材等技术密集和复杂度较低的产品，这也表明出口产品质量与出口的要素密集度之间并没有直接的联系。同样美国除了在电机、电器设备及零件、声音录制播放设备（HS85 章）出口质量保持较高的优势之外（20 种出口质量最高的产品中有 14 中属于 HS85 章），还在漂白纯棉织物、卫生洁具、厨房用具、厨房及卫生间纺织用品的出口质量方面处于最高水平，表明发达国家在一些看似劳动密集度较高的产品出口同样具有很高的质量水平。同时，中国与日本、美国出口质量最高的 20 种产品中并不存在重叠性，控制了外国增加值影响之后，中国出口质量最高的产品既不是劳动密集度很高的服装、纺织品和鞋帽箱包，也不是近年来出口数量增长最快的信息通讯科技产品（ICT 产品），显然出口数量和规模的大小与出口产品质量之间并不存在直接对应的关系。

表 12—1  中国、日本、美国对发达国家市场出口产品质量最高的 20 种产品
（1998—2012 年加权平均值，控制外国增加值）

| 中国 | | | 日本 | | | 美国 | | |
| --- | --- | --- | --- | --- | --- | --- | --- | --- |
| HS6 | 名称 | | HS6 | 名称 | | HS6 | 名称 | |
| 847432 | 矿物与沥青的混合机器 | 1 | 870840 | 变速箱及其零件 | 1 | 820820 | 木工机械用刀及刀片 | 1 |
| 890130 | 冷藏船 | 1 | 870880 | 车辆用悬挂系统及零件 | 1 | 851939 | 具有自动记录机制的转台 | 1 |
| 841012 | 1 千—1 万水轮机 | 1 | 860630 | 铁道用非机动自卸货车 | 1 | 853210 | 固定电容器，电力电容器 | 1 |
| 842211 | 家用型洗碟机 | 0.85 | 741531 | 铜木螺钉 | 1 | 853890 | 电子器具零件 | 1 |
| 842860 | 货运架空索道 | 0.83 | 851993 | 声音记录仪器 | 1 | 521121 | 漂白纯棉织物 | 1 |
| 840682 | 功率不超过40兆w汽轮机 | 0.83 | 910620 | 停车计时器 | 1 | 900311 | 塑料制眼镜架 | 1 |
| 911101 | 非金属制的表壳 | 0.82 | 870860 | 拖拉机及零件 | 1 | 854091 | 显像管零件 | 1 |
| 843353 | 土豆、甜菜收获机 | 0.82 | 870850 | 机械驱动桥 | 1 | 851931 | 未分类的转台 | 1 |
| 842831 | 地下运货升降、输送机 | 0.82 | 293970 | 烟碱及其盐 | 1 | 854451 | 电子导体，连接器 | 1 |
| 871000 | 船用推进器及桨叶 | 0.82 | 910191 | 贵金属电子怀表及电子表 | 1 | 854311 | 粒子加速器 | 1 |
| 840681 | 40—100兆瓦汽轮机 | 0.82 | 440725 | 红柳桉木板材 | 1 | 854459 | 各种电子导体，连接器 | 1 |
| 847110 | 模拟自动数据处理设备 | 0.79 | 910112 | 贵金属表用零件及饰品 | 1 | 761519 | 卫生洁具，厨房用具 | 1 |

续表

| 中国 | | | 日本 | | | 美国 | | |
|---|---|---|---|---|---|---|---|---|
| HS6 | 名称 | | HS6 | 名称 | | HS6 | 名称 | |
| 842111 | 奶油分离器 | 0.77 | 852032 | 磁带记录仪器 | 1 | 852020 | 电话机械 | 1 |
| 844340 | 照相凹版印刷机 | 0.77 | 851931 | 未分类的录音机 | 1 | 852790 | 无线电及远程通信器械 | 1 |
| 844513 | 纺织纤维拉伸机 | 0.73 | 851931 | 具有自动记录机制的转台 | 1 | 852039 | 磁带记录仪器 | 1 |
| 843629 | 家禽饲养用机器 | 0.71 | 701091 | 玻璃制容器 | 1 | 854411 | 铜制绕组电线 | 1 |
| 843221 | 圆盘耙 | 0.71 | 844010 | 订书机，装订机 | 1 | 630292 | 厨房卫生间用纺织用品 | 1 |
| 843352 | 其他脱粒机 | 0.71 | 851940 | 编辑节目放声机；转录机 | 1 | 900319 | 其他各种材质眼镜架 | 1 |
| 845510 | 轧管机 | 0.71 | 844090 | 书本装订机器的零件 | 1 | 852090 | 各种磁带记录仪器 | 1 |
| 843330 | 其他干草切割、翻晒机器 | 0.71 | 460110 | 加工金属的数控平面磨床 | 1 | 852453 | 其他各种录制媒介 | 1 |

**5. 出口产品质量升级与出口的数量扩张**

对出口产品质量的测度分析表明：中国的出口产品质量在2003—2007年相对于其他阶段升级速度明显放缓，特别是对发达国家市场中国的出口产品相对质量还出现了十分明显的下降趋势，而在2008—2012年出口产品质量又出现了上升的趋势，尽管导致出口产品质量变化的原因众多，但进一步对数据分析对比发现中国从加入WTO以后到2008年国际金融危机爆发之前（2002—2007年）是中国出口增长最为迅速的阶段，年出口平均增长率超过20%，同时我们计算了这一时期中国六位码出口产品价格相对于53个经济体加权平均值的相对值，发现在1998—2001年之前中国出口产品的相对价格处于持续上升趋势，而2002—2008年中国的出口产品价格无论是对发达国家还是对发展中国家总体上都呈现持续走低的趋势，而在2008年之后，中国的出口增长速度显著放缓，出口产品相对价格也趋于稳定，上述的事实提醒我们中国出口产品质量变化趋势与出口产品数量扩张趋势可能存在密切的关系，并且已有的很多文献也对出口产品质量变化和出口数量的扩张进行了多方面的理论和经验检验，比如Donnenfeld和Mayer（1987）从理论上分析了包括自动出口限额制在内的对出口数量限制的贸易措施是一种社会最优贸易政策，恰当地限制出口厂商的数量是提升出口产品质量和厂商效率的重要途径。Feenstra（1988）的经验研究表明：美国和日本达成的汽车自动出口限额显著地促进了日本汽车质量水平的提升，出口数量限制是日本出口产品质量升级的一个重要原因。McCannon（2008）、Sorger（2009）的研究同样表明产出的数量与创新的质量水平之间存在显著的转换关系（Trade-off）。为了进一步严格验证出口产品质量变化与出口产品数量扩张的关系，利用本部分测度得到的出口产品质量指标和出口数量指标建立如下经验方程：

$$\xi_{i,j,t} - \xi_{i,j,t-4} = \alpha + \beta_1(LnQ_{i,j,t-1} - LnQ_{i,j,t-5}) + \beta_2(LnQ_{i,j,t-1} - LnQ_{i,j,t-5})^2 + \eta_t + \varepsilon_{i,j,\Delta t} \quad (18)$$

方程（18）被解释变量是出口产品质量变化指标，由于质量变化是一个相对缓慢的过程，这里采用当年和之前的第四年进行差分，是出口的数量增长指标，为了避免内生性问题干扰，这里对出口数量先滞后一期再与之前的第四期进行差分，同时考虑到出口数量和出口质量之间可能存在的非线性关系，经验方程中加入了出口数量增长的平方项。

表12—2　　出口产品质量与出口数量扩张 OLS 估计（被解释变量:）

| 解释变量 | 对发达国家 | | 对发展中国家 | |
|---|---|---|---|---|
| | 控制 FVS | 不控制 FVS | 控制 FVS | 不控制 FVS |
| | -0.147*** | 0.074*** | -0.056*** | -0.039*** |
| | (0.013) | (0.022) | (0.011) | (0.015) |
| | -0.002 | -0.008*** | 0.000 | -0.002 |
| | (0.002) | (0.003) | (0.001) | (0.002) |
| 时间虚拟变量 | 是 | 是 | 是 | 是 |
| 观测值 | 1107657 | 1113180 | 1092989 | 1101401 |
| R-Sq. | 0.001 | 0.000 | 0.000 | 0.000 |

注：括号内为稳健性标准误，*** 表示在1%显著性水平。

表12—2给出了在控制和不控制外国增加值比重（FVS）情况下，测度得到的贸易质量指标作为被解释变量的回归结果。表中的经验结果显示：在控制外国增加值比重的情况下，无论是对发达国家还是对发展中国家，出口数量增长率的回归参数都至少在1%的显著性水平上为负值，表明出口产品的数量增长都会对本土出口产品质量的升级产生显著的负面作用；在不控制外国增加值的情况下，对发达国家的出口数量增长率为显著的正值，而出口数量增长率的平方项为显著的负值，表明随着出口数量增长率较低的时候会对出口产品质量产生正面效应，而当出口数量增长较快的时候则同样会发生逆转，产生显著的负面影响作用；不控制外国增加值情况下，对发展中国家出口数量增长率的回归参数同样至少在1%的显著性水平上为负值。显然，无论是对发达国家还是发展中国家的市场，出口数量的过快增长都会对出口产品质量的升级产生显著的负面影响，这也可以在很大程度上解释中国加入 WTO 以后，大量企业快速进入出口市场，依靠低成本优势参与国际竞争不仅恶化了贸易条件，同时也对出口产品质量的升级产生了显著的负面影响作用。

### 三 结论与政策含义

基于全球细分产品贸易数据库和 OECD 贸易增加值数据库，从多个角度对比分析了中国和主要贸易大国的出口产品单位价格、出口产品市场份额变化以及出口产品质量的变动状况。总体来看，中国相对于主要贸易国家的出口价格偏低，但中国和主要贸易大国出口产品的相对价格差距在持续地缩小；同时随着中国加入 WTO 之后，主要发达国家的出口市场份额出现了持续的下滑，与此同时，中国的出口市场份额则出现了持续的上涨，因此从综合贸易竞争力指标来看，主要发达国家的总体竞争力水平出现了明显的下滑趋势，中国出口产品的综合竞争力水平已经超过了大多数发达国家。

尽管如此，在控制外国增加值的情况下，中国对发达国家市场本土出口产品相对质量仍然处于较低水平，不仅远低于发达国家相应的出口质量，而且低于多数的新兴经济体出口相对质量；而在不考虑外国增加值的情形下，中国对发达国家市场出口产品的相对质量则处于较高的水平；无论是否控制外国增加值的影响，中国对发展中国家市场的出口产品相对质量都处于较高的水平；从出口产品质量的动态变化过程来看，中国对发达国家本土出口产品相对质量变化呈现先快速下降（2003—2007 年相对于 1998—2002 年）后缓慢上升的变化趋势（2008—2012 年相对于 2003—2007 年）；而中国对发展中国家市场出口产品相对质量总体上呈现上升的趋势，特别在 2008 年之后，相对于之前的年份，中国是对发展中国家出口产品质量升级幅度最显著的国家之一。研究同样发现，出口数量的快速扩张会对出口产品质量的升级产生显著的负面影响作用。

上述的经验研究结论具有以下几方面的政策含义：首先，从国际比较的角度来看，过去十多年来，中国对发达国家市场的本土出口产品相对质量并未得到显著提升，表明中国对发达国家市场的出口仍然没有摆脱赖低成本低价格参与竞争态势，特别是中国加入 WTO 之后到 2008 年之前，出口规模的快速攀升不仅恶化了贸易条件，而且对本土出口产品质量升级产生了显著阻碍效应；伴随中国经济进入转型升级的关键阶段，出口转型升级压力同样紧迫，在当前面临出口增速明显放缓和外部竞争压力增大挑战的同时，也为许多中国本土出口企业增强自主创新能力、优化资源配置、提升出口产品质量参与国际竞争提供了新的契机和发展空间。其次，如果不考虑外国增加值影响作用，中国出口制成品总体的质量水平无论在发达国家还是发展中国家的市场上都有较大的优势，表明中国过去十多年来通过成功融入全球生产网络体系，显著地提升了制成品总体的出口竞争力水平，相对于其他新兴市场国家具有明显的优势。未来无论是提升本土出口产品的质量还是保持"中国制造"的竞争力，都离不开对全球生产网络的更深度参与，仍需要不断加强国内产业和国际生产网络的融合，延长国内加工生产链的长度，通过增强自主创新能力提升出口产品的国内附加值水平，逐步从全球生产网络的低端向中高端阶段过渡。最后，中国对发展中国家市场的出口产品质量具有较大的优势，一方面表明中国出口制成品更符合众多发展中国家消费者的偏好特征，另一方面也表明中国制成品在其他发展中国家具有广泛的市场空间，特别是发展中国家在世界经济的地位越来越重要的现实背景下，加强中国与其他发展中国家的经贸合作，拓展中国制成品在其他发展中国家的出口市场具有重要的现实意义。

第十三章

# 新兴大国经济转型中的产业发展选择认识：一项理论探讨

工业化过程中的产业可持续发展，一直以来都是后起国家所面对的重要历史课题，尤其是目前主要新兴经济体的制造业发展在质的方面与发达工业国家尚有较大距离的情况下，如何发展事关重大且令人瞩目。例如面对后危机时代严峻而复杂的国际与国内环境，作为实体经济基础的中国制造业能否实现可持续发展，以及用什么样的方式实现发展？这一问题在近年来就引起全世界的持续关注。在以往新中国几十年工业建设的基础上，尤其是经历了十一届三中全会以来40年的改革开放，我们的产业发展取得了惊人的成绩；面临今天新的形势与任务，我们还存在着需要解决的课题，比如在目前经济转型中如何实现高质量的发展。因为，"发展仍是解决我国所有问题的关键"[①]。所以，为了有针对性地解决转型过程中的结构性问题，在根本上实现制造业的高质量发展，这里就有必要从国际比较的视角讨论产业可持续发展的历史路径，尝试为后危机时代中国等制造大国实现可持续发展，提供一种新的思路和新的观点。

---

① 参见《中共中央关于全面深化改革若干重大问题的决定》，2013年11月15日，中国政府网（http://www.gov.cn/jrzg/2013-11/15/content.2528179.htm）。

## 第一节 讨论的起点：基于一种
## 深化改革的问题意识

作为一个发展中的大国，经过多年的改革与建设努力，中国终于完成了工业化初期的目标。① 人均国民总收入的快速增长，② 反映着国民生活总体得以改善。以 GDP 计算的经济总量跃居世界第二位的事实，标志着中国经济实力的增强和国际地位的上升。也就是说，我们已有"在新的历史起点上发展"的重要物质基础，同时拥有打造"大国重器"的创新性先锋企业，并且在发展上又拥有了经历冲击，企稳回升的产业实践。③ 可见，发展的有利条件众多。但是，要深化改革、实现中华民族伟大复兴的"两个一百年"目标，还有一个必不可少的因素，就是重要的问题意识。这不仅仅是因为目前中国面临着经济下行的压力，"今后时期我们保持增长的难度加大"。更重要的是，可持续发展并不是一个单纯的经济增长事件，问题意识可以使我们在经济转型中保持清醒的头脑、明确的方向，进而极大地激发起全民族一致的创新精神，携手奔向我们建设现代化强国的宏伟目标。

### 一　中国产业可持续发展所面临的课题

中国制造业的可持续发展，是指国家战略层面上的实现工业化，完成向世界制造强国的转变。④ 即通过推进工业化，来实现产

---

① 到"十一五"时期（2006—2010 年），中国已经改变了资金和外汇短缺、人口二元结构下的劳动力无限供给、因技术落后而主要仿制、基础设施与工业配套能力弱等工业化初期的特征。总体进入了工业化中期阶段。

② 人均国民总收入，由 1978 年的 190 美元增加到 2012 年的 5680 美元（《人民日报》2013 年 11 月 21 日第 4 版），在改革开放的 35 年里增长 29.9 倍。

③ 参见国家统计局 2013 年度各月中国制造业采购经理指数统计。

④ 这么说，并不是要否认国际社会关于"可持续发展"概念的共识，而是意在强调制造业在中国经济增长与发展全局中所担负的历史使命。

业内部和产业间结构的合理配置，在产业的转型、升级和发展的过程中，形成产业整体的创新能力和国际竞争能力，从而为实现经济社会的协调发展和百姓的福利提升，奠定坚实的物质基础。因为，目前的中国是一个处于工业化中期的发展中大国。工业在我国国民经济中的主导地位，① 主要工业产品的产量和产值占世界工业较大份额的事实，都说明我们已然成为一个世界制造大国。但是，工业技术与现代化水平低，创新能力和国际竞争能力弱，工业生产的效率和质量不高的事实，同样表明中国还不是一个已经实现了工业化的世界制造强国。② 2008 年世界经济危机后经历过的外部产品市场严重萎缩、内部要素市场成本攀升等不利局面下的增长困境，③ 也清楚地表明，我们还不完全具备能够从容应对国内外复杂环境，在激烈的国际竞争与外部约束中实现自主发展的能力。因此产业的可持续发展，就意味着要努力创造条件，通过创新驱动的工业化来集聚这种能力，在实现经济稳定增长和产业升级的同时，完成由制造大国向制造强国的转变。

如何实现这一转变，中国面临着历史性的考验。在经历了 2008 年以来的世界性危机和经济的曲折发展之后，对偏离实体经济发展的反思，使我们交出了一份重要的答卷，即国务院于 2011 年 12 月 30 日正式印发了《工业转型升级规划（2011—2015）》。作为改革开放以来首次将工业作为对象的产业发展规划，它明确提出要通过工业转型升级来实现由工业大国向工业强国的转变。并就转型升级提出了主要目标、重点任务、重点领域发展导向和保障措施。显然，

---

① 工业增加值占国内生产总值半壁江山，出口总额中工业制成品高居 90%。
② 黄群慧：《中国的工业大国国情与工业强国战略》，《中国工业经济》2012 年第 8 期。
③ 例如，2013 年 5 月的工业生产者出厂价格同比再度下降 2.9%，同期出口增长明显放缓。企业的盈利状况亦不容乐观（仅前一年 1—10 月，企业亏损面就高达 15%，同比扩大 3 个百分点）。同时，由于新订单的减少，汇丰中国采购经理人指数 5 月跌至 49.6%，而钢铁、水泥、建筑设备等行业产能过剩的问题依然十分突出。

这个文件的意义和影响是重要而深远的。但正如有学者的研究所指出的，对于这项历史性任务而言，仅有单纯的行业发展规划是不够的，国家战略高度的认识与行动是必不可少的。① 国家"创新驱动发展战略"的提出，以及要把创新置于"国家发展全局的核心位置"，② 恰揭示了这一问题的重要性。2015年5月，国务院出台了《中国制造2025》的文件，部署全面推进和实施制造强国战略。③ 因此我国有了以智能制造为主攻方向实施强国战略的第一个十年行动纲领。以往我们在较长的时间里结构调整上的成效尚不显著的事实，提示我们应当把实际存在的问题及其对问题形成原因的认识与解决，作为确立和实施制造强国国家战略、推进产业可持续发展的入手点，这就是我们强调问题意识的意义所在。

## 二 产业的发展中曾经存在过和目前存在的一些偏差和认识误区

思想认识上存在的或者以往存在过的偏差，对转型中的产业实践产生的负面影响，是我们所不能忽视的。

1. 曾经存在的"去制造业"倾向

在进入工业化中后期的经济发展阶段，尤其是面临今天信息技术等高科技发展日新月异的形势，作为新兴大国的中国，产业

---

① 它的必要性在于有利于转变经济发展方式，大力发展实体经济和指导地方科学发展（参见黄群慧《中国的工业大国国情与工业强国战略》，《中国工业经济》2012年第8期）。

② 见党的十八大报告第四部分"加快完善社会主义市场经济体制和加快转变经济发展方式"。

③ 中国从2014年开始，对智能制造实行五大布局。即加快推进智能制造生产模式，研究实施国家级智能制造重大工程试点；大力发展互联网，研究出台互联网与工业融合创新指导意见；加快培育和发展新业态和新模式，研究制定服务性制造发展的指导意见；建设和推广企业两化融合管理体系，推动出台支持两化融合的财税、金融等特殊政策和急需标准；围绕工业机器人、新能源汽车、新材料等战略性领域需求，推进国家制造业创新中心建设，继续工业强基专项行动等。

发展的重心究竟应当放在哪里？对待这一重要的问题，曾有过多个侧面的讨论，①看法至今也不尽相同。依据实地调查，曾经出现过的一些倾向性问题仍然需要我们关注。尽管金融危机过后各国普遍对实体经济进行了反思，我国也提出了《十大产业调整与振兴规划》，但是在经济生活中的许多方面，包括人们的思想意识中还曾自觉不自觉地存在某些"去制造业"现象。其一，习惯于追求所谓的"产业结构的高度化"，简单地将服务业在三次产业中的比重看作产业发展的质量和工业化发展成就的最主要衡量标志。②其二，忽视了中国经济发展的地区不平衡，以及存在世界最大规模劳动力就业压力的基本国情，在强调高技术产业发展的同时，对传统工业产业的实际关注度不够。③其三，对制造业发展的关键性基础行业的忽视和不作为。被称为"工业之母"的模具生产行业，在某些地区的工业发展中得不到必要的政策与资金扶持，绝大部分企业被排挤在大型跨国企业生产链条之外。即使是已经建立的拥有先进技术装备的现代职业培训机构，规模也在萎缩。④其四，更有一些大型骨干企业普遍存在"兼业"的现象，即把企业相当一部分的资金用于工业以外的投资，以获取远高于制造业的

---

① 例如李钢等从三次产业占比的角度进行的国际比较（李钢、廖建辉、向奕霓：《中国产业升级的方向与路径：中国第二产业占GDP的比例过高了吗?》，《新华文摘》2012年第3期），丁志国等基于资源配置效率提出产业升级的方向（丁志国、赵宣凯、苏治《中国经济增长的核心动力：基于资源配置效率的产业升级方向与路径选择》，《中国工业经济》2012年第9期）。

② 极端的例子，是笼统地把发展服务业视作当下中国保持和提高国际竞争力的主要手段。例如，有些中国学者在讨论与某些发展中国家例如印度的发展比较方面，就提出了这样的观点。这里不是否认中国的服务业需要发展，而是强调当前阶段的工业转型升级对产业发展的全局意义。

③ 例如，相对于金融部门而言，这些行业的升级改造对资金和人才还缺乏必要的吸引力。

④ 参见中日学者2012年3月对北京地区模具企业及现代模具实训中心所做的专题调研。

丰厚利润等。① 具体的业务展开方式虽然可以因企业不同而异，但今后的产业朝着什么样的方向发展，却是和能否实现真正意义上的工业化高度相关的。

中国的产业发展为什么曾经出现过上述"去制造业"的倾向？当然，产业运行本身曾存在的现实问题不能回避。一方面，内部传统产品的市场饱和、外部危机下的市场极度收缩，微利乃至亏损使行业的资金外流，转型升级中的创新投入蕴含的巨大风险和资金压力，也造成其发展的无形屏障。另一方面，有外部世界的影响。例如，美国金融泡沫的极度示范效应，日本产业的"空心化"趋势和欧洲福利国家的债务遗产等，都有可能在思想意识上和行动上对我们的制造业发展造成相当的影响，使我们在如何推进工业化问题上形成若干扭曲性的认识，在复杂的外部世界影响下，在对关联的事物做出独立的认识与判断方面存在事实上的缺位。② 但是，产业运行中的失衡状态长时期得不到改变，根本的原因还在于产业演进过程中所反映出的发展路径上的外部依赖。全民参与的改革开放对中国制造业发展的最大益处，就在于它使中国在接触现代工业与科技文明的过程中，将自身的产业体系逐渐转变成为一个开放性的体系。但是不能不承认，为了早日摆脱贫困，自20世纪70年代末开始，我们在事实上经历的是一个加速工业化的历史时期。这段时间，我们不仅以极大的勇气全面接受国际市场的竞争规则，全方位对外开放，而且也"饥不择食地沿着西方早期工业化的技术路线和竞争方式推进中国的工业化进程"③。结果不仅仅是要承受资源环境遭受巨大破坏的沉重代价，最严重的后果莫过于造成了我们在产业发展路径上的事实上的外

---

① 例如，汽车制造企业奇瑞投资额尔多斯的煤矿（1辆车的净利润132元，1吨煤的利润则达数百元），海尔、海信等家电产业也都进入房地产业。

② 因为，如何与国际经济接轨的问题，并未随着中国的"入世"自然得到解决。

③ 金碚：《中国工业的转型升级》，《中国工业发展报告2011》，经济管理出版社2011年版。

部依赖。例如，改革开放已经数十年，自主创新也已倡导多年，为什么我们产业创新的步伐相对于经济发展的速度还显迟缓？① 为什么真正的自有品牌数量与经济发展的规模极不相称？② 因为，我们还没有真正形成一个符合中国自身特点的一贯的产业发展路径，内在地驱动工业化的进行。至少对此没能早日加以注意和认真地进行研究。因此可以解释，为什么经过多年的努力，我们仍未能从根本上解决技术和市场上的外部依赖问题；为什么在尚未完成工业化的时点上，我们会出现与一些西方工业国家相同的"去制造业"倾向。

2. 割裂制造业产业体系的认识误区

在产业发展的国家战略出台后，制造业已被明确地置于立国之本、兴国之契、强国之基的重要位置之上。并且，《中国制造2025》首次在国家层面上绘就的建设制造强国的宏伟蓝图，对于我们在战略的高度上及时澄清认识，明确完成中国今日经济转型之必要前提，具有至关重要的指导意义。同时，智能制造所规划的技术路线图，也有可能使我们找到新的历史时期实现我国制造业从全球价值链的低端跃升的有效途径。但是，这还并不等同于我们在产业发展方面的认识问题得到完全解决，可以皆大欢喜。例如，随着我国产业转型升级步伐的加快，以及我们向先进制造业迈进目标的提出，一种把制造业的发展机械地划分为不同性质、采取区别对待的做法，在逐渐地蔓延开来。例如，一些专家学者在解读党的十九大以后的实体经济发展时，就习惯于将传统的煤炭、钢铁、纺织等产业的发展单纯地与化解产能过剩挂钩，认为其在国民经济发展中的地位和作用下降，而取代它们的则是新能

---

① 如据李俊江等发表在《吉林大学社会科学学报》（2008 年第 6 期）的《中国科技创新体系建设的历程与成就》中所言，目前中国的研发经费投入每增加 1 单位，专利核准数仅增加 1.386，远低于日本的 2.652。

② 在中国 GDP 总量位列世界第二的前一年，在世界品牌 500 强的行列中，中国仅占有 18 个，不及日本所占的 40 个席位。

源汽车、高铁和生物制药等产业,并将后者称作先进制造业。由于制造业的发展是一个演进和变迁的过程,依照产业建立和发展的先后确有传统与现代产业之分,但它们彼此并不构成后者淘汰前者的简单线性关系。而且我们要致力于发展的先进制造业,也并不是制造业的某些产业,而是通过各制造环节的高科技应用实现了优质、高效、清洁、低耗的制造业整体,是一个彼此存在有机联系的完整产业体系。对这一体系的割裂性认识(至少是不完整性认识),不仅不符合当代制造业发展的客观趋势,而且有碍于今后我国制造产业转型升级的顺利进行,[1] 因而有必要引起我们的足够重视。

## 第二节 基于国际比较的新兴大国产业转型的理论认识

中国的制造产业在发展路径上尚未完全摆脱外部依赖的事实,促使我们展开有针对性地国际比较,例如把比较研究的重点转向对日本制造业在历史上为什么能成功地实现自主发展而未沦为他国生产车间的讨论。日本是众所周知的后起工业国家,恰恰由于后起者的地位而使日本在产业发展上注意利用自己的传统优势;[2] 经济发展的后进性又促成了日本对外部先进事物的积极学习态度。正是传统优势(本土知识)与现代因素(外部影响)两者关系的恰当处理,才使日本在历史上实现了产业发展路径的合理选择,进而使其能够以不同于西方的独特方式完成工业革命,并奠定了向世界制造强国转变的历史基

---

[1] 例如,这种偏颇性认识带来的后果已经直接影响到我们对传统产业的有效改造,致使一些地方对此放任自流,而把更多精力与财力投入所谓的高技术产业,出现一波又一波的投资高潮而不问资源条件是否适合。

[2] 因为,任何一个国家或一个民族都拥有自己的历史文化和本土知识,这一点并不因为发展的先后而改变。

础。因此，对比日本等工业强国产业发展史上的一些经验，① 我们可能会就产业发展路径的选择，从后起者的视角得到一些更深刻的认识，进而获取我们对如何形成产业自主和可持续发展历史路径的新的认知。

### 一 后起大国视角上的经济转型与产业发展路径选择所提供的历史经验

对于典型的后起者日本而言，明治维新的工业革命时期，以及 19 世纪末 20 世纪初开始的工业转型阶段，是其形成自主的产业发展最为关键的两个重要时期。因其与我们要讨论和解决的问题高度关联，因而是我们观察与比较研究的重点。之所以采取这种形式的历史比较，是因为外部环境的不同和经济体各自产业发展过程的差异性，从一个长的时段和产业发展的整体过程去分析和认识问题，可能更接近于对事实的理解和更便于对规律性的把握。同时，可以避免因简单和机械式的类比而造成的事实上的偏差。

1. 利用传统优势中吸收外来文明，日本实现了非欧美式发展的可能性

明治维新后迅速发展起来的近代制造业，是日本产业走向现代文明的根本标志。1884—1893 年，伴随各项改革措施的基本完成，日本工业企业的数量增加了近 7 倍，② 使用机器的近代工厂大批建立，推动其制造业的年均增长率大幅提高。③ 1888—1910 年，

---

① 由于问题的复杂性，这种观察与分析，事实上已经涉及对日本泡沫经济崩溃以来其在产业发展路径上存在问题的思考（参见李毅《日本学刊》2013 年第 5 期《经济转型与恰当的产业发展路径选择》）。这里讨论的主题是对日本有用经验的借鉴。

② 樊亢、宋则行主编：《外国经济史（近代现代）》（第 2 卷），人民出版社 1981 年版，第 236—237 页。

③ 例如，1885—1915 年日本制造业的年均增长速度超过了 5%。

工业占GDP的比重从不足13%上升到近20%。显在的事实，使人们相信了工业文明的到来，并从铁路修建、设备进口、不同于农耕社会的新产品的使用等多个方面，体验到了现代文明带来的社会变革。但是，正如科学技术史和日本新经济史学的研究所揭示的，体现现代文明的近代制造业的建立，不仅仅是人们通常所了解的吸收外来文明的结果，它也是建立在前近代日本自己的技术基础及其创新成果之上的。[1] 因为，早在封建社会末期的德川时代（1603—1868），日本就开始利用先前接受的来自欧亚大陆的科技知识，以及从武士阶层中形成的科技人才，建立起了自己的作为近代工业基础的传统地方手工业。例如，具有较高劳动分工水平的金属矿藏的开采，[2] 18世纪中期就开始使用带齿轮和传送带设备的生丝生产，17世纪后期利用水利驱动形成的酿酒业的规模生产，[3] 以及以有田陶瓷为代表的、前近代重要出口产品的陶瓷生产等。[4] 伴随这些传统产业的发展，日本社会逐步形成了勇于探索新技艺、发明新技术的传统。[5] 正是它们自然地融入近代制造业的发展之中，才使日本在工业革命中能够顺利推进不同于欧美的近代产业建设，[6] 在亚洲率先实现了非欧美式发展的可能性。把引进外

---

[1] 例如，当时一份反省明治维新改革的报告——《促进工业发展的建议》指出，日本的工业前途不仅建立在铁路和电报技术之上，也建立在丝农、陶工和米酒酿造者的技术之上（参见苔莎·莫里斯—铃木：《日本的技术变革：从十七世纪到二十一世纪》，马春文等译，中国经济出版社2002年版，第116页）。

[2] 1540—1700年间日本建立的大型金银铜矿有14座（参见佐佐木潤之介『技術の社會史』，東京：有斐閣，1983，第179—181頁）。

[3] 人们通过实验来确定产品成分的比例，提高生产效率。（参见加藤弁三郎『日本の酒力歷史——酒造の步と研究』，東京：研究社，1977，第239—255頁）

[4] 包括漆器在内的这些手工业部门，都拥有地方性的实验和创新案例。

[5] 日本前近代技术进步的最重要贡献是它对创新价值的认可，主要表现为地域间的技艺研习和特色竞争。

[6] 即与欧美相比，日本的产业发展侧重点不同，技术基础也更加多样。例如，与欧美重视纺织业中后道工序的机械化生产（如拈丝和织绸）不同，日本更重视在原材料的生产上倾注力量，如培养多品种棉花和生产优质蚕茧，以提高纺织产品的市场竞争力。

来的技术与传承自身的优势结合，正是当时的有效做法。例如，利用从西班牙、葡萄牙引进的金属冶炼知识，与日本传统的冶炼方法结合形成木炭灰渣法（charcoal ash flux），在东北偏南地区从事富含磁铁的矿石冶炼，就是其中一例。同时，在明治时期发展迅速，并在前近代早有发展的制丝业中，日本就采取了典型的传统与现代形式兼容、共同发展的做法。1875 年，在长野县开业的中山社，是采用这种被称作"混合型技术转移"形式确立日本自己的近代技术的代表企业之一。① 相应地，传统与现代企业，或者根据所生产的产品不同划分供货市场，或者在生产链条上形成上下游的垂直供货关系，在平行发展中实现优势互补。正是依靠这种适应日本特点的技术和产业发展方式，纺织业率先在日本发展成为进口替代产业。例如，据日本学者统计，1874 年日本进口的棉布和国内生产的棉布分别为 10380 吨、15360 吨，而到 1897 年，两者则分别为 12540 吨、94140 吨。②

2. 在接受现代文明中变革传统，培育走向制造强国的创新与发展能力

发挥传统优势的另一个重要内容，就是随时代的进步对传统进行适应性变革。这是一个经济体并非由外力主宰而主动参与全球化的过程。③ 19 世纪末 20 世纪初，电的发现和内燃机的发明掀起的第二次科技革命浪潮席卷世界。日本发现，原有的接受外部新技术的方式，无法使自己融入现代工业发展的大潮中。因为现代工业显然是不可能建立在近代的匠人手工艺基础之上的。要想

---

① 它以日本丰富的木材原料代替铁制作缫丝机械，以陶瓷代替金属制作茧锅，以水利代替蒸汽动力，由于成本低廉而得到迅速的普及。所谓"混合型技术转移"，就是指这种将传统技术与现代技术有机结合促进生产的方式。

② 中冈哲郎、石井正、内田星美：『近代日本の技術と技術政策』東京：国際連合大学、東京大学出版会 1986 年初版，第 84 页。不过遗憾的是这种传统优势即本土知识的利用对日本走向制造强国的历史影响，即使日本能够避免依附于西方，以自主的方式主动融入现代工业文明之中，这一点至今尚未得到人们应有的重视。

③ 即日本学者前川启治教授所提出的"转换式适应"的概念。

跟上世界快速变化的脚步，必须努力建设自己以科学为基础的现代工业技术体系。但需要指出的是，由于经济的后进性和战略资源的短缺，日本政府自开国以来一直奉行"富国强兵"的发展信条。一再错误地把发动侵略战争作为发展通途，将军国主义的意志强加于技术进步的活动中。通过各种军事手段推进与军事工业有关的重工业部门的发展，[1] 致使相应的技术发展被捆绑于军事扩张的活动。[2] 而科技从属于军事强权的直接恶果即危害人类和平。历史的警示是不应当被忘记的。当然，仅此认识还不能够代替我们对这一时期日本技术发展和产业演进问题的深入研究，因为科技发展的连续性和产业发展的接续特征，并未因为战争的非正义性而改变。而且第二次科技革命背景下日本产业技术体系的进步与转型，对其产业的自立乃至战后的可持续发展具有不可忽视的重大影响。因为当时日本在这个被称为"转换式适应"过程中，[3] 采取了两个方向上的重要行动。其一，为保证自身与现代因素的联系不被阻断，它把建设的重点放在了实现联系的纽带——人力资本的培育上。办教育、培训人才和建立企业的研究实验室，这些活动在政府和私人企业中同时展开。前者实行强制性的初等教育制度，并通过公共教育体制培养工程技术人员和能够掌握现代技术的熟练工人，例如1873年工部省创办帝国工程学院，明治后期建立各地方技术学院等机构。后者则主要是采取各种途径培养能够理解和消化外来先进技术和知识的科技骨干。最早建立公司

---

[1] 诸如军事动员、经济统制和科研力量的调拨等手段。
[2] 零式战斗机等军事杀伤武器的研制和生产就是例证。
[3] "转化式适应"（translative adaptation）是由日本学者前川启治提出的概念，意指在引进外来的理念或体系时，不应原样照搬，而是要根据国家自身的需要进行适应性调整。即原有文化形式在其延续过程中对外来文明的适应性包容，也就是将后者在自己的世界观中解读，并适应（参见前川啓治『文化と文明の連続性——翻訳の適応序説』，『比較文明』，1994，Vol. 10，第109—110页）。

培训机构的企业是三菱造船厂,①随后日立制作所、日本钢管、芝浦制作所、住友等大企业,在20世纪初都先后建立了企业培训制度。②1900—1910年的10年时间里,私人企业中受过正规教育的大学或技术学院的毕业生从700人增加到约2500人,③各企业经过培训的熟练工人人数也大幅增长。与此同时,企业中的科技研发,也逐步由个人钻研走向建立工业实验室,并从科研发展到实业。④其二,为了能够在适应外部世界变化中增强自身的竞争能力和发展能力,重在产业内部进行自主创新体制的探索性实践。即找寻通过竞争、创新获得自主发展的途径。比如,即便与外国公司合作,企业也在刻意避免成为外来观念的被动接受者。采用51%的股份转让与通用电气合资的东京电气公司,拒绝对方提出的研究由美方负责、日方只负责后期开发和集中生产的分工主张,就是一个代表性案例。选择购买专利形式引进现代技术的企业,则随自身创新能力的提升逐步减少对外部专利技术的依赖,凭借不断增强的独立性从世界工业的发展趋势中捕捉有用信息,开发出属于自己的生产技术。⑤同时,战争危机和外来技术资源的阻断,也在客观上逼迫日本的公司企业强化自主的技术发明和创新。致使这一期间的私人和国家的研究机构数量急剧增长。1942年包括机械、金属、化工、纺织、电器设备在内的公共实验室和私人实验室的项目数量,分别为2704项和7236项,⑥相应的科研经费

---

① 其1890年建在重要通商港口长崎市的技术学校,在1910年开始大规模转向面向公司的技术培训。
② 森清:『町工場—もうひとつの近代』,東京:朝日新聞社,1979。
③ 内田星美『企業内技術者組織の形成期——1900~1910年技術者数の統計的研究から』,東京経大学会誌,第109—110号,第53—74頁。
④ 19世纪90年代建立的小野田水泥实验室和东京电气的马自达电灯实验室,是建立最早的公司机构。40年里这种机构大约增加到300家。
⑤ 20世纪20—30年代日本的化工业反映的就是这种情况。
⑥ 该项目不包括军事研究。资料来源于日本工业技术厅《研究白皮书》,1951年,第46页数据。

支出达到约 3.5 亿日元。① 上述努力都是围绕建立以科学为基础的现代工业体系进行的，而且在这一过程中日本注意到了将自己的现代制造业建立在自主发展的基础上。

日本等国的产业史轨迹表明，符合自身特点的产业发展路径选择，对后起国家的产业转型升级和实现可持续发展，具有至关重要的战略意义。由于经济发展的后进性，后起国家在经济全球化条件下的发展过程中，不可避免地会受到来自外部的各种限制。同时，经济的后起也使其具有发展的优势，② 因为可以使后起者有机会从先行者的足迹中学习与借鉴，以至实现超越。不过需要指出的是，这种情况也会使后起者面临着一个关乎命运的关键性选择，即是完全按照西方工业国家的产业发展方式去完成本国的工业化，③ 还是选择符合自身特点的恰当的产业发展路径。显然，日本在产业发展的实践上选择的是后者，这也是日本能够在较短的时间里实现工业化，从而顺利实现向制造业强国转变方面，为我们提供的一项重要历史性经验。因为，在既无先发的产业发展独占优势又无现实中市场规则制定的主导权的情况下，与具体的政策措施取舍相比，恰当的产业发展路径选择，能够帮助后起国家奠定自主发展的产业基础，使其从根本上摆脱技术和市场的外部依赖，因而成为后起者实现产业可持续发展的一项制度性选择。在这里，合理的产业发展路径选择，反映的就是一个国家或一个经济体在整体上对产业发展规律以及自身产业发展状况的动态性认识和深刻理解。问题的重要性足以引起我们的重视与思考。

---

① 1938 年，美国的这一数字为 4 亿日元。见 [日] 釜谷近义《以企业为中心的研究体制的推移》，转引自 [日] 苔莎·莫里斯—铃木《日本的技术变革：从十七世纪到二十一世纪》，马春文等译，中国经济出版社 2002 年版，第 187 页。

② 即我们通常所说的后发优势。

③ 例如像某些发展中大国那样，结果只能落入"增长的陷阱"而难以自拔。

## 二 推动后起大国实现当代产业转型的一种历史认知

产业的可持续发展,① 本质上是其遵循自身规律的一种动态演进过程。对产业演进规律的研讨与认知程度,进而在这一认识指导下的战略路径选择,将直接影响着经济体的政策走向和产业行动,从而关系到产业可持续发展的绩效和实际运行轨迹。因此,在这里,我们把解决产业发展路径的外部依赖问题,归结到对产业演进过程及其规律的理性认识,以及在正确理论指导下的战略意识确立和形成恰当的产业发展路径可以借鉴的方法上,以求探讨一种战略层面上的实现产业可持续发展的历史认知。

1. 必须在理论的高度深刻认识制造业发展的当代意义,避免理论脱离实际

制造业的发展过程是一种典型的复杂的产业演进动态过程。这里既有系统内各子系统间的相互作用对整个系统产生的影响,也有系统受外部各种直接和间接因素的作用可能出现的各种不确定性的变化。21世纪以来,世界制造产业发展所呈现的种种复杂情况表明,仅通过对某一时段产业发展状况的研究得出的产业发展规律认识,很可能是不完全的,② 且由于观察的角度或其发展中所透露的表面现象,而使得出的认识存在各种局限性。比如前面分析提到,现代技术的发展使传统产业与新兴产业划分的界限不再像以往那么清晰,某些传统产业变身为高技术产业的例子已不鲜见。③ 同样,由于生产边界的扩大和市场对产品服务的广泛需

---

① 即我们这里所定义的实现工业化和向"制造强国"的转变。

② 例如,20世纪90年代后半期以来,人们对知识经济时代制造业地位的一些认识就有进一步讨论的必要;目前,已经实现了工业化的美国等发达国家重振制造业,也在事实上印证了这一点。

③ 最明显的例子是具有悠久历史的纺织业,在一些工业发达国家已经成为新材料产业的重要组成部分。它所生产的产品不再仅仅局限于服装、面料,而是广泛用于建筑、医疗、环保等众多领域,相应地它在社会生活中活动的领域得到了广泛的拓展,即不再是一个以往人们所认为的被动地等待自生自灭的夕阳产业。

求，制造业的生产与生产性服务的界限变得模糊起来，可能需要我们重新探讨和认识产业划分问题等。制造业演进的轨迹是复杂的，我们对其演进的过程和它所担负使命的认识，也不应当停留在原有的基础上。[①] 同时，一国的产业演进过程也是其在创新中的动态学习过程。这种学习不仅涵盖对历史知识的理解，即对传统技术优势的传承，而且涵盖对新知识的实践性认识，即对创新的发展方向的规律性探讨。因为这"是一个复杂系统中的适应性重组过程"。[②] 工业发达国家是工业化的先行者，它们的产业发展历程（包括经验与教训），自然成为我们观察与认识产业演进规律的一种重要途径。当前以美国为代表的欧美工业国家，在危机过后"重返制造业"的事实，就具有极为深刻的理论启示意义。它至少表明，任何忽视制造业的研究与实践的经济体系，都是无法取得协调发展的，全球性的经济危机以其巨大的杀伤力迫使人们不得不承认这一点。

2. 必须在战略的层次上考虑，中国等新兴大国应当通过什么样的路径实现自主的工业发展

所谓的产业发展路径选择，是指在国家战略层面上，能够有效驱动一国或一个经济体的产业发展与变革的一套综合性制度框架设计。其在产业演进实践中所显示的独特功能性作用，决定了它必然产生自对本国产业发展过程的理解，而不可能简单地复制于他国。不同的国家和民族，由于对内外影响因素的反应不同、对产业发展方向的理解不同，其发展路径的选择很可能是不尽相同的。但是路径选择的恰当与否，对一国产业乃至经济的成长、变革和可持续发展具有全局性的影响，这一点是为经济史的研究所证明了的。因而可以启发我们独立思考自己的国家适合于什么

---

① 即应当克服单一的、静态的观点。
② ［美］道格拉斯·诺思：《理解经济变迁过程》，钟正生、邢华等译，中国人民大学出版社2008年版，第33页。

样的产业发展，以及通过什么样的方式能够实现这种发展。本质上反映的是一种发展方式的选择权力。显然，这种选择是不能由他人所代行的。只有使产业的发展植根于本国的土壤，才能在面对各种外部冲击时从容应对，以增加其经济运行的稳定性，进而能够在接受外部信息的过程中形成主动变革的能力，使本国产业的发展既服务于民族复兴的目标，又不脱离时代的方向。之所以要把路径选择问题置于国家战略层次，是由于发展中国家的后起者身份在走向强国的过程中，将不可避免地遭受到外部种种强力的限制，昔日光伏产品在欧洲、华为等电讯企业在美国的遭遇，以及今天来自西方大国的种种"威胁论"就是典型的例证。因此，明确的制造业发展的国家战略，是中国等新兴大国打破外部的封锁与束缚，从根本上赢得产业发展主动权的根本保证。

3. 大国解决产业发展路径外部依赖的有效办法：传统与现代因素的有机融合

合理地借鉴外部的经验，以传统与现代因素融合的视点，选择一个恰当的产业发展路径，是中国等新兴经济体国家产业得以打破关键问题上的外部依赖一种有效办法。理由有三点：第一，传统与现代因素，是产业演进过程中发挥重要影响的两个关键性特征要素。前者作为一种本土知识，内生于一国的历史、文化、国情、民族特点之中，构成一种长期的、潜在的产业既有优势；后者所体现的则是全球视野、新技术应用、发展趋势及其适应性变革等未来方向。因其两者构成了事物发展进程的一个完整的历史维度，亦综合了产业发展过程中可能接受到的重要内外部影响，所以，符合一国实际的恰当的产业发展路径选择，应当围绕两者来思考和设计。且一国产业真正的自主和可持续发展能力的形成，也正是产生于上述两种知识的融合。第二，传统与现代因素，以互为条件、相互依存的方式，对产业的发展过程产生实际影响。即现代的因素既不能凭空产生也不能强行接入，它的发展是以传统因素（本土知识）的优势累积为前提的。① 而现代因素又是以反映时代趋势为基本特征的，如若没有其引领方向，传统因素则很难在发展过程中显现其历史作用。也就是说，技术轨迹的累积性特点，需要我们在制造业的创新中，重新认识尊重传统的渐进式创新所具有的意义；而技术的多样化及其快速发展，则为我们提出了如何将传统优势纳入现代发展轨道的课题。第三，通过传统与现代因素融合的方式选择产业发展的历史路径，对于后起国家经济发展的特殊重要意义在于：首先，两者相互协调、有机结合，对于产业的进步与发展起到的是一种叠加效应；其次，它可以使我们避免沦为他人的技术附庸或廉价产品的生产车间，而有助于中国等后起国家产业的自立和可持续发展。这就是经济史研究带给我们的深刻启示。

作为对上述内容的一个理论概括，这里我们尝试给出一个后起国家（新兴大国）产业发展路径合理选择的简要模型。

为了简明地揭示模型中主要经济变量间的关系，我们建立下述方程式：

首先，我们选择能够反映产业演进特点的传统因素和现代因素两组经济变量，在传统因素中，将历史、文化、国情及民族特点等因素分别用"$a_1, a_2, a_3, \cdots$"表示，而将由这些因素决定的既有优势用 A 表示；在现代因素中，将全球视野、新技术应用、发展趋势及适应性变革等因素分别用"$d_1, d_2, d_3, \cdots$"表示，将由这些因素决定的未来方向用 D 表示，于是就有函数：

$$A = A(a_1, a_2, a_3, \cdots)$$
$$D = D(d_1, d_2, d_3, \cdots)$$

由于两组变量所构成的函数关系均反映一个历史的过程，因此各变量又都是时间 t 的函数，即

---

① 从这一意义上说，一国传统的优势传承，它所架起的是一座通向现代的历史阶梯。

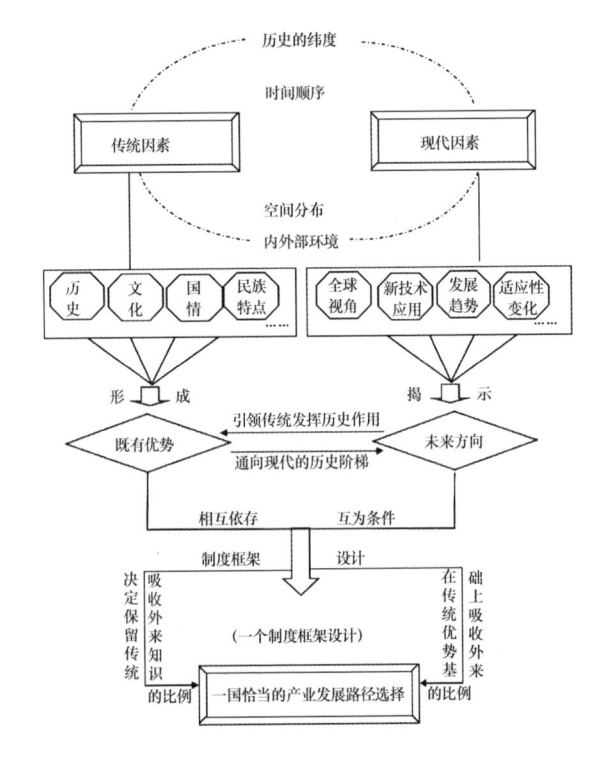

**图 13—1  一个简要的后起国家产业发展路径选择模型**

$a_i(t)$, $i = 1, 2, 3, \cdots$

$d_i(t)$, $i = 1, 2, 3, \cdots$

因此我们可以得到函数：

$A = A(t) = A(a_1(t), a_2(t), a_3(t), \cdots)$

$D = D(t) = D(d_1(t), d_2(t), d_3(t), \cdots)$

又因为两组变量是以互为条件、相互作用的形式，对产业发展路径（这里用 R 来表示）产生影响，可设两个新的函数 G、H 作为中间变量，即

$G = G(A(t) \mid D(t))$，表示 D 对 A 作用的结果

$H = H(D(t) \mid A(t))$，表示 A 对 D 作用的结果

由此，我们可以最终得到决定产业发展路径选择的函数关系式：

$$R = R(G, H) = R(t)$$

可见，如何选择一条切合中国等新兴大国实际的产业发展历史路径，是我们所面临的一项重大课题。①

## 第三节 工业创新在新兴大国走向现代强国中所处位置的理论探讨

当代经济转型的问题意识与上述有针对性的国际比较借鉴，将使我们有条件深刻地揭示其中可能存在着的某些规律性的东西，深刻地认识工业创新在新兴大国走向经济强国中所赋角色的理性知识。通过研究弄清楚经济转型、产业发展选择与后起大国走向经济强国之间的内在联系，弄清后起大国正确的产业发展选择为什么是其走向经济强国关键环节的理由，进而弄清工业创新是如何影响和决定这类国家在世界经济发展进程中历史地位的作用机理，这三个问题是本节讨论的重点。

### 一 经济转型、产业发展选择与新兴大国由大到强的历史逻辑

所谓经济转型（transition）是指一个国家或地区的经济体制和经济结构在一定时期内发生的根本性变化。② 世界经济发展的历史显示，在一国经济演进过程中存在着多个经济转型的历史节点，它们对该国的经济状况及其发展趋向都产生着极为重要的影响。③ 而相对于那些早期工业国家，经济转型对后起国家的发展具有什么样的意义？对此，人们通常会回答是机遇也是挑战。但

---

① 这项课题既包括理论方面也包括实践方面。
② 经济转型通常分为经济体制转型与经济结构转型两种类型。这里讨论的是经济结构转型问题。
③ 因为不论是哪种类型的转型，本身都是一个复杂而深刻的变革过程。

问题是,同样面对经济转型的机遇,为什么有的国家转型成功了,有的却不那么成功?就一国而言,为什么有的国家在一定历史时期取得了成功,而在另一时期却陷入迷茫?问题的复杂性和其中可能孕育着的新知识,吸引着我们去努力寻找答案。经济转型与结构性问题的解决,是中国等新兴经济体国家经济发展所必然经历的过程这一事实,也使得我们必须直面问题。那么,究竟应该从哪里入手去破解这一问题?即一个后起国家尤其是后起大国,需要依靠什么样的力量来完成与解决其结构性问题相联系的经济转型?或者说以什么作为支撑来实现这个转型?这可能才是事情的关键。

1. 以恰当的产业发展选择为支撑点完成后起大国经济转型的一个理论假说

经济转型的动态性与结构性问题解决的复杂性,需要历史维度的观察和分析上的历史观点。我们认为,后起国家和后起大国的经济转型与结构性问题的解决是以恰当的产业发展选择为支点完成的,世界产业发展史支持了这一理论的假说。例如历史上的后起国家美国、日本和德国,就是以其自身的制造业发展为基础,完成了工业化过程中的多个经济转型,而使自己成长为世界经济强国的。而且,在成长为世界经济大国和经济强国之后,它们的经济转型事实上依然是建立在这样的产业发展支点上的。美国等国在危机之后对实体经济的反思及其调整,就给了我们一个以产业发展为观察的切入点研究经济转型与结构调整的启示,使我们有可能沿着这一路线,深入经济体内部去分析和认识它与经济转型的关系。而恰当的产业发展驱动下的经济转型与后起大国发展的关联性,正是这里要重点讨论的问题。至于为什么要强调大国的视角,是因为这种讨论自然会涉及国家的形态特征,即国之大小的问题。不论在历史上还是在现实的经济生活中,产业尤其是作为实体经济的制造业发展之与大国和小国的意义是明显不同的。① 我们以图13—2来说明后起大国——经济转型——产业选择三者的关系。

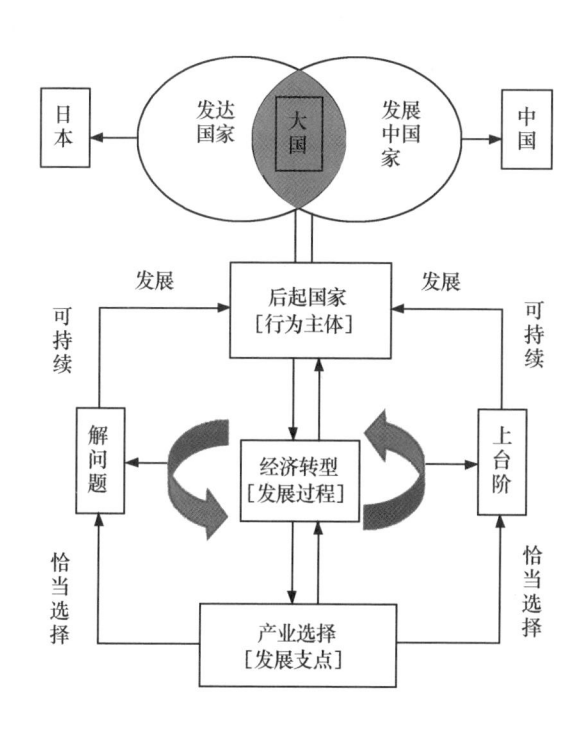

**图13—2 后起国家、经济转型、产业选择三者关系图示**

由于经济转型和产业发展的选择，决定的是这些后起国家在转折的关头朝着哪个方向走的问题，也就成为我们之所以使用"经济转型""产业发展选择"与"后起国家和大国"这几个重要的经济变量所构成的分析框架进行国际比较的理由。日本在战后经济高速增长结束后的20世纪70—80年代初成功实现经济转型的历史过程，恰好构成我们研究经济转型、产业发展选择与新兴

---

① 这里所说的大国，主要指新兴经济体中那些人口数量较多、经济规模较大、经济增长速度较快、对全球经济发展有较大影响的国家（而且就经济层面的影响而言，一国的经济发展总量、大宗商品产出量、进出口贸易总额等，都可以作为衡量指标），比如以中国为代表的印度、巴西、俄罗斯等新兴经济体国家。

大国由大到强的合适历史案例。因为，深入观察与分析日本实现经济高速增长、成长为世界经济大国之后的这次经济转型所留下的轨迹，一方面，有可能为我们深层次地研究经济转型与后起国家如何实现跨越式发展得出一些新的理论认识；另一方面，有可能为当前处于经济转型的中国等新兴大国解决棘手的结构性问题提供有益的思路。

2. 日本高速增长结束后经济结构转型与产业发展选择的一个史实验证

20世纪70年代到80年代前半期，是日本实现了高速经济增长之后的一个值得关注的重要时期。之所以值得关注，不仅仅是由于这个时期日本在遭遇到石油危机冲击后实行了有效的应对，更重要的在于它实现了一个深刻的经济结构转型，以及这一转型对其后日本经济国际地位的深刻影响。

（1）转型发生在日本经济实现了"高速增长"，成为世界第二大经济体之后

1955年，日本经济进入了高速增长期。[①] 1968年，日本在国民生产总值上超过前联邦德国，一跃成为仅次于美国的西方第二经济大国。经历了1955—1973年高速增长的日本经济，其工业生产能力极速提升。[②] 例如，日本的钢铁产量就由1955年的940万吨增长至1970年的9330万吨，用短短15年的时间完成了美国半个多世纪所做的事情。[③] 伴随生产增长的是出口增加和国民生活水平的提高。

---

[①] 据联合国《世界统计年鉴》（1969年），1955—1968年，除日本以外的西方六国的实际国民生产总值平均增加78%，日本竟增加了2.5倍；同期，前者的实际人均国民生产总值平均增加53%，日本竟增加了2.1倍。

[②] 1955—1973年，日本的制造业生产增长10倍，其中重化学工业所占比重，1955年为58.5%，到70年代初达到79%。除了原有的纺织、造船等强势行业，以重化学工业产品为中心的主要工业产品的产量已居世界前列（见日本銀行統計局『日本経済を中心とする国際比較統計』、日本銀行1976年版）。

[③] 日本興業銀行産業調査室編集『70年代の日本産業：量の成長から質の充実へ』（上），日本経済新聞社1972年版，第18頁。

到20世纪60年代末期,日本的船舶和家用电器的出口已经占据世界首位。日本的人均国民收入也从1956年的123美元上升到1970年的1515美元,① 随之而来的是"大众消费社会"的到来。

但是,取得了增长奇迹的日本,这时还只是一个世界上的经济大国,而非经济强国,并且突出的矛盾与一系列问题严重地制约着经济的进一步发展。其一,作为经济发展基础的能源结构的脆弱性(见表13—1),以及以赶超为目标的能源消耗型重化工业的主导型发展所导致的产业结构的不合理性和公害问题的严重性。也就是说,此前日本的发展还只是凭借了有利的外部环境,而不是作为经济强国自律性地构建起合理的能源结构和产业结构基础。公害问题暴露出的就是其经济发展的不可持续问题。其二,在其走向强国的过程中,遭遇到来自发达国家和发展中国家的前后夹击,在国际竞争力方面遭遇多重挑战。前者如日本在高技术领域遭到了作为竞争对手的发达国家的高技术保护,日趋频繁的高技术产业贸易摩擦即是突出的表现;② 后者则是在标准技术和产品领域,遭到东亚等发展较快的新兴工业国家的尽力追赶,优势逐步缩小。这些问题,除高速增长带来的后遗症外,更多的则是后起大国在向世界经济强国迈进过程中必须破解的内在结构性问题。

表13—1　　　　1973年日本与西方主要国家的能源结构比较

|  | 石油<br>(其中进口石油) | 煤 | 天然气 | 原子能 | 水利及其他 | 合计 | 对进口能源的依赖程度 |
|---|---|---|---|---|---|---|---|
| 日本 | 77.6 (77.4) | 15.4 | 1.5 | 0.6 | 4.9 | 100 | 89.9 |
| 美国 | 47.3 (16.2) | 17.3 | 30.6 | 0.8 | 4.0 | 100 | 16.2 |

---

① 都留重人编:『现代日本经济』,朝日新闻社1977年版,第14页。
② 例如20世纪70—80年代,发生的汽车、高技术产业的贸易摩擦(三井物产调查部:『貿易摩擦:その実態と日本の生き残り戦略』,産業能率大学出版社1985年版)。

续表

|  | 石油<br>（其中进口石油） | 煤 | 天然气 | 原子能 | 水利及其他 | 合计 | 对进口能源的依赖程度 |
|---|---|---|---|---|---|---|---|
| 欧共体 | 61.4（61.0） | 22.6 | 11.6 | 1.4 | 3.0 | 100 | 63.0 |
| 前联邦德国 | 55.2（53.1） | 30.9 | 10.2 | 1.1 | 2.6 | 100 | 56.6 |
| 法国 | 66.3（65.5） | 17.1 | 8.6 | 1.7 | 6.3 | 100 | 76.0 |
| 整个资本主义世界 | 54.1 | 18.4 | 19.1 | 1.4 | 7.0 | 100 | — |

资料来源：通产省编《昭和50年代的能源》（1975年），第26—27页，转引自周启乾《日本近现代经济简史》，昆仑出版社2006年版，第394页。

（2）增长方式反省基础上的恰当产业发展选择对于促进转型所起的支撑作用

日本对这一时期经济内部结构性问题的认识及其处理，所涉及的显然不仅仅是高速增长结束后的经济发展速度问题，经济发展的内在质量和日本在国际社会中的地位，即真正成长为世界经济强国，是其可持续发展的更重要目标。因此，在"石油冲击"为契机引发的强烈危机意识下，产业的发展与结构的调整成为这一时期日本推进经济转型的中心工作。对于外界的能源环境变化和可以利用的技术资源情况变化暴露出的结构性问题，日本没有采取简单的、机械式的变化应对，而是对前一时期过度依赖重化工业投资和大规模引进推进经济发展的方式进行反思，将技术替代资源，变资源消耗型工业为知识密集型工业，作为这一时期的产业结构调整重点。把"省资源、省能源的技术革命及继之而起的以微电子为中心的尖端技术革新"作为产业和经济发展的推动力量。[①]

日本在这一关键的转型时期，明确地为自身的可持续发展选

---

① 参见日本内阁府经济企画厅『昭和59年年次经济报告』（经济白书），第3章「転換する産業構造」。

择了两个突破口。其一，应对石油冲击的严峻形势，① 开发符合日本产业特点的节能型、效率型技术，有针对性地实行国民经济的节能化。作为经济发展战略，其产业结构调整的重点，在于采取全方位的措施把以往资源能源消耗型产业转变为资源能源节约型产业。② 主要措施包括在产业部门增加节省能源的投资；③ 将发展的重点转向原料和能源消耗少的部门，④ 同时开发包括太阳能、核能、地热等新能源和采取节约民用能源的措施。在财政、金融和价格调节的配套措施的辅助下，日本的节能化战略取得了巨大的成功。在两次石油危机的1973—1982年，伴随工业生产增长17.9%的是石油供给减少了21.5%。资源消耗型的产业发展状况也有了根本性的改观。如制造业设备投资中生产扩张性投资所占比重，已从1968—1973年的65.5%降低到了1974—1983年的35%，而省能、防止公害和研发投资则上升到65%。⑤ 与研发投资的快速增长对应的是，引进全新技术的使用占比亦从60年代中期的近50%下降到70年代初的25%，自主开发的技术已经上升到70%。⑥ 其二，由注重产品的数量增长转向注重其质量提升，通过开发新产业和改造传统产业来发展知识密集型产业。对高速增长暴露出问题的反思和自主技术开发的积累，使日本开始将精力集中于增长方式的转变和主导产业的转型。日本产业结构审议

---

① 由石油冲击引发的危机，使日本的工业生产下降了20.6%。原本的成本优势变成了劣势，原油价格从石油危机之前的每桶2.48美元上涨到11.65美元，上涨幅度达3.7倍（金明善、宋绍英、孙执中：《战后日本经济发展史》，航空工业出版社1986年版，第270—271页）。
② 参见日本産業構造審議会『産業構造の長期ビジョン』、通商産業省1974年9月。
③ 因为日本的产业部门在能源使用上的占比几乎高出欧美国家近一倍。
④ 例如减少钢铁、水泥、石化的生产，扩大家用电器和数控机床的生产。
⑤ 李琮主编：《当代资本主义世界经济发展史略（1945—1987）》（下册），社会科学文献出版社1989年版，第137页。
⑥ 日本科学技术厅『外国技術導入年次報告』，1970年，第Ⅱ章。

会在《70 年代的日本通商产业政策》中明确表示，要将以重化工业为中心的增长至上路线转变为以知识密集型产业为中心的灵活增长路线。① 由于知识密集型产业本身的节省能源与原材料的特性和其具有高的劳动生产率，既与国民经济的节能化战略方向一致，又能引领日本实现产业结构的高度化。日本在这方面的转型努力突出表现在两大领域。领域之一，着力用先进技术改造传统产业部门，实现生产过程的自动化和产品性能的高质量化。先进的电子技术应用于传统产业，以至形成了日本独有的电子工业与机械工业结合的"电机产业"，就是其典型案例。1975—1985 年，这类部门产品所占的出口比重由 30.7% 上升到 45.4%，② 极大地提高了日本产业的国际竞争力。领域之二，深度开发半导体、新材料等能够占据国际竞争优势的新产业领域。着眼于发展的国际性，即用技术替代资源，以提高国民的创造力为基础立足于国际市场，成为日本各工业企业竞相实现自主开发能力的强大动力。索尼、任天堂在音响影像设备和游戏机世界市场所占据的份额，反映了这种努力。相对于娱乐领域的民用消费产品，半导体工业和集成电路领域，成了当时日本产业争夺的战略重点。结果，日本半导体厂家的资本投资，1983 年起开始连年超过最强竞争对手美国。在全球集成电路市场，日本将 1980 年三个最大生产厂家均为美国公司的历史，改写成 1990 年三个最大的商业生产厂家中两家为日本公司。③ 日本成为世界最大的 IC 生产国。

---

① 这里所说的知识密集型产业，是指当时的计算机、数控机床、机械手、信息处理与服务等高附加值的产业部门。

② 金明善、宋绍英、孙执中：《战后日本经济发展史》，航空工业出版社 1986 年版，第 279 页。

③ 日本电气以销售额 41.45 万美元排在第一位；美国 IBM 以销售额 41.00 万美元位列第二；日本东芝则以销售额 35.70 万美元排在第三位（康拉特·赛康德：《争夺世界技术经济霸权之战》，张履棠译，中国铁道出版社 1998 年版，第 17 页）。

正是高速增长结束后的这种结构调整和新领域开拓，才使得日本在20世纪70—80年代整个西方世界滞涨中取得了稳定的增长（见图13—3），从而奠定了其日后走向工业经济峰巅的坚实基础。

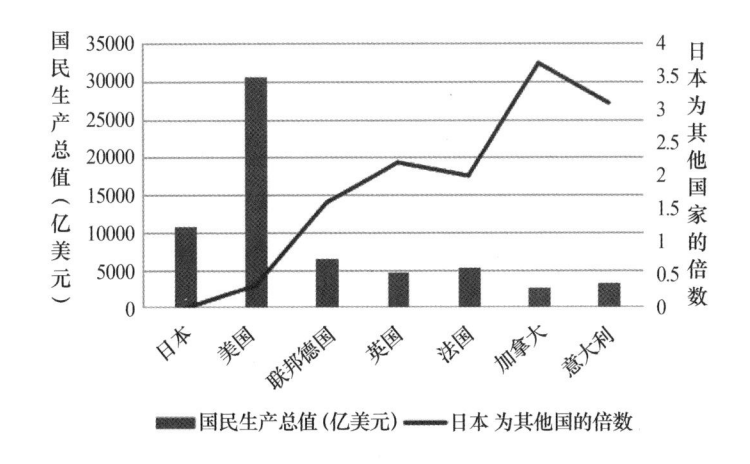

**图13—3　1982年日本与其他西方发达国家的经济发展比较**

资料来源：根据日本国势社《从数字看日本的100年》改订第2版数字制作。

## 二　发展中大国经济转型中的正确产业发展选择对其走向强国的历史意义

日本在走向制造强国的道路上面对经济转型所做的结构调整和产业发展选择，为我们提供了具有重要理论与实践意义的分析案例，同时为我们研究中国等新兴大国在今天如何完成经济结构的转型，提出了深刻的反思性课题，即经济转型中的恰当产业发展选择，对后起国家和发展中大国所具有的关键性历史作用。

1. 经济转型中的恰当产业发展选择是后起国家实现追赶的不可替代环节

作为典型的发达工业国家中的后来者，是19世纪70年代明治维新革命后迅速掀起的工业革命浪潮，使日本得以开启了近代工业发展的征程。发展的后进性与资源短缺的国情，使日本在未成为世界经济强国之前，在经济的历史演进中天然地保持着一种对危机的警觉和对经济转型的敏感性。因此，20世纪70年代发生的石油危机，才能成为日本反思以往以重化工业投资为主、以产品"重、厚、长、大"为特征的粗放式发展模式的契机。可见，对经济转型中自身发展状况，尤其是存在的结构性问题的清醒认识，以及对本国今后阶段经济发展目标达成的坚定意志，对后起国家完成转型，直至在追赶中实现强国目标，具有极为特殊的重要意义。因为经济转型对后起者而言，是一种可能改变自身境况、进而实现跨越式发展的绝佳机遇。但由于西方发达国家为主导的旧的、不合理的国际经济秩序的存在，在全球化经济格局的发展中，后起国家尤其是后起大国必然受到来自外部的各种束缚。只有凭借内部的自我调整与发展站稳脚跟，才有可能从根本上把握自身的命运，即打破外部依赖和束缚，把发展与竞争的主动权牢牢把握在自己手里。因此，不论转型的过程多么艰难、结构性问题的解决多么复杂，采取正确的手段促其完成是实现追赶的唯一选择，除此绝无捷径可走。尚且，调整的过程将是后起国家纠正先前的失误，回归到可持续发展的正确轨道的过程，也是其认清产业发展的世界潮流，打造新的创新发展模式的过程。这一时期，日本坚持进行产业结构和产业发展方式调整的原因正在这里。正是这一时期的成功转型，才使日本具备了竞争与超越的基础，形成了日后由大国向强国转变的重要驱动性力量。

然而必须指出，一个后起国家要能够把经济转型成功地变为自身的发展机遇，恰当的产业发展路径选择在这里是一个不应被忽视，也不能够被取代的关键性环节。作为实体经济，制造业则是后起国家赖以从经济大国转变为经济强国的强有力发展支撑点。产业发展路径的恰当选择，反映的就是一个国家或一个经济体在整体上对产业发展规律以及自身产业发展状况的动态性认识和深刻理解。从日本转型的历史经验来看，它为成功实现追赶，在产业发展选择上沿着两个方向进行的探索性努力应当被关注。其一，能够依据自己的国情特点来调整和创造新的适合于自身发展的产业和经济发展模式，在解决自身结构性问题的过程中增强其国际竞争力。例如，针对自己的资源和能源短板，通过技术替代资源的有效途径，化解石油冲击给经济发展带来的致命打击，在国际经济领域较早地走上了循环经济、生态发展的道路。我们可以暂且把它看作产业发展选择的竞争原则。其二，清醒地预测到新的技术革命的发展趋势，以及这些新技术可能开辟的新的应用领域，并且能够把开辟新领域与改造原有的优势领域有效地融合为一体。这也是日本能在整个西方世界严重滞涨的形势下一枝独秀，进而能在随后登上工业经济发展峰巅的一个重要原因。也许我们可以将其解释为产业发展选择的有效原则。同时，在一国经济发展的不同历史阶段，由于外部环境的变化和经济发展内在要求的变化，阻碍其经济发展的结构性问题及其表现形式是不同的。而新的经济社会环境的影响，又会增加新时期所遇问题的复杂性和人们认识的难度。因此，经济转型中的恰当产业发展路径选择并不是一个简单的产业和经济结构升级的线性过程，[①] 而是一个对经济体自身发展与世界趋势的动态认识过程。[②]

综上所述，对于经济发展的后起者而言，在经济体所面临的重要经济转型面前，强烈的发展意愿驱动和恰当的产业路径选择，两者相辅相成，共同影响和决定着关乎民族自强的经济转型能否取得成功，因而对于后起国家实现自立和对发达国家的追赶具有重要的战略意义。

---

[①] 即以往的成功与正确选择，并不代表以后的成功与正确选择。也许这有助于人们对当前日本等一些发达经济体转型困境的认识。

[②] 日本在20世纪90年代泡沫经济破灭后新一轮的经济转型中遭遇的困境足以说明这一点，详见李毅《经济转型中的产业发展路径选择：对日本经济长期低迷的一种新解释》，《日本学刊》2013年第5期。

**2. 经济转型中的正确产业发展选择是新兴大国走向经济强国的无可替代条件**

如果仅就工业化的进程而言，我们也可以把新兴大国视作后起国家中的一个群体。那么，不同于日本这样的后起工业国家，① 以中国为代表的新兴大国在经济转型中的正确产业发展选择，其特殊的意义体现在哪里？后者在当前所面临的发展环境和经济转型的课题，使我们自然地把先前作为比较对象的对发达工业国家转型研究的历史与理性思考延伸至此。因为与上述类型国家相比，新兴大国在严峻的内外环境和复杂的转型面前，需要有格外清醒的认识和更为坚定的态度，并需付出十几倍乃至数十倍于前者的艰辛努力，才能保持自主性发展和免于落入增长的陷阱。当然，中国等新兴大国成功的转型与恰当的产业发展选择所带来的影响，与前者也是截然不同的。②

（1）产业发展选择是新兴大国今后发展命运的转折点

在20世纪最初的10年里，以中国为代表的发展中大国作为经济增长的引擎经历了一个快速发展时期，此后在严峻的国内外环境里普遍放慢了发展的脚步。尽管经济危机过后尖锐的国际与国内市场问题，使经济体内部存在的资源环境、产业升级和收入分配两极分化等结构性问题凸显。但究其本质这仍旧是一个发展的问题，即一个发展中的经济体由不发达走向发达过程中必须解决的结构性问题。随着一国工业化进程的推进和其经济发展阶段性目标的变化，其结构性不平衡及其解决这种不平衡的经济转型，是一个必然伴随的过程。只不过相对于那些工业发达国家，发展中国家尤其是发展中大国，它们所面临的结构性问题更为复杂、转型的难度更大。因为不同于发展中小国，发展中大国的经济结

---

① 即实现了工业化的发达工业国家。
② 即日本的成功实现的是一国的赶超，而发展中大国的成功改变的则是未来世界经济力量的对比。

构是非单一性的、由多个经济部门所组成；它们的地域是广大的，地区经济发展水平的差异非常巨大。同时，它们的经济发展尚未达到充分的程度，经济结构也是非成熟性的，并且整体科技发展水平落后，技术研发能力相对薄弱。不过这种状况下的经济转型，也恰恰赋予了发展中大国一个解决这些制约性因素的发展契机，以及解决结构性问题的内在动力。因为转型中的这种产业发展选择，决定的是一个发展中大国今后长期的发展取向问题，即决定其是克服结构性障碍、迸发巨大的发展能量牵引世界经济发展，还是发生根本性的逆转而跌入增长的陷阱。实际上决定的是一个新兴大国未来的发展前途与命运，乃至会影响到今后的世界经济力量的对比。

（2）发展中大国选择以制造业为发展支撑点的历史与现实依据

在当代的工业化进程中，人们通常会依据工业国家经历过的产业实践，以及根据这些实践概括出的经济学理论，提出对经济转型和产业发展选择的认识。例如，按照美国社会学家丹尼尔·贝尔的预测，[1] 以工业经济向服务业经济转变为特征，自20世纪70年代开始至今，美国及德国、法国等西欧国家和日本，以及中国台湾、韩国都已先后完成了向后工业社会的转型。因此，就有了依据国际上的普遍经验，当一国的人均收入达到8000—9000国际元（1990年不变价格），工业增加值在GDP中的占比开始下降，服务业的增加值在GDP中的占比更快上升时，[2] 服务业就应当成为这些国家的发展选择的看法。但是，这种经验与一些主要的发展中大国（比如新兴大国）转型时期的经济发展情形，并不完全

---

[1] ［美］丹尼尔·贝尔：《后工业化社会的来临：对社会预测的一项探索》，高铦等译，商务印书馆1984年版。

[2] 即这个国家即将进入后工业化社会的门槛。

匹配。① 虽然作为发展中大国由于国情不同其发展瓶颈的成因不同，不能一概而论，但我们却不能无视一个共同的特征，即这些国家都是尚未完成工业化的新兴经济体，其工业主要是制造业在这些国家尚未得到充分的发展。因此不得不使我们关注和思考工业化过程中制造业的深度发展与这些发展中大国发展走向之关系。在当今社会的技术经济条件下，一个发展中大国的工业发达程度，其衡量指标也许不再仅仅是人均收入水平的上升和产业结构的高级化（尽管这些指标仍然非常重要）。比如要素禀赋的差异和所实施的经济体制及推进工业化所采用的方式不同，有时这些因素都可能对一国的收入或产业结构产生高度的影响。② 因此，发展中大国在危机后的转型时期，应当有足够的理由将制造业作为可持续发展的支撑点。③ 第一，迄今为止世界上的绝大多数国家和地区都是通过工业化才实现了经济与社会的现代化。即以工业化创造的大量物质财富为基础，改善生存环境，提高生活水平，从而使自身从低收入经济体较快地发展成为中等收入经济体，并能够成功

---

① 如果按照上述经验，拉美第一大国巴西，人均收入已超过1万美元［按世界银行的统计，2009年巴西的人均收入（按购买力平价计算）为10200美元］，其产业结构中的工业与服务业在GDP中的占比，在21世纪初的2000年就为28∶67，但其经济增长尤其是2008年以来的危机和后危机时期波动性极大，陷入"中等收入陷阱"不能自拔的时间就达几十年之久（郑秉文《"中等收入陷阱"：与中国发展道路：基于国际经验教训的视角》，《中国人口科学》2011年第1期）。另一大国俄罗斯则面临同样的境遇。它的人均收入在2009年高达18350美元（ppp），超出了当时世界平均人均收入水平几千美元［据世界银行数据库的资料，2009年世界人均收入为10604美元（ppp）］，与此同时，它的工业与服务业在GDP中的占比，亦是呈现出33∶62的比例。但它的经济发展却在后危机时期大起大落，尤其是在当前卢布贬值和油价大幅下跌情况下遭受重挫，而成为金砖国家又一个被诟病的对象。再看与中国同样被看好，有可能成为世界经济"发展引擎"的亚洲大国印度，虽然人均收入水平尚未达到上述转型的门槛，但是，其GDP中的服务业占比在2009年的时点上就超过工业27个百分点（在世界银行数据库中，2009年印度的服务业与工业在GDP中的占比分别为55%和28%。服务业几乎是工业的两倍），并且还有发达的软件产业为人仰慕，但还是未能脱离其可持续发展的瓶颈。

② 例如，俄罗斯、巴西较高的人均收入就与其资源投入式发展高度相关。

③ 这也是发展中大国从发达工业国的产业发展史中学习到的最基本经验。

跨越"中等收入陷阱"进入高收入经济体的行列。尽管经历了世纪变迁，工业文明的形式发生了多重变化，但这种过程至今尚未改变。第二，对于一个发展中的大国而言，要从根本上扭转不发达状况，提升自己的发展能力，努力缩小与发达工业国家的发展差距，唯有真正意义上的创新才有实现的可能性。① 而按照创新经济学鼻祖熊彼特的定义，创新就是把新技术、新工艺的发明应用到生产过程中，生产出新产品的过程。从这个意义上说，工业就成为当今世界产业创新的母体。与美国、德国乃至日本这些发达经济体皆是通过不同的创新方式来保持自己独到的竞争优势相比，创新之于发展中大国的最重要意义则在于拥有生存、变革和发展的能力。第三，现行的国际经济秩序和发展中大国在经济发展上所处的后起者地位，使这类国家的发展更多时候只能是在被动接受别人制定好的游戏规则情况下展开。发展中大国只有依靠制造业的充分发展，才有可能充分利用产业发展积累起来的发展实力和其赋予的发展能力，成功抵御来自外部的各种风险和打破各种形式的发展制约，乃至真正成为国际规则的制定者，从而赢得包括多边和双边在内的平等合作机会，在国家安全和产业的可持续发展中推进工业化的完成，最终形成自己独特的自立、追赶与超越的大国发展轨迹。可见，发展中大国在经济转型时期的产业发展选择，着眼地绝不是单纯的某个产业的增值和比例的提高，而是为实现国际视野的战略发展选定一个强有力的发展支撑点。问题的重要性，使得我们不能不超越具体的行业发展本身去思考和分析问题。

## 三 工业创新决定着后起国家尤其是新兴大国在世界经济发展进程中的历史地位

本来，在今天的后危机时代，不仅新兴经济体包括发达国家

---

① 其间，发达工业国家并不会停下发展的脚步任其追赶，这是明显的事实。

均面临着关于工业结构转型的课题。① 由于此前世界经济长期疲软造成的种种不利因素，以及内部的结构转型牵扯多种复杂因素在这些国家造成的（或曾经造成的）停滞和发展的不确定性，已使创新问题重回人们的视线，并成为人们期待的打破僵局的关键。尤其是经历过世界性危机后对实体经济的反思，工业创新已经重新开始引起人们的关注，且成为一些国家结构改革制度设计的重要组成部分。因此，如何理解网络与信息化时代的工业创新，认识这种创新对作为新兴大国发展支撑点的制造业深度发展的作用机理，② 以及它与新兴大国在国际经济生活中所处地位的关联性，是本章研究的一个核心问题，亦是本书理论框架构建的重要组成部分。

1. 对工业化与工业创新关系的若干认识

所谓工业化（industrialization），一般被定义为工业在一国经济中的比重不断提高以至取代农业，成为经济主体的过程。通常被解释为工业（特别是其中的制造业）或第二产业产值（或收入）在国民生产总值（或国民收入）中比重不断上升，以及工业就业人数在总就业人数中比重不断上升的过程。③ 但是，如果我们把着眼点放在它对整个社会变革的影响，尤其是它对后起国家的命运及其国际经济地位改变所产生的影响上，显然关注与研究的内容就不再仅仅局限于产业比例的变化了。特别是当我们注意到工业化是一个经济体逐步走向现代化的历史过程，那么，研究的对象也就不再仅仅局限于狭义的工业化从起始到完成的阶段了。在这里，工业化是一个发展变化的过程，它既有前工业化时期的基础累积，也有后工业化时期面对的课题。这种长时段的历史观

---

① 后者如日本乃至美国。
② 这里把有效地解决结构性问题作为制造业深度发展的有机组成部分来认识。
③ 参见［英］约翰·伊特韦尔等编《新帕尔格雷夫经济学大辞典》，陈岱孙主编译，经济科学出版社1992年版，第861页。

察与分析有几个好处。其一，它便于我们从历史与未来一致性的角度，探讨当代制造产业可能的发展方向；其二，它有利于我们从已经实现了工业化的后起工业国家发展轨迹中找寻和认识一些规律性的东西；其三，它对今天中国等新兴大国所面临的复杂结构转型问题的破解，可以提供一种战略层次上的理性思维。

工业化之所以能够推动经济与社会的进步，最重要的原因在于它与创新活动之间的内在逻辑联系。[①] 因为，不论是社会的进步还是伟大的变革，都是在创新活动的推动下才得以实现的。从这个意义上说，创新构成了推动经济与社会进步的巨大动力，特别是对于后起国家经济的崛起和可持续发展意义尤为重大。[②] 事实上，工业化的演进过程，就是一个在经济转型的历史节点上，通过创新逐步解决其不同的结构性问题的过程。因为，工业化的过程是一个产品结构、产业结构、就业结构乃至制度结构不断升级的过程，创新是促进这种结构转变和升级的一个得力杠杆。[③] 而当一国的工业化历史任务完成或接近完成、来到后工业社会的门口，还有可能借助创新，来完成其可持续发展支撑点和发展方向的选择。因为，创新的过程本身就是对新的历史条件下产业和经济发展方向的一个认识过程。[④] 我们尝试将上述各要素间的关系用图示加以表示（见图13—4）。由于这里言及的创新发生在与工业化关联的历史时期，并且是以作用于工业的成长与进步为主要目的的，所以我们将其称为工业创新。就是指一切与工业经济发展相关联的创新活动，它包括技术的、组织的一切与价值创造与利用有关

---

[①] 这里所说的创新，包括人们经常提到的制度创新、组织创新和技术创新等多个层面。
[②] 我们将在后面展示它的重要案例。
[③] 近年来，美国推进先进制造业发展的过程，就是这样一个不折不扣的创新过程。
[④] 例如这对于党的十九大后中国实现"两个一百年"的奋斗目标，在夯实产业发展的基础方面是有重要意义的。

的活动。① 显然，与其他类创新活动的区别，在于它的活动是嵌入在工业经济发展的历史进程中的，是与人类的物质财富的创造紧密联系在一起的。

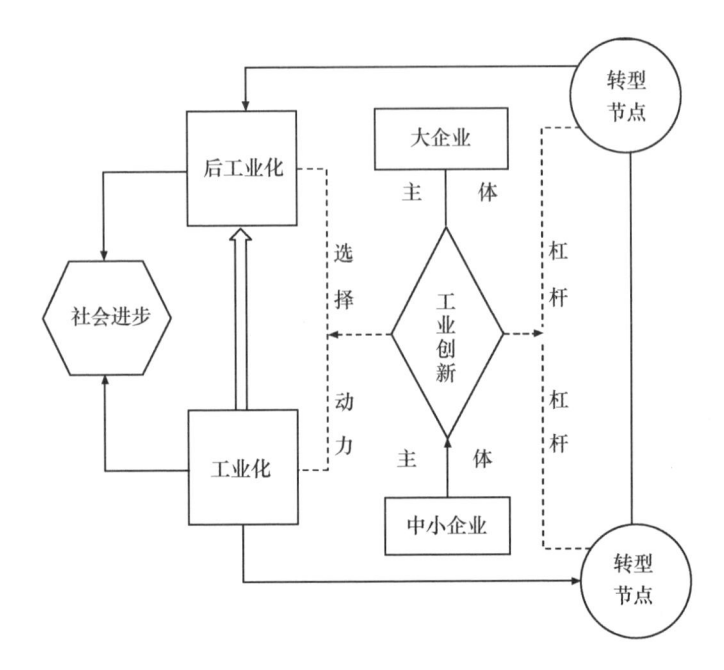

图 13—4  工业化、经济转型与工业创新关系

**2. 工业创新是推动后起国家成长为现代化强国的一个历史性杠杆**

在人类发展史上，后起国家发展成为现代化强国的例子不少，美国、德国皆是。而与美、德两国相比，亚洲邻国日本的工业化轨迹可能更便于我们清晰地了解工业创新在后起国家的经济成长中所起的杠杆作用，并且对其轨迹的客观观察与认识过程，本身也是一个对工业创新加深理解的过程。

（1）工业创新给落后的国家提供一个根本性的发展转机：以

---

① 这是一种熊彼特意义上的创新。

日本近代转型为例

19世纪中期，已经进行了工业革命的欧美国家，并没有留给日本在锁国条件下独自消化外来知识以图发展的机会。继1853年的"黑船事件"之后，欧美列强先后用坚船利炮叩开了日本的大门，并试图用对待其他亚洲国家同样的办法来束缚这个东方岛国的发展。① 此时，面临被征服危险的日本从邻国的遭遇中警醒，在明治维新后进入工业革命的旅程。在亚洲，率先以工业创新为武器，开始了它的社会变革。② 反映在产业层面上，就是以建立新的企业和改造与重组原有的工场为内容的工业创新——建立近代制造业体系。尽管早期的机器工业在幕府末期就以藩营工场的形式出现了，但正是工业革命这场根本性的创新，才使得日本的工业生产组织形式发生了根本的变化，即从原本分散的、小规模生产，变成了近代的机器工业生产体系。③ 工业创新带来的第二个变化，则是国家资本装备的水平由弱到强。伴随使用机器的近代化工厂的建立，制造业的年均增长速度提高，工业在GDP中所占的比重逐步上升，④ 日本的机器设备资本存量占GDP的比重，从1890年的0.10%上升到1913年的0.25%，同期与美国的资本存量占

---

① 这种办法就是签订不平等条约。先是给予美国，随后是给其他西方主要国家在某些指定口岸进行贸易的权利。日本最初被迫开放的通商口岸还只是有田、函馆等边远城镇，随后迅即扩大到长崎、横滨、新潟和神户这样的大城市，以至19世纪60年代扩至大阪和江户中心地带。明治初期，日本的外国贸易公司就已超过了250家。参见梅村又次·山本有造编集『日本経済史3　開港と維新』，岩波书店1989年版，第184页。

② 由于这场以工业创新为先导的工业革命，带给日本社会的是农耕社会未曾有过的工业新产品，生产这些产品的新工艺，以及由此形成的新的工业生产组织，并最终导致了日本从传统的农业社会向近代工业社会的过渡，因此可称为根本性创新（radical innovation），参见英国苏塞克斯大学科学政策研究所20世纪80年代提出的基于重要性的创新分类 [G. Dosi, et al. (eds.), *Technical Change and Economic Theory*, London: Pinter Books, 1988]。

③ 比如，作为日本近代机械大工业的起点在长崎、兵库建立的造船厂，以及于1872年在缫丝业集中的群马县建立的福冈制丝所等。

④ 例如，从1888年的不足13%上升到1910年的近20%。参见 Ryoshin Minami, *The Economic Development of Japan: A Quantitative Study*, Palgrave Macmillan, 1986, p. 117.

GDP 比重相比，亦从仅为美国的 22% 上升到美国的 48%。① 工业创新带给日本社会的第三个变化，是创新观念由传统到近代的对接。由于近代制造业在日本从幕末到明治的形成过程，是一个与渐进式创新相伴而行的过程，在那些带有日本特点的创新活动中，② 人们已逐步形成了对创新价值认可的观念。工业革命则是将以往那些多以区域间竞争为激励的创新，更大程度上转变为以民族自立为目的的创新。③ 显然，这种革命性的工业创新提供给日本乃至后起国家的是改变自身命运的发展转机，它使日本的发展轨迹呈现出根本性的变化。正是由于它在外部威胁面前及时有效地进行了这场工业革命，包括在工业组织、资本积累和观念上的上述变革准备，才有了实现自身的经济和社会变革的可能，进而为其日后成长为亚洲第一个工业发达国家奠定了基础。

（2）工业创新激发后起国家产生内生性的发展能力：以日本近现代实现赶超为例

作为亚洲的一个传统的封建国家和一个资源小国，日本能够先于这一地区其他国家迅速地崛起乃至成长为世界的工业强国，其发展能力从何而来？回顾其产业和经济发展的历史，至少可以看到它的这种与工业创新紧密联系的发展能力的几个明显来源。其一，顺应世界科技革命的潮流，通过产业技术、产业组织的变革形成新的历史时期的发展能力。日本在工业革命时期机器工厂

---

① ［美］麦迪逊：《世界经济二百年回顾》，李德伟、盖建玲译，改革出版社 1997 年版，第 14 页。

② 例如，像纺织会馆、开发生产协会、产业指导中心等建于日本各地传播新技术的组织，产生于民营企业与个人的适用于日本情况的农机、纺织机技术发明等，构成了这种工业创新的重要组成部分［参见中山（S Nakayama）《日本科学发展的特性》，科学技术与发展研究中心，1977 年，第 213—226 页，转引自［日］苔莎·莫里斯—铃木《日本的技术变革：从十七世纪到二十一世纪》，马春文等译，中国经济出版社 2002 年版，第 108—113 页］。

③ 明治时代日本成功地完成了棉纺工业的进口替代即是证明。

中使用的许多技术,都是在手工工场的传统技术基础上发展起来的。① 著名的前田报告即《促进工业发展的建议》所描述的正是这种情况。② 但是,到了19世纪末20世纪初,伴随以电的发现、内燃机的发明为标志兴起的第二次科技革命浪潮,以及由此引发的电力、电器设备和汽车等新兴工业的建立,包括材料、工艺、控制等工程技术的进步,使日本不得不检视自身在工业创新方面的差距,即它们对现代科技信息认识的有限性。其技术创新更多地还是源于凭借经验获得的直觉型创新,而传统的工艺技能是难以适应现代化的电力机械和化工等产业的发展需要的。因此,为了适应产业之间的相互依赖和复杂性的增长,日本先后发生了包括产业技术和组织方式在内的变革。例如,先是通过政府的立法建立现代的科研体制,为不能靠直觉技术和直接的工艺进行改良的领域奠定创新的基础。③ 适应标准化产品生产的技术和企业也在深入的工业创新中不断涌现,④ 因而在第一次世界大战引进受阻背景下,能够成功实现重要产业部门的进口替代。此后,符合日本国情和产业发展中的自然选择,转包制组织形式也在日本机械等产业兴起和迅速发展起来。⑤ 其二,在产业转型的历史节点上,通过产品结构、产业结构以及产业体系的变革,形成建设工业强国

---

① 例如,明治时代的棉纺工业所普遍使用的环圈纺纱技术,由于能够使用当地的粗纱,且能充分利用丰富廉价的女工资源,对工业的发展起到了积极的作用。也就是说,当时的日本工业不仅建立在铁路和电报这些西方先进的技术上,而且也建立在丝农、陶工以及酒酿造者的技术之上。

② 转引自[日]苔莎·莫里斯—铃木《日本的技术变革:从十七到二十一世纪》,马春文等译,中国经济出版社2002年版,第116页。

③ 其代表性的机构是由农商务省在1900年建立的东京工业研究实验所。把现有的手工业技术改造成现代技术的形式是它的主要工作。

④ 丰田汽车的前身丰田织机的诞生过程就是最生动的例子。

⑤ 参见加賀見一彰『「部品供給-調達システム」の発生と淘汰-戦前・戦後期日本の機械工業-』,岡崎哲二編集:『生産組織の経済史』,東京大学出版会2005年,第291—348頁;李毅《日本制造业演进的创新经济学分析:对技术创新与组织创新的一种新认识》,中国社会科学出版社2011年版,第130—132页。

的竞争能力。在 20 世纪 70 年代石油冲击后经济转型的历史节点上，产业结构与产品结构变革的突出表现前面已有叙述。与此相应，即使是在 90 年代日本泡沫经济崩溃后新一轮转型开始时期，在其经历了创新挫折和失误之后尽管经济发展起伏不定，仍然以产业体系变革的形式表现出它在工业创新上的探索性努力。例如，作为技术大国，这一时期日本从认识知识经济时代的产业技术特点着手，进行其新型制造业的体系创新探索。首先，依据已有的科技实力和发展水平，选取那些能够夺取世界科技发展制高点，以及有可能取得重要的应用突破的领域，作为自己的战略目标重点实行研发。采取以强项带弱项的办法提升新世纪制造业的国际竞争力。① 例如，通过发展超高速光纤通信强力推进整体的信息产业发展；通过推动纳米技术的尽快产业化力保在材料领域的领先地位；将处于弱势但有发展前途的生物技术产业作为重点建设与追赶的目标。其次，依据国情和产业发展的实际，② 将高科技时代的制造业发展在经济整体发展中的位置重新进行定位。即仍然将制造业尤其是新型制造业作为新世纪经济发展的基础产业，并通过法律的形式依法推进这一基础产业整体的创新升级。由日本三省厅每年联合发布的《制造业基础白皮书》显示，针对泡沫经济崩溃以来制造业暴露出来的结构性问题，它将这一时期的创新努力集中于以下三个层面，即在产业层面力促基础技术研发，加强培育基础产业；在劳动力层面进行职业能力开发，力求稳定就业；在教育层面培育学生学习制造技术的兴趣，推行多元化的职业教育。期望通过体制性的创新活动，将解决转型中的实际问题与实现新技术经济条件下的长远发展相结合。虽然这些变革性的创新

---

① 在高科技发展的国际比较方面，日本的信息技术、生物技术等领域的发展落后于美国，但材料技术、节能环保技术等领域是其强项。

② 这里依据的国情和产业实际，是指制造业在日本经济总量中所占份额与在经济生活中的贡献；制造业在国际竞争中具有的厚重产业优势；对新型制造业在当代产业集聚发展中所处重要位置的判断。

活动的最终效果还有待于进一步观察，但借助工业创新提升经济体内部发展能力的实践轨迹，反映的是十分清晰的。

表13—2　1890—1992年世界主要工业国家就业者人均占用机器设备的比较

|   | 1890 | 1913 | 1950 | 1973 | 1992 |
|---|---|---|---|---|---|
| 日本 | 194 | 695 | 3234 | 13287 | 40243 |
| 美国 | 4115 | 6932 | 15150 | 26259 | 39636 |
| 德国 | — | — | 3948 | 18513 | 31736 |
| 英国 | 1114 | 2021 | 4699 | 13893 | 23095 |
| 法国 | — | — | 2325 | 15778 | 33930 |

注：单位为1990年国际美元。

资料来源：根据［美］麦迪森《世界经济二百年回顾》，李德伟、盖建玲译，改革出版社1997年版，第14页表2—2数据整理。

3. 历史轨迹所揭示的后起发达工业国家工业创新能力的形成

工业创新对后起国家经济发展的至关重要性，使得任何一个处于这种境况的国家都不可能拒绝对它的利用，尤其是对那些面临中等收入陷阱的发展中大国来说，更是如此。① 但是在事实上许多国家的工业创新却并不那么尽如人意，这就是我们为什么要将后起发达工业国家工业创新能力的形成作为重点关注与研究的理由。

（1）日本的工业创新能力是通过渐进式创新过程培养起来的

资源对一个经济体发展的影响是巨大的，尤其是对其产业发展途径选择的影响。由于日本是个资源严重匮乏的国家，在37.78万平方公里的狭窄国土上，除铜、煤和水力发电之外的其他的矿产和能源资源均需依赖进口，所以使得它在发展的过程中不得不扬长避短，利用优势的人力资源来弥补自然资源的不足，把功夫更多花在精于制造上面。回顾历史，在近代制造业的形成中，日

---

① 比如说作为新兴经济体重要组成部分的金砖国家。

本多采用小型的劳动密集型的技术创新,即更注重于生产中的技能和技艺的创新。例如在纺织业中运用多种技术创造适合不同市场的多样化产品,在制铁业中对鼓风机技术不断改进和创新,来适合当时的社会经济发展水平和劳动力特点。据此,在社会上较早就形成了对创新价值的认可,也就是使人们学会了将技术和知识作为财富来认识。即便是在明治维新以后开始建立机器大工业的过程中,这种渐进式创新形式依然是十分有效的。[①] 以至逐步发展成为一种具有日本特色的创新方式。观察现代,在战后追赶欧美强国的工业化过程中,日本则将注重培养发现和解决生产中问题的现场能力,作为提高质量、缩小与发达工业国家技术差距的关键环节。通常情况下,生产过程中的创新活动占据了工业创新的相当比例,[②] 而且也是创新参与者最多的一个再生产环节。制造企业一般都设有岗位轮换制度,一方面,便于使职工了解生产流程,也便于公司了解更适合其发挥特长的岗位。另一方面,通过培养职工相互协作的意识和现场解决问题的能力,而将工业创新的意识植根于员工的日常工作中。同时,"人本主义"的企业文化,也有利于激发员工的极大创造力,生产现场自然而然地成了发挥大众创造力的最基础平台。

(2) 日本的工业创新能力是在"独创"和"协调"融和的过程中提升的

创新的概念本身就意味着打破常规、创造新奇。工业经济作为一种社会形态产生的过程,就是对已有生产方式和社会形态的创新和变革过程。[③] 而各部门间、企业间彼此的协调与协作是机器

---

[①] 参见[日]苔莎·莫里斯—铃木《日本的技术变革:从十七世纪到二十一世纪》,马春文等译,中国经济出版社2002年版,第4章。

[②] 既包括在生产过程中的直接创新活动,也包括反馈给研发部门的各种意见和建议,以及由此引发的设计、研发灵感等。

[③] 并没有证据证明,如今的产业演进和社会变迁会使它所含有的变革与创造精神丧失,至少对于处于工业化过程中的后起国家是如此。

大工业的特点，且这种特点原本就是一种工业精神。随着技术的进步和时代的变迁，它的表现形式可能会有很大的发展与变化，但至今我们仍未能观察到这种发展和变化会改变其对工业创新影响的例子。① 研究能够反映这种大工业特点的工业创新活动，对理解一国工业创新能力的提升也许会有一定的帮助。

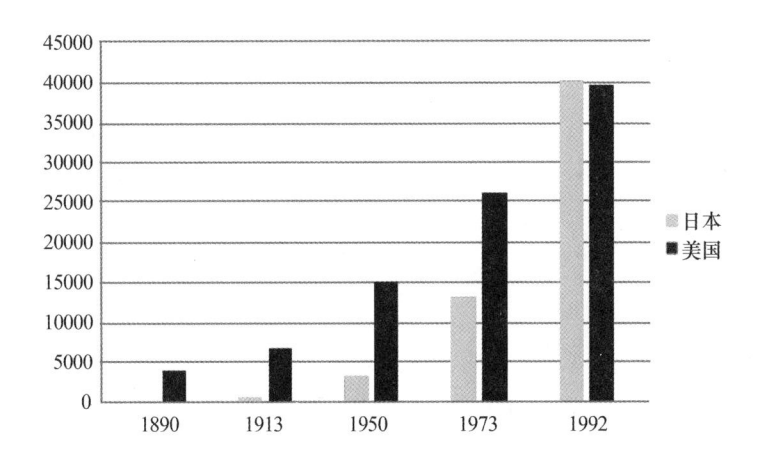

**图13—5　1890—1992年日美两国就业者人均占用机器设备的比较**

资料来源：根据［美］麦迪森《世界经济二百年回顾》，改革出版社1997年版，李德伟、盖建玲译，第14页表2—2数据制作。

大工业发展的整合性和整体性特征，决定了工业创新是各个企业和各种类型企业均得以广泛参与其中的过程。也就是说，大工业的特点决定了创新不可能是某类企业或某些企业独有的专利，它在工业链条的各个部位均有可能发生。例如，引自美国并将其极大地丰富和发展了的质量管理活动，之所以能在日本内外制造业领域得以有效地开展，并曾广受外界赞誉，② 其真正的意义可能

---

① 我们认为，它在本质上就是一种战略的视域和组织的有序。显然，不论社会如何演进，只要工业作为社会经济发展的基础，这种工业精神就不会被取缔，反而应当被发扬和光大。

② 日本的质量管理，也曾是改革开放之初我国工业企业的重要的引进内容和学习对象。

就在于它在打造创新的产业基础方面,普遍获得和巩固了创新的基层认同感。这有可能是日本制造业发展基础较为扎实、产业相对发展平衡的一个非常重要的原因。

大工业的联动性特点,决定了创新的发生往往呈现出一种上下游波及与关联企业间传递的链式反应。即工业中创新的发生不可能是孤立的事件。开始时可能产生自某一个局部,但因产业间的相互依赖,后来的发展一定是一种连锁式的反应过程。它突出体现在关联部门间的创新传递效应上,上游或下游的企业由于创新的发生而提高了效率,必然促进或要求与其有业务往来的部门亦通过创新来适应其变化,日本纤维产业整体的演进过程就是一个明显的案例。① 同时,它也体现在有零部件供应关系的企业之间。生产与供货的同步性、制造与加工的同质性所带来的经济效率和竞争优势,使得供货企业通过努力创新来提高自身的技术水平和生产能力,以适应和跟进交易方的产品创新步伐。这种产业链条上的创新协调曾是日本汽车等产业的竞争利器。只有当这些创新在开放式的生产过程中协调有序地发生时,一国的产业结构转型和升级才有可能实现。

大工业的包容性特点,催生和连接着工业创新活动的多样性和特色性。各工业企业因其建立和发展的历史、从事的业务内容、市场细分情况、资金和人力资本拥有状况的不同,而在本行业的工业创新活动中处于不同的位置和扮演着不同的角色。但不论是什么类型的企业,如果没有自己的特色性经营,显然在市场经济条件下是无法生存的。而且,即便是建立起了创新型企业,如果没有与其他企业乃至外部的有效沟通与协调,也是不可能在竞争激烈的市场上持续胜出的。在日本,行业中的传统和现代企业,

---

① 参见李毅主编的《再炼基石:世界制造业变革的历史大势》,第五章高科技企业与传统企业的历史契合的第三节"日本的成熟产业:纤维纺织业的改造历程",经济科学出版社2005年版。

既有各自的产品市场分工，又因其互补性而相互依存、共同发展；① 经营成功的大企业和中小企业，则都在创新活动中形成了各自不同的特点，即大企业凭借巨额的研发投入，多在前沿领域拥有开拓性的创新表现，而中小企业亦在自己的经营方面独具特色。② 两者相互融合，共同构筑起日本走向制造强国的微观产业基础。

4. 对工业创新本质的认识及其对今日工业创新可能方向的探讨

对世界后起的发达工业国家产业发展历史的研究显示，这里的工业创新有着不同于其他领域创新的自身特点，且这种特点是与产业本身的历史演进、与工业创新的本质密切联系在一起的。而后者，是我们运用工业创新这个杠杆工具建设现代化强国所必须了解和把握的。

（1）对工业创新及其历史演进过程的认识

对日本工业化历史轨迹的观察与分析使我们看到，与其他类创新活动相比，作为直接撬动实体经济发展的有力杠杆，工业创新有其自身的特点。第一，它需要以实体经济重要组成部分的制造业发展作为重要的产业依托。因为工业是其创新发生的重要场所和其发挥作用的主要舞台，这无关乎社会形态的变迁。③ 第二，工业创新本身就包含着技术和知识积累的内容。因为工业作为社会发展的重要基础，它的发展本身就是一个累积的过程，凭空想象或突发奇想并不适合于工业创新活动。第三，工业创新是产业

---

① 如日本学者大野健一在论述明治时期工业化特点时，就指出两者之间是平行发展的。参见［日］大野健一《从江户到平成：解密日本经济发展之路》，臧馨、臧新远译，中信出版社2006年版，第46页。而且这种情况一直延续至今。笔者2014年在日本进行企业调研时访问的家族企业即是如此。

② 例如，丰田等大企业的世界先进技术和国际市场开拓，中小企业则按其专项技能被分为研究开发型企业、最终产品生产型企业、零部件专业生产企业、拥有特殊加工技术企业等。

③ 也就是说，它并不会因为信息社会的到来而改变。

链条上的各部分、各环节共同参与的联动性活动。因为工业作为一个开放性的生态系统，是由内部子系统的相互协调加以运作的。单打独斗和单枪匹马式的创新不是工业创新。今日的工业创新所体现的这种现代大工业精神，对于后起大国发展的作用是不应当被低估的，而且它在未来信息社会中所扮演的角色，仍将是一个需要探讨的课题。

事实上，工业在今日新的历史条件下发生了变化。从美国、日本等发达工业国家所走过的道路来看，随着工业化的完成和社会的进步，工业在这些国家国民经济中的比重不断下降，相应地就业人数所占比重在逐步地减少。更重要的是，工业创造价值增值的方式也出现了变化。那么，变化是否意味着工业在新的历史时期的作用已经不那么重要，与此相联系的工业创新也就不像先前那么重要了呢？2008年金融危机后，以美国为首的工业发达国家重返制造业的事实回应了相关疑问，推翻了上述假想。当然，支撑美国等国渡过危机难关、致其经济走势发生正向逆转的，已经不再是以往工业经济时代的传统工业形态，而是由传统工业改造和新兴工业发展形成的新型产业——先进制造业。① 也就是说，对发达工业国家经历的观察使我们看到了如下的事实：首先，在新的技术经济条件下，工业在经济生活中的角色在发生变化，可能会从作为生产者制造物质财富，扩展成为重要的创新平台。② 而且，随科技的发展和社会的进步，后者的角色将可能日益凸显。其次，工业在全产业价值链上的位置也在发生变化，即从生产环节向上下游的其他环节渗透，由单一的生产为中心环节到跨界融合，以此构成实体经济运行的新的基础。总之，伴随作为创新载

---

① 美国的"再工业化"（Reindustrialization），就是指通过政府的帮助，推进传统工业基地的改造与振兴、新兴工业的发展与壮大的一种刺激经济增长的战略及过程，是实现产业结构朝着具有高附加值、知识密集型、以新技术创新为主的产业结构转换。

② 美国学者将其称为创新高地。参见［美］瓦科拉夫·斯米尔《美国制造：国家繁荣为什么离不开制造业》，李凤海、刘寅龙译，机械工业出版社2014年版。

体的工业本身所发生的和正在发生的这些变化，与传统工业经济时代相比，工业创新本身也必然要发生变化，以至完成必要的转型。例如，创新所涉及的内容从生产到服务，从单纯地以增加物质财富为目的，向开辟价值增值的源流转型等，很可能就是这种转型在不同方位上的表现。因为，工业创新本身就是一个演进和变革的过程，这种转型符合复杂事物的演化规律。

（2）对工业创新今后可能发展方向的一个讨论

由于工业创新是个世界性的课题，从目前世界各国已有的产业实践来看，它的未来方向有可能表现在以下几个方面：第一，创新活动的包容性，即创新在传统产业与高科技产业间的交互与融合的趋势更加明显。因为，未来的工业创新将可能通过改变传统产业的面貌来弱化乃至抹平产业间的发展差距。日本的传统纺织业向新材料产业的跨界发展，是得出如此判断的重要依据。第二，创新增值价值的扩展性，即创新可能会把产业链上的主要环节均变成价值增值的原点。因为，智能制造的发展有可能改变传统的微笑曲线形状，在赋予制造环节更多高科技含量的同时，使其逐步成为与设计和服务同等重要的价值增值原点。第三，创新功能的生态自组织性，即创新可能不仅止步于一件新产品、一项新技术和新工艺，或一种新组织的创造，而是在其创新过程中借助网络形成一种有助于产业发展的自我协调机制。这种协调可能包括对技术的、组织的创新选择方式的协调，对创新的分散与集成过程的协调，抑或是对产业链条上功能性分工的协调。因为，"创新由不均衡到均衡的实现过程，就是一个系统中多部门、多样化行动协调的结果"[①]。第四，与可能将要到来的新的工业革命相衔接，工业创新的基础性、导向性作用将会表现得越来越突出。由于新的技术经济条件下工业不再单纯是一个生产行业，而有条

---

① 李毅：《日本制造业演进的创新经济学分析：对技术创新与组织创新的一种新认识》，中国社会科学出版社2011年版，第176页。

件逐渐演变成一块创新的高地。因此，围绕创新的服务平台建设可能是其重要的使命，对产业运行和发展的导向也可能会通过创新的带动及其传导的方式体现出来。总之，从演化经济学的观点和国际产业实践来看，工业创新并非工业经济时代的历史遗产，而是内在于工业化及其相关工业发展进程的最活跃、最积极的变革性因素。这将是工业创新的本质性内涵。

# 第十四章

# 经济史与国际比较基础上的中国产业转型升级路径思考

作为全球化、信息化条件下新兴经济体结构转型中的产业发展路径选择内容的最后章节,在理论认识之后本章将转入实践部分,同时也是课题研究最为关切部分——关于中国产业转型升级路径的讨论。不过需要着重指出的是,这里不是给出一个研究之后无所不包的、完整的中国产业发展选择方案,而是侧重于已有研究的薄弱环节、问题环节做进一步的比较研究,提出我们的产业升级路径选择认识与政策建议。也就是基于对中国国情与产业实际的客观认识,从解决结构性问题的全局意识(视域)出发,阐述推进中国制造业转型升级的基本思路,并分别就工业创新驱动下的传统产业转型与大企业发展的研究,提出中国产业升级与走向强国的基础选择与现实选择的具体政策建议。

## 第一节 比较研究基础上的新兴大国——中国制造业转型升级的基本思路

一个经济体产业转型升级的基本思路,通常来自它对自身国情和产业发展状况的基本判断,同时来自它在解决结构性问题上遇到的障碍及其找寻到的有效办法。

## 一 对中国是一个世界经济大国的理性认识

作为世人眼里迅速崛起的发展中大国,今日的中国经济取得了巨大的历史性进步。到 21 世纪第一个十年结束的时候,拥有 13 亿人口的中国就已经完成工业化初期的目标,总体上进入工业化的中期阶段。① 人均收入的快速增长,更使得中国在短短的三十几年时间里,就完成了由低收入国家到中等收入国家的转变。② 从而奠定了我们"在新的历史起点上发展"的重要物质基础。因此,到了改革开放 40 年的今天,在当下的经济转型关键时期,正确地审视了中国成为世界第二大经济体这一事实,就成为中国产业尤其是制造业实现转型升级的重要前提。

1. 中国已成为以制造业发展为主要推进力的世界经济大国

中国是世界重要的工业产品生产国。主要工业产品的产量和产值占世界工业的较大份额,③ 2016 年,工业制成品仍然占到中国出口贸易总额的 95.4%。举世公认,我们已成为世界制造大国。这一事实,对于中国实现工业化以至完成向世界强国的转变,具有重大的战略性意义。因为它至少涵盖着如下重要内容:第一,我们在制造业的规模上先后实现了对主要发达工业国家的赶超,中华民族有了能够改变自身命运的强大物质基础。虽然 20 世纪 90 年代初,中国仅以 1450 亿美元的制造业增加值与美、日、德、英、法等工业发达国存在巨大的差距,但随此后的快速增长,中国先是在 1993 年超过了欧洲的法、英两国,接着又在 2006 年超过了世界第二大制造业生产国日本,2010 年据美国研究机构的测

---

① 在"十一五"(2006—2010 年)时期结束时,中国已经改变了资金和外汇短缺、人口二元结构下的劳动力无限供给、因技术落后而主要仿制、基础设施与工业配套能力弱等工业化初期的特征。

② 郑秉文:《"中等收入陷阱"与中国发展道路:基于国际经验教训的视角》,《中国人口科学》2011 年第 1 期。

③ 2010 年,在世界制造业总产出中,中国制造业的占比达到 19.8%,超过美国的 19.4%,即制造业在产值上超过了美国(国家统计局网站,http://www.stats.gov.cn/ztjc/ztfx/ggkf40n/201809/t20180904_1620676.html)。

算，中国占世界制造业总产出的比重已超过美国0.4个百分点。① 第二，以巨大的发展能力为支撑，中国通过大规模的基础设施建设，极大地改善了生产条件与发展环境。最为突出的表现是在这一时期里，中国的外资利用能力的增强和以道路、桥梁、机场为代表的基础设施建设的"爆发式"成长。据学者的相关研究与估算，中国的基础设施资本存量，1978年为1113亿元人民币，而到2008年就已上升到140590亿元人民币。年均增长速度高达10.1%，甚至超过了同期GDP的年均增长速度。② 第三，随着应对全球性危机能力的提升，中国在国际事务中的影响明显增强。自2008年以来，面对着由美国引发的全球性危机的强烈冲击，中国提出了产业调整与振兴规划，着眼于发展实体经济。不仅，一些勇于创新的中小企业在逆境中得到了锻炼，而且，一些先锋型企业在创新中练就了打造"大国重器"的本领。中国也就自然成为维系增长的引擎和推动世界经济增长的关键性力量。据世界银行的数据测算，2012—2016年，中国对世界经济增长的贡献率达到了34%，超过美国、欧盟和日本贡献之和。③ 与之相应，中国在国际经济生活与国际社会的影响力逐步增长。④ 第四，与应对危机、实现稳定增长相伴随，最近10年来中国制造业的角色发生了明显的变化，即正在开始从一个落后的追赶者逐步转向创新者。这种转换反映在中国上市公司全球行业的市场占有率上。据统计，目前20%以上市场占有率的中国行业为50个，50%以上市场占有率的

---

① 金碚：《全球竞争新格局与中国产业发展趋势》，《中国工业经济》2012年第5期。
② 基础设施资本存量均按1953年不变价格，同期GDP的年均增长速度为7.9%（金戈：《中国基础设施资本存量估算》，《经济研究》2012年第4期）。
③ 美国为10%、欧盟为8%、日本为2%，三者之和为20%，见《北京日报》《中国成为世界经济增长主要推动力》，2018年1月23日。
④ 例如，近年来由中国倡导和实施的"一带一路"倡议，得到了世界许多国家的响应和广泛支持，就是最突出的例子。

中国行业达到了 14 个。① 同时，转换也反映在中国的企业在创新方面的进步上。例如中国已经制造出使用自主设计研发 CPU 的世界最快超级计算机，自主建成了世界上第一个量子卫星通信网络，依靠自己的力量建造了世界上最大规模的综合孔径射电望远镜等。可见，中国工业规模的扩大、总量的增长以及创新意识的增强，都为我国国际地位的上升和工业化的推进创造了极为有利的条件。

### 2. 中国工业的总体发展水平与世界第二经济大国地位还存在相当距离

然而，中国工业的巨大历史性进步，给予我们的应当是建设现代化强国的坚定信心，而非停止或放慢工业发展步伐的理由。我们认为，理性地看待中国工业目前所取得的成绩，以及目前我国所处的世界第二大经济体地位，把关注的重点放在解决产业发展中的结构性问题上，这对于成功地实现今日的中国经济转型可能更为重要、更有意义。② 第一，我们需要对目前中国拥有的经济实力加以客观地估计。虽然中国经济总量在增长中攀上了世界第二的高位，但是由于这种计算采用的是地域性的国内生产总值的计量方法，也就是说在制造业创造的主要物质财富中，不仅是中国企业的生产，而且包括了诸多国外跨国公司创造的价值。这会使中国的经济实力相比于统计数字大打折扣。同理，不包括在统计数字中的一国境外生产企业创造的价值，事实上是一个经济体经济竞争实力的重要组成部分，而且创造的往往是最具竞争力的价值。显然作为一国对外直接投资的衡量指标，伴随"一带一路战略"的实施和中国企业海外并购步伐的加快有了迅速的上升，但距离产业整体实现真正意义的国际分工，我们还有很长的路要走。第二，需要对中国制造业的发展质量与发展内涵有深刻的了

---

① 资料来源：万德数据库。转引自宋雪涛《中国制造的激荡四十年：中国做对了什么？》，搜狐网，2018 年 3 月 1 日（https//m.sohtl.com/a/224b11907_313170）。

② 这种问题意识本身就是国情认识的重要组成部分。

解。虽然我国有许多行业近 200 多种主要工业品的产销量占据了世界的第一位，例如钢铁产量世界第一位，但是反映高水平生产能力的特种钢依然需要大量进口；汽车生产位于世界前列，但在发动机的设计与生产上长期受制于人。由中国批准发放的工业许可证数量据统计占世界第一位，但由中国主导制定的国际标准却仅占世界的 1%。反映国家质量技术基础的计量指标——中国被承认的校准测量能力虽然排名世界第四，但仅为排名第一的美国的 53%。① 随着创新能力的逐步增强，2017 年 9 月 25 日，全球最大的品牌咨询公司 Interbrand 发布的 2017 全球最具价值品牌 100 强排行榜中，已有中国的制造企业在列，但与美欧日本相比数量还很少，仅有两家而已。② 在国内市场上，虽然是中国企业的天下，但许多重要的生产领域，还多为外国公司所把持。③ 第三，需要对中国制造在世界制造中所处位置有清醒的认识。虽然中国的某些行业、某些企业在高端制造业的某些方面取得了重大的进步，④ 并且这样的行业、这样的企业正在逐步增多，但中国产业总体上，由于缺乏关键技术和核心业务，在全球价值链的中低端，在许多领域受制于工业发达国家企业的状况尚未得到根本的扭转。⑤ 因为，中国的产业发展虽然规模大，但核心技术的短板令我们的产业大而不强，被他国牵着鼻子而未得到发展的自主权。⑥ 使用出口

---

① 《质检总局：中国主导制定的国际标准仅占 1%》，《经济参考报》2017 年 3 月 15 日。
② 即排名第 70 位的华为和第 100 位的联想。
③ 例如，发展最为热门的机器人行业，在很长时期，国内市场份额的 70% 为瑞士 ABB、日本发那科、安川电机和德国库卡"四大家族"所占据。
④ 比如航天，比如华为。
⑤ 包括有些企业通过创新开发出新产品，但生产产品的工作母机乃至生产线在相当长时间里还依赖外国进口与引进。
⑥ 以近几年实现了跨越式发展的集成电路产业为例，关键材料和部件长期被国外所垄断，90% 的芯片依赖进口，2016 年这项进口额超过 2200 亿美元［见江必旺《深度剖析：中国产业转型升级需要更多的隐形冠军》，转引自《金属加工》2018 年 2 月 28 日（https：//www.sohcl.com/a/224473090_480375）］。

中包含的进口中间投入价值及其占出口的比重（VS 指标）来衡量，中国的绝大部分行业的这一指标都长期保持在一个较高的水平上，① 从而说明中国对进口技术含量高的中间产品的依赖程度。企业的盈利情况也反映了同样的问题。2014 年财富 500 强企业中，中国实体经济的平均利润仅为美国公司的 1/4。② 在 2017 年的财富 500 强企业中，虽然中国企业的总体利润已上升到美国的 51.9%，但是，与美国、日本包含大量制造企业的情况不同，中国除了金融业，最多的行业分布是 19 家能源、炼油、采矿企业和 14 家房地产、工程与建筑公司。③ 可见，今天中国制造业的发达程度与世界第二大经济体的位置还不相称，而工业创新能力与制造业的整体发展水平是我们与发达工业国家的最主要差距。虽然差距并不必然会随发展自然被抹平，却能够在我们找准发展路径、解决结构性问题中得以缩小，乃至实现逆转与超越。

## 二　在解决结构性问题上不可或缺的全局性战略意识

实现中华民族伟大复兴的梦想，决定了我们在今天的历史条件下，必须以创新驱动的制造业自主发展为核心任务，实施超越产业层次的制造业发展的国家战略。即为了民族的生存与未来的发展，亦为百姓的福祉和根本利益，全力提升第二产业的发展质量。④ 以尽可能

---

① 据相关统计，2001—2007 年，所有行业的这一指标都超过了 20%，其中电子通信设备的这一比例高达 66.76（孙佳：《中国制造业：现状、存在的问题与升级的紧迫性》，《吉林省经济管理干部学院学报》，2011 年第 6 期）。

② 王志乐：《制造业要在全球价值链里转型升级》，新浪财经（http://finance.sina.com.cn/hy/20141213/154721069896.shtml）。

③ 见财富中文网（http://www.fortunechina.com/fortune500/c/2017 - 07/20/content_286785.htm）。

④ 这里的全力，是指把发展现代制造业作为目前阶段中国经济发展最主要的任务。这不仅是因为作为一个发展中大国，中国制造业的发展比例仍有很大的上升空间，更重要的是我们需要通过大力发展制造业来提高百姓的物质生活水平，实现消费拉动经济的良性循环；需要通过大力发展制造业来带动城镇化的实质性进展，真正缩小城乡收入差距；需要通过大力发展制造业，来奠定中国自主创新的技术和物质基础。

新的概念和技术手段，建设一个新时期能推动经济可持续发展的中国工业主导产业，① 以此作为打破目前增长陷阱的核心策略。同时，以制造业的先进技术发展为基轴，带动农业的进步，推动服务业等第三产业的现代发展。② 最终，在高科技的引领下，构建一个符合未来发展方向的、各产业有机融合的现代产业体系。③ 发展中大国的地位，使我们不能不依据中国地域发展的多样性与经济水平的多层次性特征，实行符合国情特点的产业布局与结构调整。即以能够掌握的尖端科技为突破口，积极致力于战略新兴产业的发展，力争实现与不久可能到来的新的产业革命的前沿对接；④ 以既有的产业成果和产业能力为支撑，大力发展装备制造业，以夯实竞争、发展和国家安全的基础；⑤ 兼顾就业、出口和地区发展的需要，在继续发挥劳动密集型比较优势的过程中，探索中国各地区多样化的改造传统产业可行之路。⑥ 突出重点，分清层次，协调并行。⑦ 发扬与中华民族传统文化结合的包容性、创造性，培育与现代科技相适应的创新精神，

---

① 推进工业的发展不等于重复低效和污染，因为今天的历史时期已不允许我们重复过去发达国家先污染—后治理的老路，而是必须改变以往"太多的错误制造方式"，"剥离那些没有过多地思考给脆弱的地球生态系统增加负担的商品"（［美］彼得·马什：《新工业革命》，赛迪研究院专家组译，中信出版社2013年版，第171—172页）。

② 即考虑从今天中国的国情和产业发展的实际出发，发挥现代制造业在事实上对农业进步的拉动和对服务业发展的推动作用。而这种作用主要是着眼于制造业的先进技术供给和多元化的市场创造两个方面。

③ 这是目前能够看到的未来新的产业革命可能带来的产业发展方向。

④ 我们现在发展较为成熟的航天卫星技术、重型机械（建筑工程）制造，以及探索中的3D打印技术的工业应用等，将有利于我们参与工业前沿技术的竞争。

⑤ 这是我们作为一个发展中大国工业自主发展的根基，也是我们弥补产业结构中的短板、摆脱关键技术受制于人的最主要工作。需要制定战略目标和时间表，实行严格的考核机制。

⑥ 显然，这是与国计民生紧密相联的重要发展领域，是发挥既有优势、实现渐进式创新所不能放弃的产业阵地。给予足够的重视与适当的资源配置，将会形成一块最有活力的增长领域，以至成为眼前的协调发展与长远的产业创新交融的重要环节。

⑦ 作为不同以往的国家战略层次上的产业发展路径选择，其特点是将制造业的各个部门作为一个有机整体，依据国情特点与未来的发展需要协调与整合。

在传统因素与现代因素、本土知识与外来知识融合的基础上，有序实现中国制造的历史使命。

围绕国家层面上的产业发展历史路径选择，能够体现全局意识的重要工作包括：（1）我们需要利用后起者所处的独特优势，有针对性地学习一切完成工业化所必要的知识。① 既包括正确借鉴发达工业国家的经验与教训，② 也包括及时纠正自身对未来产业发展趋势认识上的偏差。③ 尤其应当对目前发展制造业和发展服务业的关系有一个科学的认识，改变以往那种对两者彼此间发展非此即彼的线性思维方式。事实上，发达工业国家的产业发展史已经证明，它们是一个制造业的发展推进服务业成长的自然演进关系。因为产业发展的顺序本身，并不是一个阶梯形的后者取代前者的关系，而是事物发展过程中因果式影响的体现。④（2）需要明确揭示我们民族整体的产业发展目标，改变较长时间里存在的产业的无序发展状态。为了完成一个发展中大国的工业化，中国必须尽一切努力推进自己的装备工业现代化，迅速扭转关键部件的生产和关键性技术长期受制于人的被动局面。⑤ 在此过程中，力争将已掌握的现代高科技，因地制宜逐步推向产业化。并根据已有的能力与各地实际，有选择地加大各传统产业的改造力度，实现最终将后者改造成为全新产业的目的。即将上述三者作为一个统一的发展过程统筹规划，合理调整，梯度推进，从而有效抑制以往各地高技术项目一哄而起、一拥而上致产业结构雷同的状况。（3）为有力打破外部的种种制约，我们必须以置之死地而后生的

---

① 这是一个重要的对产业发展规律的学习和认知过程。
② 例如2008年的美国等国偏离实体经济所导致的经济危机。
③ 诸如我们对知识经济时代制造业发展地位的认识等问题。
④ 这就是主要的发达工业国家没有出现刻意拔高后者，来显示其经济社会进步的原因。
⑤ 鉴于基本实现工业化的目标临近，在解决这个核心短板方面，有必要制定时间表。

心态和最有效的方式投入工业创新。虽然中华民族从古至今从不缺乏足够的创新勇气和能力,① 但是,我们却在政策上、体制上存在着实际的工业创新缺失。为实现制造业的深度发展,我们需要在国家战略指导下,以足够的政策力度与明确的政策导向,使现有的人力资本尤其是最优秀的人才集中进入工业创新的主战场;②在体制上采取切实措施,保障科研院所开发出的先进和实用技术能够在第一时间与产业应用部门实际对接,③ 利用国家与产业各自优势的交集,真正形成一套有坚实基础且能适应技术经济发展变化的中国式创新运行机制。(4) 为实现制造强国的宏伟目标,我们必须以足够的政治智慧,将中国这个世界最大的发展中大国的现实国情,转变成为一种有用的发展资源。例如,将各地存在的发展差异,转变为有特色的差别性竞争;将产业发展的不平衡状况,转变为不同梯度的产业分工格局;将二元结构下的城乡市场分割,转变为融合与互补的多维市场体系。也就是要把我们目前发展不平衡的劣势变为大国的发展优势,进而能为产业结构调整和工业化的深入展开寻求一个伸缩自如的发展空间,全方位地营造各种有利条件。最终使我们能够在恰当的产业发展历史路径上,实现制造业的可持续发展,从而一步一个脚印地实现中华民族的伟大复兴,完成中国从制造大国向制造强国的历史性转变。

## 三 成长为制造强国在产业发展的不同层面应当进行的路径选择

这里的分析,不追求教科书式的面面俱到,而是基于实地调查了解到的目前产业发展上存在的结构性问题,提出若干可能的

---

① 例如,古代的四大发明,现代的"两弹一星"与航天工程。
② 例如,政策鼓励毕业生投身生产第一线,扭转其一窝蜂地争抢公务员铁饭碗的局面。
③ 改变目前大部分企业研发力量不足而科研院所有技术、无市场的状况。

解决办法。世界第二大经济体的发展规模,奠定了中国深入改革与发展,在推进工业化的过程中跨越"追赶陷阱"的相应基础。同时,也使正处于经济转型中的中国产业发展面临着严峻的内外部挑战。例如,如何能够打破外部的发展制约,如何得以克服由内部积存的结构性问题所导致的发展瓶颈,以及克服一些认识误区对我们在转型中的产业发展选择上造成的影响。因此,我们将从一个发展中大国的视角提出对当下产业发展选择方面的若干认识与政策建议。

1. 从战略的高度认识与处理好发展工业与发展服务业的关系

发达工业国家转型的成功经验之一就是在把握国情的基础上认清趋势,在产业发展的选择上明确方向和重点。作为一个发展中大国,选准改善国民福利、保障国家安全和实现民族复兴的产业发展支撑点,是目前中国经济转型的关键。尽管中国的服务业不论就其自身发展需要,还是与发达的工业国家相比都存在很大的差距,需要大力发展,但是,中国在工业化的进程中所处的发展阶段,以及目前作为唯一能够支撑中国的国际地位与国际影响力的产业,都表明制造业仍然是"中国当前最重要和最具战略地位的经济部门"。处理好两者的关系,首先,需要明确的就是发展的重点。其次,需要通过客观地观察与分析弄清楚两者间在发展上的真实关系。经济学家曾根据以往工业国家的三次产业产值和就业人口所占比例的变化,来概括产业结构由低级到高级变化的规律。而在当代技术经济条件下的进一步观察显示,产业结构的高级化演进出现了有趣的变化,如制造业的生产与生产性服务,呈现出你中有我、我中有你的业态扩展与融合局面。而且信息经济时代的这种无边界融合趋势,使得两者的协调性而非分立性更为凸显。如果能够转换以往用两者的相互替代推进产业结构转型升级的传统思路,在大力发展优质、高效的新型制造业的同时,实现服务业的健康有序拓展,应是完全可能的事情。例如,伴随制造业技术水平的提升和先进设备的普及和运用，发展其前端的职业技能培训事业，延伸其后端的生产性服务的价值链条，直至形成专业化的协作，使服务业的发展成为工业化推进中的一件自然而然的事情。而对于中国庞大的人口规模，以及在尚未实现工业化时老龄化就提前到来的情况，最有效且可行的办法，莫过于借助制造业创造出的新型、适用产品，以及在生产中创造出的新型组织与服务，加以稳妥地应对与解决。

2. 在工业的发展上总揽全局，实行传统产业与新兴产业一盘棋战略

不论是日本战后还是美国 21 世纪产业转型成功的经验，都在于它们对工业本质的理解和其务实的态度，在发展顺应时代潮流的高科技产业的同时，能够同改造原有的优势产业（传统产业）统一于一体。工业的生产本身是一个复杂的系统工程，是一个由处于不同领域、不同生产工序和价值创造环节的多个部门，以不同的生产工具与手段，相互衔接与紧密配合完成物质产品生产的有机体系。缺少了其中哪一部分，生产链条都将发生断裂，而致生产过程出现问题。中国的工业建设在这方面也是有深刻的教训的，例如，尽管我们较早地引进了外资和技术，但由于材料工业等某些基础工业的薄弱和核心零部件及其技术的缺乏，我国的汽车工业和飞机制造业的发展受到了严重的掣肘，也导致了今天的机床工业在夹缝中生存的局面，致使我们在工业化过程中付出了不菲的代价。事实表明，在中国目前的工业发展阶段还没有所谓的夕阳产业。传统产业与新兴产业同等重要，并具有极大的发展空间。且目前的传统产业多是那些处于生产过程前端的基础材料工业，其在新的科技革命条件下的改造与创新任务十分艰巨。显然采取放弃和不发展的办法进行我国的产业结构调整，是有害无益和不现实的。而且传统产业的改造本身就是新技术的应用与发展过程。两者间距离日趋拉大的现实，不仅影响中国制造业在价

值链位置上的提升，而且会影响到经济整体发展的稳定性。所以，借鉴发达工业国家的经验，传统产业与新兴产业回归有机联系，扭转人为割裂的状态，应该成为我们产业结构调整的重要内容。这就要求我们的产业结构调整，在战略层面上要能够协调行动，而不是政出多门、各自为战。且各个部门出台的产业政策，在充分考虑各自产业发展实际的前提下，要能够相互衔接、步调一致，朝着同一阶段性目标共同努力。这对于中国这样的发展中大国的产业发展来说是极为重要的。同时，也可以避免以往存在过的炒作式发展局面。否则，不仅浪费了资源，也错过了最佳发展时机。在现代化的产业治理方面，我们有许多国际有用经验可以借鉴。

3. 与产业升级的全局相联系解决影响转型的结构性顽疾

发达工业国家转型的产业实践显示，全力解决好阻碍经济和产业可持续发展的突出问题，是保证经济结构整体转型成功的关键。产能过剩是多年来影响中国产业结构升级的一个顽疾，也是人们犹豫经济转型时期是否还要重点发展制造业所顾及的一个重要因素。的确，目前的中国仍然存在严重的产能过剩行业。例如2012年底，我国钢铁、水泥、平板玻璃、船舶产能利用率分别仅为72%、73.7%、73.1%和75%。但同时却仍有在建项目，致使过剩呈现加剧态势，问题确实到了"如不及时采取措施加以化解，势必会加剧市场恶性竞争"，"直接危及产业健康发展"的严重程度。至于问题形成和矛盾加剧的原因，在国务院的相关文件中已经做了较为全面的分析与说明，并为化解产能过剩提出了总体要求，乃至分业施策。① 但回顾以往，我国产能过剩的化解之路为何步履维艰？恐怕不仅仅是这些行业本身的问题，而不能不与以往我们饥不择食地沿着西方工业化的路径实现追赶，导致粗放式发

---

① 参见《国务院关于化解产能严重过剩矛盾的指导意见》，国发［2013］41号，人民网，2013年10月15日（http://politics.people.com.cn/n/2013/1015/c1001-23210728.htm）。

展累积的问题相联系。因为，产能过剩对于中国这个发展中大国现阶段的发展来说，是一种结构性的过剩。

为使这种结构性过剩问题能够得到有效抑制并逐步加以解决，切实可行措施的实施是更为关键的环节。第一，从促进传统产业改造和升级的大局考虑，引导企业包括地方政府认清趋势，转变观念。即能否实现今后长久的发展则取决于其当下的创新与转型行动。第二，做好产业以外力量的帮扶，使处于传统弱势位置上的企业能够拥有从事改造升级的依托。可借鉴美国"产业公地"、日本产学研技术支持系统的经验，给予产能过剩企业掌握实用技术和实现产业升级一个实用的支持平台。第三，选取具有代表性的产能过剩企业的改造进行案例剖析，明晰其在改造过程中遇到的实际困难和难题，其中哪些是可以经过努力得到解决的，哪些则需要协作的力量。总结经验、以点带面，逐行业地推进问题的解决。第四，充分发挥市场机制在产能过剩问题解决中的调节作用，帮助企业切实适应由计划经济到市场经济不同环境下的经营方式转变。优胜劣汰、适者生存，利用倒逼机制促进企业和产业，实现适应市场需求的变革。总之，解决产能过剩的问题，要考虑多方面的影响因素，深入细致的工作，步步扎实推进。

4. 必须适时、准确地选取技术创新与改造的突破口

日本以往产业转型成功的经验揭示，要顺利解决阻碍发展的主要结构性问题，离不开创新和在实践中正确地选取改革的突破口。随着我国工业经济实力的增强和工业化的推进，我们在技术创新方面取得了长足的进步。即从无到有，比如航天工业；从不能生产到能够生产，比如大型工程机械；从国内生产和使用到走出国门进入国际市场，比如高铁建设等。这些成果极大地提振了我们民族复兴的自信心，但我国产业整体的创新水平与发达工业国家仍存在巨大的差距。所以，实现创新驱动下的制造业发展，

是我们解决经济转型中结构性问题的根本任务，创新突破口的选择就成为任务完成的入手点。

（1）科学选取突破环节，改变广种薄收的方式，对于切实提高产业的创新能力是一个值得探索的途径。就企业而言，不同类型的企业（如装备制造与一般的产品生产企业）、同一行业不同规模的企业，其在创新活动中存在不同的情况，如大型制造企业人才与资金等资源累积丰富，而中小企业对市场变化的敏感度高。学习和借鉴后起的日本、美国等发达工业国家的转型经验，一方面，引导中小企业着力打造自己的一技之长，集中有限的资源建立可以长久立足的专项优势，以此开辟国内与国际市场，走特色型发展的创新之道。另一方面，对大型制造企业的创新，则要注重其将自身的条件与行业发展趋势融合基础上的创新选项，体现前瞻性和发展的后劲，侧重发挥它们在创新活动中的带动性和行业示范效应。就产业整体而言，由于存在着创新方面的部门联动性，① 而应当在创新活动中清晰地认识和抓住主要矛盾，例如高科技产业产品攻关中的材料工业的质量保证问题。同时，在不同规模企业、上下游企业之间，通过市场的筛选，建立起自然的、紧密的业务联系与创新协同机制，也不失为一种获取双赢的创新战略。只有坚定地扫除浮躁之风，坚持不懈地从事创新努力，中国的制造产业才有可能做大、做强。这是制造产业本身的性质所决定的。

（2）点面结合、多重形式提高研发效率，在技术的产业化应用上下功夫。这是熊彼特式创新定义的核心，也是发展中大国在技术发展上实现追赶的一块必争之地。竞争措施至少可以包括两个重点。其一，高度重视生产现场的渐进式创新，这是产业技术创新的基础和基本功。因为，生产现场是提高创新效率的重要场

---

① 在这里也可以把它理解为部门制约性，后面的部分将进一步分析。

所，生产过程往往是工艺创新发生的摇篮。过去中国传统的技术革新活动在这方面积累有丰富的经验，今天我们仍有必要打牢这一产业竞争基础。采取必要的促进与激励措施，把理工科毕业生吸引到工业创新的第一线，形成和树立以工业建设和参与基层创新为荣的风气与理念，应当成为政府有关部门的重要工作内容。其二，克服事实上存在的技术还是外国好的思维定式，充分用好本土的技术资源。摒弃那种即使自己有能力攻关取得技术突破，仍然要花费大笔经费购买外国技术的习惯做法，尤其注意那些关系到中国产业自立发展的关键技术，比如工业软件的自主开发及其应用，支持本土科研人员创造力的发挥。在事实上扭转那种学者和学术机构有技术、无资金，而企业有资金却找不到适用技术创新产品的局面。改变应用技术经费的拨付方式，尝试建立各种技术信息沟通平台，实现专业技术与工业企业的无障碍对接，以提高先进技术产业化应用的效率，打造真正属于中国制造业的独特竞争优势。

## 第二节 传统产业的转型与工业创新：新兴大国走向强国的一项基础性选择

由于工业发展的起步时间不同，尤其是长期受不合理的国际经济旧秩序的严重影响与束缚，新兴大国在基础产业发展上与工业发达国家的差距是显见的。在经济转型与产业发展选择基本思路明确的基础上，大力改造提升传统产业，通过工业创新完成产业结构升级，成为以中国为代表的新兴大国实现经济转型的一项基本任务。

### 一 近期以来的产业发展形势与当前我国在传统产业改造上实际存在的问题

一国产业结构调整的内容与调整时机，一般是与产业运行的实际状况存在密切联系的。因为，相对稳定的经济增长会为深入推进结构性调整创造有利条件。所以我们对中国的传统产业转型与工业创新的分析，就从对近年来的经济形势的观察展开。

1. 客观地观察与认识产业的发展形势是推进结构调整的重要前提

当前，是我国推进经济结构转型、全面建成小康社会，进而实现"两个一百年"奋斗目标的关键时期。① 在国际经济缓慢复苏的情况下，我国的产业发展总体上呈现出较为稳定的发展情形。以国家统计局 2017 年 8 月 31 日发布的统计数据为例，② 我国制造业总体保持了稳中向好的发展态势。例如，8 月经季节调整的制造业采购经理指数（PMI）51.7%，③ 环比上升 0.3 个百分点，比前年同期高 1.3 个百分点。尤其是反映供给与需求的生产指数和新订单指数均有上升。④ 同时，装备制造业保持较快增长，制造业继续向中高端迈进。⑤ 部分传统行业的制造业采购经理指数位于扩张区间，中小企业的该指标也有不同程度的改善。⑥ 这些都为我国实现"创新、协调、绿色、开放、共享"式发展创造了有利条件。

但同时也应当看到，这种增长局面基础尚未完全巩固。并且与高技术产业和装备制造业的增长相比，传统产业生产经营状况的好

---

① 被视为建成小康社会的关键阶段（新华社 2017 年 8 月 31 日报道："中共中央政治局会议建议：党的十九大 10 月 18 日在北京召开"）。
② 即依据国家统计局 2017 年 8 月 31 日发布的统计数据加以观察，因为至今为止这种稳中向好的趋势没有改变（http://www.stats.gov.cn/tjsj/zxfb/201708/t201708 31_1529425.html）。
③ 为年内第二高点（见图 14—1）。
④ 8 月份，生产指数和新订单指数为 54.1% 和 53.1%，分别比上月上升 0.6 和 0.3 个百分点（见表 14—1）。
⑤ 装备制造业 PMI 为 52.8%，与上月持平，高于制造业总体 1.1 个百分点。其中，专业设备制造业和电气机械制造业 PMI 分别高于上月 4.3 个和 1.0 个百分点，且均处于较高景气区间，实现快速增长。
⑥ 例如，中型企业 PMI 为 51.0%，比上月上升 1.4 个百分点，重回扩张区间。小型企业 PMI 为 49.1%，比上月回升 0.2 个百分点。

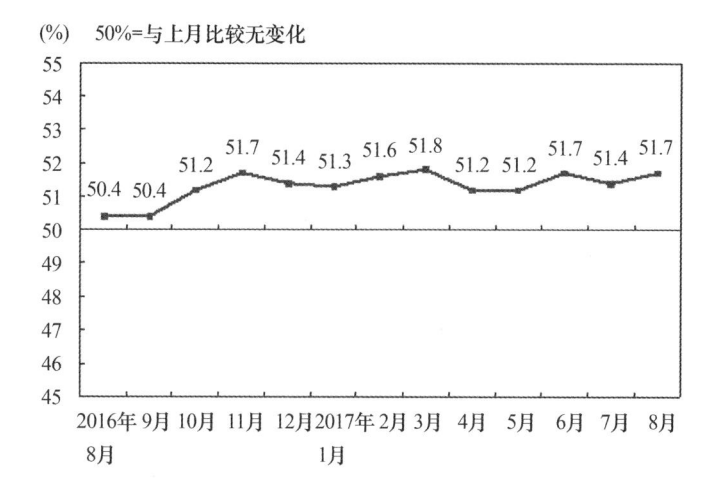

**图 14—1　前一时期经季节调整的制造业 PMI 指数**

资料来源：国家统计局网站，http://www.stats.gov.cn/tjsj/zxfb/201708/t20170831_1529425.html.

转，还仅局限在黑色金属和有色金属冶炼及压延加工、化学原料和化学制品制造业等部分行业。且前者还受到了原材料价格上涨的很大影响。国际市场需求也仍旧对我国经济的运行和发展产生着重大影响。因此，改革的问题意识与发展时机的恰当利用，对我们这样一个处于转型和改革发展关键时刻的发展中大国，是非常必要的。它可以提示我们着眼于自身发展的薄弱环节，在合理的比较借鉴中打牢产业发展和国际竞争的基础，把我们中国自己的事情做得更好，把我们全面迈向小康社会的实体经济基础打得更牢。

与统计资料的时点相隔 9 个多月后的 2018 年 5 月，经济形势风云突变，中美贸易战成了世界经济领域的最重要事件和中国经济形势的关键词。严酷的外部形势，使中国经济下行的风险加大，[①] 也使经济结构调整的阻力增大。事实再一次告诫我们充分利

---

[①] 国家统计局 2018 年 10 月发布的中国制造业采购经理指数为 50.2%，在构成制造业 PMI 的 5 个分类指数中，生产指数和新订单指数高于临界点，原材料库存指数、从业人员指数和供应商配送时间指数低于临界点（见国家统计局网站，http://www.stats.gov.cn/tjsj/zxfb/201810/t20181031_1630603.html）。

用结构调整有利时机的重要性。不过,强烈的外部冲击在造成发展阻力的同时,也带给了我们可以利用的东西,就是可以极大地激发中国工业的创新精神,即通过创新实现经济的稳定增长,通过创新完成产业转型中的调结构、补短板。

表14—1 前一时期中国制造业PMI及构成指数(经季节调整) 单位:%

| | PMI | 生产 | 新订单 | 原材料库存 | 从业人员 | 供应商配送时间 |
|---|---|---|---|---|---|---|
| 2016年8月 | 50.4 | 52.6 | 51.3 | 47.6 | 48.4 | 50.6 |
| 2016年9月 | 50.4 | 52.8 | 50.9 | 47.4 | 48.6 | 49.9 |
| 2016年10月 | 51.2 | 53.3 | 52.8 | 48.1 | 48.8 | 50.2 |
| 2016年11月 | 51.7 | 53.9 | 53.2 | 48.4 | 49.2 | 49.7 |
| 2016年12月 | 51.4 | 53.3 | 53.2 | 48.0 | 48.9 | 50.0 |
| 2017年1月 | 51.3 | 53.1 | 52.8 | 48.0 | 49.2 | 49.8 |
| 2017年2月 | 51.6 | 53.7 | 53.0 | 48.6 | 49.7 | 50.5 |
| 2017年3月 | 51.8 | 54.2 | 53.3 | 48.3 | 50.0 | 50.3 |
| 2017年4月 | 51.2 | 53.8 | 52.3 | 48.3 | 49.2 | 50.5 |
| 2017年5月 | 51.2 | 53.4 | 52.3 | 48.5 | 49.4 | 50.2 |
| 2017年6月 | 51.7 | 54.4 | 53.1 | 48.6 | 49.0 | 49.9 |
| 2017年7月 | 51.4 | 53.5 | 52.8 | 48.5 | 49.2 | 50.1 |
| 2017年8月 | 51.7 | 54.1 | 53.1 | 48.3 | 49.1 | 49.3 |

资料来源:国家统计局网站,http://www.stats.gov.cn/tjsj/zxfb/201708/t20170831_1529425.html。

**2. 在传统产业改造上事实存在着认识与行动的巨大落差**

就制造业各产业的发展而言,我们发展的薄弱环节或者说发展短板在哪里?自身的比较也许是发现问题的最好方法。由于创新驱动是当前世界各国,尤其是发展中国家完成转型和实现包容性增长的主题,因此互联网时代高科技产业异军突起,传统产业转型大势所趋。在我国,如何平衡发展好所谓的新动能与传统动能，共同促进经济结构优化升级，是社会各界关注的热点所在。因为加快培育壮大新动能、改造提升传统动能是促进经济结构转型的重要途径，也是推进供给侧结构性改革的重要着力点。作为一个发展中大国、一个具有代表性的新兴经济体国家，我国高科技产业的发展成绩是突出的。例如，从2017年发射成功的长征5号火箭，到"十二五"末期的100多颗在轨卫星，均标志着我国航天工业的巨大历史进步；载人深潜、超级计算和超大型盾构机的应用，等等，[1] 都充分释放出高端制造的活力。继《2016年全球创新指数报告》显示我国进入25强之后，中国以商业成熟度、知识与技术产出方面的优异表现，在《2017年全球创新指数报告》中的全球排名上升到第22位，[2] 反映出我们在这些领域的发展潜力。但是，与这些高科技产业发展相比，如何通过工业创新实现传统产业的转型升级，国人的认识却不尽相同，[3] 即便是有相应的政策文件但行动并不到位，实践的结果也大相径庭。一方面，我们有像陕鼓集团这样的企业，在改革过程中坚定地沿着产业链升级重组，也有纺织行业的企业在设计和生产方面的高科技应用；但另一方面，也确有一些地方政府只青睐于那些风潮行业，或者可能带来可观利润的高技术企业，进而为这些企业提供便利的融资条件、充分的基础设施供给，而把传统企业的改造简单地等同于关停并转。因此才出现了相对于高技术产业园区林立、发展蒸蒸日上，传统产业江河日下、被迫关门或搬迁，这样一种不少地方都普遍存在的不协调景象。诚然，对我国这样一个发展中大国而言，利用一切可以利用的条件，通过创新尽可能地把核心技术掌握在自己手中，尽快地建立和发展自己的高技术企业，是产业

---

[1] 这样的例子可以举出很多。

[2] 《〈2017年全球创新指数〉报告发布：中国上升3位名列第22位》，人民网，2017年6月16日（http://ip.people.com.cn/n1/2017/0616. c136655_29344093.html）。

[3] 很可能这与人们对网络经济时代工业发展在其中所处位置的认识，以及对我国工业发展水平的认识不同有关。

发展非常重要的事情。但是，需要厘清的是，在推动动能转换的过程中，新动能与传统动能之间并非"二者择其一"的单选题。在培育和发展新动能的同时，更要改造提升传统动能，加快推进传统产业改造升级，因为这不仅是我们发展的短板，还是我们的战略新兴产业能够实现赶超的保证，① 因而是我们今后赖以竞争和长远发展的根基。所以，传统产业的转型升级对新兴大国，尤其对于中国来说，是必须完成的工作。只有这样，才能有力地充实我们产业整体的发展基础，极大地释放出经济增长的潜力，从而推动经济保持中高速增长、产业迈向中高端水平。

由于它涉及产业的整体发展问题，作为对大工业发展规律的一种探讨与认识，我们需要从工业发达国家走过的工业化道路中去有针对性地比较与借鉴。

## 二 工业创新与传统产业改造的国际实践

国际经验表明，高科技产业的发展与传统产业的转型，在工业创新的驱动下是有可能融为一体的。

1. 传统产业在创新推动下转变为高科技产业的一个显著案例

纤维业也称纺织业是各国国民经济的基础性产业，在日本也是发展最早的产业部门。② 作为 19 世纪 90 年代日本早期工业化的核心产业，③ 虽然由于侵略战争失败的打击，其生产水平下降到不足战前的 1/10，但在经历了战后经济民主化的改革与发展转向后，伴随日本经济的恢复再度迅速地发展起来，一直到 20 世纪 60 年代，始终作为日本代表性的出口产业，在其经济恢复和高速增长过程中

---

① 正如前文提到的，它为高科技产业的发展提供新材料、新工艺和新工具。
② 起步于日本前近代的江户时期。在 1868 年明治维新前，已经形成了一套包括技术设计和产品流通在内的制造技术体系。
③ 第二次世界大战前，纺织业的出口占到了日本出口总额的 20%（[日] 吉川弘之主编：《日本制造：日本制造业变革的方针》，王慧炯等译校，上海远东出版社 1998 年版，第 174 页）。

发挥着重要而积极的作用。身为典型的传统产业，日本纤维业在创新推动下的产业结构调整与升级，从 20 世纪 70 年代初的石油危机时期就已开始。因为伴随重化工业的高速增长，纺织业在日本制造业中的占比出现下降趋势，并且伴随日元升值和周边国家的相同产业发展，国际竞争力减弱、出口减少。在这种改革势在必行的巨大压力面前，一方面，它通过技术改造与创新减少了从业人员数量和提高了劳动生产率；另一方面，在生产结构的调整中压缩了低质、低价的产品和低生产率的部门，逐步向以高附加值生产为中心的产业转变。经过调整，日本的纤维产业变为以满足国内市场需求为主、侧重生产高质量、高档产品的产业，产业的素质得到了极大的提升。在其后 20 世纪 80—90 年代实行创造新价值、推行海外市场战略的基础上，面对新一轮的产业转型升级，纤维产业则迈出了更大的产业结构调整步伐。即面对产业在国际分工格局中的变化，以往非效率、高成本供给体系的被打破，以及新时期要求各制造企业凭借反映文化内涵的软件要素赢得竞争的新情况，以能够发挥自身位于国际前沿的新材料技术、高附加值技术和环境对应技术三大优势为目标，有针对性地解决在研发、协作方面不及欧美国家的薄弱环节，将工业创新与 21 世纪的社会目标融合，在开发服务于信息社会建设的新材料，服务于提高大众生活质量、医疗水平的新产品，服务于环境协调性循环社会的新技术过程中，逐步完成了纤维业从传统产业向高科技产业的蜕变。

2. 传统产业的改造是一个与经济转型相伴而行的连续历史过程

发达工业国家的产业实践提示我们，传统产业的改造与创新又是一个连续的历史过程，即它不是一次性的孤立变革，而是与经济的转型相伴而行的演进过程。20 世纪 90 年代泡沫经济崩溃以来，日本经济来到了新的结构转型的十字路口，发展成熟的传统产业再次面临改造的课题。日本传统的化工行业企业的应对，清晰地反映了这种情况。例如，面临通用化学品市场日益激烈的竞争环境，尤其是受 2008 年全球性危机的冲击、销售收入和利润大幅下降的情况下，三井集团旗下的三井化学公司就通过创新引领转型，取得了明显成效。一方面，公司在传统的石化产品领域进行业务重组，通过合理地降低成本、提高产品的市场竞争力，实现了扭亏为盈；同时根据自身的技术优势开展差别化经营，通过提供优质产品扩大市场占有率。另一方面，公司以技术创新开道，努力向高性能、高附加值产业转型。在努力扩大研发投入的过程中，功能树脂、薄膜薄板、功能化学品的销售收入和营业利润也实现了大幅增长。如以 2010 财年到 2014 财年为例，高性能产品营业利润占整个产品营业利润的比例由 43% 增至 80%，即高附加值产品成了公司的主要利润来源。① 这样的传统产业改造实例，在日本的许多传统行业都有表现，包括那些锐意进取的地方中小企业。②

3. 传统产业的改造成功与否决定着新兴大国经济转型的成败

显然，没有工业创新就没有后起者持续发展能力的形成，而没有工业创新推动的传统产业改造，也就没有经济体本身转型与变革的切实完成。因为，作为一个开放性的生态系统，工业是由内部的子系统协调运作加以维系的。作为这个系统不可分割的组成部分，传统产业与高科技产业同样有着自己的位置，在工业这架大机器整体的运转上扮演着属于自己的角色。只不过与后者不同的是，相对于高科技产业的新近崛起，传统产业发展的历史较早，面临着改造与升级的任务更重。以作用于工业的成长与进步为主要目的的工业创新，正是完成这一艰巨任务的最重要工具。同时，由于传统产业在整个工业体系中所处的基础位置，在产业运转中对高科技产业所起的支撑作用，以及它距离现代技术产业应用的要求存在较大的距离，而成为工业创新的重点。从这一意

---

① 《日本经济新闻》2016、2017 年有关三井化学公司的报道（http://www.nikkei.com/search/site/? searchKeyword）。

② 例如，课题组成员在日本九州地区进行企业调研时到访的中村电机公司等企业。

义上可以说，一国能否完成其产业升级的历史任务，取决于经济转型过程中它的传统产业改造成功与否。尤其成为决定着新兴大国经济转型与变革能否成功的关键性环节。因为相对于后起的发达工业国家，新兴大国的传统产业在整个经济体系中占有更大的比重，对其转型与变革成功的影响系数（权重）更大。

### 三 工业创新中的中国传统产业转型路径分析

1. 传统产业转型与我国整体的制造产业升级的关系

与发达工业国家比较借鉴的目的在于认识规律、实现转型。但要在产业实践中切实地完成这一转型，还需要正确地认识新兴大国自身的发展现状及其所面对的转型细节。例如客观地认识我国工业中的传统产业的特点及其转型的可能方向。的确，作为一个发展中大国，在制造业的快速发展带动下，我国经济取得了巨大的历史性进步，其中，传统产业发展所起的重要作用功不可没。① 但是，我国尚未完成工业化，经济发展尚未达到充分程度的事实表明，与已经实现了工业化的西方发达国家不同，目前的我国尚不存在所谓的夕阳产业，在今日的经济转型时点上，传统产业的变革与高科技产业的发展同等重要。而且，这种认识不应该只停留在各级政府的文件上，而应当扎根在我们的头脑中、落实在产业升级的行动上。况且，现在我国许多传统产业都与国计民生息息相关，有的还处于重要的产品与材料供给的战略位置上，比如说纺织工业、煤炭工业，是我们生产与生活的重要物质基础；比如说钢铁工业、有色金属工业与我们国家的航空工业、国防工业等战略产业紧密相关。这些产业的技术水平和产业技术能力，有时甚至会直接影响到高端的技术创新设计的实现。因而传统产业不仅对于已经实现了工业化的发达国家依然重要，对于像我国

---

① 它极大地推进了中国经济量的增长，解决了巨大的劳动力人口的就业问题。

这样的发展中大国（新兴大国）实现强国目标与可持续发展尤其重要。显然，传统产业的转型并不是被简单地取代，或者是改立门户、转作他途。虽然这样的做法来得最为简便，却不是传统产业改造的题中之意和应有方向。而通过深入的工业创新切实地实现沿着产业价值链方向的升级和改造，以使产业焕发生机，虽然会遇到重重困难、没有捷径可走，却是一条有着多种发展可能的通途。当然，随着高科技的发展和新科技革命的到来，一些传统产业可能不复存在，但是作为新技术形成和创新载体的产业基础是不会被取代的。这可能就是已经实现了生产全球分工的美国等发达工业国家"重返制造业"的重要原因。再看作为新兴大国的中国，由于许多传统产业的发展关系到国家的经济安全和自主发展，以简单地放弃和不发展的方式从事产业结构调整，不仅不是产业转型升级的正确方向，而且对中国等新兴大国的发展危害是巨大的。即便仅仅是这类产业的转型滞后、创新不力，带来的负面影响也将是全局性的，即会拖累整个制造业的进步而影响经济整体的发展。

2. 传统产业转型的路径与转型平台的有效构建

在通过工业创新实现传统产业转型的路径方面，美国、日本等发达工业国家的一项重要经验是发展与融合并举，即一手大力推进高科技产业的发展，在发展中把握关键技术；一手用掌握的关键技术改造既有的传统产业，实现高科技产业与传统产业的融合发展。基于目前我国产业结构转型所面临的现实问题，我们应当充分利用目前工业发展仍然相对平稳的局面，在致力于发展高科技产业的同时，把更多的精力放在为改造传统产业，尤其是那些产能过剩的企业，努力搭建一个实用化的创新转型平台。面对不同类型、在转型中面临不同问题的企业，这个促进转型的创新平台可以是多样化的、细分的。例如，一方面，对于那些缺少资金和技术、不清楚应该如何转型的中小企业，需要借助企业外部的力量进行帮扶，而不是借口市场经济体制而放任自流。如通过大学和研究机构、行业协会或政府参与建立起公共的创新转型平台，向它们提供切实的转型指导。在减少其行动盲目性的同时，满足它们的发展需求，且保证其转型沿着正确的方向进行，并能见到成效。这应当成为考核地方政府业绩的重要环节，列入现代治理的制度化建设框架之内。另一方面，对于大型的股份制企业乃至国有企业来说，则可以发挥那些转型成功的大企业在产业内部的业务整合能力与合理拓展事业领域的带动作用，以激励机制和竞争机制为主建设符合产业特色的转型平台。通过政策引导和市场机制共同推进这类产业企业进行工业创新，[①] 从而使各种类型的企业都能积极行动，以求在整体上顺利完成这一轮的传统产业改造与升级重任。在这种意义上可以说，我国的传统产业实现转型升级之时，即是中国走向制造强国的可期待之日。

## 第三节　大企业与后起大国的工业创新：中国产业升级的现实选择

在市场经济条件下，决定产业转型升级成败的最终角色是企业，适时的结构性调整与恰当的发展路径选择终要靠企业的运作显示其成效。这一点，不论是工业发达国家还是新兴经济体国家均是如此。企业在市场体系和工业创新中的主体地位，决定了它是一个经济体经济转型和产业升级成功与否的最终环节。特别是中国作为世界最大的发展中国家的特殊国情及其独特的发展历程，使我们在探讨恰当的产业发展路径选择时，不能不把关注的目光落到这个决定性环节上来。这里将基于当前中国产业转型升级与国企改革的问题意识，在国际比较中，尝试对后起国家的工业创

---

① 重要的前提是，如何鼓励和发现这类能够在转型升级中切实起到示范和带动作用的"龙头企业"。

新及其大企业在工业创新中的作用进行探索性的研究,并给出当前中国产业升级的政策性建议。

### 一 对大企业与后起大国的工业创新进行比较研究的理由

经过几代人的共同努力,尤其是改革开放以来的快速发展,中国已经奠定了民族复兴的强大物质基础。[①] 而要在当前复杂的国际国内经济形势下完成经济结构的转型,使中国"以更加昂扬的姿态屹立于世界民族之林",中国过去的发展历程与国际的经验都表明,创新将是最重要的实现工具。尤其是进行工业创新,这是尚未完成工业化的中国要想在较短的时间内实现工业化,进而成长为世界经济强国所必须经历的过程。

1. 从中国的企业发展现实看大企业与工业创新国际比较的意义

由于企业是工业创新的主体,在世界许多国家尤其是大国中,大企业事实上都在工业创新过程中担当着重要的使命。随着改革开放进程的加快和向社会主义市场经济体制的推进,中国原有的工业企业格局发生了深刻的变化。即由原来的计划经济体制下清一色的国营企业、集体企业两种企业形态,逐步变成为国有、集体、民营、股份制和外资等多种经济成分并存的局面。同时,随着经济改革的深入与市场竞争的强化,相对于原有的国有大中型企业在企业数量上占据多数的情况,在乡镇企业快速发展的基础上中小企业的数量得到了迅速的增长。例如,最近10年,在规模以上的工业企业中,小型企业的数量就从2006年的269031家,增加到2016年的316287家。[②] 它们的崛起,无疑对中国工业经济的发展起到了巨大的推动作用。2016年,这类企业创造的利润总额达到了25728.63亿元人民币。[③] 但是,中小企业的发展并不意

---

① 中国已经成长为世界第二大经济体即是最有力的证明。
② 中国经济网统计数据库,2017年12月统计资料。
③ 中国经济网统计数据库,2017年12月统计资料。

味着大企业作用的减弱,因为两者的发展并不是你进我退的零和游戏。而且,大企业仍然以雄厚的资本力量取得了高额的主营业务收入和企业利润(见图14—2)。① 我们这里所分析的大企业作用,主要是经济转型中的大企业在工业创新中的作用。

表14—2 中国规模以上工业企业资产总额比较

|  | 大型工业企业资产总计 | 中型工业企业资产总计 | 小型工业企业资产总计 |
| --- | --- | --- | --- |
| 2006 | 113776.66 | 98633.78 | 78804.07 |
| 2008 | 164286.13 | 141042.71 | 125976.71 |
| 2010 | 236257 | 191194.55 | 165430.34 |
| 2012 | 379618.39 | 184741.97 | 204060.83 |
| 2014 | 450366.93 | 229069.82 | 277340.46 |
| 2016 | 508070.4 | 258989.44 | 318806.1 |

资料来源:中国经济网统计数据库2017年统计资料。

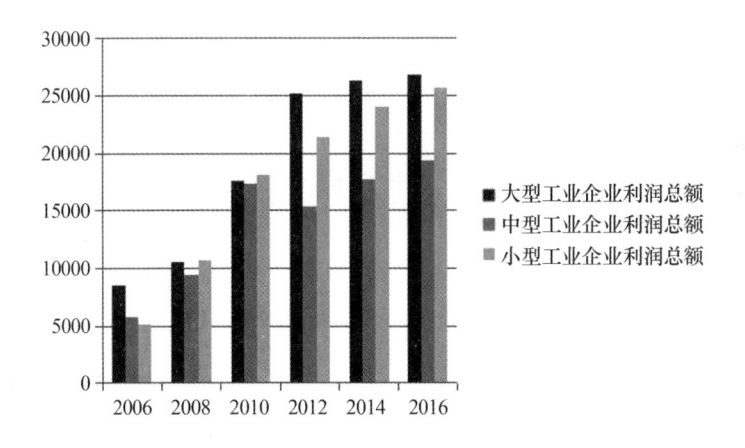

图14—2 中国规模以上工业企业利润总额比较

资料来源:根据中国经济网统计数据库2017年统计资料制作。

---

① 2016年规模以上大型企业的主营业务收入和企业利润总额分别为436444.53亿和26787.79亿元人民币(中国经济网统计数据库,2017年12月统计资料)。

由于先前的社会主义改造和实行计划经济体制的历史原因，中国的大型工业企业（不计外商企业），除了改革开放后迅速成长起来的少数民营企业之外，多为国有企业和已经实行了股份制改造的企业。多年来，为深入推进经济体制改革，中国坚持把国企改革作为一项重要的战略性任务，这无疑是实现经济可持续发展和建设中国特色社会主义的一个关键。关于国企改革，一直以来人们更多关注的是它的体制改革，例如所有制的性质、股本的配置比例、公司治理的形式等，与此相联系，提倡大力发展与市场经济相适应的民营经济。这些对于革除长久以来的企业体制弊端、解放思想和激励创新，乃至提高全要素生产率都是十分必要的。[①]由于现代企业作为一种制度存在是由生产力水平决定的，如果我们从把中国这个新兴大国建设成现代化的世界强国这一根本目标出发，也就是把大企业与一国的经济发展实力，进而与一国在国际社会的战略地位相联系，国企改革的研究可能会多一个新的观察与分析的视角。[②] 本部分研究正是尝试从后起大国的视角来看大企业与工业创新的关系，也就是把国企改革与它在提高社会生产力中的作用、与它在工业创新中的作为联系起来。[③] 因为就工业化的现代发展进程而言中国是一个后起国家，"中国作为最大的发展中国家的事实没有变"，[④] 而发达的社会生产力是一个现代化强国的稳固物质基础。

那么，包括国有企业在内的我国大企业，在工业创新中应当

---

[①] 显然，作者并不赞成把国企改革单纯地归结为国企与民企的数量对比变化，止步于究竟是国进民退还是民进国退的争论。

[②] 国有企业仍占据了大企业的相当数量，并且许多企业都在当前的制造业行业发展中占有举足轻重的地位（例如，仅就航空、航天、造船、轨道交通、兵器装备等央企而言，不论是营业收入还是净利润都位列中国制造业前茅）。可见，它们构成了中国制造业的中坚力量。在大力进行国有企业改革的同时，充分发挥这些企业在工业创新中的基础和组织作用，亦是迫在眉睫的任务。

[③] 或许它可以成为国企改革是否成功的新的重要检验标准之一。

[④] 见习近平总书记在中国共产党第十九次全国代表大会上所做的报告。

有什么样的作为，或者说应发挥什么样的作用呢？为了总结和借鉴历史的经验，找寻可能存在的规律性认识，历史的国际比较仍具有深刻的理论启示意义。日本大企业在国家经济发展与国际竞争中所发挥的历史作用，以及面对经济转型的中国大企业在竞争与发展中所肩负的任务，促使我们把观察和比较研究的对象再次集中于前者。日本是事实上的经济强国和中国要在不远的将来努力达成现代化强国的奋斗目标，又使这样的国际比较具有重要的现实意义。因为，比较的过程就是新兴大国学习工业创新知识，进而在现阶段的经济转型过程中探寻创新的发展路径的过程。虽然人们对于历史上的日本是否存在创新一直争论不断，[①] 目前一些日本制造企业也确因为本身在转型中存在的问题而接连爆出丑闻，但这并不改变后起国家大企业在创新中发挥重要作用的历史事实，也并不影响我们对大企业与工业创新的规律性认识。相反，我们会从他国的镜子中照见自己今后可能走的路，进一步引发我们对于创新时代特征的深刻思考。这一点对于目前一切致力于推进经济转型和产业升级的国家都是至关重要的，却也是因为对创新的表象性认识容易被忽视的问题。

2. 日本大企业在工业创新中承担的历史角色

由于工业创新对产业转型升级具有重要的推动作用，各后起国家通常都会抱以积极的态度，尤其是那些经济长期疲软和长期陷入增长陷阱的大国，更是期待以此摆脱困境。但实践起来却总是遭遇问题而不那么令人满意。所以，这里我们需要对创新的细节，即创新的微观主体——企业的观察分析找寻答案。工业创新所体现的大工业特征，是我们将大企业与后起国家的工业创新联系起来加以探讨的重要原因。同世界其他国家相同，日本是一个典型的中小企业占绝大多数的国家，[②] 而且

---

① 尽管创新已不断被日本新经济史学的研究成果所证明。
② 其企业占比在20世纪末的《中小企业基本法》调整之后高达99.7%。

不论是历史上还是在现实的经济生活中，中小企业在创新与发展方面都出色地发挥着重要作用，并因此而广受关注。① 与之相比，占比不到 1 个百分点、数量仅为 1 万多家的日本大企业，在日本工业创新的历史进程中究竟起着什么样的作用？著述鲜见。但由于事情涉及后起大国在走向强国的工业创新中重要的微观主体的作用，而引起了我们的关注。也就是说，工业创新并不是经济体与生俱来，自然而然就可以做好，或是靠政府的号召就可以高效率进行的。对以中小企业广泛创新为基础的大企业创新的观察与比较，对于后起大国发展的重要性，到目前为止还是一个研究较为薄弱的环节。至少在这个角度上的观察与分析不够。国际产业发展史显示，日本大企业在工业创新中的历史作用，具体表现在如下三个方面。

（1）在推进战略新兴产业发展上的开路先锋作用

日本大企业凭借其所拥有的雄厚科研实力，② 以及对产业发展动向的敏锐捕捉，在日本以往的经济转型时期，充当了战略新兴产业发展的先锋。例如在 20 世纪 70 年代石油冲击后的经济转型中，日本的大企业多选择了以精密机器、电气机器为代表的知识密集型产业，或者新技术的产业应用作为发展方向。例如作为这类企业突出代表的安川电机，就是依靠自身的技术实力和突破性创新，从过去一家生产马达的传统企业，变身为日本产业机器人领域的中坚力量，而后逐步成长为今天位居世界四大机器人行列的现代企业。因为，20 世纪 70 年代末，日本的企业已经普遍地将知识密集型产业与电子技术、计算机技术、机器人、新型材料和生物工程学等技术的产业应用联系起来。③ 之所以采取如此的创新

---

① 自 20 世纪 60 年代其经济实现高速增长以来，日本国内外出版的诸多中小企业研究著作，就说明了这一点。

② 这里的科研实力包括资金、技术和人才，这些显然都集中于日本的大企业。

③ ［日］苔莎·莫里斯—铃木：《日本的技术变革：从十七世纪到二十一世纪》，马春文等译，中国经济出版社 2002 年版，第 262—263 页。

行动，是因为，一方面是日本的制造企业在发展上有绝不愿受制于人的自立传统；另一方面是它们已预见到了提升自身竞争力的新产业领域所在。20世纪80年代，在西方世界尚未彻底摆脱长期"滞涨"的阴影之时，日本制造业已在大企业高科技产品的引领下，向发展的新高度进军。以大企业为主要力量的具有战略意义的日本半导体产业的赶超，就发生在这个历史时期（见图14—3）。①

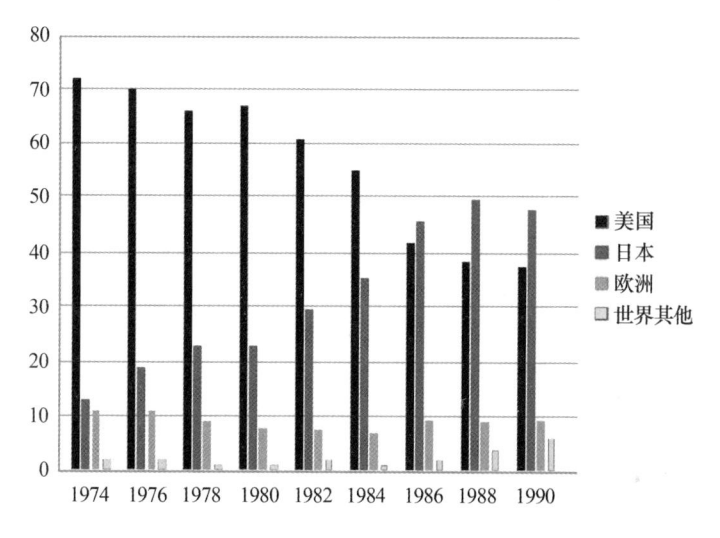

**图14—3　1974—1990年世界集成电路市场份额**

资料来源：ICE（集成电路工程协会）《1991现状》，第1章，第10页。转引自康拉特·赛康德《争夺世界技术经济霸权之战》，中国铁道出版社1998年版，第15页。

（2）在改造传统产业上的示范带动作用

大企业身先示范、带动传统产业的改造，在整体上提升了产业的竞争与发展能力。作为一个经由高速增长取得巨大发展成绩的经济大国，日本在20世纪70年代的重化工业结构转型中，并没有简单地关闭掉那些与资源消耗密切相关的工业——那些当时

---

① 参见［德］康拉特·赛康德《争夺世界技术经济霸权之战》，张履棠译，中国铁道出版社1998年版。

的支柱产业部门,而是采用了工业创新所获得的高技术和原有产业领域里的成熟技术,积极地改造与传承优势传统产业。也就是采取适合日本特点的有效措施,在传统产业的改造上下足功夫。例如,针对能源和资源消耗严重的产业发展弊端,扩大以节省能源、防治污染为目标的专项研发投资,利用创新形成带有日本产业特点的独到的节能型、效率性技术,一举把以往那些能源和资源消耗的传统产业,改造成为节省能源和资源的标志性产业。像新日铁住金这样的今天位于世界技术前端的现代化钢铁企业和它的世界第二大高炉,就是这种深刻改造的产物。丰田汽车等日本的汽车企业,则是通过技术改造和工艺革新的途径,以其自身产品具有的独到的节能环保特点,征服了美国的消费者而打进美国市场,从而形成了日本产品的国际品牌。日本的化工、纺织、造纸等行业领域的大企业都是这种改造行动的积极实践者。企业针对自身产品生产上存在的明显的结构性问题,把改造的重点从以往关注产品的数量增长,转向密切关注产品品质的提高,来应对外部市场环境的变化。[①] 1918年建立的老企业松下,就是在那时开始将"高附加价值经营"作为行动方针,欲通过创新打造反映自身技术特色和消费者满意的"有价值的商品"。改造的示范效应在日本大企业之间是通过相互影响来传递的,在大企业和中小企业之间是通过供货关系加以影响的。

(3) 探索改造原有业态与开辟新业态相融合的当代创新之路

自20世纪90年代泡沫经济崩溃以来,日本的企业虽然与其整个国家的经济一同经历着曲折的转型与起伏的发展过程,但是优胜劣汰、坚持推进工业创新的企业,融上述两个方向上的创新于一体,成功地实现了可持续发展。例如,前述的化工领域大型企业三井化学公司,近年来就是通过创新引领转型,通过改造实

---

① 这里所说的市场环境,既包括能源、资源供给市场,也包括消费者需求市场。

现了产业升级。在原有业态的改造方面，对传统的石化产品进行必要的业务重组，通过合理降低成本和采用体现技术优势的差别化经营，以优质产品提升其市场竞争力，实现了扭亏为盈。在开辟新业态方面，注意以开拓性的技术创新跟上世界发展潮流，努力使业务经营向高性能、高附加值产业转型。其改革取得了明显的成效。

这方面的突出案例当属世人熟知的丰田汽车公司。这家以创造"丰田生产方式"闻名于世、依靠创新逐步成长起来的国际著名企业，[1] 在21世纪第一个十年的发展中曾遭遇滑铁卢。2008年至2010年初，因脚垫、油门踏板和ABS（防抱死系统）制动问题，在世界各地累计召回近千万辆汽车，上演了轰动一时的"丰田召回事件"。汽车销量在世界各主要市场大幅减少，企业一度陷入经营窘境。面对问题丰田并没有回避，在及时地采取一系列有针对性的应对措施的同时，[2] 就召回事件召开了全员反省大会，在整个公司范围内开展质量管理、信息公开、召回机制等方面的革新，加上实施促销战略，使其经营业绩很快呈现出回升状态。[3] 但丰田并未满足于危机的化解和市场份额的重新回归，而是以反省自身忙于扩张世界市场份额而在创新上存在缺失为契机，瞄准了

---

[1] 20世纪30年代，它的成立即开创了日本汽车工业从无到有的历史。还在第二次世界大战刚结束的40年代中期，它就把大量供应质优价廉的产品并跻身为世界一流的汽车生产企业作为自己的行动目标。50年代，丰田已能够独立生产出自己的系列产品。60年代初，它借集团旗下企业共同出资建立丰田中央研究所，以增强自身的技术创新能力。70年代，丰田又通过成功研制独特的废气处理装置，跨过了美国国会通过的废气排放标准的障碍。80年代，丰田通过激烈的国际竞争，占据了美国市场重要的汽车生产商和销售商的位置。即便在经济低迷的整个90年代，它依然能够凭借领先的模块化设计方式延续着增长的势头。

[2] 如针对脚垫问题，更改了油门踏板的形状；为解决踏板问题，在其内部插入强化板，在导致问题的接触点上设置间隙，以及加强使踏板复位的弹簧反弹力；为解决防抱死问题，修改ABS控制程序等。

[3] 见トヨタ自動車株式会社決算報告，平成22年11月5日（http://www.toyota.co.jp）。

汽车行业创新的时代目标，即随着信息技术的深入发展出现的汽车产品的智能化端倪。目前，丰田在深入推进工业创新的过程中，不仅作为高质量的汽车生产企业在 2017 年财富 500 强中高居前 5 名，而且将有可能率先完成深刻的企业转型，将自己打造成为以世界高科技巨头为竞争对手的移动出行公司。在 2018 年 1 月 9 日至 12 日美国内华达州拉斯维加斯召开的 2018 年国际消费电子展（CES）上，丰田正式发布的可用于移动、物流、产品销售的多功能移动出行平台"e – Palette Concept"，[①] 反映了其创新姿态。

**二 大企业是后起大国推进工业创新、建设现代化强国的关键性因素**

通过历史与国际的比较，研究大企业在工业创新中的作用，无疑是在微观的层面认识经济转型中的产业发展规律性，用于中国产业发展路径选择的思考与借鉴。为达成这一目的，首先需要明确大企业在工业创新中发挥重要作用的机理，也就是明确大企业在产业整体的转型升级过程中，是通过什么样的途径或手段去影响和推进工业创新的深入。对日本企业的上述行为进行分析仍然是有益的。

1. 日本大企业在工业创新中发挥重要作用的行为分析

作为一个后起的发达工业国家，日本的崛起和走向工业强国的过程，就是一个工业化的学习与实践过程。而这个过程恰恰是靠不断的工业创新来完成的，因为没有工业创新就没有后起者的转型与变革，同样，没有工业创新也就没有后起者赶超和持续发展能力的形成。实际上的日本工业创新过程的微观观察则显示，正是它的大企业作为工业创新的中坚力量支撑了或者说主导了这

---

[①] 见丰田中国官网 2018 年 1 月 29 日报道（http://www.toyota.com.cn/news/show.php?newsid=5052）。

个过程。① 因为与中小企业相比，大企业不仅拥有资金、技术和人力资本积累的基础（见表14—3），而且在工业创新中占据重要位置，具有创新的有效途径。即作为工业创新网络中各重要产业发展的连接点，通过高科技产业的创建与传统产业的改造这两个基本途径，带动整个行业的创新活动。这里包括大企业自身的创新，也包括创新在产业链上向中小企业的传递。在战时形成、战后得以充分发展的大企业与中小企业的系列化，可以说是后者创新传递的一个主要形式。因此，从这个意义上说，日本大企业在工业创新中发挥了某种程度的组织作用。

表14—3　　　　　　　按企业规模划分的研发投入构成比例

| 资本金规模 | 2015年度（亿日元） | 2016年度（亿日元） | 其中 | |
|---|---|---|---|---|
| | | | 对上年度比（%） | 构成比（%） |
| 产业整体 | 136857 | 133183 | -2.7 | 100.0 |
| 100亿日元以上 | 98325 | 95256 | -3.1 | 71.5 |
| 10亿—100亿日元以下 | 24863 | 24960 | 0.4 | 18.7 |
| 1亿—10亿日元以下 | 9266 | 8610 | -7.1 | 6.5 |
| 1000万—1亿日元以下 | 4404 | 4357 | -1.1 | 3.3 |

注：据日本总务省2017年的统计，2016年企业研发投入占整体的72.3%，而制造企业在企业研发投入的比例是86.9%。

资料来源：日本总务省统计局《2015年科学技术调查》，2017年12月。总务省统计局网站（http://www.stat.go.jp/data/kagaku/kekka/kekkagai/pdf/29ke_gai.pdf）。

这种创新中的组织作用，对后起大国来说是具有重要的战略意义的。它的重要性在20世纪70—80年代日本与美国在半导体工业领域的竞争上得到了突出的反映。由于集成电路是对一国总体竞争力具有决定性影响的战略产品，因此超大规模集成电路项

---

① 得出这样的认识，并不意味着否定作为基层创新的中小企业所发挥的重要作用，而且大企业所发挥的重要作用恰恰是以中小企业的广泛创新努力为基础的。

目（VLSI）实施的成功，则是日本这一时期发展高技术战略产业的一个代表性案例。为了打破美国对集成电路技术的控制和垄断，1976年，该项目由日本通产省的"国家研究和发展项目"建立和资助，目的是奠定开发制造高性能芯片的一般技术原理的基础，并且开发所需的生产技术。项目由政府出资，由具有发展集成电路强烈愿望且积累了相当基础的企业攻关。① 富士通、日立、三菱、日本电气，以及东芝、MITI 和电报电话公司的研究者组成"超大规模集成电路技术研究协会"，加强了新技术的联合开发能力。② 四年时间里参与研发的企业的近 1000 项创新取得了专利，从而使日本公司在世界超大规模集成电路芯片市场抢占了先机。③ 于是，到了 80 年代末期，在半导体、视听设备、通信技术、工业机器人和汽车工业等领域，日本攻城略地，④ 在使其市场全球化的同时，掀起了全面超越美国的热潮。以这些战略新兴产业为竞争利器，日本改变了受制于人的后起者"软肋"，攀上了制造强国的峰巅。可见，这种创新提升的是大国的战略地位，改变的有可能是与此相联系的国际战略格局。

2. 大企业是中国推进工业创新、把握发展自主权的关键性力量

对工业发达国家企业和产业发展历史的研究显示，这里的工业创新有着不同于其他领域创新的鲜明特点，而且这种特点与产业本身、与大企业的行为有着天然的联系。中国的基本国情和当

---

① 政府允许民营企业在开发自有品牌的超大规模集成电路时，免费使用上述技术成果。

② 按照参与研发公司事先达成的协议，专利收入首先用于偿还政府的资助，专利权则归属于研发的企业。

③ 日本在20世纪80年代上半期占领了动态随机存储器的世界市场后，便开始占领其余的集成电路市场。1986年，就在整个集成电路市场上超越了美国。1988年，日本的集成电路生产占到世界市场的50%，美国降到了38%（见图14—3）。

④ 这被视作日本向美国的核心产业汽车工业和高端产业信息技术工业发起的总攻。

前面临的国际经济现实，也充分表明我们必须清醒地意识到发挥大企业在中国工业创新中作用的极端重要性。

（1）推进大企业实现工业创新的几点理由

首先，工业创新在技术、资金、人才等资源方面的硬性约束条件，使得发达工业国家的企业创新经验同样适用于中国企业。这就是说，相对于那些小规模企业，我国大企业在工业创新方面具有天然的优势。同时，由于创新的不确定性与核心技术研发的巨大代价，大企业的抗风险能力数倍优于小规模企业，则更加凸显了其在工业创新活动中所具有的条件优势。因此，也可以视作我国在目前一轮的经济转型和产业升级中得天独厚的自然优势。其次，由于后起大国，尤其是新兴大国在走向经济强国过程中所处的严峻复杂的内外部环境，大企业在其工业创新中所处位置，乃至在其产业升级中的作用是其他企业所无法取代的。因为大企业在解决内部的结构性问题、抗衡外部的各种冲击、夯实国家的发展基础方面，相对于其他企业更具实力。历史上的中国曾在相当长的时间里是一个制造大国和经济强国，今天的民族复兴和现代化强国目标，使得后起大国视角上的创新分析也同样适用于中国。尤其是作为世界最大的发展中国家和最具代表性的新兴大国，尽管中国在2008年全球危机以来经济的平稳增长，给世界经济做出了巨大的贡献,[①] 但是中国在21世纪以来的全方位崛起，还是使那些势力最强大的发达工业国家把我们视作最有力的竞争对手而掣肘。今天，中国遭受严格的高技术封锁、遭遇各种形式的贸易战几乎成为"新常态"。[②] 因此，从这一严峻的现实出发，大企业（包括国有企业）的工业创新，事关中华民族的自立、中国经济自主发展的战略大局。

---

[①] 例如，2017年中国的经济增长给世界经济增长的贡献是30%。

[②] 很多时日以来的"中国威胁论"；2017年违约"我"入世谈判时的承诺，对中国市场经济地位的断然否定，以及各种形式包装的对华贸易战等，都是其明显的表现。

(2) 率先实现工业创新的大国之重器

在严峻的形势与严酷的事实面前，我们的一些被称作大国重器的先锋企业担纲负起了民族大任，分别在航空航天、高端装备制造、智能手机和通信技术、重型机械和船舶制造、轨道交通和高铁建设、核工业发展等领域取得了重大的创新进展。不仅为国家和民族赢得了荣誉，也为中国在国际上的大国地位奠定了切实的技术物质基础。在这些企业中，有像华为这样伴随改革迅速崛起的大型民营企业，依靠创新打破西方通信信息技术垄断的一统天下。不仅用培育起的自主技术惠及百姓，与同行一起使中国在短短的3—5年时间里迅速成为智能手机大国，而且依靠创新使自己走到了5G技术的国际前沿，成为令国际竞争对手感到敬畏的中国力量。也有像招商局集团公司这样历经时代变迁从近代民族工业走过来的百年国有企业，它们在20世纪70年代末中国还处于计划经济体制时期建立的蛇口工业区，以敢为天下先的创新精神撕破了旧有体制的束缚，首开了中国经济体制改革的先河。同时破除"大锅饭"、实行计件工资，在"时间就是金钱，效率就是生命"的口号下，率先举起了国有企业改革的旗帜。还有像格力、美的这样的企业，坚持创新，坚守实业，用高质量的产品诠释了为大众服务的企业宗旨。显然，这些大企业的创新行动对加快中国改革发展的历史进程起到了重要的推动作用，这是历史事实。充分发挥这些企业在工业创新中的示范和组织作用，既是可以实现，亦是迫在眉睫的任务。

(3) 大企业推进工业创新的具体路径分析

上述这些积极行动的创新者，目前还仅限于某些领域的某些企业。只有整个工业界尤其是行业领域里举足轻重的大企业，都能把创新作为自觉的企业行动，而不是迫于要求不得已而为之，中国才能有望彻底摆脱产业发展上的外部依赖，顺利完成现阶段的产业转型升级的历史重任。要能做到这一点，除了我们的政府和企业对经济转型中自身发展状况，尤其是存在的结构性问题的清醒认识，以及对本国今后阶段经济发展目标达成的坚定意志外，大企业的创新路径，即这些企业具体通过什么样的途径在创新中作为，也是我们应当重点关注和思考的。第一，我们需要依靠这些企业的引领，义无反顾地抢占战略新兴产业发展的先机，利用我们占有的人才、资源和市场的有利条件，在激烈的竞争中逐步接近新技术应用的国际前沿。因为这些企业对产业前沿技术的认知与接近程度，以及它们在创新中承受挫折的能力，远高于其他类型的企业。第二，需要依靠这些企业的示范作用，切实完成工业创新中的传承与改造重任。缘于这些企业以往具有的技术改造能力与技术革新传统，足可以担当得起传统产业改造的复杂历史性任务。第三，需要充分发挥这些企业对于产业升级与制造业整体实现可持续发展的基础保证作用。也就是遵循市场经济的规律，注重工业创新的特点，以各行业的龙头企业为核心建设工业创新的产业平台。第四，需要切实发挥这些企业在经济转型中的能动作用。依据大企业本身与工业创新网络间的紧密联系，凭借大企业作为创新网络节点的有利位置，充分利用其在工业创新中的协调与融合功能，在与中小工业企业的共同努力和协作创新中，实现新旧动能的对接。要能够顺利地打通与有序连接这些路径，释放包括国有企业在内的大企业本身具有的创新能量，实现创新的全方位行动，大企业的创新的驱动力可能是问题的关键。在这里，市场经济的利益驱动与民族荣辱的使命驱动两者的恰当结合，[①] 可能是一个有益的探索方向。可见，重视发挥包括国有企业在内的大企业在工业创新中的作用，应是目前的中国进一步深化改革，在创新中打牢制造业强国基础的现实选择。[②] 作为新兴经济体代表性国家的中国，与后

---

① 即使大企业尤其是国有企业成为国家战略的实现者。
② 显然，我们国企改革的任务不仅仅局限于公司治理结构的变更。

起大国的复兴和建设现代化强国的目标相联系,如何在改革中推进大企业在工业创新中真正承担起它应负的历史重任,是时代赋予我们的理论与实践课题。

# 第五篇

## 全书结语——本项研究的综合性结论

第十五章

# 后起大国产业转型的发展经济学认识：
# 兼论中国产业升级路径

当今时代，是一个急速发展又极富变化的时代。以信息技术为核心的高科技发展及其产业应用，速度之快、范围之广，令人目不暇应、甚至始料不及。它在带来社会生产力极大提高与社会生活方式极大变化可能性的同时，① 也给人们带来了认识事物（世界）的诸多困惑，或者说是课题。例如，2008年由美国蔓延开来的世界性金融危机，就可以说是这种困惑的真实反映。本来，按照西方经济学的理论和发达工业国家的上百年实践，在科技发展推动社会进步的过程中，工业主要是制造业在国民经济中的占比大幅下降，相应地，服务业占比迅速上升，从而实现了产业结构的高度化。② 社会进步，人们皆大欢喜。但是，金融服务业的发展并未脱离这个方向，③ 为什么世界经济的发展反而会遭遇金融危机的沉重打击？再者，长久以来，人们判别一国经济发展进程的标识（也可以说是量化指标），都是与这种结构变化情况相对应

---

① 例如，通过它本身的发展以及通过其对生产过程、生活方式的影响，而带给人们前所未有的崭新体验。
② 也有将其称作"产业结构的高级化"或"产业结构的高科技化"。
③ 应该视作这一方向的延长线。

的,① 并且认为在发达工业国家经历了这一过程之后,发展中国家则自然会在再现这一过程中走上发达的道路。② 但是,为什么事实上不仅发展中大国并非完全如此,甚或存在异例③而且,即便是完成了工业化、进入后工业社会的发达工业国家仍然要实行"再工业化"? 后者最典型的案例竟然是世界头号工业强国——美国。疑问背后存在的错综复杂的原因,引发了人们深刻的思考与多方探索。世界各国对 2008 年全球性危机的反思就是这种探索的重要表现形式之一。由此,对虚拟经济与实体经济关系的科学认识与处理,成了世界各国纠正偏差、应对危机的普遍共识。但是,仅此是否就足以解释清楚了上述的这些世纪性疑问,以及形成这种疑问的根本原因? 答案显然是否定的。因此,我们想尝试通过课题"经济史和国际比较视角下以中国为代表的新兴大国产业发展选择的研究",进而由研究凝结成的本书《强国根基:对当代新兴大国产业转型的再认识》,来探讨性地回答其中的若干原因,并着重分析几个有可能是以中国为代表的新兴大国,在今后的现代化强国道路上必然面对且必须解决的问题。

## 一 当代技术经济条件下的产业形态变化及其制造业发展的当代意义

作为现代化强国的重要产业基础,制造业的发展变化也许最能够反映出当今的时代特征。今天,在一个以生产力水平的提高乃至跃升为进步动力的开放性系统中,制造业的产业变革不再仅仅是自身在经济生活中所占比重的变化这样单一的过程,而是一个连带着产业间联系以至产业形态一同发生变化的复杂产业演进

---

① 比如,依据人均 GDP 的水平决定重点发展制造业还是服务业。
② 例如,世界银行的发展报告以及国内外许多学者对中国等新兴工业国家开具的解决目前结构性难题的药方,都是如此。
③ 比如说印度。其服务业在新兴大国中可谓走在前列,但其本身的经济发展尤其是产业升级依然困难重重。

历程。就目前的观察而言，首先，最明显的变化是产业边界的模糊与产业融合的现象日显。一方面，在新的技术传播方式影响下，原本在产业内部生产上前后接续的上下游产业，已经开始习惯于作为不同的生产工序日趋融合为全产业链条上的各个生产环节，逐步形成协调行动的命运共同体。另一方面，在产业之间，伴随新技术产业应用步伐的加快，推动着生产边界的扩大和市场对产品服务的广泛需求，使制造业的生产与生产性服务的界限变得模糊起来，我们先前对制造业与服务业的线性划分方式，将可能由此发生改变。其次，高科技的兴起及其产业应用产生的高度创新能力，有可能改变以往人们头脑中对传统产业与新兴产业概念的认知。因为现代高技术的快速产业应用，在深刻地改变着产业面貌的同时，也使传统产业与新兴产业不再像以往那样单纯按照建立的时间序列加以区分。在今天的现实经济生活中，传统产业蜕变为高技术产业的例子已经屡见不鲜，而新兴产业因进取缓慢被市场淘汰也将成为可能。[①] 最后，互联网技术打造的全新平台，正在颠覆昔日制造业的生产组织形式。产品设计方案的网络采集，满足客户需求的个性化生产，遍及各地的物联网组织，将会把整个生产过程变成设计者、生产者和消费者共同参与的游戏。并且，这一新型生产方式，将不再单纯受制于地理位置与区域上的距离限制，而成为一条异常高效的活动通道。与这些变化相联系，当代制造业从其功能来说，或许不再仅仅是一个单纯的产业形态，而是由其在产业经济中所处的基础位置而肩负起创新母体的角色，在经济生活中发挥至关重要的作用。即按照熊彼特关于创新的定义，成为创新发生的核心环节、培育创新能力的重要场所和保持竞争优势的产业支点。也许这就是制造业发展的当代意义所在。因为，今天能够担负起经济发展支撑作用的制造产业，本质上已

---

① 比如在 IT 泡沫中淘汰的一些互联网产业。

经是一个融会了时代的元素而正在经历着深刻变革的未来型产业。而且，它本身正在由以往一个单一的产业形态，向着融合性的产业生态系统转变。对美国、日本等发达工业国家产业轨迹的深入观察与分析在很大程度上证实了这一点。

历史的、国际的比较显示，制造业的发展过程是一种典型的复杂事物的动态演化过程。① 21 世纪以来，世界制造产业发展所呈现的种种复杂情况及其变化过程表明，仅凭对过去某一时段产业发展状况的研究得出的产业发展规律性认识，很可能是不完全的，② 且由于观察的角度或因其发展中所透露的表面现象，而使得出的认识存在各种局限性。当代技术经济和社会条件的多方面影响，使得制造业演进的轨迹复杂而深刻，我们对其演进的过程和它所担负使命的认识，也不应当停留在原有的层面上。③ 也就是说，产业的演进过程，同时也是经济体的动态学习过程。这种学习不仅涵盖着对历史知识的理解，而且也涵盖着对新知识的实践性认识，即对产业发展方向的规律性探讨。制造业演进的历史表明，这"是一个复杂系统中的适应性重组过程"。美、日等发达工业国家的产业发展经验与教训，就恰好给了我们这样一个动态的学习机会，便于我们能够认识规律、找准方向，用以指导中国作为新兴大国的工业化实践。

## 二 后起大国经济转型的产业发展支点与新兴大国强国战略的立足点

目前，中国的经济发展处于重要的历史转型时期。所谓经济

---

① 这里既有系统内各子系统间的相互作用对整个系统产生的影响，也有系统受外部各种直接和间接因素的作用可能出现的各种不确定性的变化。

② 例如，20 世纪 90 年代后半期以来，人们对知识经济时代制造业地位的一些认识就有进一步讨论的必要；目前，已经实现了工业化的美国等发达国家重振制造业，也在事实上印证了这一点。

③ 即应当克服单一的、静态的观点。

转型（transition）就是一个国家或地区的经济体制和经济结构在一定时期内发生的根本性变化。[①] 这种变化往往是与它的经济进程相关联的，或者说是其经济发展步入不同阶段的反映。世界主要国家经济发展的历史揭示，在一国经济演进过程中，存在着多个经济转型的历史节点。随着一国工业化进程的推进和其经济发展阶段性目标的变化，经济的结构性不平衡及其解决这种不平衡的经济转型，是一个必然伴随的过程。不论是发达国家还是发展中国家，不论是处于工业化过程中的国家还是后工业化时期的国家，都会面临发展中的经济转型课题。而且，如何转型都深刻地影响着该国的发展进程及其经济的可持续发展。因为，不论是哪种类型国家的经济转型，本身都是一个经济系统由不平衡到平衡的复杂变革过程。只不过相对于那些发达工业国家，发展中国家尤其是发展中大国，其所面临的结构性问题更为复杂，解决结构性问题的转型之路更艰难。因为与那些发展中小国不同，它的经济结构是非单一性的、由多个经济部门所组成；它的地域是广大的，地区经济间的发展水平差异极为巨大。同时，与那些发达工业国家相比，它的经济发展尚未达到充分的程度、经济结构也是非成熟性的，并且，科技发展水平在整体上是落后的、技术研发能力还相对薄弱。不过，种种不利的境况，恰恰赋予了发展中大国一个打破这些制约性因素的契机。即转型中的这种产业发展选择，决定的正是一个发展中大国今后的长期发展取向。

发展中大国在经济转型中的产业发展选择，之所以会决定其今后的发展取向，是因为这种选择实际上是为未来的经济发展选定一个产业的支撑点。长久以来，人们似乎已经习惯于按照西方经济学流行的观点来划分和选择一国的产业发展重点，即按照一国的人均收入水平以及其工业、服务业增加值在GDP中占比的下

---

[①] 经济转型通常分为经济体制转型与经济结构转型两种类型。这里讨论的是经济结构转型问题。

降和上升，来确定这个国家应该重点发展制造业还是发展服务业。① 但是，事实上，这种划分和选择标准，与目前处于经济转型时期的发展中大国的经济发展，比如巴西、印度和俄罗斯的实际情况并不完全符合。虽然它们已经达到了其中的某些标准，却还长期为中等收入陷阱和增长问题所苦恼。尽管这些大国的情况各有不同，但其共同的特征是，工业尤其是制造业在这些国家尚未得到充分的发展。如果简单地套用西方的理论进行产业选择，非但不能消除发展的瓶颈，反而会使结构性问题更趋恶化。因为迄今为止世界上的绝大多数国家和地区，尤其是那些后起的工业大国，都是通过工业化切实地取得了发展的能力，才改善了生存环境、提高了国民福利、优化了产业结构，而进入高收入经济体的行列。另外，固守这种划分与选择标准，也与金融危机后美国等发达工业国家重返制造业的事实相悖。正是后者使我们有机会看到制造业的深度发展与未来产业发展方向之间存在着的深刻联系。先进制造业无疑代表着未来发展的方向，也就是说，谁拥有了先进制造业，谁就握有了发展的方向并可能赢得未来。所以，对于这些新兴大国而言，充分发展的含义不仅仅是提高产业发展的质量，还包括在有效解决问题中形成符合国情特点和有利未来发展的产业结构形式。在这里，决定后起大国经济转型中产业发展选择的基础性、决定性条件，就是"国情"和"未来"。对于这些发展中大国来说，产业发展的选择过程，同时也是一种思维方式的变革过程。

新兴大国的经济转型是在当今的经济全球化条件下进行的。经济上的相互联系与影响的广泛渗透，使得我们有比以往更加便利的

---

① 理由是用这个标准来衡量一国是否进入后工业社会，进而是否应该重点发展与之联系的服务业。事实上，我们许多经济学者都是依据美国社会学家丹尼尔·贝尔在《后工业化社会的来临：对社会预测的一项探索》中的预测，提出中国的重点发展产业的。

条件，向后起的工业发达国家学习工业化的经验。但另一方面，随着新兴经济体的崛起及其在国际经济生活中发挥越来越重要的作用，各种形式的外部约束也与日俱增。也就是说，现行的国际经济秩序决定了发展中大国在经济发展上所处的不利地位，[①] 并未随着这类国家对世界经济的贡献日益增强而发生本质的变化。相反，却被越来越多地视作"威胁"和"对手"，越发被置于国际竞争的风口浪尖位置。面对目前这个严酷的事实，发展中大国唯有借助产业的立足点站稳脚跟，才有可能生存、发展进而与之竞争与博弈。后起大国产业实践的历史轨迹清晰地表明，制造业正是这些国家产业发展的立足点。也就是说，只有依靠制造业的充分发展，后起大国才能真正掌握自主发展的主动权。即利用发展积累起来的足够实力来打破外部制约，以创新构筑起来的发展能力来打破技术进步与路径选择上的外部依赖。从而赢得世界范围内包括多边和双边在内的真正平等的合作机会，在国家安全和产业可持续发展中向强国目标迈进。可见，在发展中大国的强国道路上，制造业的发展程度是与它的经济整体发展水平密不可分的。在这里，机会与风险并存，支点与立足点合一。而要在与竞争强手面对面的较量中向国际前沿挺进，制造业又是发展中大国赖以依靠的坚实基础与竞争利器。[②] 因此，就新兴大国走向强国的产业立足点而言，制造业是现阶段其他任何产业都无法取代的不二选项。

## 三 打破"大国追赶陷阱"的产业升级途径——中国的政策选择

我们要凭借发展先进制造业这个产业立足点，把中国建成现

---

[①] 这种不利地位是指，由于处于后起者的位置，在竞争与发展上只能被动地接受别人制定好的游戏规则，在核心技术与关键零部件生产上不得不依赖于工业发达国。

[②] 中国的发展实践足可以说明，倘若没有制造业的快速发展，何来中国今天的国际地位。

代化强国。而与实现强国目标相联系，恰当的产业发展路径选择就成为事情成败的关键。因为，强国目标必须经由创新驱动的符合发展中大国实际的恰当产业路径去达成，从而将中国人的强国梦想变为真切的现实。需要着重指出的是，这里的创新是指工业创新，即一切与工业经济发展相关联的创新活动，包括技术的、组织的一切与价值创造与利用有关的活动。作为内在于工业化及其相关工业发展进程中的最活跃、最积极的变革性因素，工业创新不仅能够帮助发展中国家在工业化中的转型节点上推进结构性问题的解决，而且有可能帮助已经实现了工业化的国家，在后工业化时期完成其可持续发展支点和发展方向的选择。因为反映着大工业特点的工业创新，是推动后起国家成长为现代化强国的一个历史杠杆。本书所探讨的经济转型时期中国恰当的产业发展路径，也就是产业升级路径，正是存在于这一工业创新轨道之上的。基于中国的国情，尤其是针对当前经济转型中存在的主要结构性问题，这里的路径选择研究包括两部分内容：其一，大国视角下中国制造业转型升级的基本思路，成长为制造强国在产业发展不同层面应当进行的路径选择。其二，打通解决结构性问题的薄弱性环节：工业创新驱动下的传统产业转型与大企业（包括国有企业）在工业创新中的位置。

1. 产业发展路径选择方面的中国思路

总结以往发展过程中的经验和教训，从中国制造业发展的实际出发，我们需要有一个产业转型及升级的全局性意识，以及解决结构性问题的协调性战略，以扫除产业发展路径选择上存在的盲点，实现工业创新驱动下的有序协调发展。

（1）树立产业结构转型升级的全局性意识

首先，全局性的意识集中体现在努力构建一个符合未来发展方向、各产业有机融合的现代产业体系上。在现有的生产力和技术水平上，制造业依然位于这个体系的核心。因此，我们应当为百姓福祉的提高与产业竞争力的增强，全力提升以制造业为重要组成部分的第二产业的发展质量，以打破大国增长的瓶颈。同时，以制造业的先进技术发展为基轴，结合现代生物学的技术应用，重塑农业在这个人口大国的现代发展根基。并且，基于现代制造业的先进技术供给和多元化市场创造能力，大力推进服务业等第三产业的现代发展。

其次，全局性的意识也体现在基于大国地域发展的多样性、技术经济发展水平的多层次性特点，实行符合国情特征的总体产业布局与结构调整。即充分发挥自身拥有的技术能力，将能够掌握的尖端科技因地制宜地推向产业化，力争在挺进国际前沿过程中与可能到来的新的产业革命实现对接。以民族复兴的强国目标为激励，通过创新与攻关彻底扭转核心技术与关键性零部件生产长期受制于人的被动局面，在倾力推进自己装备工业现代化过程中，夯实竞争、发展和国家安全的基础。兼顾就业、出口和地区发展的需要，根据已有的能力与各地实际，在继续发挥劳动密集型比较优势过程中，鼓励走出反映各行业特点与各地区特色的传统产业改造之路。并将上述各方面作为一个发展过程统筹规划、合理推进。

最后，全局性的意识还体现在我们应当以足够的政治智慧与治理能力，将地区与行业上存在的诸多发展短项，转换成为全方位的发展资源。虽然，复杂的国情特点与发展不平衡的现状，增加了我们实现产业转型升级的难度，但是，它也恰恰给了我们一个有可能多方利用资源的独特条件。例如，将不同地区存在的发展差异，转变为反映地方特色的差别性竞争；将现实存在着的产业发展的不平衡状况，转变为不同梯度的产业分工格局；将长久以来的二元结构下的城乡市场分割，转变为以合作与互补为特点的多维市场体系，等等。实质上，就是把我们目前发展不平衡的劣势变为大国的发展优势，进而为产业结构的升级和工业化的深入展开，打造出一方伸缩自如的空间，营造多方面的有利条件，以完成中国从制造大国向制造强国的历史性转变。

（2）施行解决结构性问题的协调性战略

与全局性意识相联系，协调性战略应当是我们从制造大国走向制造强国国家战略的重要环节，也是当今技术经济条件下大国现代大工业发展所必须处理好的问题。这里的协调性包括三个主要内容：

其一，在产业的发展及其转型升级中，处理好传统与现代因素、本土与外来知识的关系。首先，大国工业坚持自主性发展的原则，要求我们在学习先进知识、借鉴外部经验时，必须把产业的发展植根于本国的土壤。对照国际经验独立思考自己的国家究竟适合于什么样的发展，以及通过什么样的方式能够实现这种发展，即把发展方式的选择权牢牢掌握在自己的手中，而不是交由他人代为选择，抑或简单地复制于他国，从而使大国在接受外部知识和信息的过程中，能够保持清醒的头脑和形成主动变革的能力，使本国产业的发展服务于民族复兴的目标，又不脱离时代的方向。其次，大国的产业发展过程本身，就是一个传统与现代因素有机融合的过程。前者是内生于一国的历史、文化、国情、民族特点之中的本土性知识，体现的是一种长期的、隐性的和既有的优势，传统产业就是其突出的代表；后者反映的是一种全球视野和发展趋势、新技术应用和适应性变革等未来的方向，新兴产业（现代产业）所体现的正是这些特点。两者构成了产业演进的完整历史维度，它们互为条件、相互依存，对大国的产业进步与发展起到的是一种叠加效应。一国产业创新能力的形成，正是产生于上述两种知识的融合。因此，传统与现代产业的兼容、本土与外来知识的融合是我们施行协调性战略的一个重点。

其二，在产业的发展及其转型升级中，处理好政府与市场的关系。虽然这是一个各国经济发展中的共性话题，但对奔向强国目标的发展中大国来说，却是协调性战略的最主要内容。因为，与那些成熟的市场经济体制国家不同，处于工业化过程中的发展中国家，尤其是发展中大国，其内部结构的复杂性和经济水平的多层次性，要求它们既要培育市场经济环境，努力促进经济发展水平的提高，[①] 又要坚持市场配置资源基础上的政府政策的协调作用，即协调不同利益主体的矛盾冲突和保证社会各部分的协调发展。[②] 同时，大国崛起过程所遭受的外部冲击和强力制约，也必然要求政府主导的国家战略来统一认识、明确方向，[③] 从而将各微观主体的经济行为和各产业的活动纳入创新驱动的可持续发展轨道。这样才有可能使发展中大国在经济转型中不迷失方向，进而以符合自身特点的发展方式凝聚起巨大的增长力量，在解决制约其发展的结构性问题以及积极参与国际竞争的过程中，改变自身的发

---

① 尤其中国，从基层调查的实际情况来看，我国企业的整体发展状况，距离其真正成为市场经济主体的角色还有一定的差距（李毅：《经济转型中的企业与政府角色》，《浙江经济》2017年第19期）。创意意识，市场博弈还未真正成为中国企业的自觉行动和其生产运营的有机组成部分。失去了企业市场经济主体作用的发挥这一重要前提，市场在配置资源中起决定性的作用则失去了它本身的应有之义。与实际中存在的问题相对应，在我们的研究工作中，企业也被单纯作为一个微观事物，而多被排除在战略问题的研究视野之外。即使是事关经济转型与结构性问题解决的全局，也依然被视为是局部的、个案的研究。显然，思想理论认识上的偏差，对市场在资源配置上发挥决定性作用具有的不利影响，也是不能小视的。

② 工业发达国家的实践表明，在市场经济条件下，政府的主要职能就是提供公共服务，并在履行这一职能的过程中，建设一个法治政府和服务型政府。依据企业调研，目前我国的政府服务应当包括：第一，通过制度与设施两个方面的软硬件建设，维护公平的市场竞争秩序，为各类企业特别是民营企业和中小企业创造良好的发展环境。第二，用深入细致的工作帮助企业打通创新环节的障碍，为其创新项目的完成穿针引线、积极助力。第三，改变一服药方（一纸公文）包治百病的工作方式，伴随权力下移的应当是作风的改变，贴近实践、深入基层，实现面对面的沟通与协调。总之，围绕发挥市场经济的主体——企业的作用这一认识支点开展工作，政府的服务工作方可到位，市场配置资源方可见效。

③ 因为作为一个发展中国家的政府，在打破旧有的国际分工秩序、促进民族经济的自立和可持续发展方面，远比那些发达经济体有更多、更重要的事情要做。比如在民族复兴的战略目标下，以各种适合的方式捍卫民族生存和发展的权利等，这一点是后起的发展中大国万万不可放弃的。否则，强国的奋斗目标将前功尽弃。

展境况，实现自己从发展中大国到现代化强国的转变。这既是一种理论分析，也可以说是一些国家（包括我们本身）的经验教训提供给我们的深刻认识。

其三，在产业的发展及其转型升级中，处理好内部发展与外部投资的关系。伴随中国经济实力的增强，以及在国际事务中影响能力的增加，中国正在以一个负责任大国的形象出现在国际舞台上。这是中国与自身经济社会发展的巨大成果相联系的大国地位的显示，是中国改革开放40年以来取得的重大历史进步的重要标志。的确，正是在坚持独立自主发展的基础上实行对外开放，才使得中国有机会充分利用外部的资源，即外部的资金、技术、人才和市场来建设自己的国家，进而经历了从能够利用这些资源，到能够利用好这些资源获取发展的过程，直到今天我们能够走出国门、从事对外投资与建设，以至按照国际规则实行企业并购，尤其是"一带一路"倡议的实施及其国际上许多国家的广泛响应，更是彰显了中国强大的发展能力与参与经济全球化的强大实力。可见，对外开放与积极参与国际竞争，促进中国取得了前所未有的巨大历史进步。这也促使中国党和政府决心进一步扩大对外开放，① 以加快我们建设现代化强国的步伐。为了实现强国目标，与当前的经济转型与产业升级相联系，更有必要处理好内外部发展的关系，使原本一体的产业发展在内部与外部两个方向上协调并进。即只有脚踏实地、扎扎实实地将国内产业中存在的结构性问题解决好，以做大、做强的本体产业为基础，中国的对外投资与外部产业发展才能走得更好、行得更远，从而使中国制造业真正有能力充分利用外部资源与市场，进而成为经济全球化的最后赢家。同样，多种对外投资形式的探索，不同类型企业在开拓海外市场方面的各种努力，都为国内企业的调整与改革提供着不同方

---

① 见2017年10月习近平总书记在中国共产党第十九次代表大会上所做的报告。

面、不同程度的引导性或启示性借鉴，从而使我们内部的产业改革方向更明确、产业发展更具高质量。显然，今后的中国进一步扩大对外开放，并不仅仅是"走出去"这一单一方向的事情，而是包含着统筹内外"两个发展"重要内容的一项伟大事业。忽视或者丢掉任何一个方向都不可能取得它本来意义上的真正发展，而认识与协调好"两个发展"，中国的制造产业发展将会如虎添翼，带动国家尽早实现民族复兴的强国目标。

2. 突破产业升级的薄弱性环节

明确中国产业发展路径选择的思路后，选择产业调整与升级的重点和突破口，就成为摆在我们面前的重要工作。尽管作为发展中大国这方面有许多的事情需要去做，但我们认为，最重要的工作还是打通发展的薄弱环节，重新认识微观主体的作为，使中国的产业转型升级能够在有针对性地解决结构性问题中得以有序的展开。

（1）使经过改造的传统产业成为中国最有前途的增长领域

相对于高科技产业的发展推进，传统产业的改造在产业转型升级中所处的位置，更应该被人们注意到。因为高科技产业的发展方向明确，并且其中的多个领域我们与工业发达国家处于同一起跑线上，集中包括人力资本在内的各种资源，① 假以时日，中国走向国际前沿是可期之事。但传统产业的改造情况则不然，尽管有国家政策的明文阐示，在人们的认识上和具体的实践中都还存在着许多的问题。一方面，我们应当扭转将传统产业与高科技产业发展人为割裂或对立的认识，充分认识前者在整个工业体系中所处的基础位置，在产业运转中对高端产业所起的支撑作用，使两者回归到有机的联系之中。进而需要充分知晓，与发达工业国家相比，传统产业是我们发展的基础性短板，改造传统产业是我

---

① 例如，发展高科技产业所需的人才与资金，这对当前的中国来说，并不是十分困难的事情。

们跨越大国追赶陷阱、建设现代化强国必须完成的工作。另一方面，在实践中把改造传统产业作为高科技产业应用的一项重要内容，使为数众多的传统产业成为今后中国这个新兴大国最有增长前途的产业领域。例如，改变去产能即为关停并转的做法，把解决产能过剩与改造传统产业有机联系起来，在改造中实现新技术应用，在改造中创新新的功能性产品，在改造中提高整个产业的质量。至于传统产业改造的形式，因行业性质的不同可以是多样化的，包括政策引领、市场激励和建设必要的创新转型平台加以帮扶。显然，工业创新推动下的传统产业转型，是中国走向现代化强国的一项基础性选择。这项选择能否得到有效落实，将直接关系到当前中国经济转型的成功与否，乃至关系到中国成为世界经济强国的根基能否打牢。从这一意义上说，中国跨越大国追赶陷阱的决定性环节不在高端技术产业，而恰恰在传统产业的升级与改造上面。

(2) 使大企业包括国有企业成为创新驱动下的强国重器

因发展中大国的传统产业改造是一项复杂的系统工程，完成这项工程的主体是企业，[1] 所以，这也是我们将恰当的产业发展路径选择的关注点专注于大企业的一个重要原因。因为，相对于发挥中小企业在创新与改造中的作用，[2] 人们对大企业（包括国企）的相关作用关注的并不多，甚至带有一些观念上的偏见。[3] 需要强调指出的是，我们关注和研究这一问题的出发点或依据，是中国作为世界最大的发展中国家的特殊国情及其独特的产业发展历程。

---

[1] 因为在市场经济条件下，决定产业转型升级成败的主要角色是企业。这一点，不论是发达国家还是新兴经济体国家，概不例外。

[2] 这是改革开放一开始我们就着手进行的一项主要工作，并且与发展社会主义市场经济相联系，中小企业在创新中的作用是较早就被人们所意识到了的。

[3] 由于企业体制上存在的一些问题，比如被称作"大企业病"的存在，人们习惯于认为大企业与创新无缘。但国内外成功的大企业创新案例证明，这是一种误解。如果不加以纠正，其对发展中大国发展上的不利影响会是很大的。

与西方国家不同,新中国成立以来的严酷国际环境,以及在探索中国特色的社会主义发展道路中所经历过的曲折过程,[①] 使我们今天的大企业尤其是国有企业或已经实行了股份制改造的企业在工业企业中占据了相当多的数量。先前,为了革除弊端、激励创新和提高全要素生产率,我们重点在企业制度等方面进行了一系列必要的改革,并取得了显见的成效。[②] 今天,中国所面临的由制造大国向制造强国的深刻历史性转变,包括面临以制造业为中心的大国间政治与经济实力的博弈,是促使我们考虑把大企业与国家的经济发展实力,进而与一国在国际社会上的战略地位相联系,将其作为深度改革、深入推进工业创新着力点的最重要原因。因为发达的社会生产力是一个现代化强国的稳固物质基础,而企业作为一种制度存在是由生产力水平决定的。尤其在当今复杂的国际政治经济环境中,在中国全方位地崛起日益遭遇对抗性竞争的形势下,大企业的发展是一种生产力发展和竞争力增强的制度性保障。经由国际的比较和积自身几十年的建设与改革实践经验,以创新谋发展,将大企业打造成为强国重器的途径应当说是明确的。在高科技领域,通过大企业的积极行动,全力抢占战略新兴产业发展的先机,使中国能在更多领域接近高技术应用的国际前沿;在传统产业领域,找拾和重扬大企业以往的技术革新传统,尽其在改造传统产业方面的所能及示范带动力。也就是说,以企业的优势资源挑战世界前沿和应对改造难题。利用企业在工业创新网络中所处的节点位置和所具有的协调与包容性特征,创建一个有中国特色的大企业与中小企业关系。在盘活大企业尤其是国企及其所在地域的经济发展中,实现当前一轮的产业转型升级。

---

[①] 比如我们在较长时间里学习苏联、实行计划经济体制,经过改革开放的逐步探索,才走上了社会主义市场经济的道路。

[②] 当然,改革并没有完成,目前的混合所有制形式的改革,是其深入改革的重要步骤。

而要能够顺利地打通上述路径、释放企业本身具有的创新能量，在市场经济的利益驱动与民族荣辱的使命驱动两者结合上下功夫，应当可以收获到成效。

**四 反映产业转型上发展经济学认识的一个产业发展选择三维模型**

综合整个课题研究所述，工业化（包括目前观察所及的后工业化）过程，是一国在历史发展的不同节点上，不断进行产业发展选择的过程。也就是在这个过程中，完成它的由不平衡到平衡、由不充分到充分的发展过程。通过历史与国际的比较研究，我们得出了后起大国尤其是今天的新兴经济体国家，面对经济转型与产业升级的三点发展经济学认识：第一，大国自立的产业立足点选择——大国视角上的生存与发展认识。第二，大国转型中的内外因素关系处理——产业升级与可持续发展的逻辑认识。第三，走向强国的恰当产业路径选择——强国建设上的系统性（体系性）认识。继而在课题构建的经济转型与产业发展选择的理论研究框架下，提出我们的符合后起国家实际的产业发展及路径选择理论与政策建议，以谋求推进中国这一最具代表性的新兴大国经济转型中的结构性问题得以在战略层次上有序解决。这将构成今日我们从后起大国的视角对发展经济学在理论与实践上的一个新的理解与解释。

也就是说，大国演进即从制造大国向制造强国的转变，不仅是一个理论命题，更是一个伴随经济转型的艰难探索与实践过程。这一理论与实践合一的过程，是从确立发展立足点开始，中间经由多个解决结构性问题的转型升级，直到实现发展目标的过程（大国演进维度的中间梯度），是一个经历了对各个发展阶段所处不同发展层级的规律性认识（这里是指发展认识、逻辑认识与系统认识，即大国演进维度的上层梯度），进而依据生产力发展水平

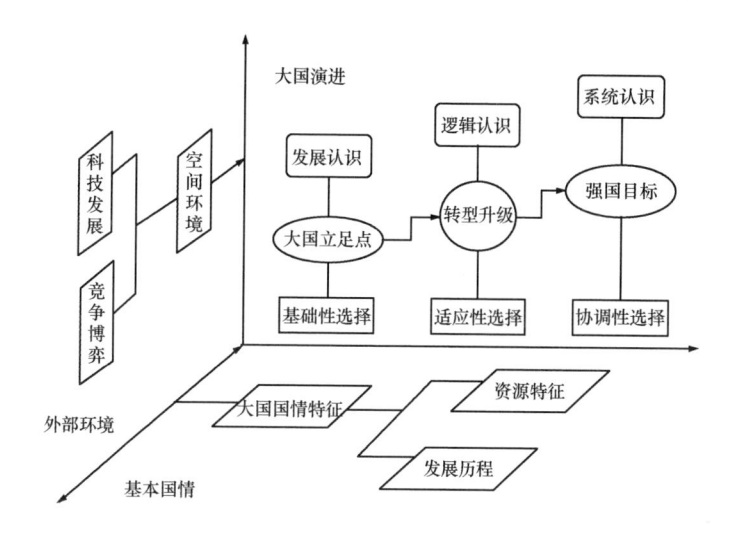

**图 15—1  一个简要的发展中大国经济转型中的产业发展选择三维模型**

由低到高、依次进行对应的产业发展选择的过程（这里包括基础性选择、适应性选择与协调性选择，即大国演进维度的下层梯度）。但是，这一复杂的历史演进过程，并不是单纯地在一个自我循环的体系中进行的。在当代的经济全球化条件下，科技发展与竞争博弈，即来自日新月异的科技进步与现有的国际经济秩序两个不同方面的影响，将作为覆盖大国演进的空间环境（外部环境维度），叠加于经济体产业演进的整个历史过程之中。然而，对于不同类型的国家尤其是发展中大国来说，要顺利地实现这一由低级到高级的产业演进过程，一个重要的基础维度（基本国情维度）是不能缺失或被忽视的。这就是必须深刻地理解与认识自身的国情特征，进而能够合理地利用自身的条件，主动地应对环境的挑战，其中包括在开放性的合作中积极地学习与获取有用的知识。从而有能力在不断地调整与改革中，顺应时代的发展趋势，来校正和把握自身的发展航线，坚定地驶向现代化强国的发展彼岸。也就是说，实现发展过程、发展环境与发展基础三维坐标有机融为一体的包容性发展。这样的包容性发展，构筑起来的有可能就是一个新的当代制造业发展的生态系统。以上，仅是对一个简要的发展中大国经济转型中的产业发展选择三维模型的通俗解释，深刻的理论阐释尚有待于进一步深入系统的研究。

# 参考文献

## 一　中文文献

（一）中文著作

《2003 中国市场经济发展报告》，中国对外经济贸易出版社 2003 年版。

《2014 年拉丁美洲经济展望》，知识产权出版社 2014 年版。

《变革中的政府：1997 年世界发展报告》，中国财政经济出版社 1997 年版。

陈峰君主编：《世界现代化历程：南亚卷》，江苏人民出版社 2012 年版。

《从计划到市场：1996 年世界发展报告》，中国财政经济出版社 1996 年版。

《东亚奇迹——经济增长与公共政策》，中国财政经济出版社 1995 年版。

樊亢、宋则行主编：《外国经济史（近代现代）》（第 2 卷），人民出版社 1981 年版。

黄平、崔之元主编：《中国与全球化：华盛顿共识还是北京共识》，社会科学文献出版社 2005 年版。

江小涓：《经济转轨时期的产业政策》，上海三联书店 1996 年版。

江小涓等：《体制转轨中的增长、绩效与产业组织变化——对中国若干行业的实证研究》，上海三联书店 1999 年版。

金碚、张其仔等:《全球产业演进与中国竞争优势》,经济管理出版社 2014 年版。

金明善、宋绍英、孙执中:《战后日本经济发展史》,航空工业出版社 1988 年版。

李琮主编:《当代资本主义世界经济发展史略(1945—1987)》(下册),社会科学文献出版社 1989 年版。

李文光主编:《日本的跨国企业》,中国经济出版社 1993 年版。

李毅:《日本制造业演进的创新经济学分析:对技术创新与组织创新的一种新认识》,中国社会科学出版社 2011 年版。

李毅:《跨向新时代的企业竞争力:日本企业经营机制的微观探析》,经济管理出版社 2001 年版。

李毅:《日本一代人的神话:索尼》,兰州大学出版社、北京大学出版社 1997 年版。

李毅主编:《再炼基石:世界制造业变革的历史大势》,经济科学出版社 2005 年版。

林毅夫:《新结构经济学》,北京大学出版社 2012 年版。

林跃勤等主编:《金砖国家发展报告 2013:转型与崛起》,社会科学文献出版社 2013 年版。

林跃勤等主编:《金砖国家发展报告 2014:创新与崛起》,社会科学文献出版社 2014 年版。

刘世锦主编:《中国经济增长十年展望(2013—2022):寻找新的动力和平衡》,中信出版社 2013 年版。

刘小玄:《中国转轨过程中的产权与市场——关于市场、产权、行为和绩效的分析》,上海三联书店 2003 年版。

刘志彪等:《产业经济学》,机械工业出版社 2015 年版。

马颖主编:《发展经济学前沿理论研究》,人民出版社 2013 年版。

《全球变革与东亚政策倡议》,中国财政经济出版社 2005 年版。

《全球经济展望与发展中国家:通过投资获得全球机遇》,中国财政经济出版社 2003 年版。

沈坤荣:《体制转轨期的中国经济增长》,南京大学出版社 1999 年版。

《世界经济中的中国:国内政策的挑战》,清华大学出版社 2004 年版。

谭崇台主编:《发展经济学》,上海人民出版社 1989 年版。

王洛林主编:《中国外商投资报告 2003—2004》,中国社会科学出版社 2004 年版。

王岳平:《开放条件下的产业结构升级》,经济管理出版社 2004 年版。

魏后凯:《市场竞争,经济绩效与产业集中——对中国制造业集中与市场结构的实证分析》,经济管理出版社 2003 年版。

魏后凯主编:《从重复建设走向有序竞争》,人民出版社 2001 年版。

吴敬琏:《当代中国经济改革教程》,上海远东出版社 2010 年版。

辛承越编著:《经济全球化与中国商务发展》,人民出版社 2005 年版。

杨志:《产业经济学导论》,中国人民大学出版社 1985 年版。

韩毅、张琢石:《历史嬗变的轨迹:美国工业现代化的进程》,辽宁教育出版社 1992 年版。

张卓元:《新世纪新阶段中国经济改革》,经济管理出版社 2004 年版。

张卓元主编:《中国改革开放经验的经济学思考》,经济管理出版社 2000 年版。

郑秉文主编:《中等收入陷阱:来自拉丁美洲的案例研究》,当代世界出版社 2012 年版。

《制度的障碍与供给——非国有经济的发展问题研究》,上海远东出版社 2001 年版。

《中国对外经济贸易年鉴》，中国对外经济贸易出版社1994—2003年版。

《中国工业发展报告（2001）——经济全球化背景下的中国工业》，经济管理出版社2001年版。

周启乾：《日本近现代经济简史》，昆仑出版社2006年版。

［巴西］若泽·马里亚·贝洛：《巴西近代史（1889—1964）》，辽宁大学外语系翻译组译，辽宁人民出版社1975年版。

［德］弗里德里希·李斯特：《政治经济学的国民体系》，陈万煦译，商务印书馆1983年版。

［德］康拉特·赛康德：《争夺世界技术经济霸权之战》，张履棠译，中国铁道出版社1998年版。

［韩］金麟洙：《从模仿到创新——韩国技术学习的动力》，新华出版社1998年版。

［美］保罗·克鲁格曼：《流行的国际主义》，张兆杰等译，中国人民大学出版社、北京大学出版社2000年版。

［美］彼得·马什：《新工业革命》，赛迪研究院专家组译，中信出版社2013年版。

［美］丹尼尔·贝尔：《后工业化社会的来临：对社会预测的一项探索》，高銛等译，商务印书馆1984年版。

［美］道格拉斯·诺思：《理解经济变迁过程》，钟正生、邢华等译，中国人民大学出版社2008年版。

［美］吉利斯、波金斯、罗默、斯诺德格拉斯：《发展经济学》，彭刚、杨瑞龙等译，中国人民大学出版社1998年版。

［美］加里·杰里曼等：《制造奇迹：拉美与东亚工业化的道路》，俞新天等译，上海远东出版社1996年版。

［美］杰里米·里夫金：《第三次工业革命》，张体伟译，中信出版社2012年版。

［美］H.钱纳里等：《工业化与经济增长的比较研究》，吴奇等译，

上海三联书店1995年版。

［美］萨缪尔森等:《宏观经济学》（第16版），萧琛等译，华夏出版社1999年版。

［美］苏珊娜·伯杰:《重塑制造业》，廖丽华译，浙江教育出版社2018年版。

［美］瓦科拉夫·斯米尔:《美国制造：国家繁荣为什么离不开制造业》，李凤海、刘寅龙译，机械工业出版社2014年版。

［美］威廉·伊斯特利:《在增长的迷雾中求索》，姜世明译，中信出版社2005年版。

［美］W. 阿瑟·刘易斯:《二元经济论》，施炜等译，北京经济学院出版社1989年版。

［美］西蒙·库兹涅茨:《各国的经济增长》，常勋等译，商务印书馆1985年版。

［美］小罗伯特·E. 卢卡斯:《经济发展讲座》，罗汉等译，江苏人民出版社2003年版。

［美］约瑟夫·斯蒂格里茨等:《东亚奇迹的反思》，王玉清等译，中国人民大学出版社2003年版。

［日］大野健一:《从江户到平成：解密日本经济发展之路》，臧馨、臧新远译，中信出版社2006年版。

［日］大野健一:《学会工业化》，陈经伟译，中信出版社2015年版。

［日］吉川弘之主编:《日本制造：日本制造业变革的方针》，王慧炯等主译校，上海远东出版社1998年版。

［日］苔莎·莫里斯—铃木:《日本的技术变革：从十七世纪到二十一世纪》，马春文等译，中国经济出版社2002年版。

［日］中川靖造:《创业·挑战·成功》，刘金才译，中国经济出版社1992年版。

［英］V. N. 巴拉舒伯拉曼雅姆等主编:《发展经济学前沿问题》，

梁小民译，中国税务出版社2000年版。

［英］迪帕克·拉尔：《发展经济学的"贫困"》，葛卫明等译，云南人民出版社1992年版。

［英］克利斯·弗里曼、罗克·苏特：《工业创新经济学》，华宏勋、华宏慈等译，北京大学出版社2004年版。

［英］马丁·弗朗斯曼：《赢在创新：日本计算机与通信业成长之路》，李纪珍、吴凡译，知识产权出版社2006年版。

［英］梅特卡夫：《演化经济学与创造性毁灭》，冯健译，中国人民大学出版社2007年版。

［英］亚当·斯密：《国民财富的性质和原因的研究》（上），郭大力、王亚南等译，商务印书馆1972年版。

［英］约翰·伊特韦尔等编：《新帕尔格雷夫经济学大辞典》，陈岱孙主编译，经济科学出版社1992年版。

　　（二）中文期刊报纸

陈建国、葛顺奇：《出口竞争力与外国直接投资的作用》，《南开经济研究》2002年第1期。

陈作彬：《巴西的钢铁工业》，《拉丁美洲丛刊》1981年第3期。

陈作彬：《巴西的工业发展水平》，《拉丁美洲丛刊》1981年第2期。

陈作彬：《巴西资本主义的发展进程》，《拉丁美洲丛刊》1981年第4期。

丁志国、赵宣凯、苏治：《中国经济增长的核心动力：基于资源配置效率的产业升级方向与路径选择》，《中国工业经济》2012年第9期。

冯飞：《中国制造业的发展与国际竞争力》，《改革》2005年第7期。

冯飞、杨建龙：《产业结构演进的趋势与"十一五"时期产业结构调整的基本方向》，《中国经济时报》2005年5月12日。

付保宗:《工业化中后期工业结构阶段性变化的特征与趋势》,《经济纵横》2014年第2期。

高潮:《阿根廷:拉美最具投资潜力的国家》,《中国对外贸易》2014年第9期。

高祖贵等:《新兴经济体的崛起及其影响》,《国际资料信息》2009年第8期。

顾海峰:《战略性新兴产业培育、升级与金融支持》,《改革》2011年第2期。

郭朝先、刘芳:《新兴经济体的崛起与全球经济发展方式转型》,《中国市场》2013年第31期。

郭旭红、武力:《新中国产业结构演变述论(1949—2016)》,《中国经济史研究》2018年第1期。

何洁、许罗丹:《中国工业部门引进外国直接投资外溢效应的实证研究》,《世界经济文汇》1999年第2期。

贺正楚、吴艳:《战略性新兴产业的评价与选择》,《科学学研究》2011年第5期。

黄群慧:《新常态:工业化后期与工业增长新动力》,《中国工业经济》2014年第10期。

黄群慧:《中国的工业大国国情与工业强国战略》,《中国工业经济》2012年第3期。

黄群慧、贺俊:《技术经济范式转变:"第三次工业革命"与中国工业发展战略调整》,《中国工业经济》2013年第1期。

江小涓:《中国出口增长与结构变化:外商投资企业的贡献》,《南开经济研究》2002年第2期。

江小涓:《中国的外资经济对增长、结构升级和竞争力的贡献》,《中国社会科学》2002年第6期。

姜大鹏、顾新:《我国战略性新兴产业的现状分析》,《科技进步与对策》2010年第17期。

金碚:《全球竞争新格局与中国产业发展趋势》,《中国工业经济》2012年第5期。

金碚、张其仔等:《全球产业演进与中国竞争优势》,经济管理出版社2014年版。

金戈:《中国基础设施资本存量估算》,《经济研究》2012年第4期。

金计初:《现代巴西发展的经验和教训》,《世界历史》1988年第3期。

赖平耀:《中国的对外贸易:绩效、决定因素及未来的发展路径》,《国际经济评论》2005年第5—6期。

李钢、廖建辉、向奕霓:《中国产业升级的方向与路径:中国第二产业占GDP的比例过高了吗?》,《新华文摘》2012年第3期。

李俊江、李政:《中国科技创新体系建设的历程与成就》,《吉林大学社会科学学报》2008年第6期。

李坤望、将为、宋立刚:《中国出口产品品质变动之谜:基于市场进入的微观解释》,《中国社会科学》2014年第3期。

李桃、王文:《区域统筹规划成就纽约湾区》,《参考消息》2017年7月13日第11版。

李向阳:《巴西的技术引进与经济发展》,《管理世界》1990年第6期。

李向阳:《新兴经济体面临的机遇与挑战》,《求是》2013年第7期。

李毅:《经济转型中的产业发展路径选择:对日本经济低迷的一种新解释》,《日本学刊》2013年第5期。

李毅:《经济转型中的企业与政府角色》,《浙江经济》2014年第19期。

林珏:《美国"再工业化"战略研究:措施、难点、成效及影响》,《西部论坛》2014年第1期。

林毅夫:《潮涌现象与发展中国家宏观经济理论的重新构建》,《经济研究》2007年第1期。

林跃勤:《金砖国家增长问题与增长转变:国外学术界观点述评》,《国外社会科学》2013年第4期。

林跃勤:《新兴大国新兴产业发展政策与合作比较——基于金砖国家的一个比较分析》,《大国经济研究》2013年第5期。

林跃勤:《新兴经济体经济增长方式评价——基于金砖国家的分析》,《经济社会体制比较》2011年第5期。

刘洪钟、杨攻研:《新兴经济体的崛起与世界经济格局的变革》,《经济学家》2012年第2期。

刘士余、李培育:《巴西的经济改革与政策调整及启示》,《管理世界》1995年第3期。

刘世锦:《中国汽车产业30年发展中的争论和重要经验》,《管理世界》2008年第12期。

刘仕国等:《利用全球价值链促进产业升级》,《国际经济评论》2015年第1期。

隆国强:《新兴大国的竞争力升级战略》,《管理世界》2016年第1期。

马凯:《中国价格改革20年的历史进程和基本经验》,《价格理论与实践》1999年第1期。

毛克疾:《史上最大规模抗议冲击印度》,《凤凰周刊》2015年第29期。

沈坤荣、耿强:《外国直接投资、技术外溢与内生经济增长——中国数据的计量检验与实证分析》,《中国社会科学》2001年第5期。

沈铭辉、葛伟:《新兴经济体群体性崛起及其外部风险》,《亚太经济》2013年第5期。

苏振兴、陈作彬:《巴西的外债问题》,《拉丁美洲丛刊》1980年第 1 期。

苏振兴、陈作彬:《战后外国在巴西的直接投资》,《拉丁美洲丛刊》1980 年第 3 期。

孙佳:《中国制造业:现状、存在的问题与升级的紧迫性》,《吉林省经济管理干部学院学报》2011 年第 6 期。

孙彦红:《试析近年来意大利产业区的转型与创新》,《欧洲研究》2012 年第 5 期。

唐要家、唐春晖:《国有权集中对中国工业绩效影响的实证》,《上海财经大学学报》2004 年第 2 期。

田春生、郝宇彪:《新兴经济体的崛起及其差异比较与评述》,《经济社会体制比较》2011 年第 5 期。

汪平:《政府救助和自我创新复活"汽车城"》,《参考消息》2017 年 3 月 1 日第 11 版。

王文、孙早:《产业结构转型升级意味着去工业化吗?》,《经济学家》2017 年第 3 期。

王勋、方晋:《新兴经济体崛起:概念、特征事实与实证研究》,《山西财经大学学报》2011 年第 6 期。

王永进、施炳展:《上游垄断与中国企业产品质量升级》,《经济研究》2014 年第 4 期。

王志鹏、李子奈:《外资对中国工业企业生产效率的影响研究》,《管理世界》2003 年第 4 期。

巫云仙:《"德国制造"模式:特点、成因和发展趋势》,《政治经济学评论》2013 年第 3 期。

夏小林:《非国有经济:总量结构、增长与布局合理化》,《管理世界》2000 年第 4 期。

谢建国:《外商直接投资与中国的出口竞争力——一个中国的经验研究》,《世界经济研究》2003 年第 7 期。

杨开忠、陶然、刘明兴:《解除管制、分权与中国经济转轨》,《中国社会科学》2003 年第 3 期。

姚洋:《非国有经济成分对我国工业企业技术效率的影响》,《经济研究》1998 年第 12 期。

詹晓宁、陈建国:《出口竞争力与跨国公司 FDI 的作用》,《世界经济》2002 第 11 期。

张桂梅、赵忠秀:《新兴经济体在全球价值链中的特征及启示》,《经济经纬》2015 年第 1 期。

张季风:《"安倍经济学"的挫败与日本经济走势分析》,《日本学刊》2015 年第 1 期。

张建平等:《经济转型期金砖国家的机遇与挑战》,《现代管理科学》2016 年第 4 期。

张杰、郑文平、翟福昕:《中国出口产品质量得到提升了么?》,《经济研究》2014 年第 10 期。

张军、施少华:《中国经济全要素生产率变动:1952—1998》,《世界经济文汇》2003 年第 2 期。

张申:《中国产业发展路径选择的经济思想研究》,《中国经济史研究》2017 年第 5 期。

张文木:《印度国家发展及其潜力评估》,《大国》2005 年第 2 期。

张宇燕、田丰:《新兴经济体的界定及其在世界经济格局中的地位》,《国际经济评论》2010 年第 4 期。

郑秉文:《"中等收入陷阱"与中国发展道路:基于国际经验教训的视角》,《中国人口科学》2011 年第 1 期。

邹静娴、张斌:《后中等收入经济体的对外开放——国际经验对中国的启示》,《国际经济评论》2018 年第 2 期。

## 二 英文文献

（一）英文著作

Albert Fishlow, et al. , *Miracle or Design? Lessons from the East Asian*

*Experience*, Washington D. C.: Overseas Development Council, 1994.

Allen, F., et al. (eds.), *Towards a Better Global Economy: Policy Implications for Citizens Worldwide in the 21st Century*, Oxford: Oxford University Press, 2014.

Amsden, Alice H., *Asia's Next Giant: South Korea and Late Industrialization.* New York: Oxford University Press, 1989.

ASA & Associates, *A Brief Report on Auto and Auto Ancillaries in India*, March 2013.

BCG, SIAM, *Perspectives on Importance of Automotive Industry*, August 2013.

Berger, Roland, *Automotive Innovation Made in BRIC*, January 2009.

Freeman, C., *Technology Policy and Economic Performance. Lessons from Japan*, London: Pinter, 1987.

Henryk Kierzkowski, ed., *Monopolistic Competition and International Trade*, Oxford: Clarendon Press, 1984.

Jain, Subhash C., *Emerging Economies and the Transformation of International Business*, UK&US: Edward Elgar Publishing, 2006.

Johnson, Chalmers, *MITI and the Japanese Miracle: The Growth of Industrial Policy*, Stanford, California: Stanford University Press, 1982.

MGI, *Manufacturing the Future: The Next Era of Global Growth and Innovation*, November 2012.

Ryoshin Minami, *The Economic Development of Japan: A Quantitative Study*, Palgrave Macmillan, 1986.

Sreekala, K., *Problems and Prospects of Industrialization and Their Impact on Environment with Special Reference to Kerala: A Gandhian Critique*, Mahatma Gandhi University Press, 1995.

United Nations Conference on Trade And Development (UNCTAD): *Trade and Development Report*, 2006.

United Nations Industrial Development Organization, *Industrial Development Report 2011*.

United Nations Industrial Development Organization, *Industrial Development Report 2016: The Role of Technology and Innovation in Inclusive and Sustainable Industrial Development*, 2016.

Wade, Robert, *Governing the Market: Economic Theory and the Role of Government in East Asian Industrialization*, Princeton: Princeton University Press, 1990.

World Bank, *China: Foreign Trade Reform*, Washington: World Bank, 1994.

World Bank, *China Industrial Organization and Efficiency Case Study: The Automotive Sector*, Report No. 12134 – CHA, December 31, 1993.

World Bank, *Economic Growth in the 1990s. Learning from a Decade of Reform*, Washington, D. C., World Bank, 2005.

World Bank, *The Conduct Of Industrial Policy*, Vol. 1, 1997.

(二) 英文期刊

Amiti, M. and Khandelwal, A. K., "Import Competition and Quality Upgrading", *NBER Working Paper*, W15503, 2009.

Arnold, D. J. and Quelch, J. A., "New Strategies in Emerging Economies", *Sloan Management Review*, Vol. 40, No. 1, 1998.

Baldwin, R. E. and Ito, T., "Quality Competition Versus Price Competition Goods: An Empirical Classification", *Journal of Economic Integration*, Vol. 26, No. 1, 2011.

Berry, S. T., "Estimating Discrete Choice Models of Product Differentiation", *The RAND Journal of Economics*, Vol. 25, No. 2, 1994.

Berry, S. T., Levinsohn, J. and Pakes, A., "Automobile Prices in Market Equilibrium", *Econometrica*, Vol. 63, No. 4, 1995.

Bora, Bijit, et al., "Industrial Policy And The WTO", United Nations Conference on Trade And Development, Policy Issues in International Trade And Commodities Study Series, No. 6, 2000.

Brambilla, I., Lederman, D. and Porto, G., "Exports, Export Destinations and Skills", *NBER Working Paper*, W15995, 2010.

Bustos, P., "Trade Liberation, Exports, and Technology Upgrading: Evidence on the Impact of Mercosur on Argentinian Firms", *American Economic Review*, Vol. 101, No. 1, 2011.

Cardell, N. S., "Variance Components Structures for the Extreme Value and Logistic Distributions", *Mimeo*, Washington State University, 1991.

Cerra, Valerie and Saxene, Sweta Chaman, "What Caused the 1991 Currency Crisis in India?", *IMF Staff Papers*, Vol. 49, No. 3, 2002.

Crino, R., and Epifani, P., "Productivity, Quality and Export Behavior", *The Economic Journal*, Vol. 122, 2012.

Crozet, M., K. Head and T. Mayer, "Quality Sorting and Trade: Firm-Level Evidence for French Wine", *The Review of Economic Studies*, 2011.

Dani, Rodrik, "Industrial Policy For The Twenty-first Century", *CEPR Discussion Paper*, No. 4767, 2004.

David, Paul A., "The Tale of Two Traverses: Innovation and Accumulation in the First Two Centuries of U. S. Economic Growth", *SIEPR Discussion Paper*, No. 03 – 24, December 2005.

Dixit, Avinash K. and Stiglitz, Joseph, E., "Monopolistic Competition and Optimum Product Diversity", *American Economics Review*,

Vol. 67, 1977.

Donnenfeld, S. and Wolfgang, M., "The Quality of Export Products and Optimal Trade Policy", *International Economic Review*, Vol. 28, No. 1, 1987.

Dougherty, Herd, and Chalaux, Thomas, "What is Holding Back Productivity Growth in India? Recent Microevidence", *OECD Journal: Economic Studies*, 2009.

Dougherty, Sean M., Herd, Richard and Chalaux, Thomas, "What is Holding Back Productivity Growth in India? Recent Microevidence", *OECD Journal: Economic Studies*, 2009.

Fajgelbaum, P., Grossman, G. M., and Helpman, E., "Income Distribution, Product Quality and International Trade", *Journal of Political Economy*, Vol. 119, No. 4, 2011.

Feenstra, R. C., "Quality Change under Trade Restraints in Japanese Auto", *The Quarterly Journal of Economics*, Vol. 103, No. 1, 1988.

Fernandes, A. M., and Paunov, C., "Does Trade Stimulate Product Quality Upgrading", *Canadian Journal of Economics*, Vol. 46, No. 4, 2012.

Flach, Lisandra, "Quality Upgrading and Price Heterogeneity: Evidence from Brazilian Exporters", *Journal of International Economics*, Vol. 102, 2011.

Gaulier, G. and Zignago, S., "BACI: International Trade Database at the Product-level: The 1994 – 2007 Version", *CEPII Working Paper*, No. 2010 – 2023, 2010.

Hallak, J. C., "A Product Quality View of the Linder-Hypothesis", *NBER Working Paper*, W12712, 2006.

Hallak, J. C. and Schott, P. K., "Estimating Cross-Country Differences in Product Quality", *The Quarterly Journal of Economics*, Vol. 126, 2011.

Hallak, Juan C., "Product Quality and the Direction of Trade", *Journal of International Economics*, Vol. 68, 2006.

Hausmann, R., Hwang, J. and Rodrik, D., "What You Export Matters", *Journal of Economic Growth*, Vol. 12, No. 1, 2007.

Hausmann, Ricardo and Klinger, Bailey, "The Structure of the Product Space and the Evolution of Comparative Advantage", *CID Working Paper*, No. 146, 2007.

Hausmann, R., Hwang, J., and Rodrik, D., "What You Export Matters", *Journal of Economic Growth*, Vol. 12. No. 1.

Henn, C., Papageorgiou, C. and Spatafora, N., "Export Quality in Developing Countries", *IMF Working Pper*, WP108, 2013.

Hoekman, B. M. and Mavroidis, P., "Economic Development, Competition Policy and the WTO", The World Bank, Policy Research Working Paper, No. 2917, 2002.

Hummels, D. and Skiba, A., "Shipping the Good Apple Out? An Empirical Confirmation of the Alchian-Alan Conjecture", *Journal of Political Economy*, Vol. 112, No. 6, 2004.

Johnson, R. C. and Noguera, G., "Accounting for Intermediates: Production Sharing and Trade in Value Added", *Journal of International Economics*, Vol. 86, No. 2, 2012.

Jones, Randall S. and Yoon, Taesik, "*Enhancing The Productivity of the Service Sector in Japan*", Economics Working Papers, No. 651, ECO/WKP 59, OECD, 2008.

Kalirajan, Kaliappa, Prasad, Raymond, and Drysdale, Peter, "Have China & India Achieved Their Potential in Attracting Foreign Direct Investment?", *Journal of Emerging Knowledge on Emerging*

*Markets*, Vol. 4, Art. 3, 2012.

Karmakar, Asim, "Development Planning & Policies Under Mahalanobis Strategy: A Tale of India's Dilemma", *International Journal of Business and Social Research*, Vol. 2, No 2, 2012.

Khandelwal, A. K., "The Long and Short (of) Quality Ladders", *Review of Economic Studies*, Vol. 77, No. 4, 2010.

Koopman, R., Wang, Z. and Wei, S. J., "Tracing Value Added and Double Counting in Gross Export", *American Economic Review*, Vol. 104, No. 2, 2014.

Krugman, Paul, "The Myth of Asia's Miracle", *Foreign Affairs*, November/December, 1994.

Krugman, Paul R., "The Narrow Moving Band, The Dutch Disease and the Competition Consequence of Mrs. Thatcher", *Journal of Development Economics*, Vol. 27, 1987.

Lall, Sanjaya, "Industry Policy: The Role of Government in Promoting Industrial and Technological Development", *UNCTAD Review* 1994, UNCTAD, Geneva, 1994.

Lall, Sanjaya, "Selective Industrial and Trade Policies in Developing Countries: Theoretical and Empirical Issues", *Working Paper Number 48*, Queen Elizabeth House, University of Oxford, 2000.

Lee, Nam-Kee, "Korean Economic Development Policy Lessons-The Shift from Industrial to Competition Policy", The 4th UNCTAD/IGE Meeting, July 3, 2002.

Manova, K. and Zhiwei, Z., "Export Prices Across Firms and Destinations", *NBER Working Paper*, W15342, 2009.

Markillie, Paul, "A Third Industrial Revolution", *The Economist*, April 21, 2012.

McCannon, B. C., "The Quality-Quantity Trade-Off", *Eastern Eco-*

nomic Journal, Vol. 34, No. 1, 2008.

Nayar, Baldev Raj, "When Did the 'Hindu' Rate of Growth End?", Economic and Political Weekly, Vol. 41, No. 19, 2006.

Noland Marcus and Pack, Howard, "Industrial Policy in an Era of Globalization: Lessons from Asia", Institute for International Economics, Washington, D. C., 2003.

Pack, Howard and Westphal, Larry, "Industrial Policy: Groeth Elixir or Poison?", World Bank Research Oberserver, Vol. 15, 2000.

Pula, G., and Santabarbara, D., "Is China Climbing up the Quality Ladder? Estimating Cross Country Differences in Product Quality Using Eurostat's Comext Trade Database", ECB Working Paper Series, No. 1310, 2011.

Rodrik, D., "Premature Deindustrialization", Journal of Economic Growth, Vol. 21, No. 1, 2016.

Schott, P. K., "Across-Product Versus within Product Specialization in International Trade", The Quarterly Journal of Economics, Vol. 119, No. 2, 2004.

Schott, P. K., Fuest, C. and Rourke, K., "The Relative Sophistication of Chinese Export", Economic Policy, Vol. 23, No. 53, 2008.

Shyam, Khemani R. and Meyerman, Gerald E., "Global Competition Review: East Asia's Economic Crisis and Competition Policy", The International Journal of Competition Policy and Regulation, Aug/Sept., 1998.

Sorger, G., "Horizontal Innovations with Endogenous Quality Choice", Economic, Vol. 78, 2011.

Timmer, M. P., Erumban, A., Los, B., Stehrer, R., and de Vries, G. J., "Slicing up Global Value Chains", Journal of Economic Perspective, Vol. 28, No. 2, 2014.

Vandenbussche, H., Comite, F. D., Rovegno, L. and Viegelahn, C., "Moving Up Quality Ladder? EU-China Dynamics in Clothing", *Journal of Economic Integration*, Vol. 28, No. 2, 2013.

Verhoogen, E. A, "Trade, Quality Upgrading, and Wage Inequality in the Mexico Manufacturing Sector", *The Quarterly Journal of Economics*, Vol. 123, No. 2, 2008.

Xu Bin, "The Sophistication of Export: Is China Special?", *China Economic Review*, Vol. 21, 2010.

### 三　日文文献

「日本経済総予測」,『週刊エコノミスト』2014 特大号 12・13 合併号。

日本興業銀行産業調査室編集:『70 年代の日本産業:量的成長から質的充実へ』（上）, 日本経済新聞社 1972 年版。

日本銀行統計局:『日本経済を中心とする国際比較統計』, 日本銀行, 1976 年。

産業構造審議会:『産業構造の長期ビジョン』, 通商産業省, 1974 年 9 月。

ソニー創立 40 周年記念誌『源流』, ソニー会社発行, 1986 年。

［日］都留重人編:『現代日本経済』, 朝日新聞社 1977 年版。

［日］岡崎哲二編集:『生産組織の経済史』, 東京大学出版会 2005 年版。

［日］加藤弁三郎:『日本の酒の歴史—酒造りの歩みと研究』, 研成社 1977 年版。

経済産業省:『通商白書 2001』（https://www.meti.go.jp/report/tsuhaku2001/index.html）。

経済産業省:『ロボット新戦略』（http://www.meti.go.jp/press/2014/01/20150123004/20150123004b.pdf）。

経済産業省：『中小企業白書（2014年版）』，平成26年7月1日（https：//www.chusho.meti.go.jp/pamflet/hakusyo/H26/PDF/h26_pdf_mokuji.html）。

経済産業省・厚生労働省・文部科学省：『平成25年度ものつくり基盤技術の振興施策概要』，2014年6月（http：//www.meti.go.jp/report/whitepaper/mono/2014/pdf/gaiyou.pdf）。

科学技術庁：『外国技術導入年次報告』，1970年。

［日］梅村又次、山本有造編集：『日本経済史3 開港と維新』，岩波書店1989年版。

内閣府：『四半期別GDP速報』時系列表2014年10—12月期（1次速報値），2015年2月16日。

内閣府経済企画庁：『昭和59年次経済報告』（経済白書），第3章「転換する産業構造」。

［日］内田星美：『企業内技術者組織の形成期——1900—1910年技術者数の統計的研究から』，東京経済大学会誌，1978年，第109—110号。

［日］前川啓治：『文化と文明の連続性——翻訳的適応序説』，『比較文明』1994年第10期。

三井物産調査部：『貿易摩擦：その実態と日本の生き残り戦略』，産業能率大学出版社1985年版。

三菱総研：『今すぐ始まる！製造業のサービス事業強化のコツ』，2015年3月6日、11日、18日（http：//www.mri.co.jp/news/seminar/ippan/017883.html）。

［日］森川正之：『サービス産業の生産性分析：ミクロデータによる実証』，日本評論社，2014年。

［日］森清：『町工場—もうひとつの近代』，朝日新聞社1979年版。

［日］盛田昭夫：『MADE IN JAPAN：わが体験的国際戦略』，朝

日新聞社 1983 年版。

矢野恒太記念会編集:『数字で見る日本の100 年:日本国勢図会の長期統計版』改訂第 2 版,国勢社 1986 年版。

首相官邸:『新たな成長戦略 ~「日本再興戦略 - JAPAN is BACK - 」~日本産業再興プラン』(http://www.kantei.go.jp/jp/headline/seicho_senryaku2013_plan1.html)。

『特集:さよなら! 伝説のソニー―なぜアップルにならなかったのか』,『週刊ダイヤモンド』2012 年 2 月 4 日号。

『特集:ソニー―消滅!! 尽き果てる"延命経営"』,『週刊ダイヤモンド』2014 年 4 月 26 日号。

[日] 天外侍朗『成果主義がソニーを破壊した:偉大な創業者、井深大の理想はなぜ潰えたか?』,『文藝春秋』2007 年新年特別号。

[日] 中岡哲郎、石井正、内田星美:『近代日本の技術と技術政策』,東京:国際連合大学、東京大学出版会 1986 年版。

総務省統計局:『平成 26 年科学技術研究調査結果』,2014 年 12 月 12 日(http://www.stat.go.jp/data/kagaku/kekka/youyaku/pdf/26youyak.pdf)。

総務省統計局:『平成 26 年科学技術研究調査結果の概要』,2014 年 12 月 12 日(http://www.stat.go.jp/data/kagaku/ke)。

総務省統計局:『平成 29 年科学技術研究調査結果の概要』,2017 年 12 月 12 日(http://www.stat.go.jp/data/kagaku/ke)。

[日] 佐々木潤之介:『技術の社会史 2』,東京:有斐閣 1983 年版。

# 后　　记

　　本书是2018年5月完成的国家社科基金立项成果。2019年课题结项后，经过报告、研讨交流和听取专家意见进行了补充修改，最终定稿。由于研究工作的需要，课题在以本单位研究人员为主组建课题组的同时，还邀请了我国重点高校相关领域的专家学者共同参与研究。跨学科、跨地域组建课题组，是我们从事科研工作的一种尝试。它的好处是，由于参与者的专业领域与研究方法不同，可以丰富与拓展课题研究的视野与研究思路，在个人擅长且有研究积淀的领域深入探索、细致耕耘。而不利的因素是，受地域距离的限制和研究者教学科研任务繁重的时间限制，面对面讨论、碰撞思想火花的机会少了很多。同时，由于个人的专业知识、数据资料的使用习惯及写作风格的不同，增加了整体统合的难度，导致课题某些部分的研究深度与表述的统一性还有较大欠缺。这是需要注意和加以克服的。而且，新兴大国经济转型中的产业发展选择研究，本身就是一个复杂而系统的工程。本项研究仅仅是一个开始，虽然课题从后起大国的角度提出了产业转型方面的某些发展经济学认识，但是距离建立一个符合发展中大国实际的发展经济学方面的产业发展选择理论还有相当的距离。仅就已经完成的研究而言，在研究思路的进一步条理化阐释与基本观点的精练表述上多有不足；一些重要的国别案例的比较研究还有待深入，尤其是对结论中所提出的模型还缺乏学术与学理上的充分阐释等。说明课题在思想观点的深度挖掘和理论高度的提升等方面还存在着巨大的努力空间。因此，研究上存在的这些问题，是必须在后记中加以指出的。同时，提升理论研究的系统性，注重新兴大国分析的整体性，通过进行更为广泛、更为细致的案例分析与国际比较，推进问题研究的深度与理论研究的规范性，是我们在发展经济学中建立基于发展中国家实际的产业发展选择理论，在下一阶段研究的明确目标与努力方向。

课题结项前后，我们先后在核心期刊发表学术论文，阐述理论认识；以报告等不同形式与国家部委进行沟通与互动，阐述政策主张；通过高校学术讲座，主办与合作主办国际与国内学术研讨会，交流与传播学术思想。从多重形式交流反馈的信息来看，研究基本达到了预期的目的。本书是一项集体智慧的结晶。作为一项集体性课题，课题组的成员与参与者付出了极大的辛苦与努力。参与本项研究和本书写作的课题组成员、专家学者分工如下：绪论，第二篇第五章第一节（部分）、第六章、第七章，第四篇第十三章、第十四章，第五篇第十五章，后记，框架设计与全书统改，李毅（中国社会科学院世界经济与政治研究所研究员）；第一篇第一章、第二章、第三章，第三篇第八章第一节、第二节，第九章，第十一章，万军（中国社会科学院世界经济与政治研究所副研究员）；第二篇第四章、第五章第一节（部分）、第二节，林珏（上海财经大学工商管理学院教授）；第三篇第十章，第四篇第十二章，毛日昇（中国社会科学院世界经济与政治研究所研究员）。补充内容为，第三篇第八章第三节，毛克疾（国家发展改革委员会国际合作中心博士）。

最后感谢国家社科基金的立项支持！感谢武力研究员百忙之中拨冗为本书作序！感谢中国社会科学出版社王琪编辑的辛勤细致和卓有成效的工作！感谢辽宁、浙江、上海、北京、深圳以及日本相关企业在调研中给予的大力支持！还要感谢中国社会科学院离退休干部工作局给予的出版资助！

李 毅<br>
2020 年 4 月<br>
北京中关村